LIBRO DE APOLONIO

clásicos **Castalia**

COLECCIÓN FUNDADA POR
DON ANTONIO RODRÍGUEZ-MOÑINO

DIRECTOR
DON ALONSO ZAMORA VICENTE

Colaboradores de los volúmenes publicados:

LIBRO DE APOLONIO

Edición,
introducción y notas
de
CARMEN MONEDERO

clásicos castalia

Madrid

Copyright © Editorial Castalia, S. A., 1987
Zurbano, 39 - 28010 Madrid - Tel. 419 58 57

Cubierta de Víctor Sanz

Impreso en España - Printed in Spain
Unigraf, S. A. Móstoles (Madrid)

I.S.B.N.: 84-7039-496-7
Depósito Legal: M. 27.342-1987

La publicación de esta obra ha merecido una de las ayudas a la
edición del Ministerio de Cultura para la difusión del Patrimonio
literario y científico español.

PQ 6411
.L4
1987 SUMARIO

*A don Rafael Lapesa, mi maestro;
y a mis alumnos de* Historia de la Lengua
Española *cuyo interés y dificultades he
tenido siempre presentes al redactar este
estudio.*

INTRODUCCIÓN

LOS eruditos españoles de los siglos XVIII y XIX sacaron a la luz gran número de obras primitivas, pero se queja Solalinde* (p. 185) de que su escasa preparación filológica y sus conocimientos rudimentarios de la literatura comparada hicieron que se desentendiesen del valor lingüístico de los libros que imprimían y que llenasen sus introducciones de errores en cuanto a la transmisión literaria de las obras. Esto es lo que ocurrió, hasta la edición de Marden (1917), con *El Libro de Apolonio,* obra maestra de nuestra literatura medieval, madura, perfecta, historia de un héroe profundamente humano que nos conduce a identificarnos con él en un sentimiento de compasión y simpatía.

Nacida la leyenda en los últimos tiempos de la antigüedad pagana y muy difundida en la Edad Media, tanto en redacciones latinas como en versiones en lengua vulgar, hay todavía hoy un contraste entre la calidad de este texto español y el número de estudios que se han dedicado a él. La enorme popularidad de su tema se comprueba por la existencia de más de un centenar de manuscritos conservados, lo que representa una cifra extraordinaria. A través de refundiciones y elaboraciones en verso y prosa, la versión latina penetró en la literatura universal ejerciendo atracción durante muchos siglos y llegando incluso hasta Shake-

* Para los autores citados sin nota a pie de página véase Bibliografía.

9

speare. Esto hizo que Oroz subtitulara su obra *"La novela favorita de la Edad Media"*, calificación, por otra parte, algo exagerada pues nunca alcanzó el rango de la historia de Alejandro, por ejemplo, pero ocupó durante mucho tiempo un puesto seguro de segunda línea (Deyermond, p. 121).

Nuestro poema tiene la gracia delicada, la suavidad de sentimientos y la melancolía propias de la decadencia helénica y a la vez la ingenuidad de un primitivo medieval. Su protagonista, un hombre pacífico, intelectual, perseguido por un hado adverso —no siempre: las novelas bizantinas tienen final feliz—, soporta los reveses de la fortuna con un temperamento estoico desde una perspectiva pura y bellísimamente humana. Este humanismo le separa radicalmente de su homónimo Apolonio, no de Tiro, sino de Tiana. [1] En más de una ocasión se han hecho paralelos entre estos dos personajes [2] y convendría diferenciarlos desde un principio. El protagonista de la obra de Filóstrato, filósofo pitagórico del siglo I d.C., fue un personaje histórico y no de ficción como el de Tiro. Las referencias anteriores al siglo III, en que a petición de Julia Domna, mujer de Septimio Severo, se redactó la obra, le muestran más como brujo y taumaturgo que como filósofo. Precisamente el propósito primordial de Filóstrato fue reivindicarle como representante de la verdadera sabiduría: a pesar de ello, Apolonio de Tiana hace milagros, profetiza, expulsa démones, evoca a los muertos, ve lo que sucede en lugares lejanos, ¡qué distinto de nuestro Apolonio llorando a la puerta del palacio de Architrastres, sin atreverse a entrar por ir mal vestido! Dos cosas tienen en común: los numerosos viajes

---

[1] En todo lo referente a este personaje conviene consultar el prólogo y edición de Alberto Bernabé Pajares: FILÓSTRATO, *Vida de Apolonio de Tiana*, Biblioteca Clásica, 18 (Madrid: Gredos, 1979).

[2] "El tema del poema es una variante de la leyenda de Apolonio de Tiana, de origen bizantino, que por medio de versiones latinas se extiende por la Europa occidental en la Edad Media" (Valbuena, p. 80, y, en muy parecidos términos, Díez-Echarri, p. 44); también Deyermond, p. 138, y PUYMAIGRE, p. 250.

y que ambos relatos fueron del agrado de un público que, ávido de lo exótico y novelesco, encontró en ellos un medio de evadirse de la realidad circundante. Pero ello no basta para establecer paralelos. Según el criterio de Menéndez Pelayo (*Novela,* III, 17) la *Vida de Apolonio de Tiana* hay que incluirla entre las novelas filosóficas y taumatúrgicas que pulularon en los últimos tiempos del paganismo, especialmente entre las sectas dadas a la teurgia y a las ciencias ocultas. Dejemos, pues, al de Tiana y vamos a centrarnos en el Apolonio de Tiro.

ARGUMENTO

El Libro de Apolonio tiene mucho de novela bizantina, por lo tanto no nos puede extrañar la existencia de viajes, tormentas, naufragios, ladrones, raptos, separaciones y anagnórisis y un final feliz, pero, como señala Alvar (I, § 189), lo que la hace "inhumana por irreal e imposible" es la suma, el conjunto, de todos estos elementos, siendo cada uno de ellos verosímil aisladamente. En este género se da escasa o ninguna importancia al elemento bélico y mucha a los afectos tiernos, a las virtudes pacíficas y a los casos fortuitos. Le extrañaba mucho a Pedro José Pidal (*Estudios,* pp. 170-171) que en un siglo XIII de lucha y anarquía feudal se produjese un poema cuyo héroe "aparece destituido completamente de todo carácter guerrero y cuyo objeto parece no ser otro que ensalzar las artes de la paz, la prudencia, la sagacidad, la piedad y la devoción a los Dioses, y demostrar que con estas cualidades se triunfa siempre de la contrariedad de los malvados y de las adversidades de la fortuna", pero es muy acertada la crítica que le hace Amador de los Ríos (p. 278) a quien no le sorprende que, precisamente por las características del siglo, la cultura del XIII buscase otros temas fuera de los guerreros.

Comienza la acción en Antioquía, cuyo rey, Antíoco, vive incestuosamente con su hija. Para no perderla propone una difícil adivinanza a los que la pretenden; si no la resuel-

ven serán decapitados. Apolonio, rey de Tiro, se ha ena-
morado de ella por las noticias que circulaban de su extrema belleza; llega a Antioquía y da solución al enigma,
que alude precisamente al pecado de Antíoco, aunque éste
lo niegue y le dé treinta días de plazo para resolverlo. Vuelve Apolonio a Tiro, pero, apesadumbrado por su fracaso,
marcha a correr aventuras.

Llega con sus acompañantes a Tarso; entre tanto Antíoco trama contra él asechanzas. De ellas se entera por
Elánico, pero sigue en la ciudad hasta que su amigo Están-
gilo le aconseja, por su propio bien y por el de Tarso, que
huya a Pentápolis. Primera tempestad y naufragio. Sólo se
salva Apolonio.

Un pescador de Pentápolis, a quien relata sus cuitas,
comparte con él mesa y vestido y le señala el camino de la
ciudad. En una interesante escena del juego de la pelota
Apolonio muestra su destreza y es invitado, por ello, a comer en el palacio del rey Architrastres. Nuevo pasaje céle-
bre en que Luciana, la hija del rey, toca la vihuela, y, después, lo hace Apolonio. Comienza el delicioso enamoramiento de Luciana hacia el náufrago vihuelista, logrando
de su padre que le nombre su maestro de música. El enamoramiento culmina con las bodas de Luciana y Apolonio.
Cuando Luciana está preñada de siete meses llega una nave
de Tiro y se enteran de la trágica muerte de Antíoco y su
hija, y de que en Antioquía esperan a Apolonio, que resol-
vió el enigma, como nuevo rey. Embarca con su esposa, a
quien acompaña su aya Licórides, camino de Antioquía. En
la nave tiene lugar el parto de Luciana: una niña, Tarsiana.
A la madre la creen muerta y, como es de mal agüero llevar un cadáver a bordo, es arrojada al mar en un rico
ataúd.

El relato continúa con la historia de Luciana. El ataúd
llega a Éfeso donde un médico joven y sabio la devuelve a
la vida. Queda Luciana como abadesa de un monasterio
consagrado a Diana.

Retoma el poeta las andanzas del rey de Tiro, que desem-
barca, desesperado de tristeza, en Tarso. Acude a casa de
Estrángilo donde deja a su hija, con el aya Licórides,

mientras él, jurando no cortarse el pelo ni las uñas hasta procurar un buen matrimonio a su hija, se embarca entristecido hacia Egipto. Estrángilo y su mujer Dionisa dan una esmerada educación a Tarsiana, pero no le confiesan de quién es hija; lo hace Licórides en trance de muerte. La belleza de Tarsiana ciega de envidia a Dionisa, que acaba por contratar a Teófilo para que le dé muerte cuando por la mañana acuda, como suele, al sepulcro de su aya. En ese preciso momento aparecen unos ladrones en una galera, piratas por lo tanto, que hacen huir a Teófilo y raptan a Tarsiana; sin embargo, Teófilo dice a Dionisa que ha llevado a cabo su encargo.

Los ladrones llegan a Mitilene y allí sacan a Tarsiana a subasta. El príncipe de la ciudad, Antinágoras, puja por ella, pero acaba llevándosela un rufián que pone su virginidad a precio. El primero en acudir es Antinágoras, y Tarsiana, con sus ruegos, consigue que el príncipe la respete. Lo mismo sucede con cuantos allí acudieron. La niña, además, logra convencer al leno de que conseguiría más dinero para él si la dejara salir al mercado a tocar la vihuela. Comienza aquí otro de los episodios más célebres del libro: Tarsiana juglaresa.

La narración vuelve a Apolonio. Pasados todos estos años torna de Egipto, en busca de su hija, a Tarso; y el matrimonio le informa de su muerte. Acude a su presunto sepulcro, pero no puede verter una lágrima por lo que intuye que Tarsiana no yace allí. Se embarca con intención de ir a Tiro y una nueva tempestad los desvía a Mitilene.

Es tanta la desesperación de Apolonio que prohíbe a sus hombres que le hablen: yace recostado en el fondo de la nave, surta en Mitilene. Antinágoras pasa por allí, ve la nave y se empeña en conocer a Apolonio, sin lograr consolarlo. Se le ocurre entonces enviar por Tarsiana para que lo alegre. Ya tenemos juntos a padre e hija, pero no se conocen. Tarsiana, una y otra vez, acude a todos sus recursos para consolar al que ignora que es su padre; en su frustración acaba echándole los brazos al cuello a lo que responde Apolonio abofeteándola; llora la niña y en sus quejas relata su historia. Primera anagnórisis: reconocimiento de padre e hija y explosión de alegría del padre. Antinágoras pide la mano de Tarsiana y la obtiene. Gran contento en Mitilene donde hacen una estatua a Apolonio con su hija y condenan a muerte al rufián.

Camino de Tiro el padre y los esposos, una aparición le aconseja a Apolonio dirigirse a Éfeso, al templo de Diana. El rey de Tiro cumple todo lo que la visión le ordena y se produce el segundo reconocimiento: Apolonio y su mujer Luciana. Todos se dirigen a Tarso.

Alegría en Tarso. Castigo de Estrángilo y Dionisa, mientras que es indultado Teófilo. Por fin marcha Apolonio a Antioquía a hacerse cargo del imperio, que cede a su yerno Antinágoras. Todos visitan Pentápolis donde Luciana tiene un nuevo hijo, ahora varón. El fin del relato se apresura, muere el rey Architrastres y su yerno Apolonio hereda el reino, aunque acabará dejándolo a su hijo, pequeño pero bien aconsejado. No se olvida de premiar al pescador que le atendió cuando llegó desvalido. Arreglados todos los asuntos que le conciernen, Apolonio regresa a su tierra natal con su mujer Luciana, y allí vive feliz hasta su muerte. Reflexiones finales sobre la caducidad de lo mundano.

FECHA DE COMPOSICIÓN DEL POEMA

Son muchas las que se han postulado, comenzaremos por las que hay que desechar. Por demasiado tempranas: la de Rodríguez de Castro (p. 504b) "coetáneo al Anónimo que escribió el *Poema del Cid,* o muy poco posterior a él"; la misma idea sostuvo Ticknor [3] y Puymaigre (p. 247): "siguiendo de cerca al poema del Cid"; o por demasiado tardías: como la de Haupt [4] que lo sitúa en el siglo XIV.

Lo consideran la primera obra del mester de clerecía, apoyándose, la mayoría de ellos, en el verso 1c del poema:

[3] GEORGE TICKNOR, *History of Spanish Literature,* tomo I (London: Murray, 1949), p. 22.

[4] MORITZ HAUPT, "Über die Erzählung von Apollonius aus Tyrus", *Opuscula,* III (Leipzig, 1876), 28.

conponer hun romançe de nueua maestría: Wolf (en 1859), Milá y Fontanals (en 1874), Menéndez Pelayo (1890, en las anotaciones a las *Obras del Marqués de Pidal,* p. 189, aunque después, en *Antología,* p. xxxv, matizara más su opinión), Valbuena (en 1937, I, 79-80), Díez-Echarri (1950, p. 44), Cabañas (1969, p. 10) y Alborg (1972, p. 131).

Piensan que su autor debió ser coetáneo de Berceo: Amador de los Ríos (III, 278) y Oroz (p. 14).

Más ponderada es la opinión de Menéndez Pidal (*Cantar,* II, 254), Marden (I, XXI y XXXII) y Solalinde (p. 186) que lo sitúan a finales de la primera mitad del XIII afirmando que no hay rasgos lingüísticos que permitan precisar más la fecha. Por lo tanto, muy cercano al *Alexandre* y al *Fernán González,* posterior a las primeras obras de Berceo —la frase *nueua maestría* no la consideran como indicativa de la primera de su género, sino, sencillamente, de un género que está en sus comienzos— y antes de que Berceo, en el comienzo de la *Vida de Santa Oria,* escribiera:

> Quiero en mi vegez, maguer so ya cansado,
> de esta sancta virgen romanzar su dictado (2a,b).

El que lo fecha más tardíamente es Alvar (I, § 43 y § 69) pues piensa que se redactó hacia 1260, basándose en un cómputo de Staaff sobre la apócope en el pronombre; dato éste no muy fiable, porque, si bien es verdad que era momento de apogeo de la apócope extrema, también lo es que el poeta de clerecía (Arnold, p. 52) elegía la palabra más larga o la más corta de acuerdo con las exigencias del metro.

Creo que, a falta de datos más precisos, la fecha más aceptable es la de 1240.

SUS FUENTES

Hemos comenzado, al estilo de las novelas bizantinas, un poco *in medias res,* como si el tema de Apolonio fuera invención del autor del poema español (así lo creyó P. J. Pidal en su primer estudio, *Revista,* p. 18: "es de pura

invención, nada hay en él, según creo, de histórico ni de
tradicional"), pero ya hemos hecho alusión a manuscritos
latinos medievales al principio de la Introducción. Tenemos, por lo tanto, antes de que pasemos a tratar del autor
y de la obra, que ir hacia atrás, para ver las fuentes que
sirvieron para "re-crear" tan hermoso poema, y lo hare-
mos con la mayor brevedad posible para que una innece-
saria acumulación de datos no nos impida ver el bosque
de la obra de arte que estamos estudiando. Comenzaremos
por la crítica de la teoría galorrománica.

Teoría galorrománica

El primero en afirmarla es Pérez Bayer que no sólo declara un origen provenzal, sino que cree provenzal al mismo poema. [5] Indudablemente sólo se fijó en los títulos que
de las tres obras del ms. K. III. 4. publicó Rodríguez de
Castro en 1786, con mezcla de catalán. Wolf sostuvo el
origen francés del poema apoyándose en el persistente elemento caballeresco, en detalles que se apartan de la leyenda latina, en numerosas voces de origen francés y en la
estrofa primera en que se habla de *"nueua maestría"*, siendo la cuaderna monorrima alejandrina metro frecuente en
Francia y Occitania (*Studien,* 51-54). Pero el elemento caballeresco puede explicarse sin necesidad de acudir a influencia extranjera (Wolf hacía esas afirmaciones cuando
la épica española era desconocida); las variantes respecto a
la leyenda latina son, unas, resultado de la natural evolución del tema; otras, innovaciones de un poema que no era
sólo una mera traducción; la mayor parte de los provenzalismos o galicismos son malas lecturas de P. J. Pidal, otros
aparecen frecuentemente en español antiguo, otros son aragonesismos, aun cuando fueran occitanismos en su origen;

---

[5] NICOLÁS ANTONIO, *Bibliotheca Hispana vetus... curante Francis-
co Perezio Bayerio,* Tomus II, Liber VIII, Caput VII (Madrid,
1788), p. 106b: *"Anonymus Hispanus* Lemosinus qui Apollonii
Regis historiam versibus pentedecasyllabis (?), item S. Mariae
Aegyptiacae vitam, & alia metrice scripsit in eadem Bibliotheca
[Escurialense]. Lit. K. Plut. III, n. 4."

y, en cuanto a la estrofa sobre la *nueva maestría*, sólo indica que el autor maneja una forma importada sin que por ello lo haya de ser también el tema (cf. Marden, I, XL-XLI). La afirmación de Puymaigre (p. 251) de que "imita *sin duda* una versión provenzal o francesa", sin dar argumentos, más parece un rasgo de chauvinismo.

Milá y Fontanals encuentra el poema "lleno de provenzalismos" [6] y en 1889 hace su enumeración (*Trovadores*, p. 541), pero no tiene a su alcance más que la edición con errores de P. J. Pidal (vendre por vender, por ejemplo). Sigue su opinión Fitzmaurice-Kelly. [7] Más extraño es que la siga Menéndez Pidal (*Cantar*, I, 36), no porque Milá, a quien cita en nota, no sea una autoridad respetable, sino porque, junto a él, nombra la edición de Janer (en su página 289, nota 114) y prefiere en ella las falsas lecturas de P. J. Pidal y no las que Janer propone como correctas. Bonilla y San Martín, [8] en nota a Menéndez Pelayo, da como establecido este origen, apoyándose falsamente en Klebs, y a pesar de que el ilustre polígrafo español no se había definido sobre este tema (*Antología*, I, pp. 188-189).

El primero en reaccionar contra la teoría franco-provenzal fue Klebs (pp. 384-398) que demostró su dependencia directa de versión latina; apunta, también, que las versiones francesas versificadas son posteriores al *Libro de Apolonio*. Anteriores, sólo hay lejanas referencias en trovadores provenzales (cf. Lewis, 147-150) y un fragmento de la adivinanza de Antioco, publicado por Alfred Schulze, [9]

---

[6] MANUEL MILÁ Y FONTANALS, *De la poesía heroico-popular castellana...* (Barcelona, 1874), p. 465.

[7] JAMES FITZMAURICE-KELLY, *Historia de la literatura española* [1898] (Madrid, 1913), p. 24.

[8] ADOLFO BONILLA Y SAN MARTÍN, *Historia de la poesía castellana en la Edad Media*, I (Madrid, 1911-1916), p. 194. Es edición corregida y aumentada de los prólogos de la *Antología...* de Menéndez Pelayo.

[9] ALFRED SCHULZE, "Ein Bruchstück altfranzösischen Apolloniusromans", *Zeitschrift für romanische Philologie*, XXXIII (1909), 226-229. El texto está recogido por LEWIS (pp. 272-273) y por Marden (I, XXIX-XXX); se trata de un pergamino que sirvió para la encuadernación de un texto de Heródoto y está mutilado.

que se aparta notablemente del texto español, tanto en su redacción como en las circunstancias del episodio. Marden (I, XXXIX-XLIII) también niega esta procedencia añadiendo que, en una traducción versificada, se buscan rimas semejantes cuando son parecidas las lenguas, y no hay una sola en el fragmento aludido que se refleje en el poema español (p. XLIII).

Si las fuentes latinas llegaron a España —existe un manuscrito del XII en la Biblioteca Nacional y una versión en romance, 1488(?), basada también en fuente latina— hay que tener razones muy fuertes para pensar en un origen galorrománico. Sin embargo, a pesar de todo lo expuesto, y cuando "parece desechada definitivamente la hipótesis de un origen francés o provenzal" (Artiles, p. 17) siguen los manuales de literatura repitiendo las viejas teorías: como seguro, Valbuena (p. 80) y Alborg (p. 132); como muy posible Díez-Echarri (p. 44).

Hay que concluir, sin embargo, con Klebs, que, mientras no aparezca un texto francés o provenzal que lo contradiga, el poema español deriva directamente de una fuente latina.

¿Existió un original griego?

Una vez establecida la fuente del poema como texto procedente de una versión latina, habrá que dilucidar si el original se escribió en latín o fue traducción de alguna obra griega.

Riese (p. XVI) defiende que había sido originariamente escrito en griego y cita a Welser como el primero en afirmarlo. Lo mismo opina Puymaigre (p. 250) "griego con reminiscencias de Apolonio de Tiana *(fort altérés sans doute)*"; y Amador de los Ríos (p. 278), a quien siguen Menéndez Pelayo (*Novela*, III, 79, y I, 16), los manuales de Valbuena (p. 80), Díez-Echarri (p. 44) y Alborg (p. 132) y hasta Artiles (p. 16), todos en casi idénticos términos: original griego perdido, y traducción latina debida a Symphosio dada la coincidencia de las adivinanzas, que Tarsiana expone a su padre, con la colección de enigmas de este autor.

El primero en negarlo fue Haupt (1876), pero Riese (1893) vuelve a defenderlo con pasión (pp. XVI-XIX). Se reafirma este autor en lo que ya expuso en su primera edición de 1871, ahora apoyado por Rhode. Resumiendo, sus teorías son las siguientes: los elementos de la narración son propios de los griegos y de la antigua religión; no le extrañaría que algún día se demostrara que su autor fue Jenofonte de Éfeso; no le parece verosímil, sin embargo, que su traductor fuera Symphosio; el pasaje del incesto es natural que lo tratara un griego y raro que lo hiciera un romano; los elementos populares e incorrectos son propios de una latinidad decadente y provienen del traductor latino, mientras que los que son señal de una lengua elegante y trabajada se deben al original griego; sobre los elementos cristianos afirma, con Thielmann, que provienen de biblias griegas; y, por último, se dan algunos elementos avulgarados que revelan el contagio con las lenguas románicas.

Con la misma rotundidad se opuso Klebs (pp. 205, 230, 294 y ss.) a las teorías de Riese, y llega a afirmar que "en todo el libro no se halla ninguna costumbre exclusivamente griega" (p. 205). Lo mismo demuestra Perry.[10] En ambos se apoya Deyermond (p. 126) para negar la existencia de un original griego. El que haya reminiscencias griegas no es motivo suficiente: Alvar trata ampliamente el "tema odiseico" (I, §§ 11 a 21, y Alvar: *Apolonio,2,* prólogo) y no por ello postula la teoría de Riese; por el contrario, concluye que "hablar, como se ha hecho, de un original griego hoy parece inadmisible" (I, § 8). Ya Pedro José Pidal hablaba del protagonista como de un prudente Ulises (*Revista,* p. 18) cuando ignoraba, incluso, hasta la existencia de una fuente latina.

Versiones latinas

Negado el origen galorrománico del *Poema* y la existencia de un original griego, hay que acudir a las versiones

[10] BEN EDWIN PERRY, *The Ancient Romances. A Literary-historical Account of Their Origins* (Berkeley-Los Angeles, 1967).

latinas, de donde también derivan las francesas y provenzales; de ellas, ya se ha dicho, existe más de un centenar
de manuscritos repartidos por la Europa occidental que
hacen de esta historia una de las leyendas más populares
y extendidas de la Edad Media. Distinguiremos en primer
lugar:

La *Historia Apollonii Regis Tyri*: su manuscrito más antiguo es el de la Biblioteca Laurentiana de Florencia (plu-
teus LXVI, n. 40). Es incompleto. Riese y Klebs lo da-
tan en el siglo IX o X, Tsitsikli en siglos X u XI. De parecida
antigüedad es el códice Vossianus de Leiden, también incompleto. Mencionaremos este grupo con la abreviación de
Historia (a nuestra obra del XIII: *Poema*).

Los *Gesta Apollonii*: manuscrito de 229 folios de la
Universidad de Gante. Se supone del siglo XI. Dos personajes, Strabo y Saxo, en forma dialogada, relatan la historia en hexámetros leoninos a lo largo de 792 versos. [11]

El *Pantheon* de Godofredo de Viterbo, redactado a finales del siglo XII. Es una especie de historia del mundo con
menciones de fábulas y leyendas. Se incluye la Historia de
Apolonio en 198 tercetos (dos hexámetros seguidos de un
pentámetro libre con cierta inclinación a la rima tanto con
los dos primeros versos como con palabras de lugares mé-
tricos destacados, como la cesura). [12]

Los *Gesta Romanorum*: colección de fábulas y ejemplos
moralizantes. El único manuscrito antiguo que recoge la
Historia de Apolonio es el de la Biblioteca de Colmar, año
1342, en su capítulo 153. Aquí lo nombraremos *Gesta*.

Desde el principio la crítica ha vacilado en la filiación
del *Poema*. Ticknor [13] lo hacía venir de los *Gesta Romano*-

---

[11] Está editado por Duemmler: *Poetae Latini Aevi Carolini*, recensvit Ernestvs Duemmler, Monvmenta Germaniae Historica
[1881] (Zürich-Berlin, 1964), Tomus II, pp. 483-506.
[12] Editado por SAMUEL SINGER, *Appolonius von Tyrus, Untersuchungen über das Fortleben des antiken Romans in spätern Zeiten*
[Halle, 1885] (reimpresión Hildesheim-New York, 1974), pp. 153-
177.
[13] *Op. cit.*, tomo I, p. 23.

rum (lo mismo aparece en Valbuena, p. 80). Amador de los
Ríos (III, p. 283) piensa que es resultado de una fusión de
la *Historia* y los *Gesta*. El primero en comprobar que des-
ciende de la *Historia Apollonii Regis Tyri* es Baist, [14] y, en
seguida, Klebs (pp. 385-86) que nota en el *Poema* giros cal-
cados de la *Historia*. La estrecha dependencia entre el *Poema* y su fuente se revela en errores de interpretación: cuando la esposa de Apolonio "muere" y su cadáver es arrojado
al mar, Apolonio manda "facere loculum amplissimum et
carta plumbea obturari jubet eum inter iuncturas tabula-
rum" ('manda hacer un ataúd magnífico y cerrarlo completamente con lámina de plomo en las juntas de las tablas'),
el *Poema* interpreta 'lámina de plomo para escribir': *Escriuyó en hun plomo con hun grafio de azero / letras, qui
la fallasse por onde fuese certero* (282c,d). En otra ocasión
ordena Apolonio a los suyos "«proicite me in subsannio
nauis...». Proiciens se in subsannio nauis" ('«Echadme a la
parte más baja de la nave...». Se arrojó a la parte más baja
de la nave') y el *Poema* dice: *enfogó el "sossanyo"*, 'sofocó
su ira' (471d).

Hoy está perfectamente demostrado que el autor del *Libro de Apolonio* se basó en la *Historia Apollonii Regis Tyri*,
mientras que el incunable, descubierto por Homero Serís,
y del que más adelante hablaremos, tendría como origen
los *Gesta Romanorum*.

Historia Apollonii Regis Tyri

Sobre su FECHA DE COMPOSICIÓN existe una teoría temprana que lo sitúa en el siglo III d.C. y una tardía en el
siglo VI. Los partidarios de la primera lo hacen basándose
en un estudio que hace Christs de las monedas que aparecen en el texto. Se habla de "áureos", lo cual indica que es
anterior a Constantino, pues a partir de esta época se emplea el "sólidus". Además, la "libra" tendría que equivaler

---

[14] GOTTFRIED BAIST, *Grundriss der romanischen Philologie*, II
(Strassburg, 1890-1897).

a unos 50 "áureos", lo que ocurre en tiempos de Caracalla. Lo sitúan, pues, entre Caracalla (198-217) y Constantino (306-337). [15] Los partidarios de la teoría tardía, o creen que lo compuso Celio Simposio, lo que les obliga a retrasarla, o bien se basan en los elementos cristianos que ya aparecen en los primeros manuscritos. Pero, como no parece que el "traductor" fuera Simposio, dado que no hubo texto griego, ni tampoco fuera su autor, y como los elementos cristianos pueden ser debidos a la normal evolución del tema a lo largo de los siglos, parece más probable la teoría temprana. A ella se adhiere Klebs (p. 216) que afirma que el autor fue latino, de religión pagana, y que vivió en la primera mitad del siglo III.

FAMILIAS DE MANUSCRITOS Y EDICIONES CRÍTICAS. En 1893 Riese publica la primera edición crítica; ya había editado el manuscrito Laurentiano n. 40 en 1871, pero, a la vista de la obra de Michael Ring, 1880, sobre el códice parisino 4955, amplió su estudio. Establece dos familias: la principal AP (siendo A el Laurentino del siglo x, y P el parisino del siglo XIV; esta edición crítica, en la que da prioridad a A por más antiguo "eis locis quibus pari bonitate sunt", p. VI, la coloca en la parte superior de las páginas de su obra, seguida de aparato crítico). En la parte inferior, la familia β, códice oxoniense del Colegio María Magdalena de Oxford n. 50, siglo XI, cotejándolo con otros de la misma familia, también con aparato crítico. [16]

---

[15] Para explicación más detallada, GARCÍA DE DIEGO, pp. 11 y 12 de su Introducción.

[16] Esta familia, que llama secundaria, se compone de los siguientes manuscritos: r: Vaticano 1869, siglo XV (?); b: Vossiano de Leiden, siglo IX o X; T: Tegernseeense, después Munichense 19148, muy mutilado; y Vienense, del siglo XII. También tiene en cuenta los que llama de tercera categoría por interpolaciones recientes y "audaces": γ: Londinense de Sloan o Sloniano, 1619 del Museo Británico, del siglo XI, según Riese, y del XIII, para Klebs (p. 126); δ: Bodleiano 247, del siglo XII o XIII; M: Munichense 215, del año 1462; y d: Berna 208, del XIII. Por último, tiene presente el desaparecido de Augsburgo (Wl), que sirvió a Marcus Welser para su edición de 1595.

Baist [17] creyó que la única fuente del Apolonio la constituyó el ms. *P*, pero su afirmación fue puesta en tela de juicio por Klebs quien llegó a la conclusión de que el *Poema* no deriva directamente de ninguna de las versiones existentes, sino de una mixta, y perdida, fuertemente relacionada con *AP* de Riese, pero con detalles de β. Cree que *AP* y β han tenido también un origen común en un manuscrito perdido. (Solalinde, p. 188, postula que de éste derivaría el *Poema* y de ahí sus coincidencias con los *Gesta* y el *Pantheon*.)

En 1899 Elimar Klebs publicó un valiosísimo estudio sobre los manuscritos de la *Historia Apollonii*, clasificándolos por familias, naciones y cronología. Con respecto a lo que a nosotros interesa, habría dos redacciones fundamentales, RA (*AP* de Riese) y RB (β de Riese). Un hipotético R, del siglo V (?), común a ambos, tampoco sería el texto primitivo pues tendría ya elementos cristianos; hay que remontarse a un texto, pagano, que coloca en el siglo III. Así lo esquematiza García de Diego (p. 22 de su Introducción):

$$
\begin{array}{ll}
\text{Siglo } 3.^{\circ} \ldots \ldots \ldots \ldots \ldots & \text{Hi.} \\
& | \\
\text{Siglo } 5.^{\circ} \ldots \ldots \ldots \ldots \ldots & \text{R.} \\
& \overbrace{\phantom{\text{RA} \qquad \text{RB}}} \\
\text{Siglo } 9.^{\circ} \ldots \ldots \ldots \text{RA} & \qquad \text{RB} \\
\\
\text{Siglo } 10.^{\circ} \ldots \ldots \ldots & \text{Textos mezclados.}
\end{array}
$$

el *Poema* derivaría de RA con items de RB (Klebs, pp. 384-391).

Elimar Klebs disentía de Riese en algunos puntos de la edición crítica; él mismo tenía el propósito de realizar una, pero no lo llevó a término. Por lo tanto, y hasta 1981, ha sido la de Riese la base para toda clase de estudios. En 1981 se publica la más moderna edición crítica, hasta hoy, por Dimitra Tsitsikli en la que se han tenido en cuenta todos los datos y observaciones de Klebs. Dispone las lec-

----

[17] *Op. cit.*, II, 2, p. 404, nota 3.

turas de forma sinóptica, el texto crítico de RA (*Rezension* RA) en las páginas de la izquierda y la RB (*Rezension* RB) en las de la derecha y, para facilitar el cotejo, van en cursiva las lecturas mejores o, por lo menos, las que merecen tenerse en cuenta; en la parte inferior hay variantes de otros manuscritos.[18] Según su opinión, RB es más antigua, y RA depende de RB y del original perdido, por lo que las tres redacciones tienen la siguiente disposición:

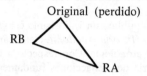

Original (perdido)

RB

RA

A pesar de esta edición de Tsitsikli, en este trabajo se ha citado por la redacción *AP* de Riese (= RA) para facilitar la consulta, ya que toda la colección Tevbneriana es de libre acceso en la Biblioteca Nacional, Alvar la recoge (II, pp. 237-264), y se dispone de la traducción de Rodolfo Oroz en su edición bilingüe.

Ninguno de los tres autores, Riese, Klebs y Tsitsikli, tienen en cuenta el MANUSCRITO 9783 DE LA BIBLIOTECA NACIONAL DE MADRID, letra del siglo XII, a pesar de haber sido citado por Amador de los Ríos (III, p. 285, nota 3) y publicado por Eduardo García de Diego.[19] Su importancia radica en su antigüedad (sólo se conocen ocho manuscritos anteriores al XII); es distinto de todos los conocidos; y, per-

---

[18] Para evitar repeticiones *vid. supra* y nota 16. En RA dos manuscritos fundamentales, *A* y *P*, y, además, *Va*: Vaticano Latino 1984, y *G*: de Gottinga 173 Philologie, del siglo XIII. Para RB: básicamente el *b* (que Riese minusvaloraba), β y π: Parisino Latino 6487; como secundarios de RB: *q*: Parisino Latino 1423, del XII; *r*, y μ: Vaticano Reginae, del XII; en el aparato crítico de RB: el γ y el *T*.

[19] Obra, por otra parte, dificilísima de encontrar (ni en Madrid, Totana, Murcia ni Sevilla) y que he consultado gracias a unas xerocopias proporcionadas amablemente por el Cat. Dr. González Rolán.

teneciendo a la familia RB, es de gran importancia para
reconstruir la segunda parte del Apolonio; Klebs se veía
obligado a apelar a una redacción muy secundaria, la RE,
para ello.

Concluimos, pues, que el *Libro de Apolonio* deriva fun-
damentalmente de la redacción *AP* de Riese (= RA de
Klebs y de Tsitsikli) con elementos de β (= RB de Klebs y
Tsitsikli) y algún detalle de otras familias. [20]

EL AUTOR A TRAVÉS DE SU OBRA

Quiero en Apolonio la materia tornar.
En Tarso lo lexamos, bien nos deue membrar (62b,c).

Volvamos, por lo tanto, al *Poema* español. De una obra
anónima puede parecer una incongruencia reservar un epí-
grafe para su autor; pero todo escritor pone en lo que relata mucho de sí mismo; veamos, pues, qué rasgos se le
pueden atribuir a través de los 2.621 versos que escribió.

Por lo pronto que era clérigo. En ello están todos los críticos de acuerdo. [21] Esta adscripción queda patente desde la
invocación inicial a Dios y a Santa María hasta las últimas
estrofas sobre la necesidad de hacer buenas obras en esta

---

[20] Resultan muy interesantes los ejemplos que expone Klebs para
demostrar estas filiaciones. Una muestra para ver cómo el *Poema* deriva de versiones cruzadas: en la RA se dice: "omnium
philosophorum omniumque *Chaldeorum*", y en la RB: "cum volu-
minibus Graecis et *Latinis* universarum quaestiones", de lo que
resulta en el *Poema* español: "Rezó sus argumentos, las 'fazanyas
passadas, / *caldeas τ latines* tres o quatro vegadas" (31c,d); ha tenido, por lo tanto, como fuente un manuscrito, mezcla de RA
y RB, en que se mencionaran ambas, *caldeas* y *latinas*.

[21] AMADOR DE LOS RÍOS: "clérigo por el asunto elegido, por la
predilección hacia la clerecía... y porque eran dados al estudio de
la historia antigua". Klebs: "el poeta, probablemente eclesiástico,
no hace más que reflejar su modo de pensar y sentir, sustancial-
mente impregnados de espíritu religioso". Marden: "hombre de
iglesia ... con entrenamiento monástico para cristianizar en espíritu a los héroes de su original latino". Solalinde: "clérigo por sus
muchas alusiones a la religión y referencias a Dios y al Creador".

vida, pasando por las breves digresiones moralizantes que incluye (estrofas 52-59, por ejemplo, de cómo un pecado arrastra a otros mayores, donde incluye el apólogo tradicional del ermitaño que comenzó bebiendo vino y acabó asesinando; o 134 a 137 y la 339 sobre *fortuna labilis*). Además, aunque ya la fuente latina estaba fuertemente cristianizada en actitudes, bien que los elementos externos fueran paganos, ahora se produce una mayor cristianización tanto en cualidades ensalzadas como en elementos externos. Según mis cálculos, se nombra 68 veces la palabra *Dios* (y una *Deus*), 14 veces al *Criador,* aparte de alusiones más indirectas como *rey de los çiellos* (93a), *Senyor Espirital* (110d, 456c) o *El que poder ouo de pobre te tornar* (137a) o *Senyor ... que tienes el sol ha tu mandar* (381b), etc. Son ensalzadas: la paciencia ante los contratiempos, virtud en la que coincide con algunas escuelas del mundo greco-romano; el desinterés: ni Elánico acepta recompensa por su servicio, *Quien bondat da por preçio malamiente se denuesta* (76d), ni los médicos que salvan a Luciana retienen un centavo del dinero que viene en su ataúd (323) y tampoco cuando Apolonio, ya reunido con Luciana, quiere recompensar al médico joven que la devolvió a la vida (592); la generosidad: en Apolonio a su llegada a Tarso, *dáuangelo de grado, non lo querìan vender* (65b), en Antinágoras hacia Tarsiana (411-418), en todos los habitantes de Mitilene, *ayudáuanla todos de voluntat mejor* (430d). Aparte de otros muchos detalles, como Tarsiana defendiendo su virginidad con argumentos cristianos, por ejemplo (407-409).

Con lo que ya no estoy tan de acuerdo es con la afirmación de Marden de que estos trazos que hemos esbozado "show the monastic training" (I, XIX). Una cosa es ser clérigo y otra monje. Francisco Rico ha escrito recientemente un largo artículo, *"La clerecía del mester"*, [22] sobre los clérigos no adscritos a ningún monasterio, "scolares quidem sunt clerici", formados en las universidades, si no giró-

---

[22] *Vid.* Bibliografía. Algunas frases de este autor, por acomodarlas al curso de las mías, no están tomadas al pie de la letra, pero, aunque no vayan entrecomilladas, el espíritu de ellas le pertenece.

vagos cuando menos viajeros, orgullosos de su cultura y
deseando comunicarla, con el pie en el suelo y el ojo en el
cielo, que, solamente por necesidades de los monasterios,
en franca decadencia en el Doscientos, les prestaban sus
servicios ante la carencia de monjes suficientemente preparados para los imperativos de una sociedad en transforma-
ción. Este artículo de Rico puede ser polémico, porque
haya quien piense que no se puede generalizar, pero se
ajusta de tal modo a las características del *Libro de Apolonio,* que lo suscribo y voy a intentar ir señalando cómo
se cumplen todos esos rasgos en el poeta anónimo del *Poema* y cómo, lo que no dice directamente, se lo atribuye a
los personajes de su historia.

Que era un clérigo secular, y no un monje adscrito a un
monasterio, lo corrobora la leve ironía que se permite al
hablar del destino que Apolonio quiere que se dé al dinero
metido en el ataúd de Luciana: *lo ál, por su alma, preste
al monesterio; / sallirle an los clérigos meior al çimenterio, / rezarán más de grado los ninyos el salterio* (291b-d).
Ha pasado por la Universidad, "siguiendo las normas del
Concilio de Letrán que tan perentoriamente urgió una mejor educación del clero", o tuvo maestros que por allí pa-
saron (*el escolar fue bueno, hun maestro valié,* 298a) y,
por ello, en los personajes, destaca la instrucción superior
como algo muy valioso: a Apolonio se le juzga como *clérigo
entendido* (510b), *bien raçonado* (67a), *de letras profundado* (22a), *bien dotrinado* (22b), *de buen entendimiento*
(149c), conoce el caldeo y el latín (31d), tiene sus libros
anotados y glosados (31b) y hasta los recita de memoria
(31c); en la música desvela una técnica que nada tiene que
ver con el amateurismo (*mas, si prendo la vihuela, cuydo
fer hun tal son / que entendredes todos que es más con
razón* 'técnica', 182c,d) y canta con corona de rey, no con
guirnalda de histrión (185c,d); hasta en el juego de la pelota muestra un aprendizaje que tiene mucho que ver con la
inteligencia cultivada: *semeiól' omne bueno, de buen entendimiento; / de deportar con éll tomó grant taliento*
(149c,d); *entendrié quien se quiere que non era villano*
(146d); *que grant omne era entendiógelo luego* (151b). Tar-

siana a los siete años es enviada a la escuela (350b), *apriso
bien gramátiga τ bien tocar viuela* (350c) —sólo nombra
una rama del *Trivium* y otra del *Quadrivium* pero es suficiente—; hasta cuando actúa de juglaresa no es tampoco
algo histriónico, pues, por dos veces, se habla de una "maestría" (423b y 486c). A Luciana, nada más aparecer en el
relato, se la califica de *bien ensenyada* (163b), y tiene buena base técnica en sus conocimientos de música (183a,b)
que perfeccionará con las lecciones de Apolonio.

De la Universidad de Palencia se conocen nombres de
maestros franceses ("*sapientes a Galliis*") que vinieron a
enseñar la ciencia que se enseñaba en Europa. Este reconocimiento al buen maestro se refleja en *ouiste en tu dotrina
maestro bien letrado* (496d), y a Francia se la nombra como
lugar privilegiado (548b y 583b). Cita Rico "Vivit ut ad-
discat et in ipso limine mortis / in dextra librum posse
tenere cupit", Tarsiana no llegó a morir con los libros en
las manos pero trabaja con esfuerzo pese a sus dotes inna-
tas (*aguzó bien, como fierro que aguzan a la muela*, 350d),
no iba a almorzar hasta tener la lección aprendida (354d);
lo mismo que los *scolari clerici* "tenía la querencia de
aprender contra viento y marea": *ca auyé uoluntad de algo*
('mucho') *aprender. / Maguer mucho lazdraua cayóle en
plaçer* (353 b y c).

De Francia, lugar privilegiado, adopta el poeta "el tetrás-
tico monorrimo de alejandrinos que la influencia francesa,
a comienzo del Doscientos, extiende por toda la Romania
como metro didáctico y narrativo propio de un linaje de
intelectuales que ahora sienten con creciente intensidad el
deseo o la conveniencia de difundir en vulgar las riquezas
de la cultura latina". Esta frase de Rico no necesita datos
que la corroboren. Sólo una matización: el poeta del *Apolonio* no tiene la maestría de un Berceo para las "sílabas
contadas" y su oído, acostumbrado a la métrica anisosilábica anterior, nos presenta un poema no precisamente "sen
pecado", sino plagado de incorrecciones de métrica, que no
pueden achacarse, al menos en gran parte, al copista.

Este europeísmo, este deseo de traspasar fronteras —"si
no giróvago cuando menos viajero"—, esta curiosidad in-

saciable que caracteriza a la clerecía del mester se la atribuye el poeta a Apolonio: *teníame por torpe τ por menoscabado, / porque por muchas tierras non auía andado* (125c,d) y, frustrado por la afirmación de Antioco de que no ha resuelto el enigma, la solución que encuentra es viajar (*más quería yr perdersse ò la uentura mudar ... metióse en auenturas por las ondas del mar* (34b y d).

Pero, aun dentro de los límites de la patria chica, el clérigo-escolar no está entre cuatro paredes sino "abierto a la nueva sociedad progresivamente urbana"; frecuenta y conoce el mundo que le rodea: el ambiente bullicioso de los alrededores de un mercado (como en un retablo flamenco califica Alvar, *Apolonio,2,* XXXVII); el paseo en un día de fiesta, como el de Dionisa con su hija y Tarsiana (366-7), todavía presente en algunas ciudades provincianas, las mujeres intentando ser admiradas y tantos criticando o alabando a los demás que pasean. Quizás él también fue en alguna ocasión de los que se subían a los poyales para oír a un buen juglar cuando la plaza está atestada de gente que impide la visión (427d), o contempló, con envidia bajo su vestido talar, el juego de la pelota que con tanto detalle describe (144 a 151). Caminó por la ribera del mar, vio a los pescadores arreglando sus redes y lo menciona (121d). "Tiene los pies en el suelo" y también sabe de las amarguras del mundo del agricultor: *podrié comer hun ninyo, rafez, la dinarada, / conbrié tres el yuguero quando vinise de la arada* (66c,d); posee referencias de las hambres apocalípticas de los siglos XI y XII y nombra, hasta producir intriga en el lector, la comida y el vestido; pero no en balde, dadas las carencias que todavía existían (aunque el XIII fue un siglo de expansión económica), las donaciones al vasallo consistían en el *victu* y el *vestitu*. Enumerar las veces en que la comida o el vestido son enunciadas para señalar tiempos, situaciones, categorías de personajes, sería interminable.

Indudablemente, ha visto a un médico en su menester (301b y 306-312), embalsamar a los muertos (297b a 300; 281a; 364), trabajar a un herrero (287b) y a los alfajemes afeitar (624d). Todo lo va pintando con singular maestría y plasticidad. Además de la libresca, tiene, como vemos, la ciencia de comprobación que da la propia experiencia (*quando an passado por muelles τ por duras, / después sse tornan maestros τ cren las escripturas*, 136c,d).

Pero con esta cultura de que hemos hablado, que aprendían con afición y también con esfuerzo, "aspiraban a prebendas en esta vida y a la fama aun después de la muerte" (también Tarsiana *maguer mucho lazdraua cayóle* ['el estudio'] *en plaçer. / Ca preciáuase mucho τ querié algo ualer*, 353c,d). La educación universitaria "les abría paso a los ambiciosos empleos de las secretarías señoriales y reales, les podía convertir en funcionarios de la organización eclesiástica: en las cancillerías catedralicias, en primer término, pero también en las monacales". El esplendor del monacato va quedando atrás; para ponerse al día debían pleitear, "abrir registros, compilar cartularios". Para tal tarea recurrían, por no contar con especialistas, a los clérigos seculares. Algo de todo esto aparece en el *Libro de Apolonio*: el autor conoce las costumbres de palacio, describe, en una comida palaciega, cómo existe un protocolo sobre dónde debe cada uno colocarse (158), el estrado donde comen los *donzeles* (157c,d), cómo el lugar preferente es *en derecho* ('enfrente') del rey (159c) y, en su realismo, señala que todos *comién a grant poder* (160a), mientras nos pinta el ir y venir apresurado de los sirvientes (160b). El comienzo del escrito que Apolonio introduce en el ataúd de Luciana tiene reminiscencias de cancillería real: *Yo, rey Apolonyo, enbío mercet pedir* (290b), lo mismo que las amenazas con que concluye: *Sy esto non cunpliere, plega al Criador / que ni en muerte ni en vida non aya ualedor* (292a,b).

El poeta conoce también los juicios públicos de los concejos, cómo se llama e interroga a los testigos (609-610), cómo se reparte justicia —una vez acallado el alboroto que el delito ha provocado en sus componentes (611 y 605)—, cómo lograban ponerse de acuerdo en una decisión (91c,d); y abunda en frases propias de hombre de leyes acostumbrado a construir adecuadamente un discurso (*véyolo por derecho, ca bien lo concluydes*, 412d; *sermón bien adonado* 'convincente', 425a). Se ciñe, por lo mismo, a los datos que pueden comprobarse: *Su nombre fue Teófilo, si lo saber queredes, / catatlo en la estoria si a mí non creyedes* (372a, b), *esto que yo vos digo la ley vos lo prediga* (53d); y se siente orgulloso de su formación: como Apolonio, que se juega la vida *por tal que no fuese por bauieca tenido* (23c) o huye de su tierra a buscar aventuras, no por la "ira regis" como se ha dicho, sino por la frustración que le causa no encontrar solución al enigma que creía haber desvelado (34a,b).

Este último rasgo está muy relacionado con la fama que pretendían alcanzar.[23] También la idea de la fama aparece repetidas veces en el *Poema*. Se erigen dos estatuas a Apolonio (96-97 y 571) con inscripciones que perpetúen su memoria (574c,d) y de él se dice: *Demás omne nin fembra que deste omne oyere / deue tener su loa demientre que visquiere* (77c,d), *deuié seyer, en vida, tal omne adorado* (91d); de Antinágoras: *Bien deuié Antinágora en escripto iaçer* (551a). Los médicos que curan a Luciana son una buena muestra de cómo se prefiere la fama a los bienes terrenos. No toman el dinero a que tienen derecho, pero el maestro asegura al discípulo que, si la devuelve a la vida, "*Nunca morrá tu nombre si tú esto fizieres, / de mí aurás gran honrra mientre que tú visquieres, / en tu vida aurás honrra, ↄ después que murieres, / fablarán de tu seso varones ↄ mugeres*" (305). El mismo poeta los juzga: *La bondat de los metges era atan granada, / deuyé seyer escripta, en hun libro notada* (322c,d) y cuando al final del relato Apolonio quiere premiar al joven médico, no lo acepta: *mas, por ganar buen preçio, él prender nada non quiso* (592d).

Este orgullo que muestran ("mester es sen pecado") no les impide acercarse al pueblo "para instruirle, hablándole con un lenguaje inteligible y hasta nutrido de imágenes que le resulten profundamente familiares": Tarsiana, al estudiar, *aguzó bien, como fierro que aguzan a la muela* (350d); Luciana, oyendo cantar a Apolonio y empezándose a enamorar, *abés cabié de gozo en su pelleio* (188d), y, cuando le oye contar su historia en la mutua anagnórisis, *non pen-*

---

[23] *Vid.* MARÍA ROSA LIDA, pp. 159-166.

ssaua Luçiana de reçar el salterio (585b). Anteriormente a este episodio, cuando Luciana vuelve a la vida en casa del médico, *metió huna boz, flaca, cansada, como gato*: / —*¿Dó está Apolonyo, que yo por éll cato?* / *Creyo que non me preçia quanto a su çapato*" (314b-d); Antioquía es para Apolonio *huna buena pitança* (616b); a la vista del dinero que gana Tarsiana *reyésele el oio* al leno (420d). Incluye refranes de dominio popular: *la copdiçia mala saco suele ronper* (57b) y toma técnicas de juglaría como anticipar, con frases de temeroso presagio, las desgracias que van a ocurrir después (258d, 265d, etc.).

Pero, al mismo tiempo que baja hasta el pueblo para hacerse inteligible, "le obliga a ascender de grado y adaptarse a las doctas costumbres del poeta". El que escribió el *Libro de Apolonio* no hace tantos alardes de "latinizador" como Berceo; escasean, por ejemplo, los hipérbatos fuertes, pero acude a la anáfora (335 y 336), al cultismo léxico: *loqüelas ni sermones* (558d) tomado del salmo 18, usa la palabra *odiçenpçón*, tecnicismo médico desconocido; al cultismo semántico: *buena fue la tempesta, de Dios fue prometida* (547c) usando *prometida* en su primera acepción latina 'dejar seguir adelante'. Usa del acusativo interno, *ouo ha ssosacar hun mal ssosacamiento* (14c); del proléptico: *entendió las palabras que vinién por razón* (539b). Hay ecos, sólo ecos, del *Beatus ille* y del *locus amoenus*: *Por beuir más viçioso z seyer más a su [sabor]* / *como fuera de las ruuas biue omne meior,* / *auia todos sus aueres do era morador:* / *en ribera del agua, los montes en derredor.* / *Andaua por la ribera a sabor del viento...* (285 y 286a) y lleva a la práctica la "moderna teoría de la *brevitas*": *Razón non alonguemos, que serìa perdición* (584a), *nuestro cursso* ['poema'] *ssigamos z razón acabemos;* / *si non, dirán algunos que nada non sabemos* (628c,d), *Destaiemos palabra, razón non allonguemos* (655a).

Hasta aquí las características observadas por Francisco Rico en la clerecía del mester. Pero existen otras en el *Apolonio* que también ayudan a caracterizar a su autor, y de ellas quisiera hablar. Además de la etopeya de los personajes es capaz de sentir las palpitaciones de la villa, como alma colectiva, en sus tristezas y alegrías. Tristeza de Tiro durante la ausencia de su rey (42-43 y 639) frente a la exultación en su regreso (640-642); tristeza en la primera separación de Tarso (104-105); cuando se marcha Apolonio con Luciana de Pentápolis, tanta tristeza que le extraña que, ante ella, la naturaleza se muestre impasible: *Los vientos por las lágrimas non querían estar, / acuytaron las naues, fiziéronlas andar* (262-263). Alegría de la llegada a Tarso con su mujer y su hija (596-597), al arribar a Antioquía (614c,d y 615), al llegar a Pentápolis (621 y 624-625). Aún hay más: alegría del encuentro de Apolonio con su hija y la boda de ésta con Antinágoras (556 y 558) y lo mismo, en Éfeso, con la anagnórisis del protagonista y Luciana (593a,b).

Y faltan los dos elementos esenciales: la música y el mar. No puede caber duda de que era un melómano al ver la sensibilidad con que describe el tañer de Luciana y el de Apolonio. Conoce los instrumentos,[24] sabe de su técnica, distingue al "practicón" del verdadero maestro y, además, va jalonando, recurrentemente, los momentos claves del relato con la presencia de la música: el conocimiento de Apolonio y Luciana, el pasaje bellísimo de Tarsiana juglaresa, la anagnórisis de la niña con su padre; amén de que también aparece en momentos de gozo ciudadano.

El mar, por último, es el *leitmotiv* del *Poema,* tanto, que ha hecho afirmar a Lapesa que el *Libro de Apolonio* "es el poema del mar". Su actitud frente a él es contradictoria, pero comprensible, es como el enamoramiento de un hombre hacia una mujer que puede destruirle y deslumbrarle. Todas las ciudades del relato son puerto de mar; trece son los viajes de Apolonio, la mayoría descritos con profusión de detalles,[25] sobre todo las tormentas y los nau-

---

[24] *Vid.* Devoto, pp. 291-317.

[25] Tanto más sorprendente por cuanto no describe paisajes de tierra adentro, ni nombra colores, a pesar de los cuadros tan vivos que pinta; bien es verdad que se adivinan sin sus palabras. Lo general son meros señalamientos: *apartóse con él en hun cam-*

fragios. Sin el mar no existiría el *Poema,* pero obsérvense estas frases: *El mar, que nunq⟨u⟩a touo leyaltat ni belmez, / cámiase priuado ⁊ ensányase rafez; / suele dar mala çaga más negra que la pez* (107a-c); *Nunq⟨u⟩a deuía omne en las mares fiar, / traen lealtat poca, saben mal solazar; / saben, al reçebir, buena cara mostrar, / dan con omne aýna dentro en mal logar* (120). No es extraño que, como colofón, en la última estrofa, aparezca el mar: *El Sennyor que los vientos ⁊ la mar ha por mandar, / Él nos dé la ssu graçia ⁊ Él nos denye guiar; / Él nos dexe tales cosas comedir ⁊ obrar / que por la ssu merçed podamos escapar* (656).

EL COPISTA

Mucho hemos hablado del autor, veamos qué nos transmite el *Poema* sobre su amanuense, pues, según la acertada frase de García Blanco (p. 351), cuando existe un solo manuscrito como en el caso presente, el copista "se nos convierte en un colaborador del poeta".

Sobre su talante tiene Marden (I, XIII) un comentario muy expresivo: "la forma de poner el título arroja una fuerte luz sobre las características de un escriba que de tal manera trata los versos iniciales de un escrito"; sencillamente, ha comenzado a escribir y se ha olvidado de dejar sitio para el título, al que deja hueco después del segundo verso (cf. p. 95). Sin embargo, y paradójicamente, es un escriba cuidadoso repasa, tacha, raspa, emborrona lo que ha equivocado, reescribe, pero todo esto no es otra cosa que una lucha contra su descuido innato; al final le queda un texto donde faltan letras, sílabas, abreviaturas, en varias ocasiones se olvida de que la inicial del verso debe dejarla sin escribir (para después hacerlo en rojo y negro) y queda repetida la inicial: *E⟨e⟩n el nombre* (1a).

---

piello plano (68d), *sacólo a conseio a hun lugar apartado* (80d) *fueron luego llegados a vn buen lugarejo* (560b), *fuera yaze de la villa, en huna buena plana* (579b).

Como se ve, ¡mala suerte!, le ocurre, también, al principio del poema.

En cuanto al texto en sí mismo hace lo que todos sus colegas: todo copista moderniza, en mayor o menor grado, el texto que tiene delante. Según calcula Alvar (I, § 2), basándose en el verjurado del papel (por el tipo de letra se acepta unánimemente), el manuscrito fue copiado hacia 1390. Han pasado, por lo tanto, ciento cincuenta años; la apócope extrema, por ejemplo, ya no está de moda: Arnold (p. 51) calcula que 119 hemistiquios se harían regulares quitando la vocal final repuesta. Esto no implica, lo afirmaré repetidas veces, que todas las incorrecciones se deban al copista (cf. p. 38).

Aunque el texto sea castellano, no lo era quien lo copió. [26] Pudo ser un aragonés de una zona limítrofe con Cataluña, o bien uno de tantos escribas catalanes afincados en Aragón en el siglo XIV, o, como apunta Alvar (*Infancia*, p. 108), uno de tantos aragoneses cultos que conocían el catalán y lo empleaban en la cancillería real y en documentos privados, o bien, según Marden (II, 28-29), a quien apoya en su reseña Cirot, p. 252, dos copistas sucesivos: una primera copia, perdida, escrita por un aragonés, sobre la que escribió un catalán el manuscrito existente. La teoría que me parece más plausible es la de un catalán afincado en Aragón, porque, cuando no tiene el texto delante, como en los títulos de las tres obras (*vid.* p. 64), se le deslizan catalanismos crudos y, al final del códice, pergeña diez líneas (*vid.* p. 64) sobre cómo obtener favores de Dios, en puro catalán. [27]

---

[26] Sobre las diversas teorías expuestas en torno al lenguaje del *Poema*, véase Marden, II, 19-29.

[27] Cesare (p. 14, n. 4) sugiere dos copistas porque a partir del folio 30, verso 301d, ve diferente la escritura. Véase en este estudio p. 66. También se podrían sacar consecuencias a partir de las grafías del nombre del protagonista: *Apolonio*, 49 veces consecutivas hasta 199c; desde aquí a 446c, alternancia de *Apolonio* y *Apolonyo*, dominando la primera forma (21 frente a 13), y en las últimas estrofas, siempre *Apolonyo*, 29 veces.

En el texto, en definitiva, hay rasgos aragoneses, catalanes y occitanos. Estos últimos no hacen provenzal al texto porque habían pasado al aragonés, directamente o a través del catalán, e, incluso, aparecen en textos castellanos y en Berceo. Muchos de los catalanismos habían también pasado al aragonés y al castellano. No se trata, por tanto, de analizar una forma o grafía aislada, es su conjunto lo que permite afirmar que el texto que poseemos fue escrito por un catalano-aragonés. [28]

Aragonesismos: FONEMAS: *h* expletiva (más frecuente que en otros dialectos, Alvar, I, § 248.1) *huna* (4b...); *y* antihiática: *seyer* (6a), etc.; conservación de *-d-*: *piedes* (513a...), *frida* (444b); evolución *kt* > *it*: *muyt* [29] (241a). MORFOLOGÍA: [*yo*] *pidié* 'yo pedí' (85b) perfecto en *e* (Alvar: *Dial. Arag.* § 130); *trayó* 'trajo' (326c), *dixoron* (475d). LÉXICO: *sines* (249d), *estemado* (460d), *yer* (481c).

Rasgos aragoneses coincidentes con el catalán antiguo: GRAFÍAS: *u* tras consonante velar: *nunqua* (45d...), *qua* (18c...), *gigua* (184c), *madurguada* (426a), *llagua* (442b); *ny* para la nasal palatal *ñ*: *conpanyera* (4c...), aunque también tiene valor de *ni*: *Apolonyo* (199c...), *anyello* (211a), *mesquinyella* (393a); *yll* para líquida palatal (más raro): *nuyll* (123b...), *mueyll* (514a); *-tz* en final: *ditz* (17c), *patz* (478b). FONEMAS: conservación de *pl-*: *Plorauan* (105a), etc.; de *kl-*: *clamó* (37a); evolución *nd* > *n*: *demanar* (24a); *-idiare* > *-eyar*: *guerreyo* (509c). MORFOLOGÍA: *sía* (274a); *sobre* para superlativo (405b); sufijos *-ança*: *França* (583b) y *-ença*: *creyença* (647c). SINTAXIS: *de tú* (489c), *para tú* (502d), etc., cat. "ab tu". LÉXICO: *en* adverbio pronominal (12d), *lexar* (62c...), *trobar* (247b), *çinquanta* (397c), *sexanta* (397d). CALCO DE CONSTRUCCIÓN: *todo solo* "tot sol" (114b).

---

[28] A. BADÍA, *Gramática histórica catalana* (Barcelona: Noguer, 1951); ÉMIL LÉVY, *Petit dictionnaire provençal-français* (Heidelberg, 1909); JOAN COROMINAS, *Diccionari etimològic i complementari de la llengua catalana* (Barcelona, 1980-1985).

[29] La *y* podría ser la indicación de palatal y sería el *much* castellano.

Rasgos catalanes coincidentes, en muchos casos, con el provenzal: GRAFÍAS: *tg* con valor de *ž*: *linatge* (412b). LÉXICO: *Libre* (o *Llibre*), *beltat* (4c), *argument(e)* (15b), *cominal* (25d), *cosiment* (101d, 276a), *encara* (141b), *ren* (177d, 313b), *metge* (292c...), *entendo* (303a), *espirament* (303a), *áuol* (371b), *perlongado* (380d), *rimos* (393b), *trenta* (397a), *paraula* [30] (398a), *loguer* (429b), *Tir* (446c), *oratge* 'viento' (456b), *vila* [31] (456d), *cremar* (576c).

RECONSTRUCCIÓN DEL TEXTO

Entramos en un tema espinoso por lo polémico. Intentaré exponerlo brevemente. Unos creen firmemente en la regularidad métrica de los autores de la cuaderna vía acusando de toda irregularidad al copista. Esta postura la tiene Arnold, que, además de restituir 119 apócopes repuestas (para devolvernos aquella perfección métrica), tiene que acudir a diéresis y sinéresis, a sustituir palabras largas por otras más cortas o viceversa, a reorganizar el orden de los sintagmas, a cambiar palabras de un hemistiquio a otro, restaurar algunas supuestamente olvidadas y quitar otras supuestamente añadidas, para terminar diciendo: "Respecto a *El Libro de Apolonio* me veo obligado a creer que toda lectura que no sea la heptasilábica no es auténtico trabajo del poeta" (p. 56). Otros, como Henríquez Ureña, ponen en tela de juicio esa pretendida regularidad, exceptuando sólo a Berceo (*La versificación...*, capítulo I, § 4, y *La cuaderna vía, passim*).

Unos y otros tienen argumentos válidos que los apoyan. Desde luego, todo copista moderniza poco o mucho el texto que tiene delante, y otro tanto se puede decir de los recitadores; entre la composición del *Poema* y la copia que nos ha llegado han pasado ciento cincuenta años, en los que el *Libro* ha estado sujeto a evidentes modificaciones

---

[30] Puede ser que la *u* represente a la labial fricativa, "parabla".
[31] En otras ocasiones también aparece *l* por *ll*, por lo que puede ser vacilación gráfica y no catalanismo.

y deturpaciones. Las obras de Berceo han seguido una trayectoria monacal que las ha respetado excepcionalmente. Cuando existen varios manuscritos o material colateral —como las partes prosificadas del *Poema del Cid* o del *Fernán González,* cuya prosificación es anterior al manuscrito conservado— no solamente es válida la edición crítica, sino científicamente necesaria.

Apoyando la segunda tesis está siempre la duda de que, aunque sea real la deturpación, ¿cuál fue la redacción auténtica? Un mismo verso, para ajustarlo a las 14 sílabas, admite diversas posibilidades: (55b) *porquel' fiço el pecado el vino beuer;* Staaff: "porque l' fiço el vino el pecado beuer"; Cesare: "que porque el pecado fiço-l vino bever"; Alvar: "porque l' fiço 'l pecado el vino a beber'. ¿Cuál de ellas fue la del autor? Henríquez Ureña apostaría que ninguna de las tres. Critica fuertemente a Arnold —"el sistema [de reconstrucción] lo admite todo" (*La cuaderna vía,* p. 46)—, y criticaría igualmente a Alvar y a Cesare, que, admitiendo todos los procedimientos de Arnold, se ven obligados a acudir, además, a otros muchos. Defiende H. Ureña que, aunque los autores aspiraban a la versificación regular, no la lograban del todo; considera el caso de Berceo como excepcional, a pesar de haber sido educado poéticamente en la poesía anisosilábica española y de estar manejando una nueva maestría, pero los demás, por una parte, se dejaban llevar por el octosilabismo al que tendía la épica y por la similitud con la anacrusis en la lírica galaicoportuguesa que ya se cultivaba en Castilla (sería algo parecido a lo que, *mutatis mutandis,* ocurría con Boscán y Garcilaso al intentar construir el endecasílabo italiano con el oído acostumbrado al ritmo tan marcado de gaita gallega y al verso acentual de arte mayor —tónica átona átona; tónica átona átona— [32]), y, por otra,

---

[32] Hasta en la prosa, nos señalaba Rafael Lapesa en clase, se introducía subrepticiamente el ritmo de arte mayor. Dice Sempronio: "es gránde descánso a los afligídos tenér con quien puédan sus cúytas llorár". (*Celestina,* facsímil de la primera edición conocida hecho en 1970 por The Hispanic Society of America, folio III recto, líns. 8-9).

dado que en poetas más tardíos, como Juan Ruiz, la versificación está "exenta de toda preocupación erudita de
sílabas cuntadas" (*Poesía juglaresca,* p. 143) —Lapesa
apunta también que, cuanto más vivo es el relato, más tien-
de al octosílabo—, le parece lógico suponer que los autores
de clerecía, salvo Berceo, no daban mucha importancia a
licencias métricas, aunque presumieran de "mester sen
pecado".

Hay quien califica el manuscrito que nos llega como
"esa pantalla que se nos ha colocado ante los ojos" (Alvar,
I, § 28); autores, como Colin Smith en su edición del *Cid,*
que sistemáticamente intentan ridiculizar toda modificación
que se haga al texto (a pesar de que él no hace otra cosa
que seguir la magnífica edición paleográfica de Menéndez
Pidal, sin que aparentemente haya consultado el texto en
sus partes legibles por mucho que lo afirme [33]). Todos tienen sus motivos para defender su propia postura, aunque
sea de forma tan apasionada como Henríquez Ureña o
Colin Smith. Yo quiero atenerme al texto que tengo entre
manos y justificar lo que con él he hecho. Creo únicamente,
como es obvio, que lo que no se puede es dar una edición
reconstruida sin ir acompañada de aparato crítico. Pero
aun aquí caben dos opciones: que a pie de página vayan
las lecturas del manuscrito que nos ha llegado, dando preferencia a la reconstrucción, o viceversa. Y, en ello, entran
en juego las características de la obra y los gustos perso-
nales. En cuanto a lo primero, visto el número de correcciones que habría que hacer para obtener una regularidad
métrica (recojo variaciones a 1.064 versos, un 40,6 por 100,
afectando muchas veces a ambos hemistiquios), he dado
preferencia al texto que nos ha llegado, llevada, también,
porque prefiero saborear un texto, deturpado sí, pero antiguo, que otro con hipotéticas restauraciones, que, por
otra parte, no minusvaloro, pues las recojo todas en un

---

[33] En el verso 2968 tiene Pidal una de las escasísimas erratas: en
el manuscrito se lee clarísimamente *Dezid,* pero en su edición
paleográfica aparece *Dizid,* pues *Dizid* es lo que transcribe Colin
Smith.

Apéndice (p. 329), para que sea el lector, o el profesor de Literatura o de Historia de la Lengua, quien las juzgue, Además, muchas de ellas las hago yo misma en el texto, o en las notas, cuando observo un evidente error; e, incluso, al puntuar y acentuar, ya estoy introduciendo un elemento subjetivo. Pero, en definitiva, me parece más provechoso presentar al lector lo que realmente nos ha llegado: un texto del XIII copiado a finales del XIV.

No se piense con esto que me he limitado a seguir la edición de Marden. Mi lectura del texto difiere en más de 140 ocasiones de la suya (*vid.* NOTA PREVIA). Además, no acepto muchas de las correcciones que él hace (por ejemplo: cambia *rendar* del verso 520c por *render* 'rendir', yo mantengo *rendar* como proveniente de reimitare > rem(e)-dar, que es lo que hace el espejo).

LA OBRA LITERARIA

La lengua

Comenzaremos con la lengua, ya que es el instrumento. No hay "todavía" inhabilidad gráfica como piensa Menéndez Pidal (*Cantar,* II, p. 221, n. 2), sino que hay "ya" testimonios de desfonologización como intuye Dámaso Alonso (*Ensordecimiento en el norte peninsular...*, *passim*).

En *predorsodentales africadas* hay ya ensordecimiento de la sonora, con preferencia de la grafía sorda *ç* (no hay *z* por *ç*), incluso en rima, por lo que, en principio, no es imputable al copista: 567: *plazo, ssanyudazo, laço, rapaço*; 586: *bozes, conosçes, alfoçes, gozes*. En implosiva neutraliza en la floja con *z* (o *tz*), salvo un caso, *rayç* (487b). En *ápicoalveolares* parece que hay indicios de una tendencia a la neutralización de la oposición sorda / sonora. Los casos de sorda con grafía *-s-*, abundantísimos por cierto, no son, sin embargo, significativos por cuanto era grafía habitual, incluso en escritores que diferenciaban; pero existen dos casos de *-ss-* por *-s-*; uno de ellos *desseyado* (614c) que no tiene relevancia porque fluctuó entre las dos grafías

hasta la supresión de -ss- por la Academia (*vid.* Corominas,2, s.v. deseo y nota al texto en este estudio), pero aún
queda *cabosso* (591c), que indica una tendencia reprimida
en el resto del poema. [34] Esta tendencia pudo estar también
latente y reprimida en las *prepalatales fricativas*, aunque
el texto distribuye perfectamente *x* y *j* o *i*, sin testimonios
de ensordecimiento.

En cuanto a las *labiales sonoras*, aunque el paso de la
oclusiva a fricativa fue muy temprano en el norte peninsular, no nos lo indica el texto. Hay siempre *b* en palabras
que tenían -*p*- latina y anarquía total para las que en su
étimo tienen *b* o *v*. Lo más que podemos deducir de estos
datos es que la procedente de -*p*- latina la pronunciaba
oclusiva, y no hay confusión; y, en cuanto a la anarquía
de *b* o *v* (*u*), que la pronunciación era bilabial, no labio-
dental, y le producían desorientación los escritos latinos
en que alternaban esas grafías donde él pronunciaba un
mismo fonema.

Los imperfectos y condicionales tendrían *ié*, forma más
propia del XIII, como indican las rimas 469: *iazìa, plazié,
cobrié, faziè;* 329: *sabìa, solìa, reyé, venié.* Pero no para
la primera persona, 357: *conos⟨cen⟩cía,* (yo) *sabría, mía,
día;* 423: *cortesía, maestría,* (yo) *daría, yo non pecaría* [35].

Realmente todas las características de la lengua están
anotadas a pie de página, pero señalaré las más significa-
tivas para facilitar una visión de conjunto: "ser" como
auxiliar de intransitivos (443b *es muerta* 'ha muerto', pero
630a *auìan venido*); para reflexivos (140a *fue leuantado*
'se levantó'); perífrasis de "ser" más adjetivo en -*or* (133c
ssó sabidor 'sé'); "ser" por "estar" (134c *es todo su sentido*); "estar" por "ser" era licencia poética para la rima
(345a *lo que podrié estar*); restos de pasiva perfectiva latina (12a *só violada* 'he sido violada').

---

[34] Las otras dos palabras que se citan (Alvar, § 242.3), *cossa*
(517a) y *enojossa* (517b), son, a mi juicio, lecturas erróneas.
[35] Por eso he señalado en el texto con acento grave las formas
en -*ìa,* salvo la primera persona. La única forma (yo) *pidié* parece
más un perfecto aragonés en *e.*

"Haber" incoativo (17d *aurìa la fija* 'conseguiría') frente a "tener" durativo (89a *tengamos* 'mantengamos'); perífrasis de perfecto de "haber" más infinitivo, indicando el resultado de la acción (5c *Ouo ha contir* 'aconteció'); participio concordante (8c *la ouo criada*).

Imperfecto de subjuntivo con el valor de su origen pluscuamperfecto (27d *dixera* 'había dicho'); subjuntivo donde hoy iría infinitivo (41b *por amor que ficiesse* 'por mor de hacer'); subjuntivo por imperativo sin negación (71b *Dígasme*).

Partitivas contagiadas a adjetivos (53a *vna poca de enemiga*); *omne* como sujeto indeterminado (53b *perjurase omne*); abstractos en *-or* femeninos (56a *tamanya error*; intercalación del afijo entre los dos elementos del futuro (138b *sseruirte he*); artículo más numeral con valor partitivo (206d *los dos* 'dos de los tres').

La métrica

En cuanto a la métrica, ya se ha expuesto algo sobre el tetrástrofo monorrimo importado de Francia y usado en la nueva maestría. Añadamos algo más. El *Poema* se compone de 656 estrofas o cuadernas más un alejandrino final, antes del cierre *Amen Deus*; seis de ellas sólo tienen tres versos (62, 67, 196, 516, 598 y 604) y una (la 102) tiene un verso de más, presumiblemente el segundo, aparte de que hay un hemistiquio suelto después de 347c.

Se da epífora, o repetición de la misma palabra en la rima, 35 veces, rima asonante 22, falta la rima en nueve versos, rima asonante a la vez que consonante en dos estrofas y, en otras dos, alternan dos rimas consonantes con dos asonantes (consonantes entre sí). La rima más frecuente es la morfológica, como es natural, pero en conjunto hay bastante riqueza: *-ar* en 90 cuadernas, *-ado* en 88, *-ada* en 57, *-er* en 45, *-ida* en 23... *(razón non alonguemos, que serìa perdición)* hasta llegar a 51 rimas que aparecen una sola vez; éstas son rimas difíciles como *-anyo*, *-ozes*, *-argas*..., pero sorprende entre ellas *-iello* (211: *anyello, seyello, mançebiello, castiello*). Aunque era costumbre que cada cuaderna encerrase una idea, taxonomía relacionada por Francisco Rico con la prohibición de la sinalefa, hay dos estrofas encabalgadas (243-244, y levemente 249-250).

Es muy corriente que el cuarto verso dé un resumen de la cuaderna (16: *Auìan muchos por aquesto las cabeças cortadas;* / *sedìan, sobre las puertas, de las almenas colgadas.* / *Las nueuas de la duenya por mal fueron sonadas,* / *a mucho buen donçel auìan caras costadas*), de la 1 a la 13 se podría seguir el argumento con la lectura de los versos *d*. Otras veces *d* glosa a *c* (51: *Confonda Dios tal rey de tan mala mesura,* / *biuìa en pecado ɀ asmaua locura:* / *que querié matar al omne que dixera derechura,* / *que abrió la demanda que era tan escura*). Aunque tiene lugares comunes y "rellenos" típicos de clerecía, son más bien escasos; los paralelos que Marden (I, LIV-LVII) hace con Berceo, *Alexandre* y *Fernán González* responden a lugares comunes de este tipo de versificación. Doy ejemplos de algunos "rellenos" por simple curiosidad, porque la narración es fluida: 172a: Respondió Apolonio, *non lo quiso tardar;* 274c: Acuytaduos aýna, *non querades tardar;* 315a: Entró más en recuerdo, *tornó en su sentido;* 355c: Maguer que era ayuna, *que non era yantada;* 467c: Contáronle la estoria ɀ *toda la razón.*

El tema

Sigue, como ya hemos visto, la estructura de una novela griega de aventuras y amor, éste a través de separaciones y anagnórisis, y un final feliz; en otras palabras, la llamada novela bizantina que tendría su precedente en las *Efesíacas* de Jenofonte de Éfeso o *Historia de Habrácomes y Antía* (principios del siglo II d. C.) [36] y las *Etiópicas o*

---

[36] Edición de Julia Mendoza. JENOFONTE DE ÉFESO, *Efesíacas*, Biblioteca Clásica, 16 (Madrid: Gredos, 1979) pp. 215-311. El primero en ver la relación fue ERWIN ROHDE, *Der griechische Roman und seine Vorläufer* (Hildesheim, 1960⁴) p. 436, y Riese, p. XVI, citando a Rohde.

Teágenes y Cariclea de Heliodoro (segunda mitad del siglo IV d. C.) [37] con su último eslabón, en cuanto a la literatura española, en el *Persiles* de Cervantes.

De las características que de tales relatos señala Haight [38] (con tres ejes fundamentales: amor, aventuras y religión) y Carilla (p. 285) se dan todas; además de las ya dichas a lo largo de este trabajo, el fondo moralizante y religioso, y los sueños o visiones reveladoras (577b a 584d); quizás le falte comenzar *in medias res* porque, si bien empieza en Antioco y no en Apolonio, no vuelve atrás en la historia del protagonista; pero no le faltan pinceladas de humor en determinados versos, aunque no conformen un rasgo caracterizador del *Poema*.

Alvar (I, § 15, y *Apolonio,2*, prólogo) se remonta a Homero, no porque en el *Libro* se imite a la Odisea, sino porque los *topoi* de ella, a través de las novelas griegas, llegan a los relatos latinos y al *Poema* español. Si se hiciera un estudio psicoanalítico, tan en boga hoy en día, de los temas o motivos que aparecen en la *Historia de Apolonio,* los partidarios de este tipo de hermenéutica se remontarían mucho más atrás: al proceso filogenético que conforma la ontogénesis individual. Los autores griegos, bajo este prisma, no relatarían novedades, sino lo que el hombre conoce desde tiempos remotos, sin saber que lo conoce porque pertenece a su subconsciente; penetraron en la entraña de sus más recónditos deseos y tabúes, tabúes porque fueron antes deseos, y de aquí la catarsis de las tragedias griegas y su éxito. No es extraño que la teoría psicoanalítica denomine a los complejos con personajes de relatos griegos. Fueron esos autores los más audaces en el tratamiento de ciertos temas, como el incesto, pero no los únicos, porque tales deseos y tabúes siguen acompañando al alma de los pueblos, y ahí tenemos el romance de *Del-*

[37] Edición de Emilio Crespo Güemes. HELIODORO, *Las Etiópicas o Teágenes y Cariclea,* Biblioteca Clásica, 25 (Madrid: Gredos, 1979). Sobre paralelos con las novelas griegas, *vid.* Alvar, I, §§ 15 al 21.

[38] ELIZABETH HAZELTON HAIGHT, *Essays on the Greek Romances* (New York, 1943) pp. 14-117.

gadina. Deyermond (pp. 124 y 131-135) considera el incesto como uno de los ejes del relato del *Apolonio.* Desde luego es el desencadenante del segundo eje: las andanzas del héroe perseguido por la fortuna; pero no sólo está presente en los amores de Antíoco con su hija, sino que apunta en otras partes de la historia: Apolonio, Architrastres, Antinágoras y los médicos son padres en la realidad o por delegación (*transferencia* en términos psicoanalíticos) como maestros o cuidadores.

Cuando Apolonio, maestro de Luciana, sube a su habitación con las cartas de los tres pretendientes, la joven piensa que va a ser violada por su maestro: *Ella, quando lo vio venyr atan escalentado, / mesturar non lo quiso lo que hauìa asmado. / —"Maestro, dixo ella, quiérote demandar, / ¿qué buscas a tal ora, o qué quieres recabtar? / Que a tal sazón como ésta tú non sueles aquí entrar"... / Entendió Apolonyo la su entençión... / "mas mensatge vos trayo por que merecía gran don"* (212c,d; 213a,b,c; 214a,d). La *Historia* (XX) es más explícita en la contestación de Apolonio: 'Quid est, magister, quod sic singularis cubiculum introisti?' Cui Apollonius respondit 'Domina, es nondum mulier et male habes' (¡Todavía no sois mujer y estáis enferma!). En el pasaje en que el rey entra en el dormitorio de su hija Luciana ocurre otro tanto; la muchacha se asusta, aunque pone la excusa de que su padre está retrasando su comida: *Ella, quando vido el rey cerqua de sí seyer, / fízose más enferma* ('empeoró'), *començó de tremer. / —"Padre, dixo la duennya, con la boz enflaquida, / ¿qué buscastes a tal hora? ¿Quál fue vuestra venida? / De coraçón me pesa τ he rencura sabida / porque uos es la yantar atan tarde deferida"* (234c a 235d, la *Historia* no hace mención al temor de Luciana). También se asusta al despertar del síncope y verse acostada ante el médico: *"só en muy gran miedo de seyer aontada"* (317d). Por último, en la escena en que Tarsiana intenta sin éxito alegrar a su padre (sin saber que lo es), acaba, en su frustración, por echar los brazos al cuello de Apolonio; éste, olvidando sus modos corteses, la abofetea. En este pasaje los psicoanalistas interpretarían (no soy yo quien quiere afir-

marlo) que Apolonio en su subconsciente ya ha presentido
que es su hija, lo mismo que ante el falso sepulcro intuyó
que allí no estaba enterrada, y evita el tabú milenario re-
volviéndose contra ella (527d y 528c); de ahí su extrañeza
y arrepentimiento por su acción: *"Erré con fellonía, puédeslo bien creyer, / ca nunqua fiz tal yerro nin lo cuydé
fazer"* (540c,d). Y algo semejante ocurriría entre Antinágoras y Tarsiana, a quien respeta en su virginidad dando como principal razón que él también tiene una hija
virgen (*por casar*, 414a) y, en 431b, *que si su fija fuese
más no la amarié.*

El motivo tradicional del número 3, con resonancias psi-
coanalíticas como representación de la relación triangular
de los padres y el hijo, y tan presente en los cuentos, no
está ausente, aunque no predomine, en el *Apolonio*: 3 son
los pretendientes de Luciana; las adivinanzas que Tarsiana propone a su padre han quedado reducidas a nueve,
de las diez de la *Historia*, escandidas en 3 grupos de
3;[39] 3 son los protectores de Apolonio: Elánico, el pescador y Architrastres; 3 los enemigos de Tarsiana: Dionisa, los piratas y el leno; 3 son las veces que el autor
interrumpe el relato sobre Apolonio, como veremos más
adelante; y más que se podrían encontrar.

Otros motivos folklóricos insertos en la tradición de
todas las épocas y pueblos han sido enumerados por Deyermond (pp. 128-140) y por Alvar (§§ 190 a 197):[40] una
princesa es ofrecida como premio a quien sepa explicar un
misterio; las cabezas de los pretendientes fracasados se ponen en estacas; el héroe corre aventuras que incluyen la

---

[39] Las adivinanzas, que ya están recogidas por Celio Simposio
(o Simphosio), autor latino del siglo V (?), siguen en el folklore
actual. Sobre la continuidad de dos de ellas, la nave y las ruedas
del carro, véase JOSÉ PÉREZ VIDAL.

[40] Deyermond los numera según ANTTI AARNE y STITH THOMPSON,
The Types of the Folktale, Folklore Fellows Communications, 184
(Helsinki, 1961²); y STITH THOMPSON, *Motif-Index of Folk-Litera-
ture*, 6 tomos (Copenhague-Bloomington, 1955-1958²); Alvar por
este último y por JOHN ESTEN KELLER, *Motif-Index of Mediaeval
Spanish Exempla* (Knoxville, 1949).

solución de adivinanzas; el diablo propone una adivinanza, etc., etc.

Originalidad del Poema

Su autor, ante el texto latino, no es un mero traductor, sino un re-creador de una hermosísima obra literaria, a través de amplificaciones, reducciones, matizaciones, incrementos y supresiones.

Cristianización

Ya Klebs (p. 188, cf. p. 23) señalaba que las redacciones latinas, aun en los primeros manuscritos conservados, tenían un alto índice de cristianización. Ahora se va a incrementar con tres finalidades: una de las características de la novela bizantina era su fondo moralizante y religioso; la enseñanza era una de las metas de los clérigos de la nueva maestría, y, además, modernizar el relato para hacerlo inteligible al pueblo.

No olvida el autor que los personajes son paganos: "Bien deuié Antinágora en escripto iaçer, / que por saluar vn cuerpo tanto pudo ffaçer / *Si cristiano fuesse z sopiesse bien creyer, / deuiemos por su alma todos clamor tener*" (551), pero su espíritu, y hasta sus palabras, están fuertemente cristianizadas, lo mismo que todo el *Poema* (cf. EL AUTOR A TRAVÉS DE SU OBRA), desde el principio *E⟨e⟩n el nombre de Dios z de Santa María* (1a) hasta el cierre *Amen Deus*. Sería prolijo reflejar aquí todas las veces que se invoca a Dios, muchas en boca de Apolonio; oraciones de Tarsiana ante la muerte inminente (381b a 383) y en el lenocidio (402d y 403), de los de Pentápolis pidiendo un hijo de Apolonio que mantenga la dinastía (626a,b); agradecimiento a Dios por beneficios, los de Tiro con el regreso de su rey (30c,d), Apolonio y los suyos por salvarse de la tempestad (457d); Dios como remedio de males (73c,d; 137a,b) y como responsable de lo que al hombre acontece (345c,d; y 94d). Frente a Él, el pecado (= el demonio) como culpable de todos los males y errores (*vid.* nota a 6a), salvo en la expresión *por malos de pe-cados,* que ya era un estereotipo significando sólo 'por des-gracia' (lo mismo que hoy este sintagma ha perdido su carga semántica primitiva). De las digresiones moralizan-tes, que no rompen el hilo del relato, ya se ha hablado; sirven, además, para perfilar la etopeya de los personajes y explicar motivaciones y actitudes.

En esta cristianización hay mucha modernización del texto: en el templo de Diana, Luciana sirve al Criador (324d), rezan el salterio (325b y 585b), hay priora y aba-desa y no visten las ricas túnicas de la antigüedad, sino burdos paños de lana (579c). Por otra parte, se separa del texto latino en quitar o dulcificar situaciones o expresio-nes que pudieran ser malsonantes: en el incesto *Pero sin grado lo houo ella de consentir* (7c), *Historia,* I: "Puella uero stans dum miratur scelesti patris impietatem, fluentem sanguinem coepit celare: ser guttae sanguinis in pauimen-to ceciderunt". En el lenocidio: *Qui quisiere a Tarsiana primero conyoscer* (401b), *Historia,* XXXIII: "Qui Thar-siam uirginem uiolare uoluerit".

A veces esta conjunción de lo pagano y cristiano pro-duce curiosas mezclas: "*El que poder ouo* ('Dios') *de po-bre te tornar / puédete ... de pobreza sacar. / Non te que-rrìan las fadas, rey, demanparar* (137a-c); echólos *su uentura* ('destino') *τ el Rey Espiral / en la vila que Tarsiana pasaua mucho mal* (456c,d).

Otras modificaciones

El autor va acomodando el relato latino a costumbres medievales, acercando así la historia al público y facilitan-do su participación en la intriga. Cuando Apolonio está exultante por su encuentro con Tarsiana, ordena a los suyos que organicen un verdadero torneo medieval con castillejos de tablas contra los que los caballeros debían arrojar sus lanzas con la intención de derribarlos (546). Aunque ha prometido no rasurarse hasta ver a su hija bien casada, sigue con su barba aun después de los espon-sales con Antinágoras, pero ya no es la *fiera barba que los pechos le cobrié* (469c), ahora está trenzada, y embellecida con hilos de oro y otros ricos adornos porque le falta vengarse de Dionisa y Estrángilo y este atuendo era señal de exigencia de venganza *(quiso entrar en Tiro con su barba treçada; / metiósse en las naues, ssu barba adobada,* 575b,c) (cf. *Cantar*, III, 494-499). [41]

Todos los autores están de acuerdo en que una de las estampas más hermosas del *Poema* es la de Tarsiana en el mercado actuando de juglaresa. En la *Historia* (XXXVI) pide que le pongan unos escaños en sitio frecuentado y que ella cantará al son de la lira ("in frecuenti loco poni scamna, deinde plecto modulabor"). ¿Qué lugar existe más concurrido que el mercado de la ciudad? Allí acude *de buena madurg⟨u⟩ada* (426a) después de arreglarse de la forma que la coquetería de una casi adolescente le orienta para poder agradar. A pesar de que es maestra en el difícil arte de tocar la vihuela con arco (así se lo reconocerá su padre, *hun buen violador*), no lo hace solemnemente sobre unos escaños, sino entre las gentes, juguetona y alegre *(reyendo z gabando con el su buen catar,* 432c). Como resultado la gente se arremolina, *Finchiénse de omnes apriesa los portales, / non les cabié⟨e⟩n las plaças, subiénse a los poyales* (427c,d) y *Cogieron con la duenya todos muy grant amor* (430a).

No menos belleza tiene el recital de su madre, Luciana, en palacio: aquí no se da el alborozo del mercado, ni el ritmo rápido del pueblo que se afana por ver; hay un tempo pausado, y el silencio se percibe a través de los ver-

---

[41] Estas dos ampliaciones las considera AMADOR DE LOS RÍOS como tomadas de los juglares (p. 287). Para el juramento, Álvaro Galmés señala la dependencia románica de un modelo árabe (ÁLVARO GALMÉS DE FUENTES, *Épica árabe y épica castellana,* Barcelona: Ariel, 1978, p. 63); pero, apareciendo en la *Historia* (XXVIII) el juramento de no cortarse barba, cabellos ni uñas, habrá que pensar en un origen poligenético o quizá presente en antigüedades muy remotas. Menéndez Pidal cita ya a Julio César y Calígula. Yo quiero señalar el paralelismo entre Apolonio y el Cid cuando se prepara para ir a la corte en busca de venganza (vv. 3094-3098, 3123-3125).

sos; todos se retiran haciendo sitio a Luciana; la expecta-
ción está presente cuando de forma lenta *dexó cayer el
manto, paróse en hun brial,* cuando templa cuidadosamente
la vihuela, antes de comenzar una laude, *omne no vio
atal* (178).

También el poeta transforma un sencillo ejercicio de
pelota en un gimnasio (*Historia,* XIII) en la descripción
pormenorizada del juego de pelota al aire libre con las
normas de su tiempo. Quien lo leyese o escuchase disfru-
taría más que con la imagen de un joven con la cabeza
untada de aceite y ceñido con un paño (oleo capite unctum,
sabano praecinctum) imagen de otra época. [42]

Estructura

Es esencialmente lineal; desde que entra Apolonio en
la acción, el poeta va siguiendo sus peripecias con sólo tres
cortes: primero, el viaje de Taliarco a Tiro por orden
de Antioco con intención de matarle (36-61). Cumple su
función dentro del relato porque, al hacer hincapié en los
propósitos de Antioco, se está motivando que Apolonio
abandone Tarso, donde es amado y vive tranquilo, y sigan
sus aventuras. Estas intenciones de Antioco vuelven a aparecer, recurrentemente, en boca de Elánico (68-78) y de
Estrángilo (98c-102c); en la *Historia* no existe la conversación Estrángilo-Apolonio con el consejo de que vaya a
Pentápolis, por su propio bien y el de la ciudad, ante un
posible ataque de Antioco. En el manuscrito de Bruselas,
versión francesa en prosa, el asedio ya ha tenido lugar y
Antioco, vencido, jura asolar la ciudad. El *Apolonio* español remedia el fallo de la estructura de la *Historia* con
mejor fortuna que la redacción francesa, porque siempre
es mayor el vago temor de que algo pueda ocurrir que la
constatación de algo existente, como apunta García Blanco (p. 356). El segundo corte de las andanzas de Apolonio
se produce después de que el ataúd de Luciana es echado

---

[42] Para otras variaciones al texto latino, *vid.* MANUEL GARCÍA
BLANCO (*passim*) y Alvar (I, §§ 103-161).

al mar. Se continúa con el relato de lo que sucede a la esposa del protagonista hasta dejarla en el templo de Diana (284-324). Este paréntesis es imprescindible en una obra de tipo bizantino para que tenga lugar la anagnórisis subsiguiente. Por último, Apolonio marcha a Egipto (348), sin que se sepa de sus peripecias, mientras el poeta nos cuenta las de su hija Tarsiana (349-433b) con la misma finalidad que el corte anterior.

Pero esta estructura lineal se cierra en anillo con la aparición final de los personajes que han tomado parte en la acción. A cada uno de los familiares de Apolonio se le asigna un reino como conviene a un final feliz —con mayor claridad que en la *Historia* donde Tiro queda, a la vez, adjudicado a Antinágoras (L) y a Apolonio (LI)—. Con los demás hay reparto de premios y castigos según haya sido su conducta: el rufián que ha colocado a Tarsiana en el prostíbulo es apedreado (567-568); sin embargo, no se nombra el perdón al esclavo del leno porque el poeta ha omitido, en su momento, el pasaje en que éste es encargado de violar a Tarsiana, y así, convertida en prostituta, gane todavía más dinero que conservándose virgen (*Historia*, XXXV-XXXVI); la presencia de este guardián del prostíbulo quitaría protagonismo al rufián, y el poeta del *Apolonio* ha prescindido de él con gran acierto. Al médico que salvó a Luciana le son ofrecidas cuantas riquezas pudiera desear, pero él prefiere la fama al dinero; esto es una novedad en el *Poema* porque en la *Historia* (XXVII) su maestro, en vez de admiración y promesa de gran fama, le ofrece diez prosaicos sestercios de oro, y omite el agradecimiento de Apolonio. Estrángilo y Dionisa son ejecutados (611). La situación de Teófilo es poco clara porque en el juicio confiesa que se le dio, como pago, lo prometido; habrá que atenerse al segundo parlamento con su ama Dionisa (389) ya que nada de lo ofrecido en 373d, *gran precio e toda e[n]guedat* 'libertad', le fue concedido; es el concejo de Tarso quien se la concede (612d). Al pescador que partió con el rey de Tiro cena y vestido, Apolonio lo busca personalmente (631a) —otra novedad frente a la *Historia* (LI)— y le colma de presentes (en la *Historia* le da 200 sestercios de oro, de ahí mi alusión a los "prosaicos diez" del médico). De esta lista es eliminado Elánico el Cano; Klebs piensa que es exagerada la recompensa de la *Historia* (LI), en la cual le da un ósculo y le nombra conde; para Klebs el beso era una distinción propia de la primera época imperial y luego se convirtió en rarísima prueba de distinción; García Blanco supone (p. 367) que el poeta lo daría por muerto dada su avanzada edad cuando se interesó por Apolonio.

A pesar de la estructura lineal del relato, se vuelve atrás recurrentemente por el procedimiento de que los personajes rememoren las desdichas por las que han pasado. Algunos de estos pasajes son suprimidos por el poeta español, pero los que quedan cumplen una finalidad: recordar al público lo ya narrado, imprescindible en una novela de tipo griego donde las numerosas peripecias harían perder, sin ello, el hilo de la historia. Otros remansos de la acción los producen las reflexiones moralizantes —de ellas ya hemos hablado—, que no cortan el relato, sino que lo matizan, favoreciendo la etopeya de los personajes.

Aparte de la incongruencia de lo ocurrido con Teófilo ("murió como esclavo" en 390c y "se le dio la libertad" en 612d), hay algún otro pequeño error de estructura. Se dice que Apolonio al cabo de diez años volvió de Egipto (434a), lo que no concuerda con los trece, de 348d, más acordes con la edad de Tarsiana: doce años, o más, cuando está a punto de ser asesinada. Cuando la nave del rey de Tiro está surta en Pentápolis, el poeta, en su afán despaganizador, cambia la fiesta de Neptuno por el cumpleaños de Apolonio (que manda a los suyos que lo celebren), pero luego olvida el cambio y Antinágoras va a solazarse al puerto *por la fiesta passar* (463a,b). Más importante, a mi juicio, es el verso 435c referido a Estrángilo al volver Apolonio de Egipto en busca de Tarsiana, *tornó en su encubierta a la muger a rebtar*. El verbo *tornar* podía significar 'dirigir la palabra a alguien', pero no en este pasaje donde la *a* deíctica que precede a *la muger*, sustantivo del grupo de familia y servidumbre que se resistió mucho tiempo a llevarla, servía para indicar que algo ya se había mencionado antes, [43] por lo que creo que hay una laguna en la estrofa 389 en que Dionisa recrimina a Teófilo. La *Historia* y los *Gesta* relatan la comunicación a Estrángilo, por parte de Dionisa, del crimen que Teófilo, por encargo suyo, ha cometido con Tarsiana, y el horror del marido que, sin embargo, se suma a la comedia de fingimiento de dolor, duelo y enterramiento falso. Del falso sepulcro se habla en las cuadernas 445 y 446, al regreso de Apolonio. La *Confessio Amantis* sigue este mismo orden, lo que lleva a Marden (II, 57) a negar tal laguna. Sin embargo, creo que Marden está equivocado: el poeta ha unido, inadvertidamente, dos frases parecidas, saltándose la parte intermedia, una especie de haplología textual. La primera la pronuncia Teófilo, contento de no haber tenido que matar a Tarsiana por la incursión de los ladrones: "tu scis, deus, quod non feci scelus. Esto iudex inter nos". La segunda, Estrángilo al hablar con Dionisa: "Et in caelum leuans oculos ait 'deus, tu scis, quia purus sum a sanguine Tharsiae" (*Historia,* XXXII). La equivocación no parece de la fuente donde se inspiraba el poeta del *Apolonio* por la existencia de *tornó en su encubierta a la muger a rebtar.* Efectivamente, en el pasaje, cuya falta presumo, hay imprecaciones de Estrángilo a Dionisa (que alguien unió a las de Dionisa a Teófilo): "qui talem sum sortitus sceleratam coniugem", "qui iunctus sum ad pessimam uenenosamque serpentem et iniquam coniugem" (*Historia,* XXXII), en los *Gesta*: "Quomodo suffocasti filiam regis, inimica dei hominumque obprobium?" (II, 557, lín. 487), *Incunable*: "soy ayuntado a porçonyosa serpiente", "¿Cómo afogaste la fija del rey, enemiga de Dios e denuesto de los hombres?" (II, 557, líns. 601 y 605). Por último, no tendría razón de ser que Estrángilo sea ahorcado por el crimen si no se hubiera convertido en cómplice por la conversación con Dionisa. Sin este pasaje no queda en el *Libro* más juicio de Estrángilo que el que aparece en su presentación: *ombre era onrrado* (80c).

---

[43] Cf. mi estudio "El objeto directo preposicional y la estilística épica". *Verba,* 5 (1978) 267 y 291.

Una de las características estructurales de la novela bizantina son los rasgos de humor. No faltan en el *Apolonio*, pero sin paralelismo con la *Historia*. Los que en este relato llevan al deterioro de la etopeya de los personajes, por su mal gusto o falta de adecuación al clímax del momento, son suprimidos por el poeta español. Daré un botón de muestra: cuando Tarsiana relata llorando sus cuitas, para defender, seriamente, su virginidad y el que ha entrado a su aposento se emociona, seriamente, al oírlas, en la *Historia* hay fuera un personaje, observando la escena escondido, y riéndose y haciendo chistes sobre el que ha entrado: —Dale, dale, "quantum plus dabis, plus plorabis". ¿El rufián? No, nada menos que Antinágoras, que después, unido al primero que ha entrado, sigue en su escondite, viendo a los siguientes, y riéndose de sus lágrimas. [44]

Caracteres de los personajes

Es muy poco lo que se dice de los rasgos físicos de los personajes, el único dato es sobre el rostro con que se encuentran los médicos al abrir el ataúd de Luciana, *fallaron huna ninya de cara bien tajada* (288a), pues lo demás son tópicos generalizadores; de la hija de Antioco *nol sabìan en el mundo de beltat conpanyera, / non sabìan en su cuerpo sennyal reprendedera* (4c,d); el rey Architrastres *cuerpo de buenas manyas* (147a). A los personajes, ya se ha dicho anteriormente, prefiere describirlos por el atuendo; sería interesante un estudio en profundidad de la importancia dada al vestido y la comida. En contraste con todo esto, el autor se preocupa mucho más de la etopeya, incluso llegando a procesos psicológicos pormenorizadamente detallados. El más señalado es el delicioso enamoramiento de Luciana por Apolonio. Luciana es un personaje

---

[44] Para otras objeciones a la estructura de la *Historia Apollonii*, *vid.* BEN EDWIN PERRY (citado en nota 10), que analiza Deyermond (pp. 141-147) señalando las mejoras estructurales introducidas por el poeta español.

importante por ser la esposa del rey de Tiro, pero secundario en la trama porque las características del relato exigen su desaparición de la escena para que se produzca la anagnórisis. Sin embargo, su carácter está perfectamente definido: comienza fijando en Apolonio los ojos nada más entrar en el banquete (164a) como símbolo de la atracción que se va a despertar pronto en ella. Sus atenciones con él van a ser, al principio, sólo la consecuencia de obediencia a su padre y de su propia bondad (167b,d), e incluso le reprende porque, siendo de buen linaje, no sabe dominar su tristeza (169). Se da otro detalle que hubiera podido llevar a la enemistad: todos se hacen lenguas de lo bien que ha cantado con la vihuela, menos Apolonio que, incluso, la reta, *si io dezir* ['cantar'] *quisiere téngase por vençida* (183d), pero, oh misterios insondables de la psicología femenina, éste es el arranque de su amor. Al empezar, Apolonio *alçó contra la duenya vn poquiello el çeio, / fue ella de vergüenza presa hun poquelleio. / Fue trayendo el arq⟨u⟩o egual e muy pareio: / abés cabié la duenya de gozo en su pelleio* (188), y, poco más adelante, *fue la duenya toq⟨u⟩ada de malos aguigones* (189d). A partir de aquí la iniciativa en el amor la lleva Luciana. Ella es quien, sin mencionarlo como en la *Historia* XVIII, provoca que su padre le nombre su maestro de música, y al compás de la música va el compás de su amor, pues *el estudio siguiendo, / en el rey Apolonio fue luego ent[end]iendo* 'enamorándose' (197a,b), hasta tal punto, que cayó enferma de amores. Llegan los tres donceles a pedir su mano y, ante la pasividad de Apolonio (219-220), vuelve a tomar la iniciativa: no quiere a ninguno de los tres, sino *con el pelegrino querìa ella casar* (223c), y así se lo escribe a su padre y así declara su amor al mismo Apolonio (221). De tal manera está dispuesta a conseguir su deseo que llega hasta el chantaje a su padre: *"Padre, bien vos lo digo quando vós me lo demandades, / que si de Apolonio en otro me camiades, / non vos miento, desto bien seguro seyades, / en pie non me veredes quantos días biuades* (237).

Frente a este carácter de Luciana, la pasividad de Apolonio; su única reacción ante la carta de Luciana a su padre eligiendo pretendiente es enrojecer en presencia de Architrastres, *conmençóle la cara toda a enbermeieçer* (228d), y someter su voluntad a la del rey (231). Porque Apolonio es el héroe pasivo por antonomasia. Ya cuando el rey Antioco le niega que haya resuelto la adivinanza, no se rebela, estudia hasta darse cuenta de que tiene razón y la resolución que toma no es la lucha, sino la huida en busca de aventuras. Porque es el prototipo del héroe de las tragedias griegas regido por un destino al que tiene que someterse. Ante la desventura es estoico y lacrimoso, cuando toma la palabra es para quejarse de su desgracia y llorar. El adjetivo que con mayor frecuencia se le aplica es *lazdrado*. Sólo una vez exulta de júbilo: después del reconocimiento con su hija Tarsiana en el pasaje tan conocido que comienza: *Salló fuera del lecho...*, etc. (543c-547). Pero no es una figura cobarde y anodina: sabe jugarse la vida revelando a Antioco el incesto, no permite rebajar su dignidad real en el banquete de Architrastres y elige un sitio, solo, frente al rey y se niega a tocar la vihuela como un histrión. Y, al final del relato, abandona totalmente su pasividad: es el que exige el castigo de los que lo han merecido, es el que busca y premia a los que le han ayudado y sabe, a la perfección, disponer la distribución de los reinos entre sus familiares; y no se retira a descansar con su mujer en Tiro hasta que todo está como él ha creído conveniente. Todo esto aparte de las muchas cualidades, como la generosidad, la cortesía, la delicadeza, la ecuanimidad y tantas otras con que el autor nos lo va describiendo a lo largo de los versos.

La espontaneidad es la característica que definiría a la encantadora figura de Tarsiana. Personaje lleno de recursos, los emplea luchando contra el destino adverso. Es el contrapunto de la actitud que la tradición griega ha exigido de su padre. Desde su dedicación al estudio que, *maguer mucho lazdraua, cayóle en plaçer* (353c), su fidelidad al ama Licórides, su inocencia en el desconocimiento de la envidia de Dionisa, hasta su serenidad ante el asesino Teófilo, *déxame hun poquiello al Criador rogar, / asaz puedes auer hora τ vagar* (379b,c). Nada hay que añadir sobre sus astucias, sinceras, para defender su virginidad, su alegre actuación de juglaresa, su no cejar en el empeño de alegrar a su desconocido padre Apolonio, a pesar de los continuos desdenes de éste, y su espontaneidad al echarle los brazos al cuello, agotados todos los recursos, acción que desencadena la anagnórisis con su padre, precisamente. Por último, la reacción cuando conoce a su madre Luciana: *A Tarssiana con todo esto nin marido nin padre / non la podién ssacar de braços de ssu madre* (591a,b). Por no alargarme más, remito al lector a Artiles (pp. 64-68) sobre las afinidades con Preciosa, la gitanilla de Cervantes; con Esmeralda de Victor Hugo y la Marina de Shakespeare. [45] Frente a la Politania de Timoneda, Menéndez Pelayo (*Novela*, p. 80) juzga que en Tarsiana hay más vida y más colorido español.

De los demás personajes cabría destacar a Architrastres, bondadoso, liberal, campechano, delicado y cortés sin exageración; porque los demás, quitando la figura de Estrángilo, ambigua por los motivos que ya han sido expuestos, los malos son muy malos, y los buenos, como es natural, muy buenos. No se quiere decir con esto que el autor haya pintado figuras graníticas, sino que ha conseguido que con la maldad de unos resalte la bondad de los otros.

DIFUSIÓN DE LA HISTORIA DE APOLONIO

La primera mención de que se tiene noticia la constituye un dístico de un poema de Venancio Fortunato, obispo de Poitiers, de la segunda mitad del siglo VI: "Tristius erro nimis patriis uagus exul ab oris / Quam sit Apollonius naufragus hospes aquis" ('Más triste deambulo, vagando desterrado de las patrias orillas, que el náufrago Apolonio, huésped de las aguas'). En el VII, se toma un ejemplo de un pasaje del Apolonio para ilustrar el género de los sustantivos

---

[45] AMADOR DE LOS RÍOS (p. 249) fue el primero en señalar semejanzas en el carácter de Tarsiana con Preciosa de *La Gitanilla* de Cervantes, Esmeralda de *Notre Dame de Paris* de Victor Hugo y Politania, o Truhanilla, del *Patrañuelo* de Timoneda.

en un tratado gramatical; hay otras menciones en los siglos VIII y IX, y, en seguida, aparece el más antiguo manuscrito de la versión conocida como *Historia Apollonii Regis Tyri*: el de la Biblioteca Laurentiana de Florencia, del siglo X. A partir de esta fecha los manuscritos conservados pasan del centenar. [46] La edición príncipe es de Utrecht, sin lugar y sin año (1471?, 1475?), el único ejemplar existente carece de frontispicio. [47]

En la p. 20 de este estudio distinguíamos cuatro versiones diferentes de la novela de Apolonio, a las que habría que añadir un breve resumen poético en los *Carmina Burana* (núm. 148), del siglo XII. Los que más trascendencia han tenido han sido la *Historia Apollonii Regis Tyri*, el *Pantheon* y los *Gesta Romanorum*. [48] De ellas hay ecos en todas las literaturas vernáculas de la Edad Media. En Provenzal se da la más antigua alusión en romance: Guiraut de Cabreira, fines del XII, reprocha al juglar Cabra en un "ensenhamen" o "poema de advertencia": "D'Alixandre fil Felipon, / D'Apoloine / Non sabes re". Y ésta no es la única, existen muchas más, tanto en provenzal como en francés antiguo, lo que hacía suponer la existencia de un poema épico sobre Apolonio. Efectivamente, en 1909, en un guillotinado pergamino, que servía para una encuadernación, se encontraron 52 versos en los que se narra la adivinanza de Antioco, del recto faltan las rimas, y del verso, por consiguiente, las primeras palabras. Más tarde apa-

---

[46] Son fundamentales los libros de Klebs y SINGER (*vid.* Bibliografía), en cierto modo complementarios, ya que el segundo se detiene más en la supervivencia de la novela.

[47] Pueden consultarse las ediciones críticas de Riese, 1893 (reproducida por OROZ en edición bilingüe y por Alvar, II), y la de TSITSIKLI, 1981.

[48] También llamada *Romuleon*. Compilada por Benvenuto de Imola e impresa por primera vez en 1472. Su capítulo 153, el referido a Apolonio, tiene un incipit que la caracteriza: "De tribulacione temporali, que in gaudium sempiternum postremo conmutabitur." Puede consultarse en OESTERLEY (pp. 510-532, de donde la toma Alvar, II) y en SINGER (pp. 68-105), reimpresos en 1971 y 1974, respectivamente.

recieron versiones en prosa. [49] En Italia se hace mención a unos *Acta Apollonii* en el siglo XI; existen tres versiones en prosa romance, siglo XIV, basadas en la *Historia,* lo mismo que la *Istoria di Appollonio di Tiro,* en octava rima, de Antonio Pucci (1310-1380).

Pero no sólo hay versiones en romance, la leyenda de Apolonio penetró también en Holanda, Dinamarca, Suecia, Islandia, Polonia, Grecia... En Alemania hay glosas vernáculas a las adivinanzas en el XII y se menciona la leyenda en un pasaje del *Alexanderlied* de Lamprecht, del mismo siglo. La primera versión es un poema alegórico-místico del médico vienés Neuenstadt de fines del XIII o principios del XIV, con la *Historia* como fuente; sobre los *Gesta* la primera obra data del XV. Quizás tuvo más repercusión en Inglaterra donde se realizó la primera traducción de la *Historia*: se conserva un fragmento en prosa anglosajona del siglo X, o, todo lo más, de principios del XI. En 1392 John Gower había ya concluido su *Confessio Amantis* en cuyo Libro VIII inserta la leyenda. [50] Hay versiones en prosa, una de ellas traducida del francés, pero lo más importante es la influencia que tuvieron en la obra de Shake-

---

[49] Para el estudio de las versiones francesas es indispensable el trabajo de LEWIS. Publica los textos críticos de *L'ystoire de Appolonius, roy d'Anthioche* [,] *de Thir et de Cirene* (pp. 2-46) sobre cuatro manuscritos, uno del XIV y tres del XV, y *L'ystoire du roy Appollonius de Tire* (pp. 64-147), que titula "La Redacción de Bruselas", tomando como base dos manuscritos de Bruselas, del XIV y del XV, además de otros de Londres y Viena, ambos del XV. Amplía el estudio con todas las referencias anteriores a la aparición de estas traducciones e incluye también el fragmento mutilado en verso. Sus dos versiones están basadas en la *Historia Apollonii Regis Tyri*; existe también una traducción francesa de los *Gesta, Le Violer des Histoires Romaines,* del XV, estudiada por SINGER (pp. 106 y ss.), que fue publicada en la Bibliothèque Elzevirienne, por M. G. Brunet, Paris, 1858.

[50] Se piensa que utilizó una versión RC de la *Historia,* pero en el segundo verso nombra el *Pantheon. Vid.* en Bibliografía: *Confision del Amante,* MORLEY, RUSSELL y Alvar (I, §§ 210-219). También está editado por G. C. MACAULAY, *John Gower. The English Works,* III (Oxford, 1901).

speare *Pericles, Prince of Tyre.* [51] La producción llega hasta el siglo XVIII en que George Lillo escribe, 1738, su dra-
ma *Marina* basado en los dos últimos actos del *Pericles.*

Difusión en España

A pesar de haber producido una obra maestra del mester
de clerecía, la leyenda de Apolonio no nos ha dejado ningún testimonio en romance anterior al *Poema,* o, por lo
menos, no nos ha llegado; que era conocida lo demuestra
la existencia del manuscrito latino, del siglo XII, de la Biblioteca Nacional, pero ni siquiera es mencionada por el
Marqués de Santillana en su *Prohemio.* En cambio, los
compiladores de la *General Estoria* de Alfonso X sí tenían
conocimiento de Apolonio, a quien dan por personaje histórico del tiempo de Tholomeo Philopater, y, después de
unas breves líneas narrando la petición de la mano de la
hija de Antioco "el grande rey de assiria", prometen empezar el quinto libro con la historia de Apolonio: "E comien-
çase la quinta parte desta ystoria en el rey apolonio. E fe-
nesçe el quarto libro de los gentiles desta general ystoria."
Desgraciadamente no nos ha llegado lo que pretendían na-
rrar. [52] Sobre el rey don Alfonso se tenía como auténtica
una balada al parecer compuesta por el rey sabio al verse

---

[51] Algunos piensan que no es de Shakespeare por no aparecer
entre sus obras hasta 1664, y no en las dos primeras ediciones
de 1623 y 1632. Tiene en cuenta la *Confessio Amantis,* ya que
Gower es un personaje que hace de narrador a lo largo de toda
la obra. Es él quien la comienza: "Para cantar un canto que fue
antaño cantado, el viejo Gower ha surgido de sus cenizas..."
(trad. de Astrana Marín). Pericles es Apolonio, y Marina, hija de
Pericles y Thaisa (Luciana), es Tarsiana; conserva los nombres de
Antioco, Dionisa y Licórides.

[52] Parece que estaría basada en el *Pantheon* de Godofredo
de Viterbo, pues ambas enlazan la historia de Antioco con
Ptolomeo Filopater de Alejandría. Pero tampoco sería raro que
tomaran datos del *Poema,* como en otras prosificaciones de la obra
alfonsí, aunque prefirieran remontarse a un texto latino como lo
era el *Pantheon,* que es mencionado, lo mismo que el "Maestre
Godofredo", en otros pasajes de la IV parte.

acorralado por su hijo don Sancho. Aparece en manuscritos y publicaciones del xv y del xvi y hoy se da como apócrifa. Termina así: "no he mas a quien lo diga / ni a quien me querellar / pues los amigos que auía / no me osan ayudar / que por miedo de don Sancho / desamparado me han / pues Dios no me desampare / quando por mi a imbiar / ya yo oy otras vezes / de otro rey assi contar / que con desamparo que ouo / se metio en alta mar / a se morir en las ondas / o las venturas buscar / apollonio fue aqueste / y yo hare otro que tal." [53]

Hacia finales del siglo xiv, el inglés Robert Paym, canónigo afincado en Portugal como tesorero de la reina Felipa de Lancaster, tradujo al portugués la *Confessio Amantis* de Gower; esta versión se ha perdido, pero, en cambio, se conserva, en un manuscrito del xiv, de El Escorial, la traducción que hizo al español Juan de Cuenca, vecino de Huete según él mismo se declara. [54]

También de fines del xiv es una alusión en lengua catalana. Se trata de un verso satírico puesto en boca de Pedro IV y dirigido a su hijo que iba a elegir esposa contra el deseo paterno: "Qui ben crex son patrimoni / Es n'est mout per tuyt presat / Axi ho dist Apolloni / Largament en un dictat" (Bofarull, p. 289). Se empezaba ya a considerar a Apolonio como lugar común a quien atribuirle dichos, porque, en ninguna versión de la leyenda, el rey de Tiro está a favor ni en contra de cómo elegir esposa.

Ya teníamos en España un manuscrito latino de la familia oxoniense, un *Poema* también basado en la *Historia Apollonii Regis Tyri*, una versión de Juan de Cuenca que procedía del *Pantheon*, nos faltaba la herencia de los *Gesta Romanorum*. Pues bien, en 1962, Homero Serís tuvo la for-

---

[53] Tomo la cita de *Libro de los quarenta cantos pelegrinos que compuso el magnifico cauallero Alonso de Fuentes, natural de la ciudad de Seuilla, diuididos en quatro partes,* Çaragoça: en casa de Juan Millan, 1564. (Cuarta página de la epístola introductoria, sin numerar.) La parte más cercana del *Poema* es *Mas querìa yr perderse ò la uentura mudar / metióse en auenturas por las ondas del mar* (34b y d).

[54] *Vid.* nota 50 y añadir: DEYERMOND.

tuna de encontrar en la Biblioteca de The Hispanic Society
of America un bellísimo incunable, en prosa, sobre la Historia de Apolonio vertida fidelísimamente de los *Gesta*. [55]
No tiene datos pero se supone de Zaragoza, en la imprenta
de Pablo Hurus de Constancia, posiblemente de 1488. El
título se puede sacar del incipit: "AQUI COMIENÇA LA
VIDA E HYSTORIA DEL REY APOLONIO", y a continuación la frase que caracteriza los *Gesta*: "LA QUAL
CONTIENE COMO LA TRIBULACION TEMPORAL SE
MUDA EN FIN EN GOZO PERDURABLE". Letra gótica,
formato de 18 × 27 cm., 23 hojas numeradas, cada ocho,
con *a*, *b* y *c*, sin reclamos. Treinta y cinco grabados en madera representando los principales pasajes de la obra. Perteneció al bibliófilo Mr. Huntington, quien lo adquirió del
librero madrileño Pedro Vindel en 1905, hasta que, después de su muerte, fueron todos sus libros entregados a la
Hispanic Society.

Menéndez Pidal le comunicó a Marden (I, XXXVII) el
siguiente dato bibliográfico encontrado por él en el catálogo de una biblioteca privada: "Historia de los Siete Sabios
y del rey Apolonio. Sevilla, 1495. Gótico, con grabados en
madera. 1 volumen, folio, pasta". De este libro no se ha
tenido nunca noticia.

Pero la Historia de Apolonio llega hasta el siglo XVI en
una *Patraña* de Timoneda. En el libro más antiguo que he
encontrado, Valencia 1567 (Biblioteca Nacional, R 12531),
la referida al rey de Tiro es la *docena* (53v a 81v) porque no existe novena; pero normalmente se la conoce
como la *Patraña Oncena* de Timoneda. Es muy difícil precisar las fuentes que utilizó el librero de Valencia. Por una
parte incluye, bien que no al principio, sino en una canción
de la "Truhanilla", la idea con que comienzan siempre las

---

[55] Dio noticia de su hallazgo en *BHi*, LXIV (1962), y lo trans-
cribió en *Nuevo ensayo...* (1964), pp. 95 y ss., precedido del estudio del *BHi* y seguido de otro lingüístico de Tomás Navarro
(*vid.* también Alvar, I, §§ 200-204). Después se han hecho ediciones facsimilares: por la misma Hispanic Society; en Valencia
en 1966; y Alvar lo reproduce al final del vol. II; *vid.* también
DEYERMOND.

versiones derivadas de los *Gesta*: "Alégrate, gran señor, / de lo que Dios manda, ordena; / cata que a veces la pena / vuelve en gozo muy mayor." Esto le hizo pensar a Homero Serís que la *Patraña* derivaba del *Incunable,* y, por lo tanto, de los *Gesta,* y lo defiende con ardor basándose también en las conclusiones de Sherman Eoff. A este crítico le acompaña toda la razón cuando rebate las afirmaciones de Klebs (pp. 403-411) y Lewis (pp. 243-247) que la hacen derivar de una versión en prosa francesa del xv conservada en Viena; pero los cambios son tan radicales respecto a los *Gesta,* que, como señala Alvar (I, § 208), si despojamos a la *Patraña* de todo cuanto puso de su cosecha el librero valenciano, nos queda un leve cañamazo coincidente, sobre el cual ha ido trenzando un desarrollo que difiere totalmente de la historia relatada en el *Incunable,* y de los *Gesta* de donde ésta deriva. Mejor será atenerse al juicio de Menéndez Pelayo sobre la manera de trabajar de Juan Timoneda: se limitaba a tomar de su fuente "el argumento y los principales pormenores" (*Novela,* II, xlviii). H. Serís confiesa que transforma a Apolonio de pacífico príncipe en belicoso caballero. No es precisamente un dato de la mayor importancia pues ya en la *Historia,* XLVI, dice Antinágoras: "Ciues Mytilenae ciuitatis, sciatis Tyrium Apollonium huc uenisse, et ecce classes nauium properant cum multis armatis euersuris istam prouinciam...", mientras que en el *Poema* nada más lejos de la personalidad de Apolonio que arrasar Mitilene con flotas de barcos y gente armada. Habrá que concluir este prólogo con una interrogación, pues no será muy fácil buscar las fuentes de Timoneda dada su forma de trabajar; pero algo es muy probable: existiendo el *Incunable* en prosa española, aunque fuera del siglo anterior, lo más seguro es que no acudiera a fuentes foráneas.

CARMEN MONEDERO

NOTICIA BIBLIOGRÁFICA

EL MANUSCRITO K. III. 4.

Es el único códice existente, de la Biblioteca Escurialense, en que se conserva el *Libro de Apolonio*. La descripción de Zarco (pp. 173-174) es la siguiente:

> 83 hs. de papel ceptí, fols. a tinta, con num. romana, y a lápiz, con num. arábiga. Letra aragonesa del s. XIV, parecida a la de los privilegios, a una columna. Al fol. 82v. tiene un tosco dibujo en colores que representa a los Reyes Magos delante de María y del Niño Jesús ofreciendo sus dones. Tiene algún que otro raro reclamo. Caja total: 238 × 180 mm. Enc. en perg.

El *Libro de Apolonio* está en primer lugar (fols. 1r-64v). Sigue *Vida de Santa María Egipciaca* (Açí comença la vida de Madona santa Maria egipciaqua, fols. 65r-82r); a continuación, *Libre dels tres Reys d'Orient* (Açí comença lo libre dels tres Reys d'orient, fols. 82v-85v); por último, en el 86r, con letra aragonesa, cursiva de albalaes aragoneses, coetánea al manuscrito, se lee:

per obtenir ʒ a conseg[u]ir
Per obtenjr ʒ ha consegujr ʒo que demanares ha nostre
senyor deus tres coses s[e] requeren
Primera es continuar ʒo que hom vol demanar ho demana
ha nostre senyor deus
La segona que hom deman ʒo que es profitos a la anima
ʒ al cors especialment ne demana ij^es La primera es placieus senyor que me lexets viure ʒ finar en la vostra amor

64

La segona placieus senyor que vullats posar la vostra santa
pasio entre mj ʒ vos especialment quam me morre
La terza condicio ques reguer per aconsegujr zo que hom
demane ha dum que hom deman ans per si que per altre

A este párrafo en catalán, que todos creen de la misma
mano que el resto de la obra, pero pasando de redonda a cursiva, es al que Rodríguez de Castro (p. 504) tituló "algunos
pasos de la *vida y pasion de CHRISTO Señor nuestro*" (?).

Sabemos por Gallardo que perteneció a don Gaspar de
Guzmán, Conde-Duque de Sanlúcar, y que pasó al Convento
del Ángel: "La selecta y rica biblioteca del Conde-Duque
fué últimamente á parar á Sevilla, al Convento del Angel,
carmelitas descalzos; poseo algunos artículos de ella, con notas que lo acreditan." (col. 1479). En la col. 1484 del catálogo: "*Apolonio*, en verso: en folio (Caja 23, núm. 17)". Y
en la 1485, con el mismo número y caja, "*Maria Egipciaca
(Santa)*".

El códice se halla en muy buen estado, a pesar de algunas
hojas sueltas. Ha sido guillotinado, quizás para la encuadernación, pues los dibujos en rojo de la E inicial del poema
siguen apareciendo por el lado derecho del papel, pero de
forma intermitente. En la sobreguarda del códice Rodríguez
de Castro ya pudo leer en lo que él llama letra moderna
(p. 504): *Vidas del Rey Apollonio, de María Egypciaca y la
Adoracion de los Stos. Reyes en verso antiguo.*

Llama la atención lo claro del papel, que no se ha oscure-
cido con el tiempo. Sobre las características y fecha de su
verjurado *vid.* Alvar: *Infancia*, pp. 121-122. La conservación
es muy buena, salvo algunos diminutos orificios que no im-
piden la lectura; solamente uno, de más de un centímetro
de diámetro (fol. 38r, 379b), que deja ver la *u* de *luego* de
389b (fol. 39r), y el rasgado de una abreviación, más fuerte
de lo que el papel permitía, al que ha roto, pasando la tinta
al vuelto: rotura en "acomendada" (45r, 450d), emborronado "tempesta" (45v, 456a).

El poema está escrito en cuadernillos de 12 folios, al cabo
de los cuales hay un reclamo con el principio del siguiente
(vuelto del 11, 23, 35, 47 y 59). En cada uno escribe 20 ó 21
versos; si le queda mucho espacio alarga los trazos de algunas letras con líneas quebradas que sirven de somero adorno
al margen inferior.

La letra es redonda, clara y limpia, ligeramente cursiva, "pero trazada con cuidado para evitar los riesgos de la cursividad" (Alvar: *Infancia*, 121). A partir de los dos tercios del texto van apareciendo, primero esporádicamente, después con más frecuencia, rasgos de cursiva que hacen que el trazo inferior de la letra se curve hacia arriba hasta volver a unirse con el primero; este fenómeno afecta sobre todo a *q* y *g*, que se igualan en la segunda, lo mismo ocurre con la *p*, cambian los rasgos de la *v* y *d*, y, lo más llamativo, los de *s* alta y *f*, que han hecho a muchos leer doble *ss* y doble *ff*. Estas variaciones, en aumento, se dan profusamente en las diez últimas líneas del texto catalán. Cesare (pp. 13-14) lanza la especie de dos copistas distintos, pero los argumentos en que se apoya no son convincentes, cree ver cambio de mano en 301d y pasa por alto el contraste más llamativo entre 515d y ss. y los versos anteriores: ha debido pasar un considerable espacio de tiempo, la tinta es distinta, mucho más desvaída, y la letra tan reducida que apenas ocupa dos tercios del espacio; después, poco a poco, se va igualando con el resto.

Estoy de acuerdo con Marden (I, XIII) en el desaliño de escriba tan cuidadoso de la claridad; llaman la atención las letras, sílabas y palabras, tachadas y reescritas. Intenta copiar lo que tiene delante, aunque, a veces, parece que no lo comprende, como en 522a, en que deja en blanco la palabra portadora de la rima. De las 656 estrofas, a seis de ellas les falta un verso (62, 67, 196, 516 y 604), la 102 tiene cinco, y, después de la 347, hay un hemistiquio suelto, dando un total de 2.621 versos. En algunas cuadernas se puede sospechar que ha alterado el orden de las líneas, como en 368 (d,c,a,b) o en 526 (b,a,c,d). Se dan casos de haplografía, como en 342c *ventur[os]os*. Y quizás se pueda hablar también de un caso de haplología textual, aunque seguramente más imputable al poeta que al copista; se trata de la unión de dos recriminaciones, la primera de Dionisa a Teófilo, la otra de Estrángilo a Dionisia, fundidas en una sola, como se ve en pág. 52 de este trabajo, con lo que queda sin sentido el verso 435c: *tornó en su encubierta a la muger a rebtar*.

Volviendo a la parte material del manuscrito. En él se aprecian tres clases de tinta que corresponden a tres fases de su elaboración. La primera, como es obvio, la del texto. Una segunda, de corrección, con tinta de otra clase, mucho más negra, o ennegrecida y corrosiva con el tiempo, que es la causante de la mayor parte de los borrones y de que éstos hayan traspasado el papel. Por último, la tinta roja de los títulos y de los adornos y complementos de las mayúsculas.

En la primera fase ya tenía el copista en la mente el complemento de la tinta roja, pues muchas mayúsculas tienen sólo parte de sus rasgos, trazados en negro, como la *D* de *Déxame* (379b), con sus dos rayas horizontales para ser completada con dos verticales en rojo. Esto no es óbice para que empiece equivocándose escribiendo la primera letra del *Poema* (*e*) cuando el proyecto era hacerla toda en rojo y adornarla, como se hace después por todo el margen superior y parte de los laterales. Con ello se ha quedado sin espacio para el título y lo enmienda escribiendo verso y medio en la primera línea, aunque indica la separación con la mayúscula inicial del segundo; así, al final de los dos versos primeros puede colocar el título. En esta primera fase corrige algunas equivocaciones, palabras adelantadas, palabras poco claras que tacha y que luego reescribe, etc.

Hay una segunda fase de corrección con la tinta negra y corrosiva. Muchas de las letras que aparecen emborronadas con esta tinta no son sino repaso a algunas que habían quedado poco claras, pero, por desgracia, esta tinta tan fuerte ha ennegrecido toda la letra. Así en las dos eses finales de *las manos* (88b); también es de esta tinta la corrección de *Feteo* a *Ceteo* (190b).

La última fase corresponde a la tinta roja. Con ella se han hecho el adorno y complemento de las mayúsculas, se han escrito los títulos, y, si alguna errata se ha visto, se ha tachado con rojo, como la palabra *quisiesse* (398c) que estaba repetida. Es posterior a la corrección de que ya se ha hablado porque *Si* (comienzo de 84c) ha sido primero repasado con la segunda tinta y luego, entera, toda la letra, con rojo, por ser la única forma de que pudiera leerse.

El adorno de las mayúsculas iniciales de verso consiste en añadir trazos verticales, unos en negro, otros en rojo, salvo la P y la N, que lo tienen horizontal, y la M, que participa de los dos con una cruz roja en el centro. Mayor interés tienen la F y la L, pues el trazo rojo vertical, de adorno, hace que parezcan con un único vertical grueso, si esta tinta ha cubierto todo el espacio dejado por las líneas negras, o con dos trazos, y hasta con tres. Esto ha hecho que los editores interpreten unas veces doble FF o doble LL, y otras, sencilla. La verdad es que en mayúsculas se ha producido un sincretismo entre FF y F, y LL y L, y hay que transcribirlas teniendo en cuenta ese sincretismo, pues si nos atenemos rigurosamente a los trazos tendría tres LLL el *Lo* del 26b, y lo mismo en 30d, mientras que habría tres FFF en 26a.

Esto nos lleva al problema del título. Está, como los otros del códice, escrito en catalán; su L- inicial, de *Libre*, al estar en trazo pequeño y sin la ayuda de los negros, ha hecho que unánimemente se haya leído con una sola L-, pero, dado el sincretismo de que hemos hablado, podría muy bien leerse LLIBRE; con dos cautelas: en el siglo xv todavía se dan en textos catalanes grafías de L- palatalizada transcrita con una sola L-; segundo, en el título de *Tres Reys* aparece *lo libre* con minúscula y una sola l-. Por lo tanto, sólo se puede dar como posibilidad la doble lectura LLIBRE o LIBRE.

El AMEN DEUS del explicit también ha sido adornado, cruzando cada letra con tinta roja horizontalmente, lo que ha llevado a algún editor a pensar que *Deus* estaba tachado, y suprimirlo, pues la fotografía o fotocopia, que dan sólo blanco y negro, pueden llevar a ese error.

Queda sólo por decir que los complementos en rojo han sido hechos con rapidez y pasada la hoja antes de que la tinta secase, por lo que han quedado manchas rojas en los folios contiguos.

EDICIONES

RODRÍGUEZ DE CASTRO, JOSEPH, *Biblioteca Española*. Tomo segundo, que contiene la noticia de los escritores gentiles españoles y la de los Christianos hasta fines del siglo XIII de la Iglesia. Su autor — (Madrid, 1786).

> No es propiamente una edición, pero tiene el mérito de ser el primero en publicar unos versos del *Libro de Apolonio*: en las páginas 504 y 505 transcribe, aunque con incorrecciones, el principio del poema hasta el verso 3c, y, el final, desde el 655c.

PIDAL, PEDRO JOSÉ, "Poesía antigua. Vida del Rey Apolonio y de Santa María Egipciaca y La Adoración de los Santos Reyes, en verso antiguo", *Revista de Madrid*, IV (Madrid, 1840), 16 y ss.

Es la primera edición completa, aunque el texto no apareciera seguido. Publica primero un estudio (pp. 16 a 26); las estrofas 1 a 199 (pp. 27 a 48), estrofas 200 a 453 (pp. 133 a 160) y, por último, de la 454 al fin (pp. 253 a 275).

——, *Colección de algunas poesías castellanas, anteriores al siglo XV, para servir de continuación a la publicada por D. Tomás Antonio Sánchez. Libro de Apolonio. Vida de Santa María Egipciaca. La Adoración de los Santos Reyes* (Madrid, 1841).

Primero repite el estudio de la *Revista de Madrid*. El *Libro de Apolonio* en las pp. 13 a 84.

——, *Colección de poesías castellanas* publicadas por D. Tomás Antonio Sánchez. Nueva edición hecha bajo la dirección de D. Eugenio de Ochoa. Con notas al pie de la página y una introducción y un vocabulario de voces anticuadas y aumentada con un suplemento que contiene tres poemas nuevamente descubiertos (Paris: Baudry, 1842), pp. 523-576.

——, *Poesías castellanas anteriores al S. XV*. Colección de los mejores autores españoles. Tomo XX (Paris: Imp. de Chapelet, s. a.).

El estudio anterior en pp. 525 a 530. El *Libro de Apolonio* de la 531 a la 561. Con notas y glosario final. Es el F 890 de la Biblioteca Nacional; carece de portada.

JANER, FLORENCIO, *Poetas castellanos anteriores al siglo XV*. Colección hecha por Don Tomás Antonio Sánchez, continuada por el Excelentísimo Señor Don Pedro José Pidal y considerablemente aumentada e ilustrada a vista de los códices y manuscritos antiguos por Don — Biblioteca de Autores Españoles, LVII (Madrid, 1864).

El *Libro* en pp. 283 a 305; en XXXVI a XLI vuelve a incluirse el estudio de Pidal. El texto del *Apolonio* está corregido por Janer, y, a pie de página, la lectura de Pidal. A esta edición hizo correcciones C. CARROL

MARDEN en "Notes on the text of the *Libre d'Apolonio*", *Modern Language Notes*, 18 (Baltimore, 1903), 18-20.

MARDEN, C. CARROL, *Libro de Apolonio. An Old Spanish Poem.* Part. I: Text and Introduction (Baltimore-Paris: The Johns Hopkins Press, 1917). Part II: Grammar, Notes and Vocabulary (Princeton-Paris, 1922). (Corrected reissue, 1937[2]) Reprinted (New York: Kraus Reprint Corporation, 1965).

CABAÑAS, PABLO, *Libro de Apolonio*, Odres Nuevos (Madrid: Castalia, 1969). Edición versificada en castellano actual.

CESARE, GIOVANNI BATTISTA DE, *Libro de Apolonio*. Introduzione, testo e note a cura di — (Università di Venezia-Milano, 1974). Intenta la reconstrucción del texto primitivo.

ALVAR, MANUEL, *Libro de Apolonio. Estudios, Ediciones, Concordancias*, 3 vols. (Madrid: Fundación Juan March-Editorial Castalia, 1976).

Incluye reproducción del manuscrito, edición paleográfica, edición crítica, versión al español moderno, la *Historia Apollonii Regis Tyri* (edición de Riese), facsímil del incunable en prosa, y su lectura acompañada de la parte correspondiente de *Gesta Romanorum* (según Oesterley). Las concordancias están hechas sobre la edición crítica, no sobre el texto original.

——, *Libro de Apolonio*, Introducción, edición y notas de — (Barcelona: Planeta, 1984).

Es reproducción exacta de su edición crítica con algunas notas a pie de página, que reúne en Vocabulario final. Va precedida de un erudito prólogo.

BIBLIOGRAFÍA CITADA *

A.—v. Alvar (II Edición crítica, pp. 19-233), y Alvar: *Apolonio,2* (Texto).

AGUADO, JOSÉ MARÍA, *Glosario sobre Juan Ruiz, poeta castellano del siglo XIV* (Madrid: Espasa-Calpe, 1929).

ALBORG, JUAN LUIS, *Historia de la Literatura Española,* Tomo I (Madrid: Gredos, 1972²).

Alexandre.—El Libro de Alixandre, ed. Alfred Morel-Fatio [1906] (New York, 1978).

*Alexandre,2.—*GONZALO DE BERCEO, *El Libro de Alixandre,* ed. Dana Arthur Nelson (Madrid: Gredos, 1979).

ALONSO, DÁMASO, "Ensordecimiento en el norte peninsular de alveolares y palatales fricativas", en *Enciclopedia Lingüística Hispánica,* Tomo I, Suplemento (Madrid: CSIC, 1967), pp. 85-103.

ALVAR, CARLOS, y ALVAR, MANUEL, "Apollonius-Apollonie-Apolonio: la originalidad en la literatura medieval", en *El Comentario de textos, 4, La Poesía Medieval* (Madrid: Castalia, 1983), pp. 125-147.

Alvar.—MANUEL ALVAR, *Libro de Apolonio, Estudios, Ediciones, Concordancias,* 3 vols. (Madrid: Fundación Juan March-Editorial Castalia, 1976). El vol. II incluye: reproducción del manuscrito, la *Historia Apollonii Regis Tyri* (edición de Riese), facsímil del incunable en prosa y su lectura, y el capítulo 153 de los *Gesta Romanorum* (edición de Oesterley).

* No se incluyen los trabajos cuya reseña se ha dado, a pie de página, en la Introducción.

Alvar: *Apolonio,2.—Libro de Apolonio,* ed. Manuel Alvar (Barcelona: Planeta, 1984).

Alvar: *Dial. Arag.*—MANUEL ALVAR, *El dialecto aragonés* (Madrid, 1953).

Alvar: *Infancia.*—MANUEL ALVAR, *Libro de la Infancia y Muerte de Jesús (Libre dels tres reys d'Orient),* Clásicos Hispánicos (Madrid: CSIC, 1965).

ALVAR, MANUEL, *Estudios sobre el dialecto aragonés* (Zaragoza, 1973).

——, "Estudios sobre el dialecto aragonés en la Edad Media", *Pir,* IX (1953).

——, "La originalidad española del Libro de Apolonio", *Boletín del Museo e Instituto "Camón Aznar",* IV (Zaragoza, 1981).

——, *Poemas hagiográficos de carácter juglaresco* (Madrid, 1967).

—— y POTTIER, BERNARD, *Morfología histórica del español* (Madrid: Gredos, 1983).

AMADOR DE LOS RÍOS.—v. RÍOS, JOSÉ AMADOR DE LOS.

Ar.—v. Arnold.

Arnold.—HARRISON HAIKES ARNOLD, "A reconsideration of the metrical form of El Libro de Apolonio", *HR,* VI (1938), 46-56.

Artiles.—JOAQUÍN ARTILES, *El "Libro de Apolonio", poema español del siglo XIII,* Estudios y Ensayos, 239 (Madrid: Gredos, 1976).

Autoridades.—Diccionario de Autoridades, 3 vols. facsímil (Madrid: Gredos, 1969).

BOFARULL Y MASCARÓ, PRÓSPERO DE, *Los Condes de Barcelona vindicados, y cronología y genealogía de los Reyes de España considerados como soberanos independientes en su marca,* vol 2.º (Barcelona, 1836).

Buen Amor.—Libro de Buen Amor, ed. Joan Corominas (Madrid: Gredos, 1967).

BÜHLER, JOHANNES, *Vida y cultura en la Edad Media,* trad. Wenceslao Roces (México: Fondo de Cultura Económica, 1957[2]).

C.—v. Cornu.

CABAÑAS, PABLO, *Libro de Apolonio,* Odres Nuevos (Madrid: Castalia, 1969). (Edición versificada en castellano actual.)

Cantar.—RAMÓN MENÉNDEZ PIDAL, *Cantar de Mio Cid. Texto, Gramática y Vocabulario,* I: Crítica del texto, II: Gramática, III: Vocabulario, IV: Texto del Cantar (Madrid:

Espasa-Calpe, 1964-1969⁴). (En las tres primeras partes se señala la página o el párrafo, en la IV el número del verso.)

CARILLA, EMILIO, "La novela bizantina en España", *RFE*, XLIX (1966), 275-287.

CE.—v. Cesare.

CEJADOR Y FRAUCA, JULIO, *Vocabulario Medieval Castellano* (New York, 1968).

Cesare.—GIOVANNI BATTISTA DE CESARE, *Libro de Apolonio, Introduzione, testo e note a cura di —* (Università di Venezia-Milano: Cisalpino-Goliardica, 1974).

CIROT, GEORGES, "Libro de Apolonio, an old Spanish Poem, edited by C. Carrol Marden", *BHi*, XXVII (1925), 253-254.

Confision del Amante por Joan Goer. Spanische Übersetzung von John Gowers Confessio Amantis aus dem Vermächtnis von Hermann Knust nach der Handschrift im Escurial. Heraugegeben von Adolf Birch-Hirschfeld (Leipzig, 1909). (Se refiere a la versión en castellano hecha por Juan de Cuenca sobre la portuguesa de Roberto Paym.)

Cornu.—JULES CORNU, "Études de Phonologie Espagnole et Portugaise. *Grey, Ley* et *Rey* disyllabes dans Berceo, l'*Apolonio* et l'*Alexandre*". *Ro*, 9 [Paris, 1880] (U.S.A., 1966), 71-89.

CORNU, JULES, "Recherches sur la conjugaison espagnole au XIIIᵉ et XIVᵉ siècle", en *In Memoria di Napoleone Caix e Ugo Angelo Canello. Miscellanea di filologia e linguistica* (Firenze, 1886), pp. 217-229.

Corominas.—JOAN COROMINAS, *Diccionario crítico etimológico de la lengua castellana*, IV [Ri-Z, Índices] (Madrid: Gredos, 1954).

Corominas,2.—JOAN COROMINAS y JOSÉ ANTONIO PASCUAL, *Diccionario crítico etimológico castellano e hispánico*, 5 volúmenes [A-Xoraciar] (Madrid: Gredos, 1980-1983).

Covarrubias.—SEBASTIÁN DE COBARRUVIAS, *Tesoro de la Lengua Castellana o Española* [1611], facsímil (Madrid: Turner, 1977).

Cuervo: *Dicc.*—RUFINO JOSÉ CUERVO, *Diccionario de construcción y régimen de la lengua castellana* [1886] (Bogotá, 1953).

CHENERY, WINTHROP HOLT, "Object-Pronouns in Dependent Clauses: A Study in Old Spanish Word-Order", *PMLA*, XX (1905), 100-101.

Devoto.—DANIEL DEVOTO, "Dos notas sobre el Libro de Apolonio", *BHi*, LXXIV (1972), 291-330.

Deyermond.—ALAN DAVID DEYERMOND, "Motivos folklóricos y técnica estructural en el Libro de Apolonio", *Fil*, XIII (1968-1969), 121-149.

DEYERMOND, ALAN DAVID, *Apollonius of Tire: two Fifteenth-century Spanish prose Romances* (University of Exeter, 1973). (Se trata del *Incunable* español y de la versión de Juan de Cuenca.)

Deyermond: *Mester.*—ALAN DAVID DEYERMOND, "Mester es sen pecado", *RF*, LXXVII (1965), 111-116.

Dicc. Hco.—*Diccionario Histórico de la Lengua Española* (Madrid: Real Academia Española, a partir de 1960).

Díez-Echarri.—DÍEZ-ECHARRI, EMILIANO, y ROCA FRANQUESA, JOSÉ MARÍA, *Historia de la Literatura Española e Hispanoamericana* (Madrid: Aguilar, 1966²).

Duelo.—GONZALO DE BERCEO, *Duelo que hizo la Virgen María el día de la pasión de su hijo Jesucristo*, v. *Poetas*, pp. 131-137.

Duemmler.—v. *Poetae Latini Aevi Carolini*.

EOFF, SHERMAN, "On the source of Juan de Timoneda's Apollonius of Tyre story", *Rom. Rev.*, XXII (1931), 304-311.

Fernán González.—*Poema de Fernán González*, ed. Alonso Zamora Vicente, Clásicos Castellanos, 128 (Madrid: Espasa-Calpe, 1970⁴).

FITZ-GERALD, JOHN D., *Versification of the Cuaderna vía as found in Berceo's Vida de Santo Domingo de Silos* (New York: Columbia University Press, 1905).

FOUCHÉ, PIERRE, "Le parfait en castillan", en "Études de philologie hispanique", *RHi*, 77 (1929), 45-87.

GALLARDO, BARTOLOMÉ JOSÉ, *Ensayo de una biblioteca de libros raros y curiosos*, IV (Madrid: Rivadeneyra, 1889), columnas 1479, 1484 y 1485.

GARCIA BLANCO, MANUEL, "La originalidad del Libro de Apolonio", *RIE*, II (1945), 351-378.

GARCÍA DE DIEGO, EDUARDO, *El libro de Apolonio según un códice latino de la Biblioteca Nacional de Madrid* (Totana, Murcia, 1934).

GARCÍA DE DIEGO, VICENTE, *Gramática Histórica Española* (Madrid: Gredos, 1970³).

Gesta.—*Gesta Romanorum* herausgegeben von Hermann Oesterley [1872] (Berlin, 1971-1972), Cap. 153, pp. 510-532.

(Para facilitar la consulta se ha citado por Alvar, II, pp. 525
i 580, indicando la línea.)

Gesta Apollonii.—v. *Poetae Latini Aevi Carolini.*

GODOFREDO DE VITERBO, *Pantheon.* v. SAMUEL SINGER,
pp. 150-177.

GOEPP, PHILIP H., "The Narrative Material of Apollonius
of Tyre", *Journal of English Literary History*, V (1938),
150-172.

GOWER, JOHN, *Confessio Amantis*, ed. Russel A. Peck (New
York, 1968). (En Liber Octavus, 415-493, *Apollonius of
Tyre*; no incluye la versión de Juan de Cuenca.)

GRISMER, RAYMOND LEONARD; ATKINS, ELIZABETH, *The
Book of Apollonius von Tyrus* translated into English verse
by — (Minnesota: University Press, 1936).

H.—v. Hanssen: *Gramática.*

HA.—v. Hanssen: *Conj. Apol.*

Hanssen: *Conj. Apol.*—FEDERICO HANSSEN, «Sobre la conjugación del Libre de Apolonio", *AUCh*, XCI (1895), 637-
665.

Hanssen: *Conj. Arag.*—FEDERICO HANSSEN, "Estudios sobre
la conjugación aragonesa", *AUCh*, XCIII (1896).

Hanssen: *Conj. Berceo.*—FEDERICO HANSSEN, "Sobre la conjugación de Gonzalo de Berceo", *AUCh*, XC (1895).

Hanssen: *Gramática.*—FEDERICO HANSSEN, *Gramática Histórica de la Lengua Castellana* [1913] (Paris, 1966).

HANSSEN, FEDERICO, *La pasiva castellana* (Santiago de Chile, 1912).

HENRÍQUEZ UREÑA, PEDRO, "La Cuaderna Vía", *RFH*, VII
(1945), 45-49.

——, *La versificación irregular en la poesía castellana* (Madrid: Centro de Estudios Históricos, 1933²).

——, "Sobre la historia del alejandrino», *RFH*, VIII (1946),
1-11.

HH.—FEDERICO HANSSEN, *Sobre el hiato en la antigua versificación castellana* (Santiago de Chile, 1896).

Himnos.—GONZALO DE BERCEO, *Himnos.* v. *Poetas*, pp. 144-
147.

Historia.—*Historia Apollonii Regis Tyri itervm recensvit* Alexander Riese, Bibliotheca Tevbneriana (Lipsiae [Leipzig],
1893). (Incluida en Alvar, II, 235-264, y OROZ, 18-134,
páginas pares.)

IM.—FRIEDRICH HANSSEN, *Metrische Studien zu Alfonso und
Berceo* (Valparaíso, 1903).

HMuch.—FEDERICO HANSSEN, "De los adverbios «mucho», «mui» y «much» en antiguo castellano", *AUCh*, CXVI-CXVII (1905), 94-95.

Incunable.—"Vida e Hystoria del rey Apolonio", ed. Homero Serís, en *Nuevo ensayo de una biblioteca española de libros raros y curiosos*, I (A-B) (Nueva York, 1964), pp. 80-115, texto: pp. 95-113.

——, *La vida e hystoria del Rey Apolonio* (Zaragoza: Pablo Hurus?, 1488?). Incunables poéticos castellanos, XII, facsimilar (Valencia, 1966).

——, (Se encuentra también, facsimilar y transcrito, en Alvar, II, pp. 521 y ss. Para facilitar la consulta se sigue esta edición, de la que se señala la línea de la transcripción.)

——, v. DEYERMOND, ALAN DAVID, *Apollonius of Tire.*

Janer.—FLORENCIO JANER.—v. *Poetas.*

JUAN DE CUENCA.—v. *Consifion del amante*; DEYERMOND, A. D., *Apollonius of Tire*; RUSSELL, P. E.

JUAN MANUEL, *Obras completas*, ed. José Manuel Blecua 2 vols. (Madrid: Gredos, 1981 y 1983).

Klebs.—ELIMAR KLEBS, *Die Erzählung von Apollonius aus Tyrus. Eine geschichtliche Untersuchung über ihre lateinische Urform und ihre späteren Bearbeitungen* (Berlin 1899).

KNUST, HERMANN.—v. *Confision del amante.*

Lanchetas.—RUFINO LANCHETAS, *Gramática y vocabulario de las obras de Gonzalo de Berceo* (Madrid, 1900).

Lapesa: *Con sola su figura.*—RAFAEL LAPESA, "Sobre las construcciones «con sola su figura», «Castilla la gentil» y similares", *Ibérida*, 6 (1961), 83-95.

LAPESA, RAFAEL, "Contienda de normas lingüísticas en el castellano alfonsí", en *Estudios de Historia Lingüística Española* (Madrid: Paraninfo, 1985), pp. 209-225.

Lapesa: *El diablo del toro.*—RAFAEL LAPESA, "Sobre las construcciones «El diablo del toro», «El bueno de Minaya» «¡Ay de mí!», «¡Pobre de Juan!», «Por malos de pecados»", *Fil*, año VIII (1962), 169-184.

Lapesa: *El neutro.*—RAFAEL LAPESA, "El neutro en calificativos y determinantes castellanos", en *Miscel·lània Sanchis Guarner*, II, Quaderns de Filologia (Universitat de València, 1984), 173-187.

Lapesa: *Historia.*—RAFAEL LAPESA, *Historia de la Lengua Española* (Madrid: Gredos, 1981⁹).

Lapesa: *Los casos*.—RAFAEL LAPESA, "Los casos latinos: restos sintácticos y sustitutos en español", *BRAE*, tomo XLIV, cuaderno CLXXI (1964), 57-105.

Lapesa: *Reyes Magos*.—RAFAEL LAPESA, "Mozárabe y catalán o gascón en el *Auto de los Reyes Magos*", en *Estudios de historia lingüística española* (Madrid: Paraninfo, 1985), pp. 138-156.

LATHROP, T. A., *Curso de gramática histórica española*, ed. Juan Gutiérrez Cuadrado (Madrid: Ariel, 1984).

LEWIS, CHARLES B., "Die Altfranzösischen Prosaversionen des Appollonius-Romans, nach allen bekannten Handschriften mit Einleitung, Anmerkungen, Glossar und Namenverzeichnis zum ersten Male herausgegeben von —", *RF*, XXXIV [Erlangen, 1915] (Reprinted New York, 1967), 1-277.

Lexicon Minus.—NIERMEYER, J. F., *Mediae Latinitatis Lexicon Minus* (Leiden, 1976).

Libro de los Estados.—DON JUAN MANUEL, *Obras completas*, ed. José Manuel Blecua (Madrid: Gredos, 1982).

LIDA DE MALKIEL, MARÍA ROSA, *La idea de la fama en la Edad Media castellana* (México-Buenos Aires: Fondo de Cultura Económica, 1952), pp. 159-166.

Loores.—GONZALO DE BERCEO, *Loores de Nuestra Señora*, v. *Poetas*, pp. 93-101.

M.—v. Marden.

Marden.—C. CARROL MARDEN, *Libro de Apolonio. An Old Spanish Poem*. Part I: Text and Introduction (Baltimore-Paris: The Johns Hopkins Press, 1917). Part II: Grammar, Notes and Vocabulary (Princeton-Paris, 1922). (Corrected reissue, 1937²). Reprinted (New York: Kraus Reprint Corporation, 1965). (Se sigue la de 1965.)

Marden: *Notes*.—C. CARROL MARDEN, "Notes on the text of the *Libre d'Apolonio*", *MLN*, 18 (1903), 18-20.

Marden: *Unos trozos oscuros*.—C. CARROL MARDEN, "Unos trozos oscuros del «Libro de Apolonio»", *RFE*, III (1916), 290-297.

Menéndez Pelayo: *Antología*.—MARCELINO MENÉNDEZ PELAYO, *Antología de poetas líricos castellanos, desde la formación del lenguaje hasta nuestros días* [Biblioteca Clásica, 13 vols. (Madrid, 1890-1908)]. Obras completas, tomos XVII a XXVI (Santander: CSIC, 1944-1945).

Menéndez Pelayo: *Novela*.—MARCELINO MENÉNDEZ PELAYO, *Orígenes de la novela* [1905-1907]. Ed. Enrique Sánchez Reyes (Santander: CSIC, 1943²).

Menéndez Pidal.—v. *Cantar*.

MENÉNDEZ PIDAL, RAMÓN, *Manual de Gramática Histórica Española* (Madrid: Espasa-Calpe, 1941[6]).

MILÁ Y FONTANALS, MANUEL, *De los trovadores en España*, Obras completas, II (Barcelona, 1889).

Milagros.—GONZALO DE BERCEO, *Milagros de Nuestra Señora*, ed. Antonio G. Solalinde [1922] (Madrid: Espasa-Calpe, 1972[8]).

MORLEY, HENRY, *Confessio Amantis of John Gower* (London, 1889).

MP.—v. *Cantar*.

NAVARRO, TOMÁS, *Métrica española. Reseña histórica y descriptiva* (New York, 1966[2]).

Nebrija.—ANTONIO DE NEBRIJA, *Vocabulario de romance en latín*, ed. Gerald J. Macdonald (Madrid, 1973).

OELSCHLÄGER, VICTOR R. B., *A Medieval Spanish Word-List. A preliminary dated vocabulary of first appearances up to Berceo* (University of Wisconsin, 1940).

OESTERLEY, HERMANN.—v. *Gesta*.

Orígenes.—RAMÓN MENÉNDEZ PIDAL, *Orígenes del español* (Madrid: Espasa-Calpe, 1964[5]).

OROZ, RODOLFO, *Historia de Apolonio de Tiro. La novela favorita de la Edad Media*. Edición bilingüe. Traducción y prólogo de — (Instituto de Investigaciones Histórico-Culturales de la Universidad de Chile (s. a.) [1955?]).

Pantheon de GODOFREDO DE VITERBO.—v. SAMUEL SINGER, pp. 150-177.

Partidas.—*Las Siete Partidas del sabio Rey don Alonso el nono* (sic) *nueuamente glosadas por el Licenciado Gregorio López del Consejo Real de Indias de su Magestad* (Salamanca, MDLV). Edición facsimilar en 3 vols. (Madrid: Boletín Oficial del Estado, 1974).

Pérez Vidal.—JOSÉ PÉREZ VIDAL, "Dos notas al Libro de Apolonio", *RDTP*, IX (1953), 89-94.

PICKFORD, T. E., "Apollonius of Tyre as Greek Myth and Christian Mystery", *Neophilologus*, LIX, 4 (October 1975) 599-609.

Pidal: *Estudios*.—PEDRO JOSÉ PIDAL, *Obras del Marqués de Pidal*, tomo I: "Estudios Literarios" (Madrid, 1890), pp. 151 167 y 169-189, con *Nota* final de Menéndez Pelayo.

PEDRO JOSÉ PIDAL, *Colección de algunas poesías castellanas anteriores al siglo XV, para servir de continuación a la pu* blicada por D. Tomás Antonio Sánchez. Libro de Apolonio. Vida de Santa María Egipciaca. La Adoración de los Santos Reyes (Madrid, 1841), pp. 1-84.

——, Colección de poesías castellanas publicadas por D. Tomás Antonio Sánchez. Nueva edición hecha bajo la dirección de D. Eugenio de Ochoa. Con notas al pie de la página y una introducción y un vocabulario de voces anticuadas y aumentada con un suplemento que contiene tres poemas nuevamente descubiertos (Paris: Baudry, 1842), pp. 523-576.

——, Libro de Apolonio, v. Poetas, pp. 283-305.

——, Poesías castellanas anteriores al S. XV, Colección de los mejores autores castellanos, Tomo XX (Paris: Imp. de Chapelet, s. a.), pp. 531-561.

Pidal: Revista.—PEDRO JOSÉ PIDAL, "Poesía antigua. Vida del Rey Apolonio y de Santa María Egipciaca y La Adoración de los Santos Reyes, en verso antiguo", Revista de Madrid, IV (Madrid, 1840), 16-48, 133-160 y 253-275.

Poesía juglaresca.—RAMÓN MENÉNDEZ PIDAL, Poesía juglaresca. Aspectos de la historia literaria y cultural de España, Colección Austral, 300 (Madrid: Espasa-Calpe, 1962⁵).

Poetae Latini Aevi Carolini recensvit Ernestvs Duemmler, Monvmenta Germaniae Historica [1881] (Zürich-Berlin, 1964). (Tomo II, pp. 483-506: Gesta Apollonii.)

Poetas.—Poetas castellanos anteriores al siglo XV. Colección hecha por Don Tomás Antonio Sánchez, continuada por el Excelentísimo Señor Don Pedro José Pidal y considerablemente aumentada e ilustrada, a vista de los códices y manuscritos antiguos, por DON FLORENCIO JANER. Biblioteca de Autores Españoles, LVII (Madrid, 1864).

PUYMAIGRE, COMTE THÉODORE DE, Les vieux auteurs castillans, I (Paris: Didier, 1861), pp. 247-268.

Reyes Magos.—"Auto de los Reyes Magos", en Crestomatía del Español Medieval (Madrid: Gredos, 1965), pp. 71-77.

RICO, FRANCISCO, "La clerecía del mester", HR, 53-1 (1985), 1-23, y 53-2 (1985), 127-150.

Riese.—FRIEDRICH ALEXANDER RIESE, Historia Apollonii Regis Tyri, Bibliotheca Tevbneriana (Lipsiae [Leipzig], 1893).

RÍOS, JOSÉ AMADOR DE LOS, Historia crítica de la Literatura Española, III [Madrid: 1863] (Facsímil, Madrid: Gredos, 1969), pp. 278-304.

RODRÍGUEZ DE CASTRO, JOSEPH, Biblioteca Española. Tomo segundo, que contiene la noticia de los escritores gentiles españoles y la de los Christianos hasta fines del siglo XIII de la Iglesia. Su autor — (Madrid, 1786), pp. 504-505.

Roncesvalles.—RAMÓN MENÉNDEZ PIDAL, "Roncesvalles, un nuevo cantar de gesta español del siglo XII", en *Textos medievales españoles* (Madrid: Espasa-Calpe, 1976), pp. 7-102.

RUSSELL, P. E., "Robert Payn and Juan de Cuenca, translators of Gower's *Confessio Amantis*", *Medium Aevum*, XXX [1961] (Reprinted London, 1965).

S.—v. STAAFF.

Sacrificio.—GONZALO DE BERCEO, *Del Sacrificio de la Misa*, v. *Poetas*, pp. 80-90.

San Ildefonso.—*Vida de San Ildefonso*, v. *Poetas*, pp. 323-330.

San Lorenzo.—GONZALO DE BERCEO, *Martirio de San Laurencio*, v. *Poetas*, pp. 90-93.

San Millán.—GONZALO DE BERCEO, *Historia del Señor San Millán*, v. *Poetas*, pp. 65-80.

Santa Oria.—GONZALO DE BERCEO, *Poema de Santa Oria*, ed. Isabel Uría (Madrid: Castalia, 1981).

SANTILLANA, MARQUÉS DE, en *Cancionero Castellano del siglo XV*. Ordenado por R. Foulché-Delbosc, tomo I, Nueva Biblioteca de Autores Españoles, 19 (Madrid: 1912).

Santo Domingo.—GONZALO DE BERCEO, *Vida de Santo Domingo de Silos*, ed. Teresa Labarta de Chaves (Madrid: Castalia, 1973).

SAS, LOUIS F., *Vocabulario del Libro de Alexandre* (Madrid: Real Academia Española, 1976).

SEIFERT, EVA, "«Haber» y «tener» como expresiones de la posesión en español", *RFE*, XVII (1930), 233-276 y 345-389.

SERÍS, HOMERO, "Apolonio, Historia de", en *Nuevo ensayo de una Biblioteca Española de libros raros y curiosos*, fasc. primero A-B (New York: The Hispanic Society of America, 1964), 80 y ss.

——, "La novela de Apolonio. Texto en prosa del siglo XV descubierto", *BHi*, LXIV (1962), 5-29.

SHAKESPEARE, WILLIAM, "Pericles, Príncipe de Tiro", en *Obras completas*, ed. Luis Astrana Marín (Madrid: Aguilar, 1961[11]), pp. 1733-1775.

Signos.—GONZALO DE BERCEO, *De los signos que aparescerán ante el juicio*, v. *Poetas*, pp. 101-105.

SINGER, SAMUEL, *Appollonius von Tyrus, Untersuchungen über das Fortleben des antiken Romans in spätern Zeiten* [Halle, 1895] (New York, 1974). (*Gesta Romanorum*, pp. 71-105; *Pantheon* de Godofredo de Viterbo: "Cronica de Apollonio", pp. 150-177).

Sol.—v. Solalinde.

Solalinde.—ANTONIO G. SOLALINDE, *"Libro de Apolonio. An Old Spanish Poem* edited by C. Carrol Marden", *RFE,* X (1923), 185-190.

STAAFF, ERIK, *Étude sur les pronoms abrégés en ancien espagnol* (Upsala, 1906), pp. 114-128.

Tentative.—Tentative Dictionary of Medieval Spanish, by R. S. Boggs, Lloyd Kasten, Hayward Keniston and H. B. Richardson (North Carolina, 1946).

TIMONEDA, JUAN, *El Patrañuelo.* Primera parte de las patrañas de Ioan de Timoneda: en las quales se tratan admirables cuentos, graciosas marañas, y delicadas inuinciones para saber contar el sabio y discreto relatador agora nuevamente compuesto. (Valencia, 1567). (La *patraña* que trata de Apolonio es la *docena,* 53v-81r; no hay *novena.*)

——, *Las patrañas* de Ioan de Timoneda... (Bilbao, 1580). (*Patraña oncena,* 64v-95r.)

TSITSIKLI, DIMITRA, *Historia Apollonii Regis Tyri,* Beiträge zur Klassischen Philologie, Heft 134 (Königstein, 1981).

Valbuena.—ÁNGEL VALBUENA PRAT, *Historia de la Literatura Española,* Tomo I [1937] (Barcelona: Gustavo Gili, 1968[8]).

Vida de Santa María Egipciaca, traducida por un juglar anónimo hacia 1215, ed. María S. de Andrés Castellanos, Anejos del Boletín de la Real Academia Española, XI (Madrid, 1964).

Vida de Santa María Egipciaca. Estudios. Vocabulario. Edición de los textos, ed. Manuel Alvar, 2 vols., Clásicos Hispánicos (Madrid: CSIC, 1970-1972).

WOLF, FERDINAND, *Studien zur Geschichte der Spanischen und Portugiesischen Nationalliteratur* (Berlin, 1859).

ZAMORA VICENTE, ALONSO, *Dialectología española* (Madrid: Gredos, 1967[2]).

ZARCO Y CUEVAS, JULIÁN, *Catálogo de los manuscritos castellanos de la Real Biblioteca de El Escorial,* Tomo II (Madrid, 1926), pp. 173-175.

ABREVIATURAS EMPLEADAS

REVISTAS

AUCh   *Anales de la Universidad de Chile*, Santiago de Chile.

BFCh   *Boletín de Filología*, Universidad de Santiago de Chile.

BHi   *Bulletin Hispanique*, Bordeaux.

BRAE   *Boletín de la Real Academia Española*, Madrid.

Fil   *Filología*, Instituto de Filología Hispánica, Universidad de Buenos Aires.

HR   *Hispanic Review*, Philadelphia.

Ibérida   *Ibérida, Revista de Filología*, Rio de Janeiro.

MLN   *Modern Language Notes*, Baltimore.

Pir   *Pirineos (Estación de Estudios Pirenaicos)*, Zaragoza.

PMLA   *Publications of the Modern Language Association of America*, Baltimore.

RDTP   *Revista de Dialectología y Tradiciones Populares*, Madrid.

RF   *Romanische Forschungen*, Erlangen-New York.

RFE   *Revista de Filología Española*, Madrid.

RFH   *Revista de Filología Hispánica*, Buenos Aires.

RHi   *Revue Hispanique*, Paris-New York.

RIE   *Revista de Ideas Estéticas*, Madrid.

Ro   *Romania*, Paris.

Rom. Rev.   *The Romanic Review*, Columbia University Press.

NOTA PREVIA

E L T E X T O que sirve de base para la presente edición es el manuscrito de la Biblioteca Escurialense K. III. 4., único conservado.

Normas seguidas en la transcripción

1. Uso de ⟨ ⟩ para los grafemas que no se deben tener en cuenta, como en 1a: *E⟨e⟩n el nombre*; o que no deben pronunciarse, como en 18c: *q⟨u⟩a mucho la amaua*.

2. Uso de [ ] para los que se han añadido, 10a: *uo[s]* (ms. *uo*), o cambiado, 11b: *deu[e]* (ms. *deuo*).

3 Letra *cursiva* para el desarrollo de los signos de abreviación del escriba, salvo la copulativa ꝫ que se ha respetado, dada la alternancia *e, et,* incluso a principio de verso, y la presencia de *y* ante *e-* (74b, 326b).

4. Unión y separación de palabras según criterios actuales.

5. Acentuación actual. Llevan también acento agudo los adverbios *hí, ý* (<ibi), y, en interrogación directa o indirecta, *ó* (<ubi) y *dó* (<de ubi); *é* y *á* del verbo haber, pero no cuando llevan *h*; *nós, vós* sujetos o términos de preposición, para distinguirlos de su función de afijos; *só* del verbo ser; *ál* con significación de 'otra cosa'.

Llevan acento grave los imperfectos y futuros hipotéticos de indicativo (*auìa, aurìa*) por corresponder, posiblemente, a antiguos *auié, aurié*; pero no cuando son primera

85

persona (*auía*), pues a pesar de [*yo*] *pidié* (*vid.* nota a 85b), único caso, la primera persona lleva *-ía* incluso en rima (357: *conos⟨cen⟩cía, yo... sabría, mía, día;* 423: *cortesía, maestría, yo... daría, yo non pecaría*). *Mìo* y *mìos* antepuestos; *ò* (<ubi) adverbio relativo.

La apócope de los enclíticos se ha señalado con apóstrofo (').

6. Se han respetado todas las grafías del manuscrito, pero hay que hacer las siguientes precisiones:

a) *Mayúsculas.* Se han regularizado en nombres propios y en el pronombre personal referido a Dios. Las de principio de verso se han suprimido, salvo después de punto, para facilitar la lectura.

En las mayúsculas del manuscrito hay sincretismo entre *L* y *Ll*, *F* y *Ff* (cf. p. 67), debido a que el adorno para ellas consiste en rayas, con tinta roja, verticales, rara vez horizontales (*M* y *N*). Estos rasgos, ya se ha dicho, varían, sin solución de continuidad, desde estar muy separados, y parecer dos grafemas, en vez de un adorno, como interpreta Alvar para la *F*, o llegar a juntarse en un solo trazo, más o menos grueso, lo que lleva a Marden a transcribir un solo grafema en la *Ll*. El criterio que aquí se ha seguido es transcribir como una sola *f* la mayúscula adornada, pues son rarísimos los casos de *ff-* inicial con minúscula y, en cuanto a la *L* o *Ll*, representarla también por una sola, salvo los verbos *llorar, llegar* y *llamar*, que tienen *ll* con minúscula. Esto nos lleva al problema del título de la obra, donde, por falta de espacio, la parte vertical de la *L*, o *Ll*, mayúscula es muy delgada; además, por estar escrito enteramente en rojo, le faltan los trazos negros verticales que la igualarían a las otras *eles* mayúsculas, con dos y hasta con tres rasgos; tradicionalmente se ha leído *Libre de Appollonio*, pero, dada la *-e* final de *Libre* y el que en el último folio del manuscrito K. III. 4. exista, escrito por la misma mano, un párrafo en catalán, que Rodríguez de Castro, 1786, denomina *Vida y passión de Cristo*, es muy posible que el escriba fuera un catalán de los muchos que habitaban en Aragón y que la lectura más segura fuera *Llibre*, con las debidas reservas, dada la larga alternancia que en catalán existió entre *l-* / *ll-* para la *l-* inicial palatalizada. Esta misma alternancia justifica que en *Los Tres Reys d'Orient* aparezca *lo libre,* pero aquí se trata de una minúscula.

No existe *U* mayúscula, dándose siempre la angular *V.*

Entre *I* e *Y* la diferencia es, a veces, escasa. Se funda en que la primera consta de un rasgo horizontal bastante alto, unido al vertical, que acaba algo más arriba en curva, mientras que en la segunda el rasgo superior es curvo, hacia la izquierda y hacia arriba, más o menos alargado, y parte del centro del trazado vertical, adornándose muchas veces con un punto en rojo. Éste ha sido el criterio seguido para transcribir *i* o *y.*

b) *i corta (i) e i larga (j).* Para la *i corta* no hay dificultad, pues está trazada con un ligero rasgo final hacia arriba. En cambio, la *i larga* tiene grandes variaciones en su longitud, pero siempre caracterizada por la falta del rasgo mencionado. Marden sólo ha transcrito como *j* las muy prolongadas, creo que con criterio equivocado. El que se ha seguido aquí ha sido: transcribir siempre la *i corta* como *i,* y la *i larga* (j), sea cual fuere su longitud, sólo para aquellas palabras en que tiene valor consonántico, dejándola en *i corta* para valor vocálico, con el fin de facilitar la lectura del texto.

c) *s larga.* No la denomino *alta* porque muchas veces sólo la parte superior curva está por encima del renglón.

El escriba usa regularmente una *s* enlazada como un ocho en final de palabra. Es la que podríamos llamar *corta.* Pero para la *larga* tiene multitud de variaciones debidas a la altura en que la coloque. Unas y otras se han transcrito como *s* normal. La *larga* se da siempre que no sea final.

Hay que añadir una particularidad importante: en la segunda mitad del manuscrito (el primer caso es en 169c y los demás a partir de 263d hasta el final) la *s larga* vuelve su rasgo inferior hasta unirse arriba, por la izquierda, con el principio del grafema. Marden en estos casos ha leído *ss*, pero, quizás, no se ha dado cuenta de que en los mismos folios la *p* tiene el mismo trazo, y hasta la *q* se convierte en *g*; en alguna ocasión, como en *fuerte* (393a) y en *fablas* (514d), ocurre lo mismo con la *f*, al tiempo que la *d* pasa, de ser semejante a una delta griega, a bajar el rasgo superior cruzando la letra hacia la derecha, como si el escriba de la segunda parte fuera otro, de letra muy parecida, o el mismo con hábitos distintos.

Si se siguiera el criterio de Marden de transcribir en los casos dichos *ss* nos encontraríamos con que *ssemeia* (512c) tendría tres ápicoalveolares, *sssemeia*, pues la primera tiene las características que se indican, con la parte inferior vuelta hacia arriba. O en 169c y 562b existiría *Ess*, inexistente en el resto del poema, y que obliga a Marden a leer *Es⟨s⟩*. Por otra parte, en dos ocasiones Marden la interpreta como una única *s* (438c *priso*; 439a *seso*).

* * *

La edición de Pedro José Pidal, de 1864, fue corregida por Florencio Janer (*Poetas,* 283-305). En 1903, C. Carrol Marden enmendó la edición de Janer en *Modern Language Notes* (Marden: *Notes,* 18-20). Sin embargo, en su edición de 1917, corregida en 1937 (Marden, I, 1-76), todavía se encuentran errores de lectura. En 1976, Manuel Alvar (Alvar, II, 18-232) publica una edición paleográfica. De estas dos últimas ediciones me ocupo a continuación.

Edición de Marden

(Prescindo de *llorar, llamar* y *llegar,* en inicial de verso, de las que ya se ha hablado).

1. Marden transcribe regularmente *pora* —quizás fuera así en el primitivo poema—, pero la abreviación de *ar* es muy clara y regular: p*ar*eio (188c), p*ar*ir (252b), p*ar*ti-da (348b y 476d), p*ar*ientes (382a y 410b), ap*ar*eiada (394b), p*ar*aula (398a), p*ar*te (412b). Además, en inicial de verso, donde el signo de abreviación es imposible en

la mayúscula, se da *para* (87d, 101b y 251c). Se ha transcrito, por lo tanto, *para* en todos los casos.

2. *i corta* (i) de Marden que debe ser transcrita por *i larga* (j) por carecer del rasgo final, hacia arriba, que caracteriza a la corta: 5c conçeio, 11a iamás, 90d conçeio, 106c oios, 121b oios, 144b iugar, 144c iugar, 145c iuego, 148a iugaua, 164d iuego, 165a iuego, 187a meiorada, 236c enoiedes, 311d meioría, 324a meior, 361d iuuenta, 364c mortaióla, 367d erueia, 383a iustiçia, 399c iela, 400a iela, 402c oios, 430d meior, 431a meior, 449d oios, 481c sobeiana, 482d Iericó, 490c iuglaresa, 499b meiorar, 506b murmuiando, 514d esponia, 517b enoiosa, 521b bermeio, 521c çeio, 521d pareio, 550d iura, 555a iurado, 555b taiar, 560a conçeio, 560b lugareio, 560c poquelleio, 567b conçeio, 568d conçeio, 570a conçeio, 579d meior, 583c meior, 591 oios, 604a iustiçia, 605d trebeio, 606c conçeio, 608a conçeio, 609b conçeio, 612a meiorada, 630a trabaios, 631a oio, 636c maiuelo, 640c oios.

3. Doble *s* (*ss*) que debe ser transcrita por simple (*s*): 169c Es(s), 263d deuissar, 272b conbussco, 285a ssu, 299a ssuso, 377a ssu, 386b falsso, 392d pudiessen, 398c ssi, 399b dexasse, 419b passaron, 420d reyéssele, 428b ssabor, 449a assmar, 456b ssacó, 473b oýsste, 507a ssó, 514a Nassçí, 514c fasscas, 517a cossa, 517b enojossa, 522b ssegudamos, 534d quissieron, 562b Es(s), 593a Effessio, 617d ssu.

4. Doble *f* (*ff*) que debe ser transcrita por sencilla (*f*): 393a ffuerte, 513d ffablas, 514d ffablas.

5. Otras diferencias de lectura: encierro entre paréntesis la de Marden y, a continuación, la que considero correcta: 26b (buscaua lo) buscaua ya lo; 32c (çerro) cerró; 55d (Despues) Depues; 57a (suele) suele[n]; 97a (derecho) drecho; 111d (fuera) fueras; 114c (commo) como; 117d (yo) io; 139d (çenado) çenada; 147b (saliesse) saliese; 168b (sabre) saber; 171d (grant) gran; 179c (semeiauan) semeiaua; 220b (preçiaron) preçiaran; 220d (grant) gran; 224a (de esta) desta; 242b (la dulçe) la su dulçe; 244c (semo) somo; 255b (liçençia) licençia; 256d (no) non; 268a (el) al; 282c (de) d'; 290 (merçed) mer-

ced; 292a (Si) Sy; 299c (a) ha; 336a (commo) como; 343a
(comprar) conprar; 348a (ninuyela) ninyuela; 350c (viu[e]-
la) viuela; 359a (raiz) raýz; 373d (eguedat) e[n]guedat;
380d (porlongado) perlongado; 390a (enganado) engan-
[y]ado; 390b (non) no; 396d (caseras) coseras; 422b
(ouiesse) ouyesse; 463c (conpanya) companya; 467b (e tal)
τ en tal; 476c (grant) gran; 500c (Io) Yo; 505a (casa)
cosa; 514a (mueyell) mueyll; 520c (rend[e]r) rendar;
522b (ssiempre) ssienpre; 546c (ahora) agora; 553b (reyno) regno; 571d (de) del; 572b (Apolonio) Apolonyo; 583a
(fizieres) fizier[e]s; 585b (rezar) reçar; 613b (solepnitat)
solenpnitat; 623d (conoscien) connoscien; 640d (çerqua)
cerqua; 646b (rendido, a tu) rendido, τ a tú.

EDICIÓN PALEOGRÁFICA DE ALVAR

Prescindo de la Ff- inicial de la que ya se ha tratado.
Encierro entre paréntesis la lectura de Alvar y, a continuación, la que considero que figura en el manuscrito:
1c (Componer) Conponer; 18c (q*ue*) (q*ua*); 20a (fre*n*me)
firme; 26c (Menolo) Metiolo; 38b (E) Q*ue*; 39b (Nunca)
Numca; 54b (en sacados) en-lacados; 59d (omn*es*) om-
*ne*s; 61d (bendezir) bendiz[i]r; 66c (dinerada) din[a]ra-
da; 66d (quando) qua*n*do; 70c (Quien) Quie*n*; 71d (E) O;
77b (omn*e*) om*n*e; 102a (quando) qua*n*do; 110d (fenyor)
senyor; 112b (a echar) ha echar; 112d "reclamo" (--)
Q*u⟨a⟩*ando el mar; 113b (hom*n*e) om*n*e; 114b (Passose)
Fallose; 115c (enemiztat) enamiztat; 119c (Semeiaua*n*)
Semeiaua; (enujaua) enujara; 119d (E) O; 123c (bendiga)
benediga; (placer) plaçer; 124c (Çiudat) Ciudat; 126b
(duen*n*ya) duen*y*a; 127a (Fuerte me) Furte-me; 130c (pr*e*-
çiados) pr*e*ciados; 131b (aquexamjento) aq*ue*xamjento;
137c (desmamparar) desmanparar; 142b (Algun*o*s) Algu-
*n*os; 143a (menolo) metiolo; 158d (catar) errar; 160d
(pr*en*der) pr*en*der; 165d (a-priso) a pr*e*so; 167c (de) d*e*;
168b (sabr*e*) saber; 168c (Semeiaua*n*) Semeia; 178d (laude) laud*e*; 179a (sones) son*e*s; 179d (Semejauua*n*) Seme-
jaua; 182c (pr*i*ndo) pr*e*ndo; 186b (Semiole) Semeiole; 188b

(poq*u*illeio) poq*u*elleio; 188c (tanyendo) trayendo; (e) *z*; 192d (digades) digad*e*s; 196c (duenya) due*n*ya; 208d (diffiuzados) desfiuzados; 209a (semeia*n*) semeia; 212c (vevyr) venyr; 223d (estorcio) estorçio; 226a (dellos) d*e*llos; 233b "reclamo" (prender vra.) prendet vra; 233d (nuo) uo; 234c (de) d*e*; 250a (ganançia) gana[n]çia; 254b (Au*e*stro) A u*u*estro; 255b (liçençia) licençia; 261c (voluer) bolu*e*r; 271d (era) era⟨*n*⟩; 275c (honrada) ho*n*rrada; 285a (plazer) plaç*e*r; 292b (non) no*n*; 296a (dios A-duxo) dios te aduxo; 298a (valia) valie; 308d (espiritu) espirito; 311c (maestria) maestrio; 324d (s*e*ruje) s*e*ruje; 329d (triste) t*r*iste; 330b (paresçio) parescio; 330c (Auya) Auiya; 335a (d*e*) de; (lazrado) lazdrado; 345d (quiere) quisiere; 353a (p*e*rder) p*e*rder; 354d "reclamo" (--) a su ama; 358c (v*u*estra) v*u*estra; 359b (ouiestes) ouiest*e*s; 378d (mjentres) mje*n*tre; 380a (fuego) Ruego; 388b (d*e*aquende) daquende; 391c (pudieron) pudiero*n*; 391d (duenya) due*n*ya; 393c (de) d*e*; 395d (Promenoles) Prometioles; 406b (Romanecio) Romaneçio; 415a (q*u*e) que; 416d (dar) dat; 417b (vos) uos; 418d (non) no*n*; 424b (gana*n*cia) gana*n*çia; 434d (mj*e*nt) mjent*e*; 435c (Rebrar) Rebtar; 436d (podie ella) podie sin ella; 446a (escr*i*uir) escreujr; 449c (yoguesse) yoguiesse; 452a (que) q*u*e; 452c (q*u*erie) querrie; 455c (desenparar) desemparar; 457b (lazrados) lazdrados; 471a (escanpo) escanyo; 474c (Reçebir) Recebir; 476d (Por*q*ue) Porq*u*e; 477b (faç*e*r) faç*e*r; 484a (sue) sus; 487b (omn*e*) om*n*e; 506b (cosa) casa; 509a (montes) mont*e*s; 519b (lazrado) lazdrado; 523c (enlaçadas) enlazadas; 526c (compa[n]nya) compan*n*ya; 527a (Nunq*u*a) Nunqua; 529a (duenya) due*n*ya; 529c (Antin*a*goras) Anti*n*agora; 531d (que) que*n* 'que me'; 535b (uençer) uen*ç*er; 538b (soterrados) ssoterrados; 538c (ssiemp*r*e) ssienp*r*e; 542c (dize) diçe; 545c (Que) Oue; 546a (venyt) venjt; 547c (p*e*rmetida) p*r*ometida; 553a (deues) deuos; 557b (casamj*e*nto) cas[a]mj*e*nto; 558d (nj*n*) nj; 560d (p*r*indamos) p*r*endamos; 561a (de) d*e*; 565a (envia) enbia; 569d fiera mjentre) fiera mjentr*e*; 571b (oreuçe) orençe; 572d (Efallo) Fallo; 576a (de) d*e*; 579c (panyos) pa*n*yos; 579d (d*e*) de; 581d (yazen) jazen; 584c (ella) ello; 591b (de ssu) d*e* ssu;

595a (Entraron) Entraro*n*; 597c (Antiguo) Antigo; 603b
(Dixeron) Dixiero*n*; 614c (esp*er*auan) esp*er*auan; 620d (sa-
llidos) ssallidos; 628a (ementar) eme*n*tar; 628d (dira*n*)
diran; 633b (s*er*ujentas) s*er*ujentas; 639b (Turaron) Duraron; *FINAL*: (A—.M.—.E—.N.—) A—.M.—.E—.N.—
de*us*.— (de*us* adornado con tinta roja, no tachado.)

DISPOSICIÓN DEL TEXTO DEL *Libro*

Se ha separado con epígrafes, que no aparecen en el
texto, para facilitar la lectura.

Hay dos tipos de notas:

a)   Observaciones sobre el manuscrito. Si hay alguna
     corrección al texto admitida se señala quién fue
     el primero que la propuso. Quedan excluidos de
     nota los errores meramente manuales del copista,
     como signos de abreviación o letras olvidadas.
b)   Notas aclaratorias al texto.

En Apéndice, p. 329, se recogen las correcciones que
distintos eruditos han propuesto. Van por orden de antigüedad de la publicación, pues se supone que, en ellas, se
han tenido en cuenta las hechas anteriormente. Por lo
mismo van con la grafía del primer corrector.

                                                    C. M.

EL LIBRO DE APOLONIO

Llibre de Appollonio *

Fol. 1   1   E⟨e⟩n el nombre de Dios τ de Santa
                                          [María,
              si ellos me guiassen, estudiar querría
              conponer hun romançe de nueua maestría
              del buen rey Apolonio τ de su cortesía.

           2   El rey Apolonio, de Tiro natural,
              que por las auenturas visco grant tenporal.

* El título no comienza el ms. Lo encabezan los adornos de la E mayúscula del primer verso. Ésta forma el cuerpo de un hombre que sostiene flores todo a lo largo del renglón hasta terminar en una cabeza de animal; el dibujo seguía por el margen derecho, pero sólo quedan restos, sin duda por haber sido alguna vez guillotinado. Los dos primeros versos están en la misma línea hasta *estudiar*; *querría* comienza la segunda, y, a continuación, el título, *Llibre de Appollonio*, no muy destacado. Sobre su Ll- inicial, véase página 68. El rasgo de abreviación de la *e* está algo separado de la *d*.

(La grafía *ch*, como en *Antiocha* 3b, *muchos* 5a, está cruzada regularmente por un trazo horizontal, sin que haya que suplir ninguna letra. No se volverá a mencionar.)

1b *estudiar querría*: 'querría esforzarme en'.

c *hun*: *h* expletiva, más frecuente en aragonés que en otras regiones.—*romançe*: 'poema no latino'.—*nueua maestría*: 'nueva escuela de poesía docta conocida como mester de clerecía'.

d *cortesía*: "bondades y enseñamientos buenos aprendidos en la corte" (*Partidas*, 2, título 9).

2b *por las auenturas*: 'en aventuras'.—*visco*: perfecto fuerte

95

Cómmo perdió la fija τ la muger capdal.
Cómo las cobró amas, ca les fue muy leyal.

ANTIOQUÍA. APOLONIO DE TIRO ACUDE A LA CORTE DE
ANTIOCO PARA RESOLVER EL ENIGMA QUE LE PERMITA
CASARSE CON LA HIJA DEL REY.

3   En el rey Antioco vos quiero començar
       que pobló Antiocha en el puerto de la mar;
       del su nombre mismo fízola titolar.
       Si estonçe fuesse muerto nol' deuiera pesar:

4   ca muriósele la muger con qui casado era,
       dexóle huna fija genta de grant manera;
       nol' sabìan en el mundo de beltat
                                    [conpanyera,
       non sabìan en su cuerpo sennyal
                                    [reprendedera.

_____

(<vixit) trastocando los dos elementos de la x en sc, 'vivió'.—*grant tenporal*: 'mucho tiempo', no hace mención al
naufragio que va a sufrir (*Santo Domingo* 591c: "que no
podié moverse pasó grand temporal").
2c *capdal*: (<capitale) 'principal', 'legítima'.
 d *amas*: 'ambas'; reducción mb > m propia del Nordeste y
Centro peninsular, con excepción de Rioja y Navarra.—*leyal*:
'leal' con consonante antihiática propia del aragonés. POR SU
FRECUENTE APARICIÓN NO SE SEÑALARÁ MÁS QUE EN LOS CASOS
EN QUE HAGA DIFÍCIL LA LECTURA.
3b *que pobló Antiocha*: 'que fundó Antioquía', *ch* grafía de
velar.
 d *estonçe*: (<extuncce) 'entonces'.—*fuesse muerto*: 'hubiese
muerto', *ser* como auxiliar de intransitivos.
4a *ca*: (<quia) 'porque'.—*qui*: relativo para personas que decae
en el siglo XIV, 'quien'.
 b *genta*: 'gentil', 'hermosa'.
 c *sabìan*: para el acento grave, *vid*. p. 85.—*beltat*: (<occitano
antiguo beltat) 'belleza'; 'beldad' al castellanizar la terminación.—*conpanyera*: *ny* grafía aragonesa con valor de ñ, ES LA
HABITUAL EN EL MANUSCRITO, salvo Apolonyo (ni), anyello
(ni), y algunas otras.
 d *sennyal reprendedera*: 'defecto reprensible'.

5 Muchos fijos de reyes la uinieron pedir,
mas non pudo en ella ninguno abenir.
Ouo en este comedio tal cosa ha contir
que es para en conçejo vergüença de deçir.

6 El pecado, que nunca en paz suele seyer,
tanto pudo, el malo, boluer τ reboluer
que fiço ha Antiocho en ella entender

Fol. 1v   tanto que se querìa por su amor perder.

5b *abenir en*: 'conseguir', 'tener éxito' (*Buen Amor* 515b: "si
sabes e avienes en fermoso cantar"), *abenir en ella*: 'conseguirla', 'lograrla'.

c *Ouo ha contir*: perífrasis que indica el resultado de la acción, 'aconteció': *contir* (<* contigĕre, formado sobre "con-
tĭgit") 'suceder'; *ouo*: perfecto fuerte de "haber" (habui>
haubi > oue) 'hubo'.—*en este comedio*: 'entretanto'.

d *en conçejo*: 'en reunión pública', 'públicamente'.—*deçir*:
sobre la grafía ç para la dental sonora, *vid.* p. 40.

6a *El pecado*: 'el demonio' o 'la suerte o distintas vicisitudes
que nos depara el destino'; en medieval hay un cierto paralelismo entre "pecado", cristiano, y "fatum", pagano. A esta
concepción llegó el pueblo y hasta la gente de iglesia, por
"la desproporción entre el mundo tal como era en realidad
y el mundo tal como debía ser con arreglo a las ideas ecle-
siásticas"... "Satanás es también, por supuesto, el inductor
de la mayoría de los errores cometidos por los hombres"
(J. Bühler: *Vida y cultura...* 5. "La creencia en el demonio
como intento de aquietamiento", pp. 51-56). Esta misma expresión se da en la estrofa 446 del *Alexandre*: "El pecado,
que nunca en pas pudo seyer, / tanto pudo el malo bolljr
e rreboluer / que ouo de tal gujsa las huestes a poner"; y,
a continuación, en la 449, "pecado" no tiene ninguna relación con la transgresión de la ley: "Vyolo por auentura,
mostrogelo el pecado, / a Menalao el bjudo".—*seyer*: (<se-
dēre con y antihiática) 'permanecer'.

c *en ella entender*: (<intendĕre 'dirigir la atención hacia alguien') 'enamorarse de ella', 'intentar relación carnal con
ella' (*Buen Amor* 478b,c: "avié con su marido fecha poca
morada, / tomó un entendedor e pobló lo posada").

d *querìa perderse*: 'estaba a punto de enloquecer' (*Buen Amor*
461c: "perdíame de set").

7　　Ouo a lo peyor la cosa ha venir
que ouo ssu voluntat en ella ha conplir;
pero sin grado lo houo ella de consentir,
que veydìa que tal cosa non era de sofrir.

8　　La duenya por este fecho fue tan
[enuergonçada
que por tal que muriese non querìa comer
[nada;
mas huna ama viega que la ouo criada
fíçol' creyer que non era culpada.

9　　—"Fija, dixo, si vergüen[ç]a o quebranto
[prisiestes,
"non auedes culpa, que vós más non
[pudiestes;
"esto que uós veyedes en uentura lo ouiestes.
"Allegratuos, senyora, que vós más non
[pudiestes.

9a ms. *verguenca*.

7b *conplir*: (<cǒmplēre) el actual "cumplir" analógico de verbos con *o* larga.

d *veydìa*: cruce, aunque quizá meramente gráfico, de "vedía" y "veýa".—*non era de sofrir*: 'no era tolerable', "sufrir", actual, analógico de las formas con *yod* (<sǔferre).

8b *por tal*: catáfora de *que muriese*, 'para esto, para morir'.— *muriese*: subjuntivo donde hoy emplearíamos infinitivo.

c *viega*: 'vieja', la *g* representando la prepalatal sonora rehilante.—*la ouo criada*: participio concordante propio de la lengua antigua, 'la crió'.

9a *prisiestes*: perfecto de "prender" (<* pre(he)nsistis por prendistis, por influjo del participio prehensum > prensum; el diptongo de *-iestes* es analógico de los pretéritos débiles, -ī(v)ĭstis > -iestes; la *i* inicial por analogía con pre(he)nsī > prise) 'adquiristeis', 'os reportó'.

c *en uentura*: 'porque había de ocurrir' (<vĕntūrus).

d *Allegratuos*: *ll* con valor de *l*; a veces aparece como recuerdo latino; otras, como aquí, antietimológicamente, 'alegraos'.

10 "Demás yo uo[s] conseio, τ uós creyer
[me lo deuedes,
"al rey vuestro padre vós non lo enfamedes;
"maguer grant es la pérdida, más val que lo
[calledes
"que al rey τ a uós en mal preçio echedes."

11 —"Ama, dixo la duenya, jamás, por mal
[pecado,
"non deu[e], de mí, padre seyer clamado.
"Por llamarme él fija téngolo por pesado;
"es el nombre derechero en amos enfogado.

Fol. 2 12 "Mas quando ál non puedo, desque só
[violada,
"prendré vuestro conseio, la mi nodriçia
[ondrada,
"mas bien ueo que fuy de Dios
[desemparada;
"a derechas m'en tengo de vós aconseiada."

13 Bien ssé que tanto fue ell enemigo en el
[rey encarnado
que non auìa el poder de veyer el pecado;

10a *uo[s]*: ms. *uo*, corrección de Cesare.
11b *deu[e]*: ms. *deuo*.

10c *maguer*: 'aunque'.
11a *por mal pecado*: 'por desgracia', fórmula expresiva seguramente sin referencia al incesto.
b *clamado*: aragonesismo, 'llamado'.
c *téngolo por pesado*: 'me pesa', 'me apesadumbra'.
d *es enfogado*: corresponde a la pasiva perfectiva latina 'ha
quedado destruido'.—*derechero*: 'apropiado'.—*enfogado*: 'aho-
gado'.
12a *ál*: (<lat. arcaico y vulgar alid) 'otra cosa distinta'.—*desque*:
'puesto que'.—*só violada*: 'he sido violada'.
b *prendré*: 'tomaré', 'me atendré a'.—*ondrada*: 'honrada'.
d *en*: adverbio pronominal, propio del aragonés, 'en ello'.
13a *ell enemigo*: 'el demonio': *ell*, cuando es artículo, suele tener final *ll* ante vocal.

mantenìa mala vyda, era de Dios ayrado,
ca non le façìa seruiçio don' fuese su pagado.

14 Por fincar con su fija, escusar casamiento,
que pudiesse con ella conplir su mal taliento,
ouo ha ssosacar hun mal ssosacamiento;
mostrógelo el diablo, vn bestión
[mascoriento.

15 Por fincar sin vergüença, que non fuese
[reptado,
façìa huna demanda z vn argumente
[çerrado:
al que lo adeuinase que gela darìa de grado,
el que no lo adeuinase serìa descabeçado.

16 Auìan muchos por aquesto las cabeças
[cortadas;
sedìan, sobre las puertas, de las almenas
[colgadas.

13c *era de Dios ayrado*: "ser airado de alguien": 'haber incurrido
en la ira de alguien', 'estar en desgracia'.

d *don' fuese su pagado*: 'por el que Dios estuviese satisfecho
de él'.

14a *fincar con*: 'permanecer con'.—*escusar*: 'evitar' la boda de
su hija.

b *que*: 'de modo que', 'para que'.—*taliento*: 'voluntad', 'deseo'; posteriormente "talante", que Nebrija da como equivalente de "libido".

c *ssosacar*: 'intentar cautelosamente', 'urdir'; hoy, renunciando
al adorno del acusativo interno, 'tramó un ardid'.

d *vn bestión mascoriento*: usado para designar al demonio,
'bestia deforme y tiznada' ("mascorar", 'tiznar').

15a *reptado*: 'censurado', 'acusado'.

b *demanda*: 'acertijo', 'adivinanza'.—*argumente çerrado*: 'enigma'; la *-e* final de *argumente* indica su influjo galorrománico; en el original, seguramente, apocopado.

c *gela*: (<ĭllī ĭllam > eliela > e)gela) literalmente 'le la', hoy
'se la'.

16b *sedìan*: 'permanecían'.

Las nueuas de la duenya por mal fueron
[sonadas,
a mucho buen donçel auìan caras costadas.

17 «La verdura del ramo escome la raýz,
»de carne de mi madre engruesso mi
[seruiz.»
El que adeuinase este vieso qué ditz,
esse aurìa la fija del rey enperadriz.

18 El rey Apolonio, que en Tiro regnaua,
oyó daquesta duenya qu'en grant preçio
[andaua;
querìa casar con ella, q⟨u⟩a mucho la
[amaua;
la hora del pedir, veyer non la cuydaua.

19 Vino ha Antiocha, entró en el reyal,
saluó al rey Antiocho τ a la corte general;

18b *duenya*: el escriba parece haber intentado escribir *dam*, de
dama, o quizá *dona*, que luego ha corregido.

16c *sonadas*: 'difundidas ampliamente'.
d *auìan caras costadas*: participio concertado 'habían costado
caro'.
17a *escome*: 'devora', 'come'.
b *seruiz*: errata por *çeruiz*, o influencia del catalán antiguo
"serviu" (Corominas, 2, s.v.).
c *adeuinase*: (<ad+dīvīnus 'adivinador', con disimilación) 'adi-
vinase'.—*vieso*: (<vĕrsum) forma popular diptongada, 'adivinanza o enigma en verso'.—*qué ditz*: apócope de *dize* con
grafía aragonesa, 'qué dice este verso' (prolepsis de *este
vieso*).
d *aurìa*: incoativo 'conseguiría'.—*enperadriz*: predicativo objetivo 'como emperatriz', por lo tanto, 'sería heredero del imperio de Antioquía'.
18c *q<u>a*: (<quia) 'porque'.
d 'no la pensaba ver, la hora de la petición', 'no pensaba que
llegaría el momento de pedir su mano'.
19a *reyal*: (árabe vulgar raḥál) con *y* antihiática aragonesa 'recinto'.
b *saluó*: léase "salvó" por la rareza de pérdida de -*d*- en aragonés y porque el saludo habitual en el texto es "Dios te

demandóle la fija por su mug*er* capdal,
q*ue* la metrié, en arras, en Tiro la cibdat.

20   La corte d*e* Antiocha, firme d*e* grant
                                    [*u*ertut,
todos ouiero*n* duelo de la su iuue*n*tut.
Diçìan q*ue* non se supo guardar d*e* mal
                                    [englut,
por mala d*e* nigromançia p*e*rdió buena
                                    [salut.

21   Luego d*e* la p*r*imera, demetió su raçón
—toda la corte escuchaua, tenìa buen*a*
                                    [saçón—.
Púsol' el rey la su⟨a⟩ proposi[ci]ón:
q*ue* le darìa la cabeça o la ⟨o⟩soluçión.

21c *proposi[ci]ón*: ms. *proposion*, corrección de Cesare.

---

salve" (Alvar, I, § 60) 'saludó'.—*a la corte general*: 'a la
asamblea reunida'.

19d *la metrié en Tiro en arras*: 'la entronizaría en Tiro como
promesa matrimonial' (*Cantar*, III, 759).

20a *La corte*: anacoluto, colectivo recogido por *todos*.—*uertut*:
'integridad'.

c *Diçian*: (<dīcĕre), el actual "decían" con disimilación de
"dizir".—*englut*: 'engrudo para pegar', 'liga para cazar pá-
jaros', 'trampa malvada'.

d *por mala de nigromançia*: frase con *de* expresivo, cf. "por
malos de pecados" (Lapesa: "*El diablo del toro*", § 6), 'la
corte cree que hay hechizo'.

21a *Luego de la primera*: 'en seguida' (*Santo Domingo* 3a:
"Quiero que lo sepades luego de la primera).—*demetió*:
(<dēmīttĕre 'bajar', 'profundizar') 'penetró' 'desentrañó su
significado'.

b *buena saçón*: 'ocasión propicia para estar atenta'.

d *osolución*, y *asolución* (<absolutionem) que admiten distintos autores, no tiene sentido en el texto, aunque forme
heptasílabo, porque la alternativa a la decapitación no es
el simple perdón, sino la mano de la hija; es preferible, por
lo tanto, *solución* (cf. 22b: *soluer argumentos*).

22   Como era Apolonio de letras profundado,
      por soluer argumentos era bien dotrinado;
      entendió la fallença τ el suçio pecado
      como si lo ouiese por su ojo prouado.

Fol. 3   23   Auìa grant repintençia porque era hí
                                              [uenido,
               entendió bien que era en fallença caýdo:
               mas, por tal que no fuese por bauieca tenido,
               dio a la pregunta buen responso conplido.

24   Dixo: —"Non deues, rey, tal cosa
                                        [demanar,
      "que a todos aduze uergüença τ pesar.
      "Esto, si la uerdat non quisieres negar,
      "entre tú τ tu fija sse deue terminar:

25   "tú eres la raýz, tu fija el çimal;
      "tú pereces por ella, por pecado mortal,
      "ca la fija ereda la depda carnal,
      "la qual tú τ su madre auiedes cominal."

23c que no: puede también leerse "que non".
25a Antes de fija, una f seguida de algo borrado.

22a profundado: 'fundamentado', 'muy versado'.
  b argumentos: 'enigmas', cf. 15b.
  c fallença: 'falta' ('error' en 23b).
23a repintençia: (< * repoenitentia) semicultismo con disimila-
      ción de la átona oe, [e], en i, 'arrepentimiento'.—hí: (<ibi)
      'allí'.
  c bauieca: 'necio'.
24a demanar: (<demandare) nd>n en aragonés, 'preguntar'.
  b aduze: (<addūcit) 'trae', 'produce'.
  d entre tú: forma de pronombre sujeto para término de pre-
      posición, aragonesismo.—terminar: 'concluir', 'deducir'.
25a çimal: 'cima del árbol', 'copa' (cf. 17a La verdura del ramo).
  c depda: 'deuda'.
  d cominal: occitanismo (Corominas, 2, s.v. común) 'en co-
      mún', 'la hija hereda las relaciones que tenías con tu es-
      posa'.

26 Fue de la profecía el rey muy mal pagado;
lo que sienpre buscaua ya lo hauìa fallado.
Metiólo en locura muebda del pecado,
aguisóle, en cabo, cómo fuesse mal
[porfaçado.

27 Maguer por encobrir la ssu inyquitat,
díxol' [a] Apolonio quel' dixera falsedat,
que non lo querrìa fer por nenguna eredat.
Pero todos asmauan que dixera verdat.

28 Díxol' que metrìa la cabeça ha perder,
Fol. 3v   que la adeuinança non podrìa asoluer;
aýn treýnta días le quiso anyader,
que, por mengua de plaço, non pudiese
[cayer.

TIRO. APOLONIO, QUE HA DESCUBIERTO EL INCESTO DE AN-
TIOCO, VUELVE A SU REINO, PERO, FRUSTRADO, EMBARCA A
LA VENTURA Y LLEGA A TARSO.

29 Non quiso Apolonio en la vylla quedar:
tenìa que la tardan[ç]a podìa en mal finar.

29b ms. tardanca.

26a *profecía*: 'solución del acertijo', también 'sabiduría' (*Sende-
bar*, f. 63a).—*Fue mal pagado*: 'quedó descontento', 'se disgustó'.
c *muebda*: (<* mŏvĭtam) 'la instigación del demonio', 'instigación vehemente, perturbadora'.
d 'procuróle, al final, cómo ser afrentado'.
27b *dixera*: 'había dicho', sujeto Apolonio.
c *lo*: recoge anafóricamente la acusación de incesto; sujeto de
fer: Antioco.—*nenguna* (<nec unam, con *n* contagiada de
"non") 'ninguna'.—*eredat*: 'posesión', 'reino'.
d *Pero*: 'sin embargo', 'a pesar de todo'—*asmauan*: (<aestima-
bant) 'juzgaban', 'pensaban'.—*dixera*: 'había dicho', sujeto
Apolonio.
28a *metrìa*: 'pondría', 'le dijo que sería decapitado'.
b *que*: causal 'porque'.—*asoluer*: 'resolver'.
c *aýn*: concesivo 'aunque'.—*anyader*: (<inaddĕre) alternaba
con "eñadir", "eñader", "enadir", "añedir" y "añadir"; para
la palatal *ñ*, *vid*. Corominas, 2, s.v. añadir; 'añadir de plazo'.
29b *tenìa*: 'pensaba'.—*tardan[ç]a*: 'demora'.

Triste *z* desmarrido pensó de naueyar;
fasta que fue en Tiro él no*n* sse dio bagar.

30 E⟨e⟩l pueblo fue alegre qua*n*do viero*n* su
[senyor,
t⟨o⟩odos lo *q*uerié*n* veyer, que hauié*n*
[d'*é*[l] ssabor;
rendìan grandes *z* chicos gracias al Criador,
la villa *z* los pueblos todos en derredor.

31 Encerr[ó]se Apolonio en sus cámaras
[*p*ri*u*adas,
do tenié *s*us escritos *z* sus estorias notadas.
Rezó *s*us argume*n*tos, las fazanyas passadas,
caldeas *z* latin*e*s, tres o quatro vegadas.

32 En cabo, otra cosa no*n* pudo entende*r*
*q*ue al rey Antioco pudiese responder.
Cerró sus argume*n*tos, dexóse de leyer,

31a ms. *Encerrase,* corrección de Marden (I, 4).

29c *desmarrido:* (<germ. marrjan) 'abatido'.—*pensó de:* 'se dispuso a', 'empezó a'.—*naueyar:* aragonesismo en la conservación de la *g* palatalizada de "navigīum">* "navigiare", o bien antihiática; alterna con *nauear:* 'navegar'.
   d *bagar:* (<vacare) 'descanso'.
30a *fue alegre:* incoactiva: 'se alegró'.
   b *que hauién d'él ssabor:* 'porque estaban contentos con él'.
   d *villa:* tanto aquí como en 621a, Marden distingue entre *pueblo/s,* 'plebe', y *villa,* 'nobles y autoridades de la ciudad'; pero hay textos medievales en que la ciudad, como entidad, se regocija (Santillana: *Otro dezir,* 231, pp. 558-559), por lo que *pueblo:* 'conjunto de ciudadanos'.
31a *cámaras:* encubre el aragonesismo *cambras,* exigido por el metro.
   b *notadas:* 'anotadas', 'comentadas'.
   c *Rezó:* 'recitó'.—*argumentos:* 'enigmas', 'argumentos de enigmas'.—*fazanyas passadas:* 'narraciones antiguas de hechos notables y ejemplares'.
   d *vegadas:* 'veces'.
32c *Cerró:* 'concluyó', 'dio por terminados', o bien, 'cerró los libros de enigmas'.

en laçerio sin fruto non quiso contender.

33   Pero mucho tenìa que era mal fallido
en non ganar la duenya τ ssallir tan
[escarnido.

Fol. 4   Quanto más comida quél' auìa conteçido,
tanto más se tenìa por peyor confondido.

34   Dixo que non podìa la vergüen[ç]a durar,
más querìa yr perdersse ò la uentura
[mudar.
De pan τ de tresoro mandó mucho cargar,
metióse en auenturas por las ondas del mar.

35   Pocos leuó conssigo, que no lo
[entendiessen,
fuera ssus criaçones otros no lo sopieron.

34a ms. verguenca.

32d laçerio: (<lacerare) 'sufrimiento', 'trabajo penoso'.—contender: 'insistir'.
33a tenìa: 'juzgaba'.—mal fallido: 'muy frustrado'.
b ssallir: variante de "salir" con palatalización extendida de
formas con Lyod, como "salió", "saliendo"; es regular su
aparición en Apolonio, dura toda la Edad Media y es la
preferida de Juan de Valdés, aunque no de Nebrija.
c comidìa: 'reflexionaba'.
d peyor confondido: 'más humillado'.
34a durar: 'resistir', 'sufrir', 'aguantar'.
b 'prefería ir sin rumbo donde cambiar su destino', o bien,
'más quería ir a morir o conseguir, al menos, cambiar su
suerte'.
c pan, tresoro: 'comida y abundante dinero'.
d en auenturas: 'a lo que aconteciere'.
35a que no lo entendiessen: 'para que no se diesen cuenta de su
partida los demás'; para mantener la rima habrá que suponer entendieron: 'de modo que no se dieron cuenta los
demás'.
b fuera: 'excepto'.—criaçones: 'criados'.—sopieron: (<sapui
con metátesis de wau) 'supieron'.

Nauearon apriessa, buenos vientos ouieron,
arribaron en Tarsso, término hí prisieron.

ANTIOQUÍA. EL REY ANTIOCO DECIDE MATAR A APOLONIO.
SE LO ENCARGA A TALIARCO, QUIEN LE INFORMA DE LA
AUSENCIA DE APOLONIO. ANTIOCO NO SE APLACA POR ELLO.

36 En el rey Antioco vos queremos tornar,
non nos [deuiemos] ende tan aýna quitar.
Auìa de Apolonio yra z grant pesar,
querrìalo de grado, ssi lo pudiese, matar.

37 Clamó a Taliarco, que era su priuado,
el que de sus conseios era bien segurado;
auìanlo en su casa, de pequenyo, criado;
acomendól' que fuese recapdar hun
[mandado.

38 Dixo el rey: —"Bien sepas, el mìo leyal
[amigo,
"que non dirýa ha otrie esto que a ti digo:
Fol. 4v "que só de Apolonio capital enemigo;
"quiero fablar, por esto, mi conseio
[contigo.

39 "De lo que yo façía él me á descubierto,
"numca me fabló ombre ninguno tan en
[cierto,

36b [deuiemos] propuesto por Marden (II, 39).

35d prisieron: (<prēndĕre, *presi) 'allí pusieron fin al viaje'.
36b ende: (<inde) 'de ello'.—aýna: 'deprisa'.
37a Clamó: 'llamó', vid. 11b.
  b era bien segurado: 'Antioco estaba bien seguro del parecer de
    Taliarco'.
  d recapdar hun mandado: 'llevar a cabo un encargo'.
38a sepas: subjuntivo por imperativo, en frase afirmativa, que
    dura todavía hoy.
  b otrie: 'otro' con terminación analógica de las flexiones pro-
    nominales conservadas, dialectalismo.
  d fablar: 'consultar'.—conseio: 'propósito', 'plan'.

"mas, si me lo defiende poblado nin
[yermo,
"tenerme ýa por nada más que vn seco
[ensierto.

40   "Yo te daré tresoros quantos tú quisieres;
"da contigo en Tiro quanto tú más
[pudieres.
"Por gladio o por yerbas, si matarlo
[pudieres,
"desde aquí te prometo qual cosa tú
[quisieres."

41   Tali[a]rco non quiso grande plaço
[prender,
por amor que ficiesse a su sennyor plaçer.
Priso mortal conseio, aguisó grant auer,
fve al rey de Tiro seruiçio prometer.

42   Quando entró en Tiro, falló hí grandes
[llantos:
los pueblos doloridos, afiblados los mantos,

40d Después de *te,* un borrón de tinta diferente.
41a ms. *Talierco.*

39c *defiende*: 'protege', *vid.* 49d.—*poblado nin yermo*: pareja de
    antónimos muy empleada en la lengua antigua, pero la rima
    exige *desierto,* que admiten todos los editores desde Staaff.
  d *tenerme ýa*: 'me tendría'.—*ensierto*: 'injerto'.
40b 'marcha a Tiro lo más deprisa que puedas'.
  c *gladio*: 'espada'.
  d *qual cosa*: 'la cosa que', 'lo que'.
41b *por amor que*: 'a fin de que', hoy "por mor de".—*que fi-
    ciesse*: subjuntivo donde hoy habría infinitivo: "de hacer".
  c *priso*: perfecto fuerte 'tomó'.—*mortal conseio*: 'la decisión
    de matar'.—*grant auer*: 'dinero abundante'.
  d *fve*: la *v* para vocal sólo la usa para inicial o, alguna vez,
    después de la mayúscula del principio del verso.
42b *afiblados*: 'abrochados', en manifestación de duelo; gesto
    que, otras veces, indicaba enfado.

lágrimas τ sospiros, non otros dulçes cantos,
façiendo oraciones por los logares santos.

43 Vio cosa mal puesta, ciudat tan denegrida,
pueblo tan desm[a]yado, la gente tan
[dolorida;
demandó que esta cuyta por qu'era hí
[venida,
por qué toda la gente andaua amortida.

44 Respúsol' hun ombre bueno, bien
[ra[ç]onado era:
—"Amigo, bien pareçe que eres de carrera,
"si de la tierra fueses, cuyta auriés llenera;
"dirìas que nunq⟨u⟩a vieras tal en esta
[ribera.

45 "El rey nuestro senyor, que nos solìa
[mandar,
"Apolonio le dizen por nombre, si lo oýste
[contar,
"fue a Antioco su fija demandar;
"nunq⟨u⟩a podrìa con ombre más honrrado
[casar.

44a ms. raconado.

42c sospiros: (<sŭspīrium) 'suspiros'.
43a denegrida: 'ennegrecida', 'entristecida'.
  d amortida: 'amortecida', 'medio muerta'.
44a Respuso: perfecto fuerte (<*responsi), 'repuso', 'respondió'.—
    ombre bueno: 'ciudadano del estado llano'.—bien ra[ç]ona-
    do: 'de hablar claro y razonable'.
  b eres de carrera: 'eres viajero', 'estás de camino', 'no eres de
    aquí'.
  c llenera: 'cumplida', 'grande'.
  d vieras: 'habías visto'.—tal: 'cosa igual'.
45b contar: 'nombrar'.

46   "Púsol' achaque mala, non la pudo ganar.
       "Tóuoselo a onta por sin ella tornar.
       "Mouyólo de su casa vergüença τ pesar;
       "a quál parte es caýdo non lo podemos
                                        [asmar.

47   "Auiemos tal senyor qual a Dios
                                  [demandamos,
       "si éste non auemos nunq⟨u⟩a tal
                                  [esperamos;
       "con cuyta non sabemos quál conseio
                                  [prendamos,
       "quando rey perdemos nunq⟨u⟩a bien nos
                                  [fallamos."

Fol. 5v 48   Fue con aquestas [nueuas] Taliarco
                                  [pagado,
                tenié que su negoçio auié bien recabado.
                Tornóse al rey Antioco, que lo auié
                                  [enbiado,
                por contarle las nueuas τ dezirle el
                                  [mandado.

48a [*nueuas*] añadido, sobre la línea, con letra moderna. P. J. Pidal lo incluye en su edición; Janer (*Poetas*, 285a, nota 39)
afirma que no existe en el códice, luego fue escrito por el
mismo Janer o alguien posterior.

46a *achaque mala*: 'pretexto malvado'.—*la*: 'la hija de Antioco'.
  b *Touo*: perfecto fuerte, analógico de "ouo", 'tuvo'.—*onta*:
  'afrenta', 'humillación'.
  d *es caýdo*: 'ha ido a parar'.—*asmar*: 'pensar', 'sospechar'.
47b *tal*: 'otro como él'.
  c *quál conseio prendamos*: 'qué decisión tomar' (tomemos).
  d *bien*: Marden (II, 81) interpreta 'nunca encontramos dicha';
  parece mejor: 'nunca estamos contentos'.
48a *Fue pagado*: 'quedó satisfecho'.
  b *negoçio*: 'encargo'.—*auié bien recabado*: 'había llevado a
  cabo perfectamente'.
  d *mandado*: 'mensaje'.

49   Díxol' que de Apolonio fuesse bien
                              [descuydado,
      que era con su miedo de tierra desterrado.
      —"Non será, diz Antioco, en tal logar
                              [alçado
      "que de mí lo defienda, yermo nin poblado."

50   Puso, avn sin esto, ley mala τ complida:
      quiquiere que lo matase o lo prisiese a vida
      que le darié de sus aueres huna buena
                              [partida,
      al menos çient quintales de moneda batida.

51   Confonda Dios tal rey de tan mala
                              [mesura,
      biuìa en pecado τ asmaua locura:
      que querié matar al omne que dixera
                              [derechura,
      que abrió la demanda que era tan escura.

49a *bien*: adverbio de cantidad, en español antiguo formando
   superlativo.
   c *será alçado*: 'se esconderá' (*Cantar* 2286-87: "Ferrán Gonçá-
   lez non vio allí dós' alçasse, nin cámara abierta nin torre; /
   metiós' sol escaño, tanto ouo el pauor").
   d *yermo*: '[logar] yermo'.
50a *avn sin esto*: 'además'.—*complida*: 'terminante', 'exhaustiva'.
   b *quiquiere*: anacoluto, o presentación "neutra", 'a quienquiera'.—*a vida*: 'con vida', 'vivo'.
   d *batida*: 'acuñada'.
51a *Confonda*: (<confúndēre), el actual 'confunda' es cultismo.—
   de tan mala mesura: 'sin coto alguno'.
   b *asmaua*: 'tramaba'.
   c *dixera derechura*: 'había dado recta contestación'.
   d *abrió*: 'desveló'.—*demanda*: 'adivinanza'.

52   Esto façié el pecado que es de tal natura,
ca, en otros muchos en que mucho atura,
a pocos días dobla, que traye gran abscura.
Traye mucho enxemplo desto la
[escriptura.

Fol. 6   53   Por encobrir vna poca de enemiga,
perjúrase omne, non comide qué diga;
dell omne periurado es la fe enemiga;
esto que yo vos digo la ley vos lo pedrica.

54   Esto mismo contesçe de todos los pecados:
los hunos con los otros son todos
[enla[ç]ados.
Si no fueren aýna los hunos emendados,
otros mucho mayores son luego ayuntados.

54b ms. *enlacados.*

---

52 Pasaje oscuro que ha recibido muchas interpretaciones. Apoyándose en las estrofas 54 y 55 se podría entender así: 'A
esto le conducía el pecado —que es así por naturaleza—;
porque, ha sucedido a otros muchos, además de a Antioco,
que, si perdura el estado de pecado, a los pocos días se
comete un delito doblemente grave, porque ciega al pe-
cador'.
  b *atura*: 'dura'.
  c *traye*: 'trae'.—*abscura*: 'oscuridad (?)', 'ceguera (?)' (cf. 13b:
  que non auìa el poder de veyer el pecado).
53a *vna poca de*: *de* contagiado de las construcciones partitivas.—*enemiga*: 'maldad' (*Milagros* 185a,b: "fizo una nemiga: En logar de vigilia iogo con su amiga").
  b *omne*: sujeto indeterminado, 'uno'.—*non comide qué diga*:
  'no calcula lo que dice'.
  d *pedrica*: metátesis por 'predica', aunque no era vulgarismo
  (*Buen Amor*: nota a 1128b); seguramente con sonorización,
  "pedriga", exigido por la rima (*Milagros* 185c: "Non tomó
  penitencia como la ley prediga").
54a *contesçe*: incoativo contesçer frente a *contir* (5c): 'acontece',
  'sucede'.
  c *aýna*: 'pronto'.
  d *ayuntados*: 'añadidos'.

55 De hun ermitanyo santo oyemos retrayer,
porquel' fiço el pecado el vino beuer,
ouo en adulterio por ello a cayer,
depués en [omeçidio] las manos a meter.

56 Anthioco, estando en tamanya error,
andaua, si pudiese, por fer otra peyor;
del pecado primero si ouiese dolor,
de demandar tal cosa non auria sabor.

57 Commo dize el prouerbio, que suele[n]
                                    [retrayer,
que la copdiçia mala saco suele ronper,
fiço la promesa a muchos falleçer,
que lo querrian de grado ho matar o
                                    [prender.

55d [omeçidio]: ms. adulterios; corregido por Marden (I, 7) según la historia que aparece también en el *Libro de Buen
Amor* (vv. 530-541), *Libro de los enxemplos* (n.º LVI) y en
fabliaux franceses.
57a suele[n]: ms. suele, corregido por Marden (II, 40).

55a *oyemos*: perfecto (<audī(v)ĭmus 'oímos'.—*retrayer*: 'referir'.
  b *pecado*: 'inclinación que conduce a lo no deseado' (*vid.* 6a),
    'demonio'.
  c *ouo a cayer*: 'acabó cayendo'.
56a *error*: 'culpa', los abstractos en -*or* femeninos en la lengua
    antigua.
  b *andaua por fer*: 'proyectaba hacer' (*Milagros* 778a: "¿En
    qué andas, omne de auze dura?").
  d *demandar*: 'ordenar'.—*non auria sabor*: 'no desearía', 'no
    tendría deseos'.
57b *copdiçia mala*: sintagma fijo, 'avaricia'.
  c *a muchos*: en construcciones con "fazer + infinitivo no con-
    certado (con distinto sujeto)" aparece con gran regularidad,
    en textos medievales, la *a* de objeto directo, incluso con co-
    sas (cf. 381c: *E fazes a la luna creçer ⁊ enpocar*).—*falleçer*:
    'incurrir en falta o culpa'.
  d *que*: 'de tal modo que'.

58   Por negra de cobdicia, que por mal fue
[aparada,
Fol. 6v   por ganar tal tresoro, ganancia tan famada,
muchos auién cobdiçia, non la tenién
[çelada,
por matar a Apolonio por qualquiere
[entrada.

59   Los que solía tener por amigos leyales
tornados se le⟨s⟩ son enemigos mortales.
Dios confonda tal sieglo: [por ganar dos]
[men[c]ales
se trastornan los omnes por sseer desleyales.

60   Mandó labrar Antioco naues de fuerte
[ma[d]era
por buscar a Apolonio, tollerlo de carrera,
bastirlas de poderes, de armas τ de çiuera,
mas aguisó Dios la cosa en otra manera.

59c *mencales*: (ms: *t.s.* mentales); lectura propuesta por Alvar
(II, 39) para mantener el paralelismo con la frase del *Alexandre* 1797c: "perjuranse priuado por ganar dos mencales"
verso que le sirve a Marden (II, 40 y 133) para leer "que
por ganar mencales".
60a *madera*: (ms: *manera*). Marden propone *madera* según *Fernán González* 662c: "pusyeron la en carro de muy fuerte
madera".

──────────

58a *Por negra de cobdicia*: transpositor *de* en un sintagma expresivo, cf. 20d: *por mala de nigromançia* (Lapesa: *El diablo
del toro*, § 6).—*aparada*: 'estimulada'.
c *çelada*: 'oculta'.
d *entrada*: 'medio'.
59b *tornados se le son*: reflexiva con "ser": 'se le han vuelto'
c *sieglo*: 'mundo'.—*mencales*: (árabe mitqāl) 'moneda depre-
ciada ya en el siglo XIII'.
60b *tollerlo de carrera*: 'matarlo', 'quitarlo del camino', 'quitarlo de en medio', cf. 370b.
c *bastirlas*: (<germ. *bastjan) 'proveerlas', 'abastecerlas'.— *poderes*: 'fuerzas militares', 'soldados'.—*çiuera* (<cibaria) 'alimentos', 'víveres'.
d *aguisó*: 'dispuso'.

61   Dios, que nunq⟨u⟩a quiso la sob[e]ruia
                                    [sofrir,
      destorbó esta cosa, non se pudo conplir;
      nol' pudieron fallar nil' pudieron nozir.
      Deuiemos a tal senyor laudar z bendiz[i]r.

TARSO. ENCUENTRO DE APOLONIO CON ELÁNICO, QUIEN LE
      INFORMA DE LOS PROPÓSITOS DE ANTIOCO.

62   El rey Antioco vos quiero destaiar,
      quiero en Apolonio la materia tornar.
      En Tarso lo lexamos, bien nos deue
                                    [membrar.

63   Quando llegó a Tarso, como llazdrado era,
      fizo echar las áncoras luego por la ribera.
Fol. 7   Vio logar adabte, sabrosa [co]stanera
      por folgar del lazerio z de la mala carrera.

62   Estrofa de sólo tres versos.
63c ms. *estanera*, corrección de Marden (I, 8).

61c *nozir*: (<nŏcēre) 'dañar', 'perjudicar'.
   d *Deuiemos*: imperfecto optativo que dura hasta hoy: 'de-
      bíamos'.
62a *El rey Antioco*: anacoluto; con el nombre propio, prece-
      dido de "rey", dominaba, en medieval, la *a* de objeto di-
      recto.—*destaiar*: (<des + taiar < talĕare 'cortar') 'interrumpir
      el relato de algo' (*Milagros* 141b: "Tal razon como esta non
      es de destaiar").
   c *lexamos*: (<laxare) Marden (II, 85) lo considera aragonesis-
      mo, pero tuvo una extensión mucho mayor, 'dejamos'.—*nos
      deue membrar*: (<mĕmorāre) impersonal con dativo de per-
      sona, 'debemos recordarlo'.
63a *llazdrado*: (<laceratus) 'lacerado', 'entristecido'; la doble *ll*-
      inicial no parece catalanismo sino descuido del escriba, o
      cruce con "llaga".
   c *adabte*: (<adaptus) 'apropiado'.—*[co]stanera*: 'costa'.
   d *folgar*: 'descansar'.—*carrera*: viaje.

64 Mandó comprar conduchos, encender las
[fogueras,
aguisar los comeres, sartenes τ calderas,
adobar los comeres de diuersas maneras;
non costauan dinero manteles ni forteras.

65 Los que sabor an de su conducho prender,
dáuangelo de grado, non lo querìan vender;
auìa toda la tierra con ellos gran plazer,
que era mucho cara τ hauìanlo menester.

66 Mala tierra era, de conducho menguada,
auié gran carastía, era de gente menguada.
Podrié comer hun ninyo, rafez, la
[din[a]rada,
conbrié tres el yuguero quando vinise de la
[arada.

64a *conduchos*: (<condŭctum 'provisiones para un viaje' que,
después, amplió su semantismo), 'víveres'.
  b *aguisar*: 'disponer'.
  c *adobar*: 'aderezar', con sentido más refinado que "guisar"
simplemente.
  d *forteras*: 'horteras', 'escudillas de madera'.
65a *Los que...*: anacoluto, 'A los que...'.
  d *cara*: 'carente de víveres'.
66b *carastía*: (<bajo latín caristiam), lo habitual en otros textos
medievales es "carestía", el paso $i > a$ puede ser por asimilación esporádica, o error del copista.—*gente menguada*:
'gente pobre', 'carente'.
  c *rafez*: (<árabe rahīs) 'fácilmente'.—*dinarada*: 'lo que se compra con un dinero, décima parte de un maravedí'.
  d *conbrié*: 'comería', 'podría comer'.—*yuguero*: 'el que labra
con una yunta', 'yuntero', 'yuguero'.—*vinise*: (<vēn + ī(v)īs-
set) forma dialectal, contracta, por *viniesse*; *vin-* por analogía
de formas con *yod* o con -ī, 'viniese'.

67 Como era Apolonio omne bien raçonado,
vinyén todos veyerle, fazìanle aguisado;
non se partié d'él null omne despagado.

68 Vino hun ombre bueno, Elányco el cano,
Fol. 7v era de buena parte, de días ançiano,
metió en él mientes, prísolo por la mano,
apartóse con él en hun campiello plano.

69 Díxol' el omne bueno que auié d'él dolor,
aprisiera las nueuas, era bien sabidor:
—"¡Ay, rey Apolonio, digno de grant valor,
"si el tu mal supieses deuiés auer dolor!

70 "Del rey Antioco eres desafiado,
"nin en çiudat ni en burgo non serás
                                    [albergado:
"quien matarte pudiere será bien soldado.
"Si estorçer pudieres, serás bien
                                    [auenturado."

---

67 Falta un verso a la estrofa.
68a ms. *elayco z cano*; transcribo la lectura de Marden (II, 40, y
Unos trozos oscuros, pp. 294-295).

67a *bien raçonado*: 'muy sensato'.
  b *vinyén*: (<věnire, con inflexión de *yod* romance) 'venían'.—
    fazìanle aguisado: 'le trataban convenientemente'.
  c *partié*: 'separaba', 'despedía'.—*despagado*: 'descontento'.
68b *de buena parte*: 'de buena cuna', 'noble'.—*de días ançiano*:
    cf. *Cantar* 269: "yffantes son z de días chicas".
  c *metió en él mientes*: 'se fijó en él'.—*prísolo*: perfecto fuerte
    de "prender", 'tomólo'.
  d *plano*: 'llano', aragonesismo en la *pl-*, aunque conservamos
    el cultismo "plano".
69b *aprisiera las nueuas*: 'había conocido las noticias'.—*era bien
    sabidor*: 'las conocía muy bien'; *era sabidor*: 'sabía'.
  c *valor*: 'aprecio', 'estima'.
  d *supieses*: (<sapui) con metátesis de *wau* y *o* > *u* por *yod*
    romance; alterna con *sopieses*.
70a *eres desafiado de*: 'has sido declarado enemigo por'.
  c *soldado*: 'pagado con sueldos'.
  d *estorçer*: (<extŏrquēre) 'salvar[te]', 'librar[te]'.

71   Respondió Apolonio como ascalentado:
—"Dígasme, omne bueno, sí a Dios ayas
                              [pagado,
"¿por quál razón Antioco me anda
                              [demandando,
"o, al quien me matar', quál don le [á]
                              [atorgado?"

72   —"Por esso te copdicia o matar ho
                              [prender:
"por[que], lo que es él, tú quisiste seyer,
"çient quintales promete, que dará de su
                              [auer,
"al qui la tu cabeça le pudiere render."

73   Estonçe dixo Apolonio: —"Non es por el
                              [mìo tuerto,

Fol. 8   "ca yo non fiçe cosa por que deua seyer
                              [muerto.
"Mas Dios, el mìo sennyor, nos dará buen
                              [esfuerço.
"Él, que de los cuytados es carrera z puerto.

71a *ascalentado*: 'acalorado'.
  b *Dígasme*: subjuntivo por imperativo, 'dime'.—*sí a Dios ayas
    pagado*: exclamación conminativa medieval, '¡así tengas con-
    tento a Dios!'.
  c *demandando*: 'buscando'.
  d *al quien me matar'*: 'al que me matare'.
72a *por esso*: catáfora de 72b.—*copdicia*: 'desea'.
  b *lo que es él*: 'amante de su hija'.
  c *quintales*: 'moneda grande, imaginaria'.
  d *render*: (<vulg. *rĕndĕre por reddĕre) 'rindir', 'entregar'.
73a *el mìo tuerto*: 'agravio mío'.
  c *buen esfuerço*: 'buen ánimo', rima asonante.
  d *carrera*: 'camino'.

74 ”Mas, por quanto la cosa me feçiste
[entender,
”en amor hi en grado te lo deuo tener.
”Demás quiero que lieues tanto del mìo auer
”quanto darié Antioco por a mí confonder.

75 ”Éste puedes, en saluo τ sin pecado, leuar,
”que asme tú buscado plaçer τ non pesar.
”Non pierdas tu derecho, q⟨u⟩a me podriés
[reptar;
”podría yo, por ello, grauemientre pecar.”

76 Fabló el omne bueno, diol' fermosa
[respuesta:
—“¡Merçet, ya rey! τ graçias por la
[⟨re⟩promesa vuestra,
”que amiztat vender non es costumbre
[nuestra.
”Quien bondat da por preçio malamiente se
[denuesta.”

76b ⟨re⟩promesa (Marden, I, 10).

74a la cosa: indefinido neutro.—entender: 'llegar a saber'.
 b tenerlo en amor: 'tomarlo como un favor'.—tenerlo en grado: 'agradecerlo'.—hi: copulativa y ante e-.
 c lieues: (<lĕvare), después palatalizado, 'lleves', por Lyod.
 d confonder: 'dañar'.
75a en saluo: 'sin peligro'.
 b plaçer: 'placer por el servicio prestado'.
 c reptar: 'censurar', 'acusar de una falta'.
76b Merçed: '¡gracia!', sustantivo interjectivo.—ya (<árabe ya), interjección para invocar al interlocutor.
 c amiztad: (<amicitate) 'amistad'.
 d por preçio: 'a cambio de dinero'.—se denuesta: (<dehonestare) 'se envilece', rima asonante.

77   Dios a todo *crist*iano que su nombre
[touiere
tal om*n*e le depare qua*n*do mester l[o]
[ouiere.
Demás om*n*e nin fembra q*ue* deste om*n*e
[oyere
deue tener su loa demientre q*ue* visquiere.

Fol. 8v 78   Elánico, d*e* miedo que s*e*rié acusado
porq*ue* con Apolonio fa*ç*ié tan aguisado,
despidióss*e* d*e*l rey, su amor asentado;
tornó p*a*ra la villa su manto afiblando.

79   Fue en esta facienda Apolonio asmando.
Veyé q*ue* se le yua su cosa mal p*a*rando,
sabién q*ue* lo andauan muchos om*n*es
[buscando,
tenié q*ue* lo matarién durmiendo o velando.

TARSO. ENCUENTRO CON EL BURGUÉS ESTRÁNGILO, QUE CON-
VOCA AL CONCEJO. APOLONIO PROTEGE ECONÓMICAMENTE A
TARSO. PARA BURLAR A ANTIOCO LE ACONSEJAN MARCHAR
A PENTÁPOLIS.

80   Pensando en esta cosa, más triste q*ue*
[pagado,
vio hu*n* burzés rico *z* bien adobado;

77a *touiere*: 'guardare', 'respetare'.
 b *lo ouiere mester*: 'lo necesitare'.
 d 'debe mantener su alabanza mientras que viviere'; para *visquiere*, vid. 2b.
78b *façié tan aguisado*: vid. 67b.
 c *asentado*: 'consolidado'.
 d *afiblando*: 'abrochando', 'embozándose por el miedo', rima
asonante.
79a *en esta facienda*: 'en lo sucedido'.
 c *sabién*: 'era público', puesto que lo conocía Elánico.
 d *tenié*: 'juzgaba'.
80b *burzés*: (<burgense) 'burgués', 'ciudadano'.—*bien adobado*:
'bien ataviado'.

Estrángilo le dizen, ombre era onrrado,
sacólo a conseio a hun lugar apartado.

81   —"Quiero, diz Apolonio, contigo fablar,
       "dezirte mi façienda, tu conseio tomar:
       "onbres de Antioco me andan por matar;
       "preso seré traýdo si me pueden fallar.

82   "Si uós me encubriésedes por vuestro buen
                                          [estar,
       "querría algún tiempo conbusco aquí morar;
       "si el conçeio quisiere aquesto otorgar,
       "qüedo a toda Tarso grant gualardón dar."

83   Estrángilo respuso, ca bien lo conoscié:
Fol. 9 —"Rey, diz, esta villa sofrir non te podrìa.
       "Grant es la tu nobleza, grant logar mereçìa,
       "esta villa es muy cara, sofrir non te podrìa.

84   "Pero saber querría de ti huna façienda:
       "con el rey Antioco ¿por qué ouiste
                                          [contienda?

80d *conseio*: 'consulta', 'asesoramiento'.
81a *diz*: presente, usado, como es habitual en el texto, donde po-
      dría ir perfecto "dixo", 'dice'.
  b *façienda*: 'historia', 'peripecias'.
  c *andan por*: 'proyectan' (cf. 56b).
  d *traýdo*: 'conducido'.
82a *buen estar*: 'bienestar'.
  b *conbusco*: (<cum-vos-cum, con la misma doble preposición
      que "conmigo", "contigo" < cum-me-cum, cum-te-cum) 'con
      vosotros'.
  d *qüedo*: (<cōgĭto) 'pienso', 'me propongo'.
83 La rima de esta estrofa sería, seguramente, en -ié.
  b *sofrir*: 'sostener'.
  d *cara*: 'carente', 'pobre'.
84a *façienda*: 'hecho', 'asunto', 'suceso'.

"Si en su yra yaçes, non sé qui te defienda,
"fuera el Criador o la su santa comienda."

85   Recudiól' Apolonio a lo quel' demandaua:
—"Porquel' pidié la fija, que él mucho
[amaua,
"et quel' terminé el viesso con que nos
[embargaua,
"por esso me seguda, ca esso lo agrauiaua.

86   "En la otra razón te quiero recodir,
"ca dizes que la villa non me podrié sofrir,
"yo vos daré del trigo que mandé adozir,
"çient mil moyos por qüenta; mandatlos
[medir.

87   "Dáruoslo he a conpra, pero de buen
[mercado,
"como valié en Tiro do lo houe comprado.

84c *Si*: la *s* emborronada, y, después, repasada entera con tinta roja.

84c *yaçes*: de 'estar tendido' pasó a significar 'permanecer', 'estar'.
   d *fuera*: 'fuera de', 'a no ser'.—*comienda*: 'encomienda', 'amparo', 'providencia'.
85a *Recudiól*: perfecto de "recodir" (<recŭtĕre) 'le respondió'.
   b *pidié*: es muy raro que aparezca la forma -ié en la persona yo. Menéndez Pidal recoge: "En los poemas de clerecía del siglo xiii...: la primera persona acaba en -ía, y excepcionalmente, en un 0,96 por 100 de los casos, aparece *ié*" (*Cantar*, II, 273); quizás perfecto aragonés en *e* 'yo pedí' (Alvar: *Dial. Arag.* § 130).
   c *terminé*: 'resolví', 'adiviné'.
   d *seguda*: (<*secūtare) 'persigue'.
86c *adozir*: (<addūcere), *ū* > *o* por disimilación con la *i* cerrada tónica, en 132a la forma etimológica *aduzir*) 'traer'.
   d *moyos*: 'modios, cierta medida'.—*por qüenta*: 'bien medidos', 'bien contados' (*Cantar*, III, 612).—*mandatlos medir*: imperativo perifrástico, 'medidlos' (*Cantar*, II, 348).
87a *Dar a conpra*: 'vender'.—*de buen mercado*: 'barato' (cf. francés "bon marché").

"Demás, el precio todo, quando fuere
[llegado,
"para la cerq⟨u⟩a de la villa quiero que
[seya dado."

88 Estrángilo fue alegre τ tóuose por guarido;
Fol. 9v besáuale las manos en tierra debatido.
Diz: —"¡Ay, rey Apolonio! en buena ora
[fuste venido,
"que [en] tan fiera cuyta nos as tú acorrido.

89 "Rey, bien te lo conuengo, quiero que lo
[tengamos,
"que nos plega contigo τ que te reçibamos.
"Qual pleyto tú quisieres nós tal te le
[fagamos;
"si menester te fuere, que contigo
[muramos."

88b *las manos*: las dos *eses* emborronadas.
88d *[en]*: Marden (I, 11), ms. *ay*, que parece copiado de la línea superior.

87c *fuere llegado*: 'se entregare', 'se allegare'.
c,d 'el dinero que me vayáis dando lo entregaré para emplearlo en la cerca de la villa, en previsión de una posible venganza de Antioco'.
88a *fue alegre*: 'se alegró'.—*tóuose por guarido*: 'se consideró protegido', o bien 'se dio por satisfecho' (*Fernán González* 628c: "quando vyo al conde tovo se por guaryda", donde no cabe la acepción de "protegida", ni "curada").
b *debatido*: 'postrado'.
c *fuste venido*: 'llegaste', 'has venido'.—*fuste*: (<fūstī o fūstī) auxiliar de intransitivos.
d *acorrido*: 'socorrido'.
89a *lo conuengo*: 'lo pacto'.—*tengamos*: 'mantengamos', "tener" durativo, frente a "auer" incoativo.
b *plega*: forma todavía vigente, 'plazca', 'que lleguemos a un acuerdo contigo'. Los tres últimos versos tienen subjuntivos prospectivos y equivaldrían a futuros.
c *Qual pleyto*: 'el pacto que'.—*te le fagamos*: a pesar de este leísmo de cosa, el texto es habitualmente loísta, incluso para persona masculina.

90   Estrángilo por la cosa más en recabdo
[poner,
por buscar a Apolonio tan estranyo plaçer,
entró en la çiudat, mandó pregón meter
que se llegassen a conçejo, q⟨u⟩a era
[menester.

91   En poco de rato fue conçeio plegado,
óuoles a deçir Estrángilo el mandado.
—"Seya, dixeron todos, puesto τ otorgado,
"deuié seyer, en vida, tal omne adorado."

92   Cumplióles Apolonio lo que les dicho auìa:
guaresçié hun gran pueblo que de fambre
[murìa;
valié por [él] la villa más que nunca
[valì[a],
non era fi de nemiga qui tal cosa façìa.

93   El rey de los çiellos es de grant prouença,
Fol. 10   siempre con los cuytados ha su atenençia,
en valerles a las cuytas es tota su femençia;
deuemos seyer todos firmes en la su
[atenençia.

90c entró: tr emborronadas.
92c valì[a]: ms. valió. Corregido por Janer (Poetas, 286, nota 69).

90a poner más en recabdo: 'asegurar más'.
  b estranyo: 'extraordinario'.
91a plegado: aragonesismo en pl-, 'llegado', 'reunido'.
  b óuoles a deçir: 'les dijo'.
  c puesto: 'convenido'.
92b guaresçié: 'socorría'.
  d fi de nemiga: 'hijo de la maldad', 'malo'.
93c çiellos: grafía ll ultracorrecta, no palatal.—prouença: (<pro-
    ueençia < providentia) 'providencia' (Roncesvalles, p. 25).
  b,d atenençia: 'fidelidad a lo pactado'.
  c a las cuytas: circunstancial, 'en sus desventuras'.—tota: no
    parece falta de sonorización aragonesa, como cree Hanssen
    (Conj. arag., 4), pues también se da en Berceo y otros auto-
    res.—femençia: (<vehementia) 'empeño'.

94 Da cuytas a los omnes que se les faga
[temer,
non cata a sus pecados, viénelos acorrer;
sabe maestramientre sus conseios prender,
trebeia con los omnes a todo su plaçer.

95 El rey Apolonio, de facienda granada,
auìa toda la tier[r]a en su amor tornada,
por qual logar querìa façìa su posada.
Qui non lo bendiçìa non se tenìa por nada.

96 Tanto querìan las gentes de onrra le
[buscar,
fiçieron en su nombre hun ýdolo labrar,
fizieron en hun márbor el escrito notar
del bueno de Apolonio qué fizo en ese logar.

97 Pusiéronlo drecho en medio del mercado,
sobre alta columna, por seyer bien alçado,
fasta la fin del mundo z el sieglo pasado,
el don de Apolonio non fuese oluid[ad]o.

97d ms.: *oluido; oluid[ad]o* ya en P. J. Pidal.

94a *que se les faga temer*: 'para hacerse temer por ellos'.
b *acorrer*: 'socorrer'.
c *sus conseios prender*: 'tomar sus decisiones'.
c *trebeia*: actual "trebejar", 'juega', 'dispone de los hombres sin traba ninguna'.
95d *Qui*: sujeto de "bendecía".—*non*: acompaña a *nada* reforzándola (*Cantar* 1389: "nada non perderá"), 'no se tenía en ninguna consideración'.
96a *Tanto de onrra*: construcción partitiva, 'tanta honra'.
b *ýdolo*: 'estatua'.
c *márbor*: (<marmŏre) 'mármol', según Corominas (2, s.v.) por influjo del catalán "marbre".—*notar*: 'anotar', 'inscribir'.
d *de ... Apolonio*: 'acerca de Apolonio'.—*el bueno de Apolonio*: sintagma expresivo (Lapesa: *"El diablo del toro"*, § 6).
97b *seyer*: 'estar', 'para que quedara muy elevado'.
c *z el sieglo pasado*: puede entenderse 'después de la muerte', o bien, 'acabado este mundo'.
d *el don*: 'las donaciones'.

98   Fizo por gran tienpo en Tarso la morada,
Fol. 10v   era con él la tier[r]a alegre τ pagada.
        Conseiól' vn su huéspet, con qui auìa
                        [posada,
        que fuese a Pentápolin a tener la yuernada.

99   —"Rey, dixo Estrángilo, si me quisieres
                        [creyer,
        "dart' é buen conseio, si mel' quisieres
                        [prender,
        "que fueses a Pentápolin vn yuier[n]o
                        [ten[e]r,
        "sepas que aurán contigo gran plaçer.

100   "Serán estos roýdos por la tierra sonados,
        "contra el rey Antioco seremos acusados;
        "mourá sobre nós huestes, por malos de
                        [pecados;
        "seremos en grant cuyta, si fuermos
                        [çercados.

99c _ten[e]r_: ms. _tenir_; el aragonés tiene preferencia por los verbos en -ir, pero aquí la rima exige -er.

98b _pagada_: 'contenta'.
  c _su huéspet_: 'el que da posada'.
  d _a tener la yuernada_: 'a pasar el invierno'.
99b _mel'_: 'me lo', según Menéndez Pidal es uno de los raros casos
     en que, habiendo dos pronombres enclíticos, se apocopa el
     segundo (_Cantar_, II, 225).—_prender_: 'tomar'.
  c _Pentápolin_: 'Pentápolis'; existían en la antigüedad varios con-
     juntos de cinco ciudades, conocidas con este nombre, sin que
     se pueda precisar a cuál se refiere el texto. Es posible que
     alternase con Pentapolín, oxítono.
100a _Serán sonados_: 'se divulgarán'.—_estos roýdos_: 'estas noticias
     sobre las hazañas de Apolonio en Tarso'.
  b _contra_: 'ante'.
  b _mourá_: 'moverá', 'lanzará ejércitos'.—_por malos de pecados_:
     'por desgracia nuestra' (_vid._ 11a).
  d _fuermos_: 'fuéremos', incluso durante el Siglo de Oro existió
     la forma "fuerdes"; Pidal considera leonesa la forma sinco-
     pada de la persona nosotros (_Cantar_, II, 277) por aparecer en
     el _Alexandre_, ms. O, pero no en Berceo, (_2_, 1855a: "Quando
     a yr oujermos").

101 "Somos, como tú sabes, de conduchos
[meng[u]ados,
"para meternos en çerq⟨u⟩a somos mal
[aguisados.
"Si vençernos pudieren, como venrrán
[yrados,
"sin cosiment ser[e]mos todos estragados.

102 "Mas quando entendieren que tú eres
[alçado,
"esto serié aýna por las tierras sonado,
"derramarié Antioco luego su fonsado;
"tornarás tú en Tarso z biurás segurado."
—"Págome, diz Apolonio, que fablas
[aguisado."

VIAJE, TEMPESTAD Y NAUFRAGIO. APOLONIO LOGRA ARRIBAR
A PENTÁPOLIS.

Fol. 11 103 Cargaron las naues de vino z de cezina,
et otrosí fiçieron de pan z de farina,

101d *cosiment*: ms. *consentimiente,* corrección de Menéndez Pidal
(*Cantar,* III, 603).
102 Estrofa de cinco versos; desde Marden (II, 43) se está de
acuerdo en que el 102b es el interpolado.

101a *conduchos*: 'víveres'.—*menguados*: faltos.
b 'para mantenernos en un asedio estamos mal preparados'.
c *venrrán yrados*: 'vendrán airados'.
d *sin cosiment*: 'sin piedad', Menéndez Pidal (*Cantar,* III, 603).
En *Alexandre* (2, 517c) alternan "cosimen" (ms. P) y "con-
sentiment" (ms. O). El extranjerismo de *cosiment* explica la
etimología popular de *consentimiente* que nunca significó
'piedad'.—*estragados*: (<*stragare < lat. strages 'destrucción',
'matanza') 'destrozados', 'muertos', cf. "hacer gran estrago".
102a *entendieren*: 'supieren', 'tuvieren noticia'.—*eres alçado*: 'te
has ocultado', 'has huido'.
c 'dispersaría Antioco, en seguida, su ejército'.
d *en Tarso*: complemento de dirección (<in + acus.) 'a Tarso'.—*segurado*: 'seguro'.
d (bis) *Págome*: 'me complace'.—*que*: causal 'porque'.—*aguisado*: 'sabiamente'.

de bue*n*os marineros *que* sabién ⟨bien⟩ la
[marina,
que conosçen los vientos *que* se camia*n*
[aýna.

104   Quando houo, el rey, d*e* Tarso a sallir
por entrar en las naues *z* en altas mares
[sobir,
non que*r*ìan las gentes ante d'*é*l se partir,
fasta *que* los ouiero*n* las ondas a *p*artir.

105   Ploraua*n* con *é*l todos, doliénse d*e* su yda;
rogaua*n* que fiziesse aýna la venida,
a todos semeiaua amarga la *p*artida.
¡De tal amor me pago, tan dulçe *z* tan
[complida!

106   ¡Ouieron en fuerte pu*n*to las naues ha
[*p*artir!
Avién vientos derechos, façiénles bien
[correr,

103c ⟨*bien*⟩: acepto la supresión de Marden (II, 43), pues parece
repetición del final de la palabra anterior, *sabién*.
106a *ha partir*: sin rima, posiblemente copiado, por error, del 104d;
Marden (II, 44) sugiere *ha mouer*, 'a zarpar'.

103c *la marina*: 'la mar'.
   d *camian aýna*: 'cambian repentinamente'.
104a *sallir*: *ll* palatal, *vid.* 33b.
   c *ante*: 'antes'.—*se partir*: 'marcharse'.
   d *las ondas los ouieron a partir*: 'las olas los separaron'.
105a *Plorauan*: aragonesismo en *pl-*, 'lloraban'.—*con él*: 'por su
causa'.
   d *amor*: los abstractos en *-or* femeninos en la Edad Media. El
verso es un aparte intercalado en la narración.
106a '¡En mala hora zarparon las naves!' (*San Ildefonso* 943: "Es-
cogieron a uno, en fuerte punto fue nado"). No es extraño
que sigan versos que contradigan esta idea, pues era costumbre, heredada de los juglares, el anunciar al oyente las catástrofes que iban a ocurrir para tener prendida su atención.

non podién los de Tarso los ojos dellos
[toller
fasta que se fueron yendo z ouieron a
[trasponer.

107 El mar, que nunq⟨u⟩a touo leyaltat ni
[belmez,
cámiase priuado z ensányase rafez;
suele dar mala çaga más negra que la pez.
El rey Apolonio cayó en essa vez.

'ol. 11v 108 Quanto tenién dos horas, abez auìan
[andado,
boluiéronse los vientos, el mar fue
[conturbado;
nadauan las arenas, [a]l çiello leuantando;
non auié hí marinero que non fuese
[conturbado.

7a Antes de *ni* aparece la misma palabra escrita erróneamente,
pues a la *n* le falta un rasgo.
8c ms. *el çiello*.

6c,d repite la idea de 104 c,d.—*toller*: (<tōllĕre) 'quitar'.—
ouieron a trasponer: 'desaparecieron tras la línea del horizonte'.
7a *touo*: 'mantuvo'.—*belmez*: (árabe melbeç, con metátesis, 'túnica protectora') 'piedad' (*Cantar*, III, 502, s.v.).
b *priuado*: 'rápidamente'.—*ensányase rafez*: 'se enfurece fácilmente'.
c *dar mala çaga*: 'jugar una mala pasada', 'engañar'.
d *cayó en essa vez*: 'se encontró en esa situación', 'en ese momento malo'.
8a *Quanto tenién dos horas*: 'dos horas, solamente, tenían nave-
gadas'.—*abez* (<ad vix) 'apenas'.
c *nadauan las arenas*: 'se revolvió el mar hasta el fondo'.—
çiello: vid. nota a 93a.—*leuantando*: 'levantándose hasta el
cielo', *leuantar* se usaba como intransitivo equivalente a reflexivo.

109 Non les valién las áncoras, que non
[podién trauar,
los que eran maestros non podién gouernar;
alçáuanse las naues, queríanse trastornar
tanto que ellos mismos non se sabién
[conseiar.

110 Cuytóles la tempesta τ el mal temporal:
perdieron el conseio τ el gouierno capdal;
los árboles de medio todos fueron a mal.
¡Guárdenos de tal cuyta el Senyor Espirital!

111 Ca como Dios quiso houo la cosa de seyer,
ouiéronse las naves todas a pereçer.
De los omnes nenguno non pudo estorçer,
fueras el rey solo que quiso Dios valer.

112 Por su buena ventura, quísol' Dios
[prestar,
ouo en hun madero chico las manos ha
[echar.

112a Después de *Dios,* escrito, y tachado, *valer.*

109a *que:* causal, 'porque'.—*trauar:* 'sujetar en el fondo porque
estaba revuelto'.
b *maestros:* 'timoneles'.
c *queríanse trastornar:* 'estaban a punto de sumergirse' (*Glosas
Emilianenses:* "et submersi [trastorné] nabes").
d *conseiarse:* 'tomar decisiones' (*Cantar* 2537: "tan mal se con-
sseiaron", 'tomaron muy mala decisión').
110a *Cuytóles:* 'les puso en peligro' (*Alexandre* 962a: "Dario fue
en grant cueyta", 'estuvo en peligro'; *Cantar* 2360: "si cueta
fuere, bien me podredes huuiar", 'si hubiere peligro, bien me
podréis ayudar').
b 'perdieron el rumbo e, incluso, el gobernalle'.
c *árboles de medio:* 'mástiles centrales'.
111b *pereçer:* 'irse a pique'.
c *estorçer:* 'escapar', 'librarse'.
d *fueras:* 'excepto'.—*valer:* 'a quien quiso Dios socorrer'.
112a *prestar:* 'ayudar'.
b *ouo ha echar:* incoativo, 'logró asirse'.

cras qui fallasse por onde fuesse cerró
Quando fue el ministerio todo acabado
El atahut bien preso el cuerpo bien cerrado

Demando hun ferrero & fizola desplegar
Fallaron este cuerpo q epestes cophir
Començo el maestro d duelo ha llorar
Fallaro hua mugier d cara bien rapada

Luy jer qta fallare fagala sobollir
Loq nol pudiemos sobre la mar cophir
El medio del tesoro lieue por su lazerio
Lo al por la su alma preste al monesterio
Sallir le an los clerigos meior al cimenterio

Tres ejemplos de escritura redonda del manuscrito.

Ejemplos de redonda con trazos de cursiva.

Lazdrado τ mesquino de vestir τ calçar,
a tierra de Pentápolin ouo de arribar.

PENTÁPOLIS. ENCUENTRO CON EL PESCADOR.

Fol. 12   113   Quando el mar le ouo ha término echado,
cayó el omne bueno todo desconortado.
Non fue bien por dos días en su recuerdo
[tornado,
ca maltraýdo era τ fuera mal espantado.

114   Plogo al Rey de Gloria, τ cobró su sentido.
Fallóse todo solo, menguado de vestido.
Menbróle de su façienda, cómo le auié
[contesçido.
—"¡Mesquino, dixo, que por mal fuy
[nasçido!

115   "Dexé muy buen reyno do biuía onrrado,
"fuy buscar contienda, casamiento famado;
"gané enamiztat, sallí dende aontado,
"et torné sin la duenya, de muerte
[enamiztado.

112d En la parte inferior derecha, enmarcado: "Qu⟨a⟩ando el
mar", principio del cuadernillo siguiente.
114d A mitad de Mesquino, un borrón o tachadura.

112c Lazdrado: 'con mucho padecimiento', 'malparado'.
   d ouo de arribar: 'logró arribar'.
113b cayó: 'se encontró'.—desconortado: 'desfallecido'.
   c non fue en su recuerdo tornado: 'no volvió en sí'.
   d era maltraýdo: 'estaba maltrecho'.—fuera mal espantado: 'se
había fuertemente aterrorizado'.
114b todo solo: 'completamente solo', cat. "tot sol".
   c Menbróle de su façienda: impersonal con dativo, 'recordó lo
sucedido'.
   d fuy nasçido: 'nací'.
115b contienda: 'emulación', 'competencia'.
   c enamiztat: 'enemistad'.—dende (<de inde) 'de allí'.—aontado
(<germ. haunitha, francés honte 'burla') 'afrentado'.
   d de muerte: 'a muerte'.

116   "Con toda essa pérdida, si en paz me
                                    [souiés'
      "que con despecho loco de Tiro non salliés',
      "mal ho bien esperando lo que darme Dios
                                    [quisiés',
      "ninguno non me llorasse de lo que me
                                    [abiniés'].

117   "Desque de Tiro era sallido ʒ arredrado,
      "auíame mi ventura en tal logar echado;
      "si su ermano fuese o con ellos criado
      "io seyer non podría entr'ellos más amado.

Fol. 12v 118   "Mouióme el pecado, fízom' ende sallir
      "por fer de mí escarnio, su maleza complir;
      "diome en el mar salto, por más me
                                    [desmentir.
      "Ovo muchas ayudas por a mí destruir.

116d *abiniés'*: ms. *abienes* (Marden, I, 14).

116a *me souiés*: pluscuamperfecto de subjuntivo de "sedere", 'es-
    tar': 'me hubiese estado en paz'.
   d *me llorasse*: 'me hubiese tenido que llorar'.—*me abiniés'*:
    (<advĕnire) 'me hubiese sucedido'.
117a *Desque*: 'después que'.—*era sallido ʒ arredrado* (<ad retro):
    'salí y me alejé'.
   b *ventura*: 'destino', 'lo que ha de ocurrir (<ventūrus)', podía
    ser buena o mala; sin adjetivo tendía a valoración positiva.—
    tal: ponderativo de cualidad: 'en un lugar tan excelente (Tar-
    so)' (*Cantar* 750-751: "Diol' tal espadada con el so diestro
    braço; / cortól' por la çintura, el medio echó en campo").
118a *Mouióme el pecado*: 'me empujó el demonio, mi perverso des-
    tino', *vid.* nota a 6a.
   b *fer*: (<fac're < facĕre) 'hacer'.—*maleza*: (<malĭtia) 'maldad'.
   c *diome salto*: 'me asaltó'.—*desmentir*: 'engañar', 'burlar'.
   d *a mí*: expresivo frente a "me".—*destrouir*: (<destrŭere, con
    epéntesis antihiática de -*v*- por labialización de la primera vo-
    cal de -*oi*-, *Cantar*, II, 165-166) 'destruir'.

119 "Fizo su atenençia con las ondas del mar;
     "viniéronle los vientos todos a ayudar.
     "Semeiaua que Antioco los enuiara rogar,
     "o se querìan ellos, comigo, engraciar.

120 "Nunq⟨u⟩a deuìa omne en las mares fiar,
     "traen lealtat poca, saben mal solazar;
     "saben, al reçebir, buena cara mostrar,
     "dan con omne aýna dentro en mal logar."

121 Estaua en tal guisa su ventura reptando,
     vertiendo de los ojos, su cuyta rencurando,
     vio hun omne bueno que andaua pescando,
     cabo de huna pinaça sus redes adobando.

122 El rey, con gran vergüença porque tan
                                    [pobre era,
     fue contra 'l pescador, sallóle a la carrera.
     —"¡Dios te salue!", le dixo luego de la
                                    [primera.
Fol. 13   El pescador le respuso de sabrosa manera.

122d *de*: corrida la tinta hacia arriba y, después, raspadas las lí-
     neas.

119a *su atenençia*: 'su pacto de amistad'.
   c 'Parecía que Antioco se lo había rogado a los vientos'.
   d *comigo*: 'a mi costa'.—*engraciar*: 'congraciarse con Antioco'.
120a *omne*: valor de sujeto indeterminado, 'uno'.
   b *mal solazar*: 'jugar aviesamente'.
   d *mal logar*: parece referirse al 'fondo del mar'.
121a *guisa*: 'manera'.—*su ventura reptando*: 'recriminando a su
     destino'.
   b *su cuyta rencurando*: 'quejándose de su desgracia'.—*rencu-
     rando*: (<*rancūrare, originariamente 'enranciar').
   d *cabo de*: 'cabe', 'junto a'.—*pinaça*: 'pinaza, cierta embarca-
     ción'.—*adobando*: 'componiendo'.
122a *era*: 'se encontraba'.
   b *contra*: 'hacia'.—*sallóle a la carrera*: 'salióle al camino', 'fue
     a su encuentro'.
   c *luego de la primera*: 'inmediatamente'.
   d *de sabrosa manera*: 'agradablemente'.

123 —"Amigo, dixo el rey, tú lo puedes veyer,
"pobre só τ mesquino, non trayo nuyll auer.
"Sí Dios te benediga, que te caya en plaçer
"que entiendas mi cuyta τ que la quieras
[saber.

124 "Tal pobre qual tú veyes, desnudo τ
[lazdrado,
"rey só de buen regno richo τ abondado,
"de la ciudat de Tiro, do era mucho amado.
"Diziénme Apolonio por nombre senyalado.

125 "Biuía en mi reyno viçioso τ onrrado,
"non sabía de cuyta, biuýa bien folgado,
"teníame por torpe τ por menoscabado
"porque por muchas tierras non auía
[andado.

126 "Fuy a Antiocha casamiento buscar;
"non recabé la duenya, óueme de tornar.
"Si con esso fincase quito en mìo logar,
"non aurié de mí fecho tal escarnio la mar.

126c Antes de *mìo*, *nj* tachado.

123b *trayo*: (<traho, con -y- antihiática en la lengua general, no
sólo aragonesa) 'traigo'.—*nuyll*: (<nullum apocopado) *yll* grafía aragonesa para la palatal, 'ningún'.
  c *que te caya en plaçer*: 'que te plazca'.—*caya*: (<cadĕam, -y-
etimológica) 'caiga'.
  d *que entiendas*: subjuntivo donde hoy habría infinitivo concertado, '(dígnate) escuchar'.
124a *tal... qual*: correlativos de cualidad, 'tan extremadamente pobre como'.—*veyes*: (<vĭ(d)es) 'ves'.
  b *regno*: grafía habitual para esta palabra, alternando con *reino*
(125a), sin palatalizar, por influencia de "rey".—*richo τ abondado*: casi sinónimos, 'próspero'; en *richo*, *ch* grafía de /k/
velar.
125a *viçioso*: 'en la abundancia', 'regalado'.
  b *bien folgado*: superlativo, 'muy tranquilo'.
126b *recabé*: 'conseguí'.—*óueme de*: perífrasis de obligación, de
necesidad.
  c *Si con esso*: 'si con todo', 'si a pesar de ello'.—*fincase quito*:
'hubiese permanecido quieto'.

127   "Furtéme de mis parientes z fize muy gran
[locura,
        "metíme en las naues con huna noche
[escura.
        "Ouyemos buenos vientos, guiónos la
[ventura;
Fol. 13v   "arribamos en Tarsso, tierra dulçe z segura.

128   "Trobamos buenas gentes llenas de caridat,
        "fazién contra nós toda vmilitat.
        "Quando dende nos partiemos, por dezirte
[verdat,
        "todos fazién gran duelo de toda voluntat.

129   "Quando en la mar entramos, fazié tiempo
[pagado;
        "luego que fuemos dentro, el mar fue
[conturbado.
        "Quanto nunca traýa allá lo he dexado;
        "tal pobre qual tú veyes abez só escapado.

130   "Mis vasallos, que eran comigo
[dester[r]ados,
        "averes que traýa, tresoros tan granados,
        "palafrés z mulas, cauallos tan preciados,
        "todo lo he perdido, por mis malos pecados.

27a *Furtéme de*: 'hurtéme a', 'alejéme de'.
28a *Trobamos*: (<*trŏpare) 'encontramos'.
    b 'respetuosos para con nosotros', 'deferentes'.
    c *partiemos*: perfecto (-ī(v)ĭmus) 'nos marchamos'.
29a *pagado*: 'bonancible', 'encalmado'.
    b *luego*: 'en seguida'.—*fuemos*: (<fŭĭmus o fūĭmus) 'estuvimos'.
    fue conturbado: reflexiva, 'se conturbó'.
    c *Quanto nunca*: valor afirmativo 'todo lo que' (*Alexandre*, 2,
    2626c: "de quantos nunca fueron vós sodes los mejores").
    d *abez*: 'apenas', 'a duras penas'.—*só escapado*: "ser" como
    auxiliar de intransitivos 'he escapado'.
30a *que eran comigo desterrados*: 'que se habían desterrado con-
    migo'.
    c *palafrés*: (<paraveredus) 'caballos de posta', 'palafrenes'.
    d *por mis malos pecados*: *vid.* nota a 100c.

131   "Sábelo Dios del çielo que en esto non
                                [miento
       "mas non muere el omne por gran
                                [aquexamiento
       "—si yo yogués' con ellos auría gran
                                [plazimiento—
       "sino quando viene el día del pasamiento

132   "Mas quando Dios me quiso a esto aduzir
       "que las limosnas aya sin grado a pedir,
Fol. 14   "ruégote que, sí puedas ha buena fin
                                [ve]nir
       "que me des algún conseio por ò pueda
                                [beuir.

133   Calló el rey en esto ꞇ fabló el pescador;
       recudiól' como omne que hauìa d' él gran
                                [dolor
       —"Rey, dixo el omne bueno, desto ssó
                                [sabidor
       "en gran cuyta te veyes, non podriés en
                                [mayor

132c Un borrón tapa las primeras letras de *venir* y traspasa la hoja
    dificultando la lectura de *rey* de 137c.

131b *omne*: indefinido 'no se muere por...'.—*aquexamiento*: 'con
     goja'.
   c *yogués'*: la desinencia usual sería -iesse (yoguiesse), o -isse dia-
     lectal (yoguisse), puede ser catalanismo, 'estuviese muerto'.
   d *pasamiento*: 'tránsito a la otra vida'. El sentido pide leer: a,
     c, b, d.
132a *quando*: causal 'puesto que'.—*aduzirme*: 'traerme'.
   c *ha buena fin venir*: 'tener una buena muerte' (venir: 'llegar':
     auer buena fin: 'morir bien').
   d *que*: pleonástico, repetido en la subordinada cuando hay un
     inciso, dura en el Siglo de Oro.—*conseio*: 'auxilio', 'ayuda'.—
     por ò: 'por el cual'.
133b *recudiól*: vid. 85a.—*d'él*: también podría ser *del* partitivo
     (*Cantar* 3734: "dat nos del vino").
   c *ssó sabidor*: perífrasis equivalente a 'sé', 'estoy cierto'.

134 "El estado deste mundo siempre así
[andido,
"cada día sse camia, nunca quedo estido;
"en toller τ en dar es todo su sentido,
"vestir al despoiado τ despoiar al vestido.

135 "Los que las auenturas quisieron ensayar,
"a las vezes perder, a las vezes ganar,
"por muchas de maneras ouieron de pasar;
"quequier que les abenga anlo de endurar.

136 "Nunq⟨u⟩a sabrién los omnes qué eran
[auenturas
"si no [prouassen] pérdidas ho muchas
[majaduras;
"quando an passado por muelles τ por
[duras,
"después sse tornan maestros τ cren las
[escripturas.

136b [*prouassen*]: ms. *perdiessen*, que conviene, como su acusativo interno, con *pérdidas*, pero es incongruente con *majaduras*; Marden (II, 45) propone "probassen".

134a *andido*: perfecto analógico de *estido*, 134b, 'anduvo', 'se comportó'.
   b *quedo*: (<quietum) 'quieto'.—*estido*: (stĕtī > estide, estido) 'estuvo'.
   c *toller*: 'quitar'.—*es*: 'está'.
   d En estos sintagmas dobles era muy frecuente la *a* ante objeto directo, de carácter expresivo.
135a *ensayar*: 'probar'.
   c *muchas de maneras*: partitivo analógico con adjetivo: 'maneras', 'modos'.
   d *quequier*: 'cualquier cosa que'.—*abenga*: (<adveniat, con -g- contagiada) 'ocurra', 'suceda'.—*endurar*: (<indūrare) 'soportar'.
136b *majaduras*: 'golpes', 'vapuleos'.
   c *muelles τ duras*: equivalente a nuestro actual 'duras y maduras'.
   d *maestros*: 'duchos en aventuras'.—*cre[e]n las escripturas*: puede valer tanto para la Biblia, atendiendo a 137a,b, en que parece aludir a Dios, como para los libros de aventuras, en donde son las hadas benéficas las que protegen, 137c,d.

137   "El que poder ouo de pobre te tornar
"puédete, si quisiere, de pobreza sacar.

Fol. 14v   "Non te querrìan las fadas, rey,
[desmanparar
"puedes, en poca d'ora, todo tu bien cobrar

138   "Pero tanto te ruego, sey oy mi conbidado,
"de lo que yo houiere sseruirte he de buen
[grado
"Vn vestido he sólo, fflaco τ muy delgado,
"partirlo he contigo τ tente por mi pagado."

139   Fendió su vestido luego con su espada,
dio al rey el medio τ leuólo a su posada.
Diol' qual çena pudo, non le ascondió nada
auìa meior çenada en alguna vegada.

137c *te* sobre el renglón.—*rey* se adivina bajo un borrón grande
traspasado de la página anterior.

137a *El que ouo poder de tornarte pobre.*
   c *desmanparar*: variante de "desamparar" y "desemparar" (cf
     "mampara", 'protección'), 'desamparar'.
   d *en poca d'ora*: nuevamente el partitivo con el cuantitativo
     en función adjetiva 'en un momento'.—*cobrar*: 'recobrar'.
138a *tanto*: 'encarecidamente', 'mucho'.—*sey*: imperativo de "ser"
     (<sede > see > "sé" y "sey").
   b y d *sseruirte he, partirlo he*: intercalación del afijo entre lo
     dos elementos del futuro romance: 'te serviré', 'lo partiré'.
   d *tente por mi pagado*: 'considérate satisfecho de mí'.
139a *Fendió*: 'hendió', 'partió'.
   d *çenada*: en el ms. claramente con *-a* final; sin embargo, Mar
     den (I, 17 y II, 139) y Alvar (II, 67, aunque no en II, 66
     leen *çenado*, sin explicación, con lo que lo convierten en plus
     cuamperfecto 'había cenado' (Alvar, II, 320). Pero, según lo
     testimonios aducidos por Cuervo (*Dicc.*, II, 111), el auxilia
     de "cenar" era "ser": *Cantar* 404: "después que fue çenado"
     Duelo 15: "Quando fueron çenados'. *Alexandre*, 2, 1201b
     "d'ellos se[d]ién en cena, d'ellos eran cenados". Por lo tanto
     quizás haya que considerarlo objeto de *auìa* con el sentido
     de 'cosas que se pueden cenar', lo mismo que se formó "co
     mida", 'conjunto de cosas para comer'. El significado genera
     sería: 'el pescador le dio lo mejor que tenía, no le escatim

140   Otro día manyana, quando fue leuantado,
       gradeçió al omne bueno mucho el ospedado.
       Prometiól' que si nunca cobrasse su estado:
       —"El seruicio [en] duplo te será
                                        [gualardonado.

141   "Asme fecho, huéspet, grant piedat,
       "mas ruégote encara, por Dios τ tu bondat,
       "quen muestres la vía por hò vaya a la
                                        [çiudat."
       Respúsole el omne bueno de buena
                                        [voluntat.

142   El pescador le dixo: —"Sennyor, bien es
                                        [que vayas,
       "algunos buenos omnes te darán de sus
                                        [sayas.
Fol. 15   "Si conseio non tomas qual tú menester
                                        [ayas,
       "por quanto yo houyere tú lazerio non
                                        [ayas."

140d [en] duplo: ms. sin duplo [Marden, I, 17].

nada; sin embargo, la cena no resultó espléndida, en alguna
otra ocasión había tenido mejores manjares'.
140a otro día manyana: sintagma aposicional medieval: 'a la mañana siguiente'.—fue leuantado: reflexivo 'se levantó'.
b ospedado: 'hospedaje', 'hospitalidad'.
c si nunca: 'si alguna vez'.
d Paso del estilo indirecto al directo a mitad de la cláusula condicional.
141b encara: 'aún', 'todavía', tomado del catalán o del occitano,
aunque también aparece en Berceo (San Millán 392c: "que
los avien encara").
c quen: 'que me'.—por hò: 'por donde'.
142b saya: 'túnica' (Santo Domingo 160a: "Confessor que partiste
con el pobre la saya").
c conseio: 'remedio', 'socorro' (Cantar 632: "Si non das conseio, a Teca τ a Teruel perderás".—tomas: 'alcanzas'.

143   El benedito huéspet metiólo en la carrera,
    demostróle la vía, ca bien açerq⟨u⟩a hera;
    llególo a la puerta que falló más primera,
    posósse con vergüenza fuera a la carrera.

PENTÁPOLIS. JUEGO DE LA PELOTA. EL REY ARCHITRAS-
TRES JUEGA CON APOLONIO Y LE INVITA A COMER. LA INFAN-
TA LUCIANA TAÑE LA VIHUELA.

144   Aýn por venir era la ora de yantar,
    salliénse los donzelles fuera a deportar;
    comenzaron luego la pellota jugar,
    que solìan ha esse tiempo esse [juego] jugar.

145   Metióse Apolonio, maguer mal adobado,
    con ellos al trebeio, su manto afiblado.
    Abinié en el juego, fazié tan aguisado
    como si fuesse de pequenyo hí criado.

144d [*juego*] interpolación de Marden (II, 45).

143a *metiólo en la carrera*: 'púsole en el buen camino' (*Loores* 49c:
    "Mostrólis pater noster, metiólos en carrera").
  c *llególo*: factitivo, 'hízolo llegar'.
  d *posósse*: (<pausare), 'se quedó', 'se sentó', cambio de sujeto,
    del pescador a Apolonio.—*fuera a la carrera*: 'fuera, en el
    camino'.
144a *yantar*: 'comida del mediodía'; podían llegar hasta cinco las
    colaciones diarias, como enumera, irónicamente, Juan Ruiz:
    "desque te conocí nunca te vi ayunar: / *almuerzas* de maña-
    na; non pierdes la *yantar*; / sin mesura *meriendas*; mijor quie-
    res *cenar*; / si tienes qué, a la noche, ò puedes, *çahorar*"
    (*Buen Amor* 292).
  b *donzelles*: (<*domnicĭllus) seguramente con *ll* palatal (aun-
    que hay grafías de *ll* por *l*, 266c, *çellada*), alternando con
    alveolar, "donzeles", pues el masculino singular despalatalizó
    al quedar la *ll* en posición implosiva, a no ser que hubiera
    influencia occitánica donde *ll* > *l*, 'jóvenes, generalmente no-
    bles'.—*deportar*: 'divertirse'.
  c *pellota*: 'pelota', la *ll* de pil(ŭ)la > pella. *Pellota,* aumentativo
    (o diminutivo galorrománico).
145a *adobado*: 'vestido'.
  b *trebeio*: 'juego'.—*afiblado*: 'abrochado'.
  c *abinié en*: 'tenía éxito en'.—*tan aguisado*: 'tan acertada-
    mente'.
  d *de*: 'desde'.—*hí*: 'allí', 'en el juego de la pelota'.

146   Fazìala yr derecha quando le daua del palo,
quando la reçibié nol' sallìa de la mano;
era en el depuerto sabidor z liuiano.
Entendrié quien se quiere que non era
[villano.

147   El rey Architartres, cuerpo de buenas
[manyas,

Fol. 15v   salliése ha deportar con sus buenas
[companyas.
Todos trayén consigo sus vergas z sus
[canyas,
eguales z bien fechas, derechas z estranyas.

148   Touo mientes ha todos, cada huno cómo
[jugaua,
cómo ferié la pella o cómo la recobraua;
vio en la rota, que espessa andaua,
que toda la meioría el pobre la leuaua.

148c *rota*: en el ms. lo mismo se puede leer *rota* que *roca*, pues *t*
y *c* son de trazo muy parecido; el 150a confirma *rota*. Janer
(*Poetas*, 288, nota 95) ya sugiere *rota*, aunque transcribe *roca*.

146b *nol' sallìa*: 'no se le escapaba'.
   c *liuiano*: 'ligero'.
   d *quien se quiere*: 'cualquiera'.
147a *cuerpo de buenas manyas*: 'hombre muy diestro, mañoso'
    (*Fernán González* 225a: "El conde Ferran Gonçalez, cuerpo
    de buenas mannas, / cavalgo su cavallo").
   c *vergas*: 'varas', 'palos'.
   d *estranyas*: 'sorprendentes', 'extraordinarias'.
148a *Touo mientes ha*: 'se fijó en', 'puso atención a'.
   b *ferié*: 'golpeaba'.
   c *rota*: tanto Marden, como Alvar y Corominas, interpretan
    'muchedumbre' (francés "rote" 'desbandada'), pero al sentido
    convendría mejor un cultismo de "rueda", 'rotación', 'turno',
    pues hay que suponer que se jugaría con un cierto orden; en
    150a el rey hace para la *rota* de jugadores y desea enfrentar-
    se, solo, a Apolonio.—*espessa*: 'concurrida'; lo que avala, tam-
    bién, la interpretación de 'rueda o turno de jugadores', pues
    'muchedumbre concurrida' es, cuando menos, una tautología
    innecesaria.
   d *meioría*: 'ventaja'.—*leuaua*: vid. nota a 74c.

149 Del su continiente ouo grant pagamiento,
porque toda su cosa leuaua con buen tiento.
Semeiól' omne bueno, de buen
                              [entendimiento;
de deportar con éll tomó grant taliento.

150 Mandó posar los otros, quedar toda la rota;
mandó que les dexassen a amos la pellota.
El capdiello de Tiro, con su mesquindat
                              [toda,
bien se alimpiaua los oios de la gota.

151 Ouo gran pagamiento Architrastes del
                              [[j]uego;
que grant omne era entendiógelo luego.
Dixo al pelegrino: —"Amigo, yo te ruego
"que yantes oy comigo, non busques otro
                              [fuego."

152 Non quiso Apolonio atorgar el pedido,
Fol. 16 ca non dixo nada, de vergüença perdido.
Todos lo combidauan, maguer mal vestido,
ca bien entendién todos dónde era
                              [estorçido.

153 Vino, en este comedio, la hora de yantar;
ouo en la villa el rey a entrar.

151a *[j]uego*: ms. *luego* [Marden, I, 18].

149a *su continiente*: 'sus maneras'.—*pagamiento*: 'satisfacción'.
   d *taliento*: 'deseo'.
150a *posar*: 'parar'.—*quedar*: 'estarse quieta'.
   d *gota*: dos sentidos son posibles, 'lágrimas' y 'sudor'; me incli-
     no por el primero: 'a pesar de toda su desgracia *(mesquin-
     dat),* Apolonio se iba alegrando con el juego' (cf. 262d "ver-
     ter agua" 'llorar').
151b *grant*: 'ilustre', 'noble'.—*entendiógelo luego*: 'se lo notó en
     seguida'.
152d *dónde era estorçido*: 'de qué trance se había salvado'.

Derramaron todos, cada huno por su lugar;
los hunos a los otros non se querién esperar.

154   Apolonio de miedo de la corte enojar,
que non tenié vestido ni adobo de prestar,
non quiso de vergüença al palaçio entrar.
Tornóse de la puerta, comenzó de llorar.

155   El rey non touo mientes fasta que fue
[entrado;
luego lo vio menos quanto fue assentado.
Llamó a vn escudero, que era su priuado,
preguntól' por tal omne que dó era parado.

156   Salló ell escudero fuera, vio cómo seýa,
tornó al rey τ dixo que vergüença auìa;
ca peligró en la mar, perdió quanto traýa,
con mengua de vestido entrar non s'en
[trevìa.

Fol. 16v 157   Mandól' el rey vestir, luego, de panyos
[honrrados,
los meiores que fueron en su casa trobados;

156c *ca:* a continuación algo borrado, que puede ser *llo.*

153c *Derramaron:* 'se dispersaron'; este verbo se conjugaba sin el
pronombre (*Cantar,* III, 621, s.v. deramar).
154b *que:* causal 'porque'.—*adobo:* 'atuendo'.—*de prestar:* (<praes-
tare, 'distinguirse') 'de valía'.
  d *tornóse de:* 'apartóse de'.
155a *non touo mientes:* 'no reparó', 'no se fijó'.
  b *lo vio menos:* 'lo echó de menos'.—*quanto:* 'en cuanto'.
156a *seýa:* (<sedēre) 'estaba'.
  c *peligró:* 'estuvo a punto de morir' (*Buen Amor* 994b: "yo caí
en cama e cuidé peligrar"); también 'naufragó' (531c: *peligreste sobre mar,* 'naufragaste') y en *Gesta* se le llama "naufragus".
  d *mengua:* 'falta', 'escasez'.—*en:* pronominal (<inde) 'por
eso'.—*se trevìa:* (<trĭbuĕre se) 'se atrevía'.

mandó que lo metiessen suso a los sobrados,
do los otros donzelles estauan asentados.

158   Dixo el rey: —"Amigo, tú escoie tu logar,
"tú sabes tu fazienda, con quién deues
                                    [posar;
"tú cata tu mesura como deues catar,
"ca non te connyosçemos τ podriemos
                                    [errar."

159   Apolonio non quiso con ninguno posar,
mandósse, en su cabo, hun escanyo poner,
de derecho del rey non se quiso toller.
Mandól' luego el rey quel' diessen a comer.

160   Todos por el palaçio comién a grant poder,
andauan los seruientes cada huno con su
                                    [mester.

158c Antes de *mesura, fazienda* tachado; copia, indudablemente,
    del 158b.

157c *suso*: (<sursum) 'arriba'.—*a los sobrados*: 'en los tablados,
    plataformas'.
158a El rey le invita a decidir, por él mismo, el lugar que le co-
    rresponde ocupar.
   b *tu fazienda*: 'tu historia', 'tus merecimientos'.
   c *cata tu mesura*: 'considera tu dignidad'.
159a *posar*: va contra la rima; Marden (II, 46) propone *yazer*.
   b *en su cabo*: 'a solas', 'en solitario' (*Buen Amor* 833c: "apre-
    tando sus dedos, en su cabo fablando"; *Sendebar,* fol. 77v. a:
    "Non lo dedes a ninguno en su cabo fasta que seamos todos
    ayuntados en vno"). No es 'en un extremo' porque está pre-
    tendiendo resaltar su categoría de rey y quiere estar frente
    a Architrastres.
   c *de derecho*: (<dīrectus 'en línea recta', 'perpendicularmente')
    'enfrente' (*Gesta*, lín. 204: "contra in regem assignato loco
    discubuit"; *Incunable*, lín. 257: "En lugar senyalado en de-
    recho del rey se assentó").
160a *a grant poder*: 'copiosamente'.
   b *seruientes*: la *yod* inflexionará la ĕ > i (484a: *siruientes*).

Non podié Apolonio las lágrimas tener,
los conduchos quel' dauan non los podié
[prender.

161 Entendiólo el rey, començóle de fablar:
—"Amigo, diz, mal fazes, non te deuiés
[quexar;
"sol' que tú quisieres la cara alegrar
"Dios te darìa conseio, non se te podrié
[tardar."

Fol. 17 162 El rey Architrastres, por la corte más
[pagar,
a su fija Luçiana mandóla hí venir;
la duenya vino luego, non lo quiso tardar,
ca quiso a ssu padre obediente estar.

163 Entró por el palaçio la infante bien
[adobada,
besó al rey manos, commo bien ensenyada,
saluó a los ricos omnes z a toda su mesnada.
Fue la corte, desta cosa, alegre z pagada.

164 Fincó, entre los otros, oio al pelegrino,
quiso saber quién era ho de quál parte
[venido.

160c *tener*: 'retener'.
   d *prender*: 'tomar', 'comer'.
161a *Entendió*: 'se dio cuenta'.
   d *conseio*: 'ayuda', 'socorro'.
162a *pagar*: 'contentar'.
   b *venir*: la rima en -ar exige otro verbo, quizás *llegar* (Mar-
      den, II, 46) o *entrar* (Alvar, II, 75).
   c *tardar*: 'demorar'.
   d *estar*: licencia poética por 'ser'.
163a *infante*: sin morfema de género; el sentido vigente en XIII
      y XIV era 'hijo del rey'.—*adobada*: 'ataviada'.
   c *saluó*: vid. nota a 19b.
164a *Fincó oio*: 'clavó los ojos', 'fijó la vista'.
   b *venido*: Marden (I, 20) lo sustituye por *vino*, de acuerdo
      con la rima.

—"Fija, dixo el rey, omne es de camino,
"oy tan bien el juego ninguno non auino.

165   "Siruióme en el juego onde só su pagado;
"pero non lo conosco, éle yo muy gran
[grado.
"Segunt mi connyoscençia, del mar es
[escapado,
"grant danyo a preso, onde está desmayado.

166   "Fija, si vós queredes buscarme gran
[plaçer,
"que vos yo siempre aya mucho que
[gradeçer,
"sabet de su fazienda quanto pudierdes
[saber,

Fol. 17v   "contra éll que sepamos cómo nos
[captener."

164d *auino el juego*: 'conseguir éxito en el juego' (*Buen Amor*
      578d: "que si bien non avengo, nunca más averné").
165a *Siruióme*: aquí parece que hay un cruce de dos relatos: el
      autor de Apolonio cambia una escena en un gimnasio por
      la del juego de la pelota, pero este verbo, 'sirvióme', le
      queda como resto de la primera. (*Historia*, XV: et in gym-
      nasio mihi seruitium gratissime fecit"; *Gesta*, lín. 216: "et
      gymnasia mihi gratissime fecit"; *Incunable*, lín. 273: "Hame
      servido muy graciosamente".)
   b *pero*: 'aunque'.—*conosco*: (<lat. vulgar conoscĕre por influjo
      de noscĕre) en el manuscrito alterna con *conyosçer* (<clá-
      sico cognoscĕre), actual 'conozco' con dentalización de la *s*.—
      éle yo muy gran grado: 'le tengo gran agradecimiento'.
   c *es escapado*: 'se salvó'.
   d *a preso*: 'ha sufrido'.—*desmayado*: 'entristecido'.
166c *de su fazienda*: 'de sus peripecias'.—*pudierdes*: persona vos
      sincopada 'pudiereis'.
   d *contra*: 'hacia'.—*nos captener*: (<caput tenēre) 'comportar-
      nos' (*Santa Oria* 126a,b: Todas eran iguales, de una misma
      calidat, / de una captenençia e de una edat").

167   Aguisóse la duennya de toda voluntat,
fue contra Apolonio con gran simpliçitat;
fue luego diziendo palabras de amiztat,
como cosa ensennyada que amaua bondat.

168   —"Amigo, dixo ella, façes grant couardía
"non te saber co[n]poner entre tal
                         [compannýa.
"Semeia que non amas gozo nin al[e]gría;
"tenémostelo todos a muy gran villanía.

169   "Si lo fazes por pérdida que te es auenida,
"si de linage eres, tarde se te oluida,
"es tota tu bondat en fallencia caýda,
"pocol' mienbra al bueno de la cosa
                         [perdida.

170   "Todos dizen que eres omne bien
                         [ensenyado,
"veyo que es el rey de ti mucho pagado;
"el tu buen continente que hauìas mostrado
"con esta gran tristeza todo lo as afollado.

171   "Pero que eres en tan grande dolor,
"quiero que por mí fagas aqueste amor:

168c Al final de *semeia,* dos letras tachadas por completo; se
adiuina, quizá, *ua.*

167a *Aguisóse:* 'se dispuso'.
   d *como cosa ensennyada:* 'como persona educada' (445a: *Cosa endiablada, la burçesa Dionisa).—que amaua bondat:* 'que disfrutaba con el bien'.
168b *te conponer:* 'armonizar', 'ponerte a tono' (*Buen Amor,* nota a 1233c).
169c *tota: vid.* nota a 93c.—*en fallencia caýda:* 'acabada', 'desaparecida'.
   d *le mienbra:* impersonal con dativo, 'recuerda', 'añora'.
170a *bien ensenyado:* 'muy instruido', 'muy bien educado'.
   c *el tu buen continente:* 'tus buenas maneras'.
   d *lo as afollado:* 'lo has echado a perder'.
171a *Pero que:* 'aunque'.
   b *aqueste amor:* 'este favor'.

"que digas el tu nombre al rey mìo senyor.
"De saber de tu fazienda avriemos gran
[sabor."

Fol. 18 172   Respondió Apolonio, non lo quiso tardar.
Dixo: —"Amiga cara, búscasme grant
[pesar,
"el nombre que hauía, perdílo en la mar;
"el mìo linage, en Tiro te lo sabrién
[contar."

173   Porfióle la duenya, non lo quiso dexar.
Dixo: —"Sí Dios te faga a tu casa tornar,
"que me digas el nombre que te suelen
[llamar;
"sabremos contra ti cómo deuemos far."

174   Començó Apolonio, de sospiros cargado,
díxol' toda su cuyta por ò auìa pasado,
su nombre z su tierra z quál era su regnado.
Bien lo ascuchó la duenya z óuole gran
[grado.

175   En cabo, quando houo su cosa bien
[contad[a],
el rey fue más alegre, la duenya fue pagada.
Querié tener las lágrimas, mas nol' valìa
[nada;
renouósele el duelo z la hocasión passada.

175a ms. *contado.*

171d 'tendríamos mucho gusto en conocer tu historia'.
173d 'sabremos cómo debemos actuar contigo'.—*far*: (<fac(ĕ)re)
'hacer', 'actuar'.
174b *por ò*: 'por donde', 'por la que'.
   d *ascuchó*: (<a(u)scultare), después 'escuchó' por influjo del
prefijo *ex*.—*óuole gran grado*: 'se lo agradeció mucho'.
175b *fue pagada*: 'se sintió satisfecha'.
   c 'Apolonio quería contener las lágrimas, pero en vano'.
   d *el duelo z la hocasión*: 'el dolor y el peligro': (*Buen Amor*
1670: "Pues a ti, Señora, canto, / tú me guarda de lisión, /
de muerte e de ocasión, / por tu fijo, Jesú Santo").

176   Estonze dixo el rey: —"Fija, [fe] que
                                            [deuedes,
        "si Apolonio llora non vos marauelledes.
        "Tal omne a tal cuyta vós venir non
                                            [sabedes,
        "mas vós me pensat d'él si a mí bien
                                            [queredes.

Fol. 18v 177   "Fiziéstelo llor⟨r⟩ar, auédeslo contristado,
        "pensat cómo lo tornedes alegre τ pagado,
        "fazetle mucho algo, que omne es honrrado.
        "Fija, ren non dubdedes τ fazet aguisado."

178   Aguisósse la duenya, fiziéronle logar;
        tenpró bien la vihuella en hun son natural;

176a *[fe] que deuedes*: fórmula medieval para encarecer un rue-
        go; *fe* interpolado por Marden (I, 21).
   c 'No comprendéis un hombre tal en tan gran dolor'.
   d *me*: dativo ético o de interés.—*me pensat d'él*: 'cuidadme
        de él' (322a: *pensaron amos de la duenya fasta que fue
        leuantada*; *Cantar* 3251: "sos omnes las tienen τ dellas pen-
        ssarán").—*a mí*: expresivo frente a *me queredes*.
177c *mucho algo*: 'un servicio singular'.
   d *non dubdedes ren*: 'no temáis cosa', 'no temáis nada' (*Can-
        tar*, III, 631).—*fazet aguisado*: 'haced lo más oportuno'.
178 Salto brusco: en todas las Historias de Apolonio, también
        en la francesa, el rey pide a su hija que traiga el instru-
        mento músico para alegrarlos a todos.
        NOTA: PARA TODO LO REFERENTE A LA MUSICA CONVIENE CON-
        SULTAR EL ARTICULO DE DANIEL DEVOTO (Devoto, pp. 291-317).
   a *Aguisósse la duenya*: 'preparóse la doncella'.
   b *tenpró*: (<temperare) 'templó', con *r* etimológica antes de la
        l ultracorrecta que ya se da en Juan Ruiz (*Vid*. Devoto, 302).—
        vihuella: 'vihuela con arco', 'viela' (Devoto, 302); la *ll* es
        grafía de alveolar, pues, aunque de origen incierto, no hay
        en ningún romance forma alguna que justifique la *ll* palatal.—
        son: 'tono fundamental' (Devoto, 306).—*natural*: 'diatónico'
        (Devoto, 309); 'opuesto a semitonal de 189b' (*Poesía jugla-
        resca,* 37).

dexó cayer el manto, paróse en hun brial,
començó huna laude, omne non vio atal.

179   Fazìa fermosos sones τ fermos[a]s
                    [debaylad[a]s;
       quedaua, a sabiendas, la boz a las vegadas:
       fazìa a la viuela dezir puntos ortados,
       semeiaua que eran palabras afirmadas.

180   Los altos τ los baxos, todos della dizìan.

179a ms. *fermosos debaylados*, aunque pueda rimar con *ortados*,
     sólo se documenta en femenino.
     d No es necesario leer *semeiauan*, como hacen distintos estu-
     diosos: el trazo de la abreviación de *que* es muy frecuente
     que se extienda hasta la palabra anterior.
180a *dizìan*: la rima exige *dizién*.

178c *paróse en*: 'se quedó' (*Cantar* 2720-2721: "Allí les tuellen los
     mantos ... páranlas en ... camisas").—*brial*: 'brial', 'especie
     de túnica'.
     d *laude*: 'canto festivo' (Devoto, 297-301).—*omne*: sujeto in-
     determinado, como se ha visto otras veces, 'nunca se vio
     (oyó) tal cosa'.
179 "La princesa Luciana manejaba ante la corte su vihuela
     que no parecía sino que la hacía hablar; la tañedora y su
     instrumento parecían tener una misma alma" (*Poesía jugla-
     resca*, 37).
     a *debayladas*: no parece necesario considerar *yl* como grafía
     aragonesa de palatal (<cat. *deballadas*), pues *debailadas* era
     palabra castellana por influencia de "baile"; 'codas caden-
     ciales' (*Poesía juglaresca*, 37); 'bajada desde una nota a
     otra inferior a intervalos menores que el semitono' (Devo-
     to, 311-314).
     b *quedaua la boz*: 'hacía inaudible la voz para que se oyera
     la vihuela'.—*a las vegadas*: 'a veces'.
     c *dezir*: 'cantar'.—*puntos*: 'sonido resultante de puntear un
     instrumento', 'notas'.—*ortados*: sin rima; de etimología in-
     cierta; para Morel-Fatio, en el *Alexandre*, 'fino', 'culto'.
     d *afirmadas*: 'pronunciadas claramente'.
180a *Los altos τ los baxos*: frase hecha para indicar 'todos'; Mar-
     den (II, 72) y Alvar (II, 336) interpretan 'ilustres y plebe-
     yos', pero aquí parece que ha perdido esta significación ori-
     ginal, pues no es plausible que al banquete real asistieran
     plebeyos; tampoco tiene sentido en 521d, más bien parece

La duenya z la viuela tan bien se abinién
que lo tenién ha fazannya quantos que lo
[vehién.
Fazìa otros depuertos que mucho más valién.

PENTÁPOLIS. TAÑE APOLONIO Y LUCIANA SE ENAMORA.
NOMBRAN A APOLONIO MAESTRO DE LUCIANA.

181   Alabáuanla todos, Apolonio callaua.
Fue pensando el rey por qué él non fablaua.
Demandóle z díxol' que se marauellaua
que con todos los otros tan mal se acordaua.

182   Recudió Apolonio como firme varón:
Fol. 19   —"Rey, de tu fija non digo si bien, non,
"mas, si prendo la vihuela, cuydo fer hun
[tal son
"que entendredes todos que es más con
[razón.

183   "Tu fija bien entiende huna gran partida,
"á comienço bueno z es bien entendida,
"mas aún non se tenga por maestra
[complida:
"sio dezir quisiere, téngase por vençida."

---

una expresión ya estereotipada.—*dizìan d'ella*: 'comentaban
favorablemente sobre ella'; Devoto, 307, cree que *ella* es
la vihuela; su razonamiento no me parece convincente.
180b *se abinién*: 'se compenetraban'.
c *lo tenién ha fazannya*: 'se maravillaban de ello'.
d *depuertos*: 'habilidades'.
181c *marauellaua*: *e* resultante de la i breve de mirabilia, 'mara-
villaba', 'admiraba'.
d *tan mal se acordaua*: 'discordaba tanto'.
182a *firme*: 'íntegro'.
c *cuydo*: 'pienso'.—*fer*: 'hacer'.
d *entendredes*: futuro sincopado, 'entenderéis'.—*más con razón*:
'más artístico', tomando "arte" como "ciencia" (Devoto, 293).
183a *entiende*: 'conoce la ciencia de la música' (Devoto, 293).—
huna gran partida: 'mucho'.
b *á comienço bueno*: 'tiene buena base'.
d *sio*: 'si yo', conglomerado arcaico.—*dezir*: 'cantar'.

184   —"Amigo, dixo ella, sí Dios te benediga,
       "por amor, si la as, de la tu dulçe amiga,
       "que cantes huna laude en rota ho en
                                    [gig⟨u⟩a;
       "si no, asme dicho soberuia τ enemiga."

185   Non quiso Apolonio la duenya contrastar.
       Priso huna viuela τ sópola bien tenprar;
       dixo que sin corona non sabrié violar,
       non querìa, maguer pobre, su dignidat
                                    [baxar.

186   Ouo desta palabra el rey muy gran sabor,
       semeióle que le yua amansando la dolor;
       mandó de sus coronas aduzir la meior,
       diola a Apolonio, hun buen violador.

Fol. 19v 187   Quando el rey de Tiro se vyo coronado,
       fue de la tristeza ya quanto amansando;
       fue cobrando el seso, de color mejorando,
       pero non que houiesse el duelo oluidado.

188   Alçó contra la duenya vn poquiello el çeio,
       fue ella de vergüenza presa hun poquelleio.

184b *la as*: aunque *amor* era femenino en esta época, es más
    seguro que *la* esté referido a *amiga*.
  c *que cantes*: subjuntivo por imperativo para ruego, 'canta'.—
    rota: 'instrumento musical parecido a la lira'.—*giga*: 'ins-
    trumento con tres cuerdas y un arco'; ambos menos nobles
    que la vihuela de arco (Devoto, 302) y caídos en desuso
    durante el siglo xiv (*Poesía juglaresca*, 44).
  d *enemiga*: 'maldad'.
185a *contrastar*: 'llevar la contraria', 'desairar'.
  b *tenprar*: vuelvo a remitirme a Devoto (302-310).
  c Mantiene Apolonio la misma actitud que en 159 al no que-
    rer sentarse con nadie sino frente al rey; no quiere renun-
    ciar a su condición real (Devoto, 317-330).
186d *hun buen violador*: sobre la importancia del tañedor de
    vihuela, *vid. Poesía juglaresca* (36) y Devoto (317-330).
187b *ya quanto*: 'algo'.
188a *contra*: 'hacia'.—*çeio*: (<cĭlĭum 'párpado') 'la mirada', 'el
    semblante'.

Fue trayendo el arq⟨u⟩o egual τ muy pareio,
abés cabié la duenya de gozo en su pelleio.

189 Fue leuantando hunos tan dulçes sones,
doblas τ debayladas, temblantes semitones.
A todos alegraua la boz los corazones;
fue la duenya toq⟨u⟩ada de malos
[aguigones.

190 Todos por huna boca dizién τ afirmauan
que Apolo ni[n Orf]eo mejor non
[violaua[n];
el cantar de la duenya, que mucho alabauan,
contra el de Apolonio nada non lo
[preciauan.

191 El rey Architrastres non serìa más pagado
sy ganasse hun regno ho hun rico condado.

189b La s de *doblas*, emborronada.
190b *Apolo nin Orfeo*: ms. *Apolonio Feteo* (o *Ceteo*). Vid. Marden, *Unos trozos oscuros*, 292-293.

188c *trayendo*: 'manejando'.
189b *doblas*: 'acordes'.—*temblantes semitones*: *Poesía juglaresca*,
37: "En lugar de las siete notas naturales, únicas que usaba
la Iglesia, [los viejos vihuelistas] usaban mucho los semito-
nos, propios entonces de la llamada "música ficta", esto
es, cromática, por oposición al canto llano; estas notas
intermedias daban mayor delicadeza a la melodía, y más,
ejecutadas trémulamente" (*Alexandre*, 2, 2213b: "las dulces
deballadas, el plorant semitón").
d *malos aguigones*: la *g* representando el sonido palatal, aguijones, 'acuciantes deseos' (*Buen Amor* 521c,d: "que por end
será casta e la fará estar: / estos son aguijones que la fazen
saltar") (*Historia*, XVII "Incidit in amorem infinitum"; *Gesta*,
lín. 243: "capta est in amorem eius"; *Incunable*, lín. 307:
"fue presa de su amor").
190a *por huna boca*: 'unánimemente'.
d *contra el*: 'frente al', 'comparado con el'.

Dixo ha altas bozes: —"Desque yo fuy
[nado
"non vi, segunt mìo sseso, cuerpo tan
[acabado."

Fol. 20   192   —"Padre, dixo la duenya al rey su
[sennyor,
"vós me lo condonastes que yo, por vuestro
[amor,
"que pensasse de Apolonio quanto pudiesse
[meior.
"Quiero desto que me digades cómo auedes
[sabor."

193   —"Fija, dixo el rey, ya vos l'é mandado;
"seya vuestro maestro, auetlo atorgado;

191c *fuy nado*: 'nací'.
   d *segunt mìo sseso*: 'a mi juicio'.—*cuerpo tan acabado*: 'persona tan completa', 'tan perfecta'.
192b *condonastes*: persona vos etimológica (-a(vi)stis), 'encargasteis'.
   c *que*: la repetición del *que* completivo en la suboración, sobre todo si ha habido un inciso, es habitual en la Edad Media y Siglo de Oro.—*pensasse de*: 'me ocupase de'.—*quanto meior*: 'lo mejor que'.
   d *desto cómo auedes sabor*: 'si os agrada esto'. Tal como se encuentra en el ms., parece que Luciana pregunta a su padre si le parece que ha actuado bien con Apolonio, pero es más plausible que haya habido un nuevo salto en el relato del cual queda, como testimonio, *desto*, que hace referencia a la petición de la infanta de que le den como maestro de música al náufrago: *Historia*, XVIII; *Gesta*, lín. 261; *Incunable*, lín. 331: "que me dedes al mancebo por maestro". De ahí las palabras de Architrastes en la estrofa siguiente.
193a *l'é mandado*: otra vez cruce de las dos ideas: *vos l'é mandado* podría referirse a la orden de que cuide de Apolonio (entonces *l'é* = contracción de *lo he*), pues Luciana adujo, para que fuera su maestro, que, si tenía que cuidarse de él, no lo podía abandonar, y, también, *ya vos l'é mandado* puede significar 'ya le he rogado en vuestro favor', con *l'é* contracción de *le he*, con leísmo de persona, y *vos* dativo.
   b *atorgado*: predicativo objetivo, 'tenedlo por otorgado'.

"dalde de mi trasoro que tenedes alçado
"quanto sabor ouiéredes, que éll seya
[pagado."

194 E, con esto, la fija, qu'el padre seguraua,
tornó a Apolonio alegre z pagada.
—"Amigo, diz, la graçia de el rey as
[ganada;
"desque só tu diçipla quiérote dar soldada.

195 "Quiérote dar de buen oro dozientos
[quintales,
"otros tantos de plata z muchos seruiçiales;
"aurás sanos conduchos z los vinos
[naturales;
"tornarás en tu fuerça con estas cosas
[atales."

196 Plogo a Apolonio, tóuose por pagado
porque en tanto tienpo auié bien recabado;
penssó bien de la duenya, ensenyáuala de
[grado.

194a *E* escrita sobre otra mayúscula.
196 Falta un verso a la estrofa.

193c *dalde*: metátesis de 'dadle' que dura hasta el Siglo de Oro.—
alçado: 'guardado'.
  d *que éll seya pagado*: 'de forma que quede satisfecho'.
194a *seguraua*: su objeto directo *que* tanto puede referirse a *esto*
('puesto que el padre lo afirmaba'), como a *fija* con el sentido de que 'el padre la apoyaba en su demanda'; me inclino
por lo segundo.
  d *desque*: 'puesto que'.—*diçipla*: semicultismo <dĭscĭpŭla.
195a *dozientos*: forma etimológica (<dŭcĕntos) anterior a 'doscientos' rehecho sobre "dos".
  b *seruiçiales*: 'sirvientes'.
  c *naturales*: 'excelentes' (Corominas, 2, s.v. nacer).
  d *atales*: sinónimo de 'tales'.
196b *tanto*: ponderativo de cantidad equivalente, aquí, a 'tan
poco'.—*auié bien recabado*: 'había conseguido mucho', 'había tenido gran éxito' (*Buen Amor* 113b, c: "pus" por mi
mensajero, cuidando recabdar / a un mi compañero").
  c *penssó bien de*: 'se ocupó mucho de', cf. 176d.

197 Fue en este comedio, ell estudio siguiendo,
Fol. 20v   en el rey Apolonio fue luego ent[end]iendo.
Tanto fue en ella el amor ençendiendo
fasta que cayó en el lecho muy desflaquida.

198 Buscáronle maestros que le fiziesen metgía,
que sabién de la física toda la maestría,
mas non hí fallaron ninguna maestría
nin arte por que pudiesen purgar la maletía.

199 Todos auían pesar de la su enfermedat,
porque non entendían de aquélla la uerdat.
Non tenyé Apolonyo más triste su voluntat
en la mayor cuyta que houo por verdat.

200 El rey Architrastres fyeramientre se dolié,
non auié marauylla, que fija la auyé.
Pero con Apolonyo grant conorte prendié,
el amor de la fija en él lo ponyé.

197b *entendiendo*: ms. *entiendo*; la corrección es de Marden (I, 23).

___

197a *ell*: el artículo con *-ll* final, salvo en tres ocasiones, ante palabra que empiece por vocal.
  b *entendiendo en*: 'enamorándose de', cf. 6c.
  d *desflaquida*: 'desmejorada'; la rima exige *-iendo*.
198a *fiziesen metgía*: 'medicaran'; *metgía*: (<catalán mege 'médico'), grafía provenzal *tg*.
  c *maestría*: 'técnica'.
  d *purgar la maletía*: 'echar fuera la enfermedad' (Corominas, 2: 'purificar' s.v. *purgar*).
199c,d 'Apolonio no estuvo, en sus peores momentos, más triste que ahora'.
  d *por verdat*: 'ciertamente'.
200a *fyeramientre*: 'muchísimo'; la *r* de *mientre* (<-mĕnte) por cruce con "mientras".
  b *non auié marauylla*: 'no era extraño'.—*que fija la auyé*: *fija* predicativo, 'porque la tenía por hija', 'era su hija'.
  c *conorte*: 'consuelo', 'ánimo'.
  d *fija*: genitivo objetivo, 'el mismo amor que tenía a su hija lo ponía en Apolonio'.

201   Ouo sabor hun día el rey de caualgar,
        andar por el mercado, ribera de la mar;
        fizo ha Apolonio, su amigo, llamar,
        rogóle que sallyese con él ha deportar.

202   Prísolo por la mano, non lo querìa mal.
Fol. 21   Vyeron por la ribera mucho buen menestral,
        burzeses z burzesas, mucha buena senyall,
        sallieron del mercado, fuera al reyal.

203   Ellos así andando, huno con otro pagados,
        vynieron tres donzeles, todos bien adobados;
        fijos eran de reyes, ninyos bien ensenyados;
        fueron bien reçebidos commo omnes muy
                                            [honrrados.

204   Todos fablaron luego por lo [bien]
                                            [recabdar,
        por amor si pudiesen ⟨luego⟩ ha sus tierras
                                            [tornar.
        Todos vinyén al rey la fija le demandar,
        sy ganarla pudiesen por con ella casar.

204a *[bien]* corrección propuesta por Marden (II, 49) al *vynien*
    del ms.
   b ⟨*luego*⟩: parece copiado del verso anterior (Marden, I, 24),
    aunque no carece de sentido en donde está.

201d *sallyese*: la *yod* ha palatalizado a la consonante; la grafía
    -lly- hipercaracterización de la palatal.—*deportar*: 'solazarse',
    'distraerse'.
202a lítotes, 'porque lo quería mucho'.
   c *mucha buena senyall*: 'con indicios claros de prosperidad y
    riqueza'; la *-ll* final, no palatal, aparece en varias ocasiones.
   d *'salieron del mercado, en la zona exterior al recinto'.*
203d *reçebidos*: *e* etimológica (<recĭpĕre).
204a *luego*: 'en seguida'.—*recabdar*: 'conseguir', 'lograr'.
   b *por amor si*: 'a fin de que'.
   d *ganarla*: 'conseguirla'.

205 —"Rey, dixeron ellos, tienpos ha pasados
"que te pidiemos tu fija, cada huno con sus
[regnados.
"Echéstelo en fabla, estamos afiuzados,
"por hoýr tu repuesta somos a ti tornados.

206 "Somos entre nós mismos así acordados:
"a qual tú la dieres que seyamos pagados,
"estamos en tu fiuza todos tres enredados,
"an ha yr, en cabo, los dos envergonçados."

207 Respondióles el rey: —"Amigos, bien
[fiziestes,
"que en esti conseio tan bien vos abiniestes.

Fol. 21v "Pero por recapdarlo en mal tiempo
[vinyestes,
"la duenya es enferma, entenderlo
[pudiestes.

205a *tienpos*: (<tĕmpus) sentido como plural.
b *pidiemos*: perfecto, 'pedimos' (-ī(v)ĭmus), con la *e* radical cerrada dos grados por analogía de verbos con ē.
c *Echéstelo en fabla*: 'lo dejaste para tratarlo después' (*Cantar*, III, 689).—*Echestes*: (-a(vĭ)stis) con *a > e* por analogía con "yo eché", 'echasteis'.—*afiuzados*: 'confiados en tu promesa'.
d *somos tornados*: 'hemos vuelto'.
206a *acordados*: 'puestos de acuerdo'.
b *seyamos pagados*: 'quedemos contentos'.
c *fiuza*: 'confianza', 'promesa'.—*enredados*: 'implicados'.
d *los dos*: el artículo ante numeral tenía valor partitivo, 'dos de los tres'; el numeral de que otro es parte solía ir precedido por *todos-as*; *todos tres* se opone así a *los dos*.
207a *fiziestes*: vid. nota a 9b.
b *esti*: dialectalismo, 'este'.—*conseio*: 'decisión', 'acuerdo'; también 'asunto', 'negocio'.
c *recapdarlo*: 'llevarlo a cabo'.
d *entenderlo*: 'oírlo', 'tener noticia de ello'.

208 "Dell estudio que lieua estando enflaquida,
"que es de la flaqueza en enfermedat caýda,
"por malos de pecados en tanto es venida
"que son desfiuzados los metges de su vida.

209 "Pero non me semeia que en esto andedes.
"Escreuit sendas cartas, ca escreuir sabedes;
"escreuit vuestros nombres, qué arras le
[daredes.
"Qual ella escoiere, otorgado lo auredes."

210 Escriuieron sendas cartas, que eran
[escriuanos;
escriuyeron sus nombres con las sus mismas
[manos,
sus tierras τ sus logares, los montes τ los
[planos,
cómo descendìan de parientes loçanos.

208a *enflaquida*: 'débil', 'debilitada'.
 b *que*: 'de modo que'.
 c *por malos de pecados*: 'por desgracia'.
 d *son desfiuzados los metges*: 'los médicos desesperan'.—
   metges (<medĭcu) a través del provenzal o catalán ("mege").
   La grafía tampoco es castellana, sino provenzal.
209a *non me semeia*: 'no me parece bien' (*Cantar* 2364: "de qual
   part uos semeiar'").—*que en esto andedes*: 'que os retrase el
   ocuparos del problema de la enfermedad' (*Cantar*, III, 466:
   "andar", 'ocuparse en'). *Historia*, XIX: "Sed ne videar uos
   diutius differre"; *Gesta*, lín. 277: "Sed ne videar nimis di-
   ferre"; *Incunable*, lín. 352: "pero porque no paresca que
   quiero mucho dilatar".
 b *Escreuit*: (<scrībĕre) con disimilación de ī ante í tónica,
   como el actual "decir" (<dīcĕre), 'escribid'.
210c *planos*: aragonesismo en *pl-*: 'llanos', 'llanuras'.
 d *loçanos*: 'prósperos', 'arrogantes'.

211   Sellóielas el rey con su mismo anyello,
non podién seyellarlas con más primo
                                    [seyello.
Leuólas [a] Apolonyo, hun caro
                                    [mançebiello,
que fuese a la duenya con ellas al castiello.

212   Fue luego Apolonyo recabdar el mandado,
leuólas a la duenya como le fue castigado.

Fol. 22   Ella, quando lo vio venyr atan escalentado,
mesturar non lo quiso lo que hauìa asmado.

213   —"Maestro, dixo ella, quiérote demandar,
"¿qué buscas a tal ora, o qué quieres
                                    [recabtar?
"Que a tal sazón como ésta tú non sueles
                                    [aquí entrar.
"Nunca lición me sueles a tal hora pasar."

211a *anyello*: (<anĕllus), *ny = ni,* 'anillo'.
   b *más primo seyello*: 'más excelente sello (<sĭgĭllum)'.
   c *Leuólas [a] Apolonyo*: 'entrególas a Apolonio' (*Cantar* 2679:
      "e luego leuaría sus fijas al Campeador leal"; *Historia*, XIX:
      "datque Apollonio"); para *[a] Apolonio,* cf. 222b *dyola [a]
      Apolonyo.*
   d *que*: 'para que'.
212b *castigado*: 'encomendado'.
   c *escalentado*: 'acalorado', 'excitado'.
   d *mesturar*: 'descubrir'.—*hauìa asmado*: 'había imaginado' (*In-
      cunable,* lín. 359: "¿Qué es esto, maestro, que entraste solo
      en mi estrado y en mi cama?").
213a *demandar*: 'preguntar' (*Historia*, XX: "Quae ad amores
      suos sic ait:").
   b *recabtar*: 'conseguir'.
   d *lición*: semicultismo que dura hasta el Siglo de Oro, 'lec-
      ción'.

214   Entendió Apolonyo la su entençión.
       —"Fija, dixo, non vengo por pasaruos
                                    [liçión.
       "Desto seyet bien segura en vuestro
                                    [corazón,
       "mas mensatge vos trayo por que mereçía
                                    [gran don.

215   "El rey vuestro padre sallóse ha deportar,
       "fasta que fuesse ora de venyr ha yantar;
       "vinyeron tres infantes para vos demandar,
       "todos muy fermosos, nobles τ de prestar.

216   "Sópoles vuestro padre ricamiente recebir,
       "mas non sabié atanto qué pudiese dezir.
       "Mandóles sendas cartas a todos escreuyr,
       "vós veyet quál queredes de todos escogir."

217   Priso ella las cartas, maguer enferma era,
       abriólas τ católas fasta la vez terçera.
       Non vio hí el nombre en carta ni en çera,
Fol. 22v   con cuyo casamiento ella fuese plazentera.

214a *la su entençión*: *Historia*, XX: "Cui Apollonius respondit
    «domina, es nondum ('todavía no') mulier et male habes!
    Sed potius accipe codicellos...»".
  c *seyet*: (<sedēte) 'estad'.
  d *trayo*: 'traigo', vid. 123b.—*mereçía*: imperfecto por presente
    para atenuar un juicio (*Cantar*, II, 354; *Cantar* 190: "Yo,
    que esto uos gané, bien mereçía calças").—*gran don*: 'por lo
    tanto, mi intención es todo lo contrario a algo reprobable'.
215d *de prestar*: 'de provecho', 'excelentes' (*Cantar* 671: "Primero
    fabló Minaya, vn cauallero de prestar").
216a *ricamiente*: 'magníficamente'.
  b *atanto*: 'al respecto'.—*dezir*: 'contestar', 'dar respuesta'.
  d *veyet*: (<vĭdēte) 'ved'.—*escogir*: (<ex-collĭgĕre), raro en cas-
    tellano —el aragonés sí tiene preferencia por -ir—, además el
    paso a -ire viene exigido por la rima, 'escoger'.
217a *Priso*: pretérito fuerte de "prender" (<* prehensī por prehen-
    dī), 'cogió'.
  c *ni en çera*: 'ni en el sello'.
  d *fuese plazentera*: 'hubiese sido feliz'.

218   Cató ha Apolonyo τ dixo con gran
                                    [sospiro:
      —"Dígasme, Apolonyo, el mẙo buen rey de
                                    [Tiro,
      "en este casamiento de ti mucho me miro,
      "si te plaze ho si non, yo tu voluntat
                                    [requiro."

219   Respuso Apolonyo τ fabló con gran
                                    [cordura:
      —"Duenya, si me pesasse, faría muy gran
                                    [locura
      "Lo que al rey ploguiere τ fuere vuestra
                                    [ventura,
      "yo, si lo destaiasse, faría gran locura.

220   "Évos yo bien ensenyada de lo que yo
                                    [sabía,
      "más vos preçiaran todos por la mi
                                    [maestría,
      "desaquí, si casardes ha vuestra meioría,
      "avré de vuestra hondra muy gran
                                    [plazentería.'

221   —"Maestro, dixo ella, si amor te tocase,
      "non querriés que tu lazeryo otrie lograse;

218a *sospiro*: (<sŭspīrĭum), 'suspiro'.
   c *de ti me miro*: literalmente 'me admiro de ti'; aquí: 'me
     fío de ti'.
   d *yo tu voluntat requiro*: 'yo busco tu deseo'.—*requiro*: (<re
     quīrĕre) 'busco' (*Buen Amor* 1551d: "do tú tarde requieres
     aquél está mijor").
219d *destaiasse*: 'estorbase'; literalmente 'cortase', 'pusiese fin'.
220b 'todos os habían tenido en más por mi magisterio'.
   c *desaquí*: 'a partir de ahora'.—*ha vuestra meioría*: 'mejorando
     más vuestra condición'.
   d *hondra*: 'honra'.
221b *tu lazeryo*: se está nombrando a sí misma como objeto
     del trabajo de Apolonio (Marden, II, 49), 'no querrías que
     tu trabajo, que soy yo, lo disfrutase otro'.—*otrie*: vid. 38b
     'otro'.

"nunq⟨u⟩a lo creyería, fasta que lo
                                    [prouase,
"que del rey de Tiro desdenyada fincase."

PENTÁPOLIS. LUCIANA ESCOGE POR ESPOSO A APOLONIO.
SE CELEBRAN LAS BODAS.

222   Escriuyó huna carta τ çerróla con çera;
        dyola [a] Apolonyo, que mensaiero era,
        que la diese al rey que estaua en la glera.
        Sabet que fue aýna andada la carrera.

Fol. 23   223   Abryó el rey la carta τ fízola catar.
                La carta dizìa esto, sópola bien dictar:
                que con el pelegrino querìa ella casar
                que con el cuerpo solo estorçió de la mar.

224   Fízose desta cosa el rey marauyllado,
        non podìa entender la fuerça del dictado.
        Demandó que quál era ell infante
                                        [venturado
        que lidió con las ondas τ con el mar yrado.

222c glera: 'arenal'; cf. 201b ribera de la mar.
   d carrera: 'camino'.
223a fízola catar: perífrasis pleonástica en que fazer pierde su
        sentido factitivo; sencillamente 'cató' (Cantar, II, 349, y III,
        684; Cantar 624: "Fizo enbiar ['envió'] por la tienda que
        dexara allá").
   b dictar: 'escribir'.
   c el: con restos de su valor demostrativo, 'aquel'.
   d con el cuerpo solo: 'sin ayuda'; cuerpo tenía el valor de
        'persona'.—estorçió: 'se libró'.
224a Fízose marauyllado: 'se maravilló' (Cantar, II, 342; "fízose
        santiguada" 'se santiguó' Milagros 536a).
   b la fuerça del dictado: 'el alcance del escrito'.
   d yrado: (<īratum) 'airado'.

225   Dixo ell huno de ellos, τ cuydó seyer
[artero,
Aguylón le dizen por nombre bien certero:
—"Rey, yo fuy ésse τ fuy verdadero,
"ca escapé, apenas, en poco d'un madero."

226   Dixo el huno dellos: —"Es mentira
[prouada,
"yo lo sé bien que dizes cosa desaguisada.
"En huno nos criamos, non traspassó nada.
"Bien lo sé que nunq⟨u⟩a tú prendiste tal
[espadada."

225a *cuydó seyer artero*: 'pensó que era muy astuto'.
   b *Aguylón*: este personaje, que no vuelve a aparecer, es conocido por distintos nombres: Ardalio, Ardalión, Artiglón,
Ardonio; Klebs, Singer, Marden y Alvar dan diversas opi-
niones sobre la procedencia de *Aguilón*. Pienso que, sencillamente, con la A- inicial y el sufijo -ón, se ha buscado
una palabra relacionada con "águila" (Corominas, 2, s.v.)
que justifique el segundo hemistiquio: 'nombre muy certero
porque quiso ser más perspicaz que ninguno' (*Buen Amor*
270a,b: "El águila cabdal canta sobre la faya, / todas las
otras aves de allí las atalaya"; Covarrubias, 57: "concluya-
mos con su etimología, que es el nombre latino *aquila,* ab
acumine oculorum; como está dicho, por la agudeza de su vista, que de lo muy alto del ayre vee la caça"; *Autoridades,* s.v.:
"Es como un *águila.* Phrase con que se dá à entender la
ligeréza ... viveza y perspicácia de alguna persóna.").—*bien
çertero*: 'muy apropiado' (*Buen Amor* 1034: "¿por qué non
pedides / la cosa certera?").
   c *fuy verdadero*: Marden (II, 50), influido por el verso 3351
del *Cantar*: "De quanto he dicho verdadero seré yo" propone *desto so verdadero* ('soy veraz en esto'). Pero creo que
verdadero tiene aquí valor adverbial 'lo fui verdaderamente' (*Cantar,* III §, 122, El adjetivo adverbial).
226c Cambio de interlocutor, se dirige a los demás. *En huno*:
'juntos'.—*non traspassó nada*: expresión concisa de lo que
indican las fuentes latinas (*Historia,* XXI: "portam civitatis
numquam existi!") y el *Incunable,* lín. 377: "nunca saliste
la puerta de la cibdad".
   d *prendiste tal espadada*: 'sufriste tal infortunio'.—*espadada*:
'golpe, o tajo, dado con la espada'. No acepto la correc

227   Mientre ellos estauan en esta tal
                                    [entençia,
       entendió bien el rey que dixera fallençia.
       Asmó entre su cuer huna buena entencia,
       ca era de buen seso τ de gran sapiençia.

228   Dio a Apolonyo la carta ha leyer
Fol. 23v   si podrié por auentura la cosa entender;
       vio el rey de Tiro qué auìa de seyer,
       conmençóle la cara toda a enbermeieçer.

229   Fue el rey metiendo mientes en la razón,
       fuésele demudando todo el cor[a]zón;
       echó ha Apolonyo mano al cabeçón,
       apartóse con éll sin otro nuyll varón.

230   Dixo: —"Yo te coniuro, maestro τ amigo,
       "por ell amor que yo tengo estableçido
                                    [contigo,

___

ción de Marden (II, 50), *escapada,* porque los textos latinos hablan de naufragio, no de salvación (e *Incunable,* lín.
377: "¿dónde padeciste tal naufragio?"). Carlomagno califica la muerte de Roldán de "lançada": "non conquís a
Çaragoça ont me ferió tal lançada" (*Roncesvalles* 76). Aunque *espadada* no corresponda, en su sentido directo, ni al
texto ni a la tradición en que se inserta, creo que la me-
táfora ha de ser usada, precisamente, fuera de los contextos
donde su posible interpretación literal pudiera producir
equívoco.
227a *entençia:* 'contienda' (<*intentio,* clásico *contentio* con cambio de prefijo; Corominas, 2, s.v. tender).
   b *dixera fallençia:* 'había mentido'.
   c *Asmó entre su cuer:* 'pensó en su corazón', 'concibió en su
   fuero interno'.—*huna buena entencia:* 'un buen plan' (<*in-
   tendĕre aliquid* 'proponerse algo').
228c *qué auìa de seyer:* 'de qué se trataba'.
   d *enbermeieçer:* 'enrojecer'.
229a *el rey:* 'Architrastres'.—*razón:* 'asunto'.
   b *el cor[a]zón:* 'los sentimientos'.
   c *cabeçón:* 'cabezón', 'abertura que tiene cualquier vestidura
   para sacar la cabeza'.—*nuyll:* vid. 123b.

"como tú lo entiendes que lo fables comigo;
"si non, por toda tu fazienda non daría hun
[figo."

231　　Respuso Apolonyo: —"Rey, mucho me
[enbargas,
"fuertes paraulas me dizes z mucho me
[amargas.
"Creyo que de mí traen estas nueuas tan
[largas,
"mas, si a ti non plazen, son para mí
[amargas."

232　　Recudióle el rey como leyal varón:
—"Non te mintré, maestro, que serìa
[trayçón.
"Quando ella lo quiere plázeme de corazón.
"Otorgada la ayas sin nulla condiçión."

233　　Destaiaron la fabla, tornaron al conseio.
—"Amigos, diz, non quiero trayeruos en
[trasecho.

233b Al final del verso, enmarcado, "prendet vuestra", principio
　　del cuadernillo siguiente.

230d *fazienda*: entre sus muchas acepciones, la que aquí más
　　encaja es 'prestigio'.
231b *paraulas*: si la *u* tiene valor vocálico, sería un catalanismo,
　　pero podría ser "parablas" (<parabŏla), 'palabras'.
　c *traen*: 'tratan'.—*estas nueuas tan largas*: 'estas noticias tan
　　generosas' (*Milagros* 699a: "Derramava lo suyo largamente";
　　Buen Amor 1590d: "bien largamente le dat").
232b *mintré*: 'mentiré'.
　c *Quando*: 'puesto que'.
　d *ayas*: subjuntivo por imperativo en frase afirmativa: 'tenla'.
233a *Destaiaron*: 'interrumpieron'.—*conseio*: 'reunión' (<consĭlium
　　'asamblea consultiva'). Sería posible cambiarlo por *conçejo*
　　(<concĭlium) como hace Marden (I, 28), pero *conseio* con
　　valor de 'asamblea' aparece también en *El Conde Lucanor*
　　(*Tentative*, s.v.).
　b *trayeruos en trasecho*: 'manteneros en negociaciones'; *tra-
　　secho* (<transigo, transactum 'tratar', 'ponerse de acuerdo con

Fol. 24   "Prendet vuestra carrera, buscat otro
                                    [conseio,
             "ca yo uo entendiendo dello hun
                                    [poquelleio."

       234   Entraron a la villa que ya querién comer.
             Subieron al castiello la enferma veyer.
             Ella, quando vido el rey cerq⟨u⟩a de sí
                                    [seyer,
             fízose más enferma, començó de tremer.

       235   —"Padre, dixo la duennya, con la boz
                                    [enflaquida,
             "¿qué buscastes a tal hora? ¿Quál fue
                                    [vuestra venida?
             "De coraçón me pesa z he rencura sabida
             "porque uos es la yantar atan tarde
                                    [de]ferida."

       236   —"Fija, dixo el padre, de mí non vos
                                    [quexedes,
             "más cuyta es lo vuestro, que tan gran mal
                                    [auedes.

---

      alguien'), con palatal sorda, está en rima con prepalatales
      sonoras.
233d uo: (<vado) 'voy'.
234a ya querién: 'estaban a punto de', 'era la hora de'.
   b subieron: es Architrastres el único que entra en la habita-
      ción de la infanta, como se indica en el verso siguiente.
      (Historia, XXII: "Et tenens manum iam genero, non hospiti,
      ingreditur domum regiam. Ipso autem Apollonio relicto rex
      solus intrat").
   c vido: (<vīdit), la conservación de la -d- es rasgo aragonés
      (Alvar: Dial. arag. § 87 bis), 'vio'.
   d fízose más enferma: 'se empeoró', vid. nota a 224a.—tremer
      (<trĕmĕre) 'temblar'.
235b buscastes, fue: perfectos referidos a la intención que tuvo
      para ir a verla.—¿Quál fue: '¿qué significa'.
   c rencura sabida: 'pena manifiesta'.
236a de mí: 'por mi causa'.—vos quexedes: 'os lamentéis'.

"Quiérovos fablar hun poco, que non vos
[enojedes,
"que verdat me digades quál marido
[queredes."

237   —"Padre, bien vos lo digo quando vós me
[lo demandades,
"que si de Apolonio en otro me camiades,
"non vos miento, desto bien seguro seyades,
"en pie non me veredes quantos días
[biuades."

238   —"Fija, dixo el rey, gran plaçer me
[fiçiestes,
"de Dios vos vino esto que tan bien
[escogiestes.
"Condonado vos seya esto que uós
[pidiestes;
"bien lo queremos todos quando vós lo
[quisiestes."

Fol. 24v 239   Salló, esto partido, el rey por el corral,
fallóse con su yerno en medio del portal;
afirmaron la cosa en recabdo cabdal.
Luego fue abaxando a la duenya el mal.

236c *que non vos enojedes*: (*que* introductor de frase optativa
  condicionada al cumplimiento de lo que se pide en frase
  introducida por otro *que*: 'ojalá no sufráis más con tal que
  me digáis cuál marido queréis').
237a *quando*: 'puesto que'.
  b *camiades*: 'cambiáis'.
  c *seyades*: (<sedeātis) 'seáis', 'estéis'; subjuntivo por imperativo,
  'estad'.
238a *fiçiestes*: sobre el uso del indefinido por perfecto *vid. Cantar*,
  II, 355; *-iestes*, vid. nota a 9a.
  c *Condonado*: 'concedido', cf. 303d.
  d *quando*: *vid.* 237a.
239a *partido*: 'finalizado' (*Cantar* 1106: "A menos de lid nos
  partirá aquesto").—*corral*: 'patio'.
  c *afirmaron*: 'confirmaron'.—*recabdo cabdal*: 'pacto solemne'
  d *Luego fue abaxando*: 'en seguida fue disminuyendo'.

240 Fueron las bodas fechas ricas τ
[abondadas,
fueron muchas de yentes a ellas
[conbidadas;
duraron muchos días que non eran pasadas;
por esos grandes tienpos non fueron
[oluidadas.

241 Entró entre los nouyos muyt gran
[dileçción,
el Criador entre ellos metió su bendiçión;
nunca varón ha fembra, nin fembra ha
[varón,
non seruió en este mundo de meior
[coraçón.

PENTÁPOLIS. LLEGAN NOTICIAS DE LA MUERTE DE ANTIOCO
Y DE QUE ESPERAN A APOLONIO COMO REY EN ANTIOQUÍA.

242 Vn día Apolonyo salló a la ribera,
su esposa con éll, la su dulçe companyera.
Podrìa auer siete meses que casado era,
fue luego prenyada la semana primera.

243 Ellos así andando, hia querìan fer la
[tornada,
vieron huna naue, ya era ancorada;
semeióles fermosa, ricamiente adobada.
Por saber Apolonio d'ónde era arribada

240b *muchas de yentes*: como en otras ocasiones, la *de* del partitivo contagiada a adjetivo cuantitativo.
d *esos*: demostrativo con significación atenuada, casi expletivo (*Cantar*, II, 329-330).—*grandes*: 'largos', 'extensos'.
241a *muyt*: forma dialectal que no se repite en el ms.; seguramente
es la castellana "much", siendo la y signo de palatización
de la *t*.
c, d *nunca*: si hay otra partícula negativa, *nin*, se refuerza
con *non*.
242c *Podría auer*: impersonal de tiempo, 'podría hacer'.—*casado
era*: 'se había casado'.
243a *hia querìan fer la tornada*: 'estaban ya a punto de regresar'.

244   demandó el maestro, el que la gouernaua,
Fol. 25   que verdat le dixese de quál tierra andaua.
    Dixo el marinero, que en somo estaua,
    que todo el maior tienpo en Tiro lo
                  [moraua.

245   Dixo Apolonio: —"Yo hí fuy criado."
    Dixo el marinero: —"¡Sí te veyas logrado!"
    Díxole Apolonio: —"Si me ouieres grado,
    "dezirte puedo senyales en que seya
                  [prouado."

246   Díxol' el marinero que aurié gran plaçer:
    —"Tú, que tanto me dizes, quiero de ti
                  [saber
    "al rey Apolonio sil' podriés conesçer."
    Dixo: —"Como a mí mismo, esto
                [deue⟨de⟩s creyer."

244a *el maestro*: el trazo de la *e* del artículo está entre *a* y *e*, pero es más semejante a una *e*.
  c *somo*: Marden (II, 29) lee *semo*, pero el ms. permite leer *somo*.

244a *demandó*: 'buscó', 'mandó buscar', como en 71c.—*maestro*: 'maestre' (Nebrija, 151: "patron de nao" 'magister navis').
  b *verdat*: con verba dicendi tiene valor adverbial, 'en verdad'.— *de quál tierra andaua*: 'desde qué tierra navegaba'.
  c *en somo*: 'en lo alto'.
245b *¡Sí te veyas logrado!*: frase hecha (*vid.* 289d y 409c) con la que se desean a alguien logros felices, normalmente a condición de que se cumpla algo previo.
  c *Si me ouieres grado*: habitualmente 'si me lo agradecieras', pero en este contexto 'si me tuvieres condescendencia', 'si me lo permitieras'.
246c *podriés*: sin idea de "poder", sólo con la de posibilidad.— *conesçer*: 'conocer', la *e* se debe a influjo de un gran número de verbos en -escĕre, cf. port. "conhecer".
  d *deue⟨de⟩s*: ambos se tratan de tú; lo mismo observan Marden (II, 51) y Alvar (II, 103).

247 —"Si tú lo conescieses, dixo el marinero,
    "o trobar lo pudieses por algún agorero,
    "ganariés tal ganançia que seriés plazentero.
    "Nunq(u)a meior la houo peyón ni
    [cauallero.

248 "Dil' que es Antioco muerto τ soterrado.
    "Con él murió la fija quel' dio el pecado,
    "destruyólos ha amos hun rayo del diablo.
    "A él esperan todos por darle el reynado."

249 Apolonio, alegre, tornó ha su esposa,
    díxol: —"Non me creyedes vós a mí esta
    [cosa.

Fol. 25v "Non querría que fuese mi palabra
    [mintrosa:
    "bien tenía sines dubda la voluntat sabrosa,

247b *trobar*: 'encontrar', posible aragonesismo, aunque aparece
    también en Berceo.
  d *la*: anáfora de *ganançia*, 'recompensa', 'remuneración'.—*pe-*
    yón ni cauallero: sintagma habitual para indicar totalidad
    (*Cantar* versos 808, 848, etc.), *peyón* con y antihiática.
248a *soterrado*: 'enterrado'.
  b *dio*: 'entregó', pues la *Historia* dice, por dos veces, que el
    rayo los mató "cum filia sua concumbens" (XXIV).
  c rima asonante.
249a *tornó ha*: 'se volvió hacia'.
  b *creyedes esta cosa*: anáfora de lo hablado con el capitán
    de la nave.—*creyedes*: (<cre(d)e(b)ātis) imperfecto de indi-
    cativo, *creiedes*; 'No me creíais, ahora tenéis la confirma-
    ción'.
  c,d 'No querría mentir, mi deseo estaba aquí plenamente com-
    placido, pero...'.
  c *mintrosa*: firma sincopada de * mentidosa > mentirosa; la *i*
    (Corominas, 2, s.v. mentir) es normal ante el grupo *ntr*.
  d *sines*: (<sine + -s analógica de otras partículas) 'sin', ara-
    gonesismo en cuanto a la conservación de su uso hasta el
    siglo xv (Lapesa: *Reyes Magos*, 141).

250   "mas, quando tal gana[n]çia nos da el
                        [Criador,
"e tan buena bengança nos da de el traydor,
"quiero hir reçebirla con Dios nuestro
                        [sennyor,
"ca no es Antiocha atan poca honor."

251   —"Senyor, dixo la duenya, yo só
                        [embargada;
"bien anda en siete meses o en más que so
                        [prenyada.
"Para entrar en carrera estó mal aguisada
"ca só en gran peligro fasta que seya
                        [librada.

252   "Si a Dios quisiere, só del parto vezina,
"si uentura houiere, deuo parir aýna.
"Si tú luenye estudieses allende de la
                        [marina
"deuiés bien venir dende conortar tu reýna

253   "Si atender quisieres, ò luego quisieres
                        [andar
"ruégote que me lieues, non me quieras
                        [dexar

250d *atan poca honor*: 'patrimonio despreciable' (*Cantar,* III, 776)
251a *embargada*: 'encinta' (*Milagros* 507d y 508a: "fallóse em
    bargada. / Fol creciendo el vientre...").
  d *fasta que seya librada*: 'hasta dar a luz'.
252a *Si a Dios*: parece un cruce entre *Si Dios quiere* y *Si a Dios*
    ploguiere.—vezina: próxima.
  c *estudieses*: 'estuvieses', del perfecto fuerte reduplicado * ste
    tuit analógico de potuit > pude (Pidal: *Gramática,* 319).
  d *dende*: (<de inde) 'desde allí'.—*conortar*: (<conhortari) 'da
    ánimo'.
253a *atender*: 'escuchar', 'hacer caso', también 'esperar'. Espere
    o viaje inmediatamente, quiere estar con él; en caso de "es
    perar", la o sería conjunción y no llevaría acento.
  b *non me quieras dexar*: herencia del "noli" latino, 'no m
    dejes'.

"Si tú aquí me dexas recibré gran pesar,
"por el tu gran deseyo podría peligrar."

254   Dixo Apolonio: —"Reýna, bien sepades,
"sol' que a uuestro padre en amor lo
                              [metades,
"leuaruos é comigo a las mis eredades,
"meteruos é en arras, que pagada seyades."

Fol. 26   255   Dixo ella al padre: —"Senyor, por
                              [caridat,
"que me dedes licençia de buena voluntat;
"que hir quiere Apolonio veyer su heredat,
"si yo con él non fuere, perderm' é de
                              [verdat.

256   "El rey Antioco, quel' hauìa yrado,
"murió muerte sopitanya, es del sieglo
                              [pasado.
"Todos ha él esperan por darle el reynado,
"et, si yo con él non fuere, mi bien es
                              [destaiado."

253d 'podría morir de nostalgia de ti' (*Buen Amor* 944b: "Yo
    cai en cama e cuidé peligrar").
254a *sepades*: valor de imperativo, 'sabed' (*Cantar*, II, 345).
    b *sol'*: 'con solo'.—*en amor lo metades*: 'consigáis su consen-
    timiento'.
    d *meteruos é en arras*: vid. 19d, 'os pondré como reina con-
    sorte en mis heredades'.—*que*: 'a fin de que', 'de tal ma-
    nera que'.—*pagada*: 'contenta', 'satisfecha'.
255d *perderm' é*: 'me moriré', aunque era más frecuente "perder
    el cuerpo" (*Cantar* 1022: "Antes perderé el cuerpo").
256a "airar a alguien': 'retirarle el favor'; el "airado" es el que
    incurre en la ira de otro.
    b *muerte sopitanya*: (<sŭbitaněam) 'muerte repentina'.—*es del
    sieglo pasado*: 'ha muerto'.
    d *mi bien es destaiado*: 'mi ventura queda interrumpida, aca-
    bada'.

257   —"Fija, dixo el padre, cosa es derechera
"si quisiere Apolonio entrar en la carrera;
"si él leuarvos quisiere, vós seyet su
[companyera.
"Dios uos guíe, mi fija, la su potençia
[uera."

VIAJE HACIA ANTIOQUÍA DE APOLONIO Y LUCIANA. LOS ACOM-
PAÑA EL AYA LICÓRIDES. NACIMIENTO DE TARSIANA Y APA-
RENTE MUERTE DE LA MADRE.

258   Fueron luego las naues prestas τ
[apareiadas,
de bestias τ d'aueres τ de conducho
[cargadas,
por seyer más ligeras con seuo bien
[vntadas.
Entró, en fuerte punto, con naues auesadas.

259   Dio el rey a la fija, por hir más
[acompanyada:
Licórides, ell ama que la auié criada,
diol' muchas parteras, más huna, meiorada,
que en el reyno todo non hauìa su calanya.

258d *auesadas*: la *a* final con una abreviatura usada generalmente para *e*.

257a *derechera*: 'justa', 'puesta en razón'.
258d *auesadas*: acepto en parte la interpretación de los autores de
Tentative (63, s.v.) 'con augurios adversos (<*adversatam)';
se daría, de nuevo, el anuncio de catástrofes que servía
para mantener la atención 'embarcó en terrible momento,
con naves de funesto hado'; en *Tentative* se propone *con
aues auesadas*.
259b *Licórides*: único nombre propio sin *a* para el objeto directo; se debe a que se trata de una enumeración.
   c *meiorada*: 'excelente'.
   d *hauìa*: 'existía'.—*su calanya*: (<qualis) 'su igual', 'nadie semejante'. Rompe la rima en -ada.

260   Bendíxolos ha amos con la su diestra
                                     [mano,
Fol. 26v   rogó al Criador, que está más en alto,
             quel' guiase la fija hiuyerno τ verano,
             quel' guardase el yerno como tornase sano.

261   Alçaron las velas por aýna mouer,
             mandaron del arena las áncoras toller;
             començaron los vientos las velas ha boluer,
             tanto que las fizieron de la tierra toller.

262   Quando vino la hora que la naues
                                       [mouieron,
             que los hunos de los otros ha partir se
                                       [houieron,
             muchas fueron las lágrimas que en tierra
                                       [cayeron,
             pocos fueron los oios que agua non
                                       [vertieron.

263   Los vientos por las lágrimas non querìan
                                       [estar,
             acuytaron las naues, fiziéronlas andar,
             así que las houieron atanto de alongar
             que ya non las podìan de tierra deuisar.

260a *Bendíxolos*: la mayúscula emborronada.

260b *alto*: va contra la rima.
    d *como*: 'de tal manera que', 'a fin de que'; tanto Pidal (*Cantar*, II, 397) como Cuervo (*Dicc.* 236a) lo consideran átono.
261b *mandaron toller*: 'quitaron' (*Cantar*, III, 741).
    c *boluer*: 'hinchar'.
    d *tanto que*: 'hasta que'.—*las*: referido a las naves.
262a *que*: 'en que'.—*mouieron*: intransitivo, 'se pusieron en movimiento', 'zarparon'.
263a *querìan estar*: 'accedían a quedarse quietos'.
    b *acuytaron las naues*: 'apremiaron a las naves, empujaron'.
    c *alongar*: 'alejar'.

264   Auién vientos derechos quales a Dios
[pidién.
Las ondas más pagadas estar non podién.
Todos ha Apolonio meior[ar]l[e] querién
los tuertos ז los danyos que fecho le auién.

265   Atal era el mar como carrera llana,
todos eran alegres, toda su casa sana,
alegre Apolonio, alegre Luçiana.
Fol. 27   Non sabién que del gozo cuyta es su
[ermana.

266   Auìan de la marina gran partida andada,
podién auer aýna la mar atrauesada,
tóuoles la ventura huna mala çellada
qual nunca fue ha omnes otra peyor
[echada.

267   Ante uós lo houiemos dicho otra vegada
cómmo era la duenya de gran tienpo
[prenyada,
que de la luenga muebda ז que de la
[andada
era al mes noueno la cosa allegada.

264c ms. *meior lo querien*, corrección de Marden (I, 31, y II, 52).

264b *pagadas*: 'sosegadas', 'encalmadas'.
   c *Todos*: 'vientos y olas'.—*meiorar le querién*: acepto la corrección de Marden (I, 31, y II, 52) 'le querían compensar de'.
265b *casa*: 'conjunto de personas que acompañaban a Apolonio
y Luciana'.—*sana*: 'ilesa', 'sin daño' (*Cantar* 75: "Si conuus-
co escapo sano o biuo").
   d Nuevamente el anuncio de algo funesto.
266c *çellada*: grafía de *ll* por *l*, 'celada'.
   d *ha omnes*: totalizador indeterminado, 'a nadie'.
267a *houiemos dicho*: (<habuimos, *ie* analógico), 'hubimos dicho',
'dijimos'.
   b Antes de empezar los preparativos de la marcha estaba de
más de siete meses (251b).
   c *luenga muebda*: 'prolongado vaivén'.—*la andada*: 'el recorrido'.—*que ... ז que*: 'en parte ... y en parte'.

268   Quando vino al término que houo ha
                                      [parir,
        ouo la primeriça los rayos ha sentir;
        cuytáronla dolores que se querìa morir;
        dizìa que nunca fembra deuìa conçebir.

269   Quando su sazón vino, naçió huna
                                      [criatura,
        vna ninya muy fermosa τ de grant
                                      [apostura;
        mas, como de recabdo non houo
                                      [complidura,
        ouiéronse a uenyr en muy gran estrechura.

270   Commo non fue la duenya en el parto
                                      [guardada,
        cayóle la sangre dentro en la corada;
        de las otras cosas non fue bien alimpiada.
        Quando mientes metieron falláronla
                                      [pasada.

268a *que*: 'en que'.
   b *rayos*: 'dolores de parto'.
269a *su sazón vino*: 'llegó su momento'.
   c *recabdo*: 'prevención'.—*complidura*: 'lo suficiente'.
   d *uenyrse en*: 'encontrarse en'; 'se encontraron en un gran
       aprieto' (Nebrija: 'angustia', s.v. estrechura).
270a *guardada*: 'vigilada', 'atendida'.
   b *corada*: 'entrañas'; lo que hoy llamaríamos 'una hemorragia
       interna'. El que la *Historia*, XXV, diga "coagulato sangui-
       nem" no me parece suficiente para cambiar *cayó* por *cuajó*
       como hace Staaff y siguen Marden (I, 32, y II, 52) y Alvar
       (II, 111), pues el *Libro* no sigue tan fielmente la *Historia*.
       Aducir para ello el verso 310b, *desuyóle sangre que estaua
       cuagada,* tampoco es razón, porque, además del derrame in-
       terno, tuvo la sangre coagulada en todas las venas, mientras
       duró su muerte aparente.
   d *pasada*: 'muerta'; "pasamiento" valía por 'tránsito', 'muerte'.

Fol. 27v 271   Pero non era muerta, mas era amortida,
                 era en muerte falsaçia con el parto caýda;
                 non entendién en ella ningún signo de vida,
                 todos eran creyentes que era⟨n⟩ transida.

         272   Metién todos bozes, llamando: —"¡Ay,
                                                 [sennyora!
                 "Salliemos de Pentápolin conbusco en
                                                 [fuerte hora.
                 "Quando vós sodes muerta ¿qué faremos
                                                 [nós agora?
                 "A tan mala sazón vos perdemos, senyora."

         273   Oyó el marinero estos malos roýdos,
                 deçendió del gouernio a pasos tan
                                                 [tendidos.
                 Dixo ha Apolonio: —"¿En qué sodes
                                                 [caýdos?
                 "Si defunto tenedes, todos somos perdidos.

271a *amortida*: 'amortecida'.
   b *falsaçia*: Marden propone *falsa*, o *falsaria* (palabra que apa-
     rece en el *Setenario*, f⁰ 13v, y Nebrija, 101). Los testimonios
     de las fuentes (*Historia*, XXV: "sed quasi mortua"; *Gesta*,
     lín. 341: "quasi mortuam jacentem"; *Incunable*, lín. 452:
     "quasi muerta") hacen pensar en un sufijo -aceum de apro-
     ximación, "rosa - rosáceo", pero no he encontrado documen-
     tación que atestigüe la existencia de *falsaçia* en español
     medieval.
   d *eran creyentes*: 'creían'.—*transida*: 'muerta'.
272c *Quando*: 'puesto que'.
273a *marinero*: 'timonel' (*Historia*, XXV: "gubernius"; *Gesta*,
     lín. 344: "gubernator").—*malos roýdos*: 'funestos rumores'
     (Nebrija: "Roido de murmuradores" 'susurrus -i').
   b *gouernio*: (<gŭbernum 'gobernalle' cruzado con gŭbernius
     'timonel') 'gobernalle'.—*tan tendidos*: 'largos'.
   c *¿En qué sodes caýdos?*: '¿En qué malaventura habéis ve-
     nido a parar?'.—*sodes* (<* sŭtis, analógico de sŭmus), 'sois'.
   d *tenedes*: 'mantenéis en la nave'.

274   "Quien se quiere que sía, echadlo en la
                                          [mar;
       "si non, podriemos todos aýna peligrar.
       "Acuytatuos aýna, non querades tardar,
       "non es aquesta cosa para darle gran
                                          [vagar."

275   Respuso Apolonyo: —"Calla ya, marinero.
       "Dizes estranya cosa, seméiasme guerrero.
       "Reýna es honrrada, que non pobre romero.
       "Semeia en tus dichas que eres carniçero.

276   "Fizo contra mí ella cosiment tan
                                          [granado;
Fol. 28   "non dubdó porque era pobre desenparado;
       "sacóme de pobreza que sería lazdrado.
       "Contra varón non fizo fembra tan
                                          [aguisado.

274a *Quien se quiere*: 'quienquiera'.—*sía*: (<analógico sīat, ara-
       gonesismo), 'sea'.
   c *Acuytatuos*: (<coctare, de coactus) 'apremiaos' (Corominas,
       2, s.v. cuita).
   d *darle vagar*: 'retrasarla', 'demorarla'.
275b *estranya*: 'extraordinaria', 'absurda'.—*guerrero*: con *guerrero*
       y *carniçero* (275d), en sentido peyorativo, intenta reprodu-
       cir los insultos de las fuentes del *Apolonio* (*Historia,* XXV:
       "¡pessime hominum!"; *Gesta,* lín. 346: "pessime"; *Incuna-
       ble,* lín. 435: "¡muy malvado!").
   c *romero*: el trato dado en los viajes a los peregrinos, sobre
       todo si carecían de dinero, no debía de ser muy exquisito.
   d *tus dichas*: Solalinde (p. 189) lo interpreta como errata del
       copista por *tus dichos*, pero un femenino en -a puede estar
       conservando el valor plural e indefinido del correspondiente
       neutro latino, dictum -i; la -s sería analógica del plural.
       En Juan Ruiz se da en singular "por mala dicha" 'por malas
       palabras'.—*carniçero*: 'el que come carne', 'cruel', 'fiera
       carnívora'.
276a *contra*: 'hacia'.—*cosiment*: occitanismo, 'favor', 'merced'.
   b *porque era*: hoy preferiríamos subjuntivo por su matiz con-
       cesivo.
   c *que*: 'con la que, todavía, hoy'.

277   "¿Cómmo me lo podrìa el coraçón sofrir
      "que yo a tal amiga pudiese aborrir?
      "Serìa mayor derecho yo con ella morir
      "que tan auiltadamientre a ella de mí
                                    [partir."

278   Dixo el marinero: —"En vanidat
                                    [contiendes,
      "al logar en que estamos loca razón
                                    [defiendes;
      "si en eso nos aturas, más fuego nos
                                    [enciendes.
      "Téngote por errado que tan mal lo
                                    [entiendes.

279   "Ante de pocha hora, si el cuerpo tenemos,
      "seremos todos muertos, estorçer non
                                    [podemos;
      "si la madre perdemos, buena fija auemos.
      "Mal fazes, Apolonyo, que en esto
                                    [seyemos."

277b *a tal*: separo *a,* como preposición, pues, en estos casos ad-
     mirativos, funcionaba como elemento expresivo la *a* de
     objeto directo de persona.—*aborrir*: (<abhŏrrēre), sin sufijo
     incoativo ha fijado su valor en el "aburrir" actual; 'aborre-
     cer', 'dejar de querer'.
   d *auiltadamientre*: 'vilmente'.—*a ella de mí partir*: 'separarla
     de mí'.
278a *vanidat*: 'razón o palabra vana' (*Cantar* 960: "El conde es
     muy fol[l]ón ζ dixo vna vanidat").
   b *al logar*: 'en la circunstancia'.—*razón*: 'opinión'.
   c *aturas*: (<* atturare por obturare), *nos aturas*: 'te nos resis-
     tes'.—*más fuego*: 'más ira'.
   d *que*: 'puesto que'.
279a *pocha*: *ch* grafía de velar, 'poca'.—*cuerpo*: 'cadáver' (*Due-
     lo* 133a: "Pidió el santo cuerpo por darli sepultura").—*te-
     nemos*: 'mantenemos', 'retenemos'.
   b *estorçer*: 'librarnos'.
   d *que en esto seyemos*: 'puesto que en esta situación estamos'.

280   Bien veyé Apolonyo que perderse podrién,
         mas aún non podié su corazón venzer;
         pero al marinero hóuolo ha creyer,
         que ya veyén las ondas que se querién
                           [boluer.

281   Balsamaron el cuerpo como costumbre
                                 [era,
         fiziéronle armario de liuiana madera,
Fol. 28v   engludaron las tablas con englut τ con çera,
         boluiéronlo en ropa rica de gran manera.

282   Con el cuerpo abueltas, el su buen
                          [co[n]panyero
         metió XL pieças de buen oro en el tablero;
         escriuyó en hun plomo con hun grafio
                          [d'azero
         letras, qui la fallase por onde fuese certero.

282c *escriuyó*: *o* final emborronada.

280a Desde la edición de Pedro José Pidal (*Poetas*, 292, nota 145)
     el orden del segundo hemistiquio se ha corregido en *que se*
     podrién perder.
   d *veyén*: los editores suelen considerarlo errata por *veyé*, su-
     jeto Apolonio; pero es innecesario, porque Apolonio puede
     convencerse porque "él veía" o porque "todos veían".—*las*
     ondas: acusativo proléptico, *veyén que las ondas* (*Santo*
     Domingo 76a: "Orava a enfermos que diese sanidat").—*se*
     querién boluer: 'estaban a punto de encresparse'.
281a *cuerpo*: 'cadáver', cf. 279a.
   b *armario*: 'caja', 'ataúd'.
   c *englut*: 'engrudo'.
   d *boluiéronlo*: 'lo recubrieron'; parece referirse a un sudario
     (cf. 299a).—*de gran manera*: refuerzo superlativo, 'riquísima'.
282a *abueltas con*: 'junto con' (*Cantar* 3616: "Abaxan las lanças
     abueltas con los pendones").
   b *tablero*: 'féretro' (*Santo Domingo* 657d: "y fu yo soterrado
     dentro en un tablero").
   c *grafio*: (<graphium) 'estilete'.
   d *qui la fallase...*: 'por medio de las cuales tuviera certera
     información quien la encontrase'.

283   Quando fue el ministerio todo acabado,
el atahút bien preso, el cuerpo bien
[çerrado,
vertieron muchas lágrimas mucho varón
[rascado,
fue ha pesar de todos en las ondas echado.

ÉFESO. EL ATAÚD DE LUCIANA, ECHADO AL MAR, LLEGA A
ÉFESO, DONDE LA DEVUELVEN A LA VIDA. QUEDA COMO ABA-
DESA DE UN MONASTERIO.

284   Luego al terçer día, el sol escalentado,
fue al puerto de Éfeso el cuerpo arribado;
fue de buen maestro de física trobado,
ca hauié hun diciplo sauio z bien letrado.

283a *ministerio*: 'rito funerario', cf. 295c.
  b *preso*: 'sujeto', 'clavado'.
  c *rascado*: 'con la cara arañada'; costumbre de los duelos,
    entre otras manifestaciones de dolor (*Milagros* 151c: "vinién
    por descolgallo rascados e dolientes"). En las Partidas se
    condena este tipo de automutilación hasta el punto de que
    no se les admitía a los sacramentos hasta que hubieran
    desaparecido las cicatrices. "...tanto se ponien el duelo a
    coraçon, que perdien el seso. E los que menos desto fazien,
    messauanse los cabellos e taiauanlos, e desfacien sus caras
    rascándolas" (*Partida Primera*, Título IV, Ley XL.ª). "Ca man-
    do que a los que rompiessen sus fazes rascandose, quier
    fuessen, uarones o mugieres, que no les diessen los clerigos
    los sagramientos ... fasta que fuessen sanos de las sennales
    que fizieran en sus caras" (I.ª, Tít. IV, Ley XLII.ª).
  d *ha pesar*: 'con pesar'.
284a *escalentado*: 'refulgente'.
  c *maestro de física*: 'médico'.
  d *ca*: esta conjunción causal (<quia) carece de sentido; parece
    una confusión con el relativo: *qu' hauié*.

285   Por beuir más viçioso τ seyer más a su
                                        [plaçer,
       como fuera de las ruuas biue omne meior,
       auìa todos sus aueres do era morador:
       en ribera del agua, los montes en derredor.

286   Andaua por la ribera a sabor de el viento,
       de buenos escolanos trahiya más de çiento.
       Fallaron esta obra de grant engludimiento,

Fol. 29   que non fizo en e[l]la el agua nuyll
                                        [enozimiento.

287   Fízola el maestro a su casa leuar,
       demandó hun ferrero τ fízola desplegar;
       fallaron este cuerpo que oyestes conptar,
       començó el maestro de duelo ha llorar.

288   Fallaron huna ninya de cara bien tajada,
       cuerpo bien asentado, ricamiente adobada,

285a Entre *más* y *viçioso* una *s* alta, sin tachar.

285a *plaçer*: Pidal y Janer lo mantienen; ya desde Marden (I, 34)
    se cambia por *sabor* para cumplir con la rima.
   b *ruuas*: epéntesis antihiática de -*v*-, *vid.* 118d, que también
    se da en *Alexandre* (2, ms. P, 1537a), 'rúas', 'calles'.—*omne*:
    sujeto indeterminado, 'se vive mejor'.
   c *era morador*: 'moraba', 'residía'.
286a *a sabor de*: 'para gozar de'.
   b *escolanos*: 'estudiantes', 'discípulos'.—*trahiya*: no es el úni-
    co caso de -*y*- epentética después de *i* (330c, 332a, 539d),
    'traía', 'iba acompañado de'.
   d *enozimiento*: (<nŏcēre 'dañar') 'daño', 'desperfecto'.
287b *desplegar*: 'desclavar', 'quitar los pliegos o priegos (garfios)'.
   c *cuerpo*: 'cadáver' (cf. 279a y 281a).—*que*: 'de que'.—*conp-
    tar*: (<cŏmpŭtare) 'relatar'.
288a *ninya*: 'joven', 'muchacha', 'doncella'.—*bien tajada*: (<talea-
    re 'tallar', 'tajar', 'cortar'), 'de hermosas facciones'. Se aplica
    con frecuencia al cuerpo femenino de buena figura, de buen
    talle.

gran tresoro con ella, casa bien abondada,
mas de su testamento non podién saber
[nada.

289   En cabo, del tabllero en hun rencón
                        [apartado,
       fallaron ell escrito, en hun plomo
                        [deboxado.
       Prísolo el maestro τ leyó el dictado.
       Dixo: —"Si non lo cumplo non me veya
                        [logrado."

290   Quiérovos la materia del dictado dezir:
       «Yo, rey Apolonyo, enbío mercet pedir:
       »quiquier que la fallare fágala sobollir,
       »lo que nol' pudiemos sobre la mar conplir.

288c *casa*: (<*capsa* 'cofre', 'caja'). Debiera tener grafía de sorda,
    cassa, pero en el texto son numerosísimas las no distincio-
    nes de sordas y sonoras en ápicoalveolares y dorsodentales;
    por otra parte, *casa*, con una sola -*s*-, está bastante documen-
    tada (Corominas, 2, s.v. caja). Alvar (II, 117) corrige por
    caja, siguiendo a Marden (II, 53), pero esta palabra, proce-
    dente del catalán *caixa* u occitano *caissa*, está menos docu-
    mentada hasta el siglo xv, según Corominas, que *cassa*, *casa*,
    capsa, *caseta*, *capseta*, etc.—*bien abondada*: 'bien provista',
    'llena de riqueza'.
   d *testamento*: no acepto el criterio de Marden (II, 53) de con-
    siderar errónea la palabra, pues, habiendo encontrado el
    dinero, *tresoro*, pero aún no el escrito de Apolonio, tenían
    que desconocer el destino que debía dársele.
289a *En cabo*: temporal, 'al fin', cf. 26d (*Duelo* 71c: "Buscaronli,
    en cabo, muerte que es peor").—*tabllero*: 'féretro', grafía *ll*
    sin valor palatal, cf. 282b *tablero*.—*rencón*: (<árabe rukún)
    la variante "rincón" no se documenta hasta Juan Ruiz y
    don Juan Manuel.
   b *deboxado*: participio de *deboxar*, *debuxar*, de etimología in-
    cierta, 'esculpido', 'dibujado a cincel'.
   c *el dictado*: 'el escrito'.
   d *non me veya logrado*: 'no consiga la felicidad que espero'.
290b 'Yo, el rey Apolonio, envío este escrito para pedir una
    merced'.
   c *sobollir*: (<* sepúllire por sepelire) 'enterrar'.

291 »El medio del tresoro, lieue por su lazerio,
»lo ál, por la su alma, preste al monesterio:
»sallirle an los clérigos meior al çimenterio,
»rezarán más de grado los ninyos el salterio.

Fol. 29v 292 »Sy esto non cunpliere, plega al Criador
»que ni en muerte ni en vida non aya
[ualedor.»
Dixo el metge estonze: —"Tal seya, ho
[peor,
"si assí non gelo cunpliere, bien así, ho
[meior."

293 Mandó tomar el cuerpo, ponerlo en hun
[lecho
que por hun grant auer non podrié seyer
[fecho;
fízole toda honrra como hauìa derecho;
deurié, si ál fiziese, homne auer despecho.

294 Fecha toda la cosa para'l soterramiento,
fecha la sepultura con todo cunplimiento,
entró el buen diçiplo de grant
[entendimiento,
llegóse al maestro con su abenimiento.

292b Sobre la e del primer en, un trazo como de abreviación.
294d Al final del verso, una f o s alta semiemborronada.

———————————

291a su lazerio: 'el trabajo que se tome'.
 b preste: 'entregue'.
 c meior: 'más gustosos'.
292c metge: 'médico', cf. 208d.
293b 'muy costoso y rico'.
 c como hauìa derecho: 'tal como le era debida'.
 d ál: (<latín arcaico y vulgar, alid) 'otra cosa distinta'.—homne: sujeto indeterminado.—auer despecho: 'recibir el desprecio general'.
294d abenimiento: (postverbal de advenir); de sus acepciones más usuales: 'venida' (Libro de los Estados, 460,6: "commo fue el avenimiento de Ihesu Christo"), 'suceso' (Milagros 1c: "Querria vos contar un buen aveniment") y 'acuerdo', 'con-

295   —"Fijo, dixo el maestro, grant amor me
[fiziest*es*,
        "gradézcovoslo mucho por*que* tal ora
[viniestes.
        "Somos en hu*n* ministerio, atal otro no*n*
[viestes:
        "vn cuerpo *que* fallamos, bien cuydo *que* lo
[oyestes.

296   "Des*que* Dios te aduxo en tan buena sazón,
        "finca con tu maestro en *e*sta *p*roceción;
        "ondremos este cuerpo, ca debdo es *z* razón;
        "quiero de la ganançia *que* lieues tu
[quinyón.

295b Después de *mucho,* un borrón o letra tachada.
296a Después de la *a* de *aduxo* aparece tachado *duya,* que tiene,
    además, un trazo horizontal de abreviación, quizás (Mar-
    den II, 28) en un intento de escribir el dialectalismo *aduyto.*
    O, también, *aduýa,* imperfecto catalán de "adur"; en catalán
    medieval "aduyem" 'traíamos'.

────────────

        formidad', 'avenencia', la que más encaja es esta tercera 'se
        acercó al maestro con su conformidad, permiso'; en 581b, y
        otros textos medievales, existe ya *abenençia,* con distinto
        sufijo pero idéntico sentido.
295a *amor:* 'favor', cf. 171b.
    c *ministerio:* cf. 283a.
    d *cuydo:* 'supongo', 'pienso'.
296b *proceción:* (<processionem con asimilación de la s sorda a
    la dental africada que la precede, y analogía con sufijos
    -tionem, -cionem) 'asunto', 'serie de acciones que conforman
    un proceso'.
    c *ondremos:* (<honorare) 'honremos'.—*debdo:* (<debĭtum) 'de-
    ber', 'obligación'.—*razón:* 'justicia' (*San Millán* 377a: "Pero
    razón semeia … de contarvos los signos").
    d *quinyón:* 'quinta parte de algo ganado, o de un botín', por
    extensión 'parte que corresponde a cada colaborador'; en
    esta estrofa y en las siguientes el maestro tutea al discípulo,
    mientras que en la anterior le ha tratado de vos; tal mezcla
    era relativamente frecuente. De todas formas, se podrían
    suponer las rimas de 295 con -s analógica de las segundas
    del singular (amas, amabas) y pensar que el copista, influido
    por *fiziestes, viniestes…,* incluyó *vos* en 295b.

Fol. 30 297   "Por tu bondat misma τ por mi amor,
       "prende en huna ampolla del bálsamo meior,
       "aguisa bien el cuerpo, ca eres sabidor;
       "non aguisarás nunca tan noble ho meior."

      298   El escolar fue bueno, hun maestro valié:
       tollió de sí el manto que a las cuestas
                          [trahìa,
       priso del puro bálsamo, ca bien lo
                          [conesçìa,
       allegóse al cuerpo que en el lecho iazié.

      299   Mandól' toller la ropa que desuso tenya,
       despoióle los vestidos preciosos que uestié;
       non lo daua ha otrye lo que él fer podié:
       ninguno otro en la cosa tan bien no
                            [abynié.

      300   Su cosa aguisada por fer la hunçión,
       el benedito omne con grant deuoçión
       púsol' la huna mano sobr'ell su corazón;
       entendió hun poquiello de la odiçenp[ç]ón.

297b En *ampolla*, la *o* superpuesta a una *l* adelantada por error.
300d Después de *hun*, *dela* adelantado erróneamente y tachado.—
    odiçenpcon.

297c *aguisa*: 'prepara'.—*eres sabidor*: 'sabes hacerlo'.
298a 'El discípulo lo hizo perfectamente, tenía valía de maestro'.
  b *cuestas*: 'espaldas'.
  c *priso*: vid. 217a, 'tomó'.—*conesçia*: para la *e* vid. nota
    a 246c, 'conocía'.
299a *toller*: vid. 106c, 'quitar'.—*desuso*: (< de + sursum) 'enci-
    ma'.—*ropa*: 'sudario', distinto de los vestidos del verso si-
    guiente (*Buen Amor* 443d, 'sábana': "e mucha mala ropa cubre
    buen cobertor").—*tenya*: para rimar: *tenié*.
  d *abynié*: (< advenire) "auenir" 'realizar con éxito alguna cosa'.
300d *odiçenpçón*: palabra desconocida hasta ahora; para Mar-
    den (II, 54), errata por *concepción*: quizás 'palpitación'. Lo
    que es seguro es que percibió 'síntomas de vida'.

301   Fizo alçar el bálsamo τ el cuerpo cobrir,
        fuel' catando el polso sil' querìa batir,
        e otras maestrýas qu'éll sopo comedir.
Fol. 30v   Asmó que por ventura aún podryé beuyr.

302   Tornó ha su maestro, que estaua a la
                                    [puerta:
        —"Senyor, esta reýna que tenemos por
                                    [muerta,
        "creyo que non ternás la sentençia por
                                    [tuerta,
        "cosa veyo en e[l]la que mucho me
                                    [conuerta.

303   "Yo entendo en ella espirament de vida,
        "ca ell alma de su cuerpo non es encara
                                    [exida
        "Por mengua de recabdo es la duenya
                                    [perdida
        "Si tú me lo condonas, yo te la daré
                                    [guarida."

304   —"Fijo, dixo el maestro, dízesme grant
                                    [amor,
        "nunca fijo a padre podrié dezir meior;

301b *querìa*: 'estaba a punto de'.
  c *comedir*: 'pensar', 'discurrir'.
  d *Asmó*: (<aestimare) 'estimó', 'pensó', 'concluyó'.
302c *sentençia*: 'dictamen médico', 'diagnóstico que va a expo-
    ner'.—*tuerta*: 'desviada'.
  d *conuerta*: (<conhŏrtare) 'anima'.
303a *entendo*: (<ĭntĕndĕre) 'percibo'; en 412a *entendo,* que corrige
    por *entiendo*; en 478d *entiendo;* algunos autores lo dan como
    catalanismo.—*espirament de vida*: 'soplo de vida', vid. nota
    a 15b.
  b *encara*: 'todavía', posible catalanismo.
  c *por mengua de recabdo*: 'por falta de cuidado'.
  d *condonas*: 'concedes'.—*daré guarida*: 'curaré' ("dar guarido"
    'curar').
304a *grant amor*: 'algo muy satisfactorio'.

"si tú esto fazes acabas gran honor;
"de quantos metges oy biuen tú eres el
[mejor.

305   "Nunca morrá tu nombre si tú esto fizieres,
"de mí aurás gran honrra mientre que tú
[visquieres,
"en tu vida aurás honrra, τ, después que
[murieres,
"fablarán de tu seso varones τ mugeres."

306   Mandó leuar el cuerpo luego a su posada,
por fer más a su guisa en su casa priuada;
fizo fer grandes fuegos de lenya trasecada
Fol. 31   que non fiziesen fumo nin la calor
[desaguisada.

307   Fizo poner el cuerpo en el suelo barrido,
en huna riq⟨u⟩a colcha, en hun almatraque
[batido;
púsol' sobre la cara la manga del vestido,
ca es para la cara el fuego dessabrido.

306a *posada*: hay dos trazos a ambos lados de la *s* alta, pero no
parecen signo de abreviación de nasal como interpreta Marden (I, 36), *ponsanda*.
c Una letra tachada antes de *trasecada*.

304c *acabas*: 'logras', 'obtienes", 'has ganado'.
305a *morrá*: 'morirá', 'se olvidará'.
b *visquieres*: 'vivieres', *vid.* nota a 2b.
d *seso*: 'inteligencia', 'talento'.
306a *mandó*: sujeto el estudiante.
b *a su guisa*: 'a su gusto' (*Cantar* 677: "a mi guisa fablastes").
c *trasecada*: 'reseca', 'secada a fondo'.
d *que*: 'para que'.—*desaguisada*: 'incontrolada', 'excesiva'.
307b *almatraque*: (<árabe al-matrah) 'colchón'.—*batido*: 'vareado',
'mullido'.
d *dessabrido*: 'molesto'.

308   Con la calor del fuego, que estaua bien
                                              [biuo,
           aguisó hun hungüente caliente τ lexatiuo;
           vntóla con sus manos, non se fizo esquiuo.
           Respiró hun poquiello el espíritu catiuo.

309   Fizo, aun sin esto, ell olio calentar;
           mandó los vellozinos en ello enferuentar,
           fizo con esta lana el cuerpo enbolcar;
           nunca de tal megía hoyó omne contar.

310   Entróle la melezina dentro en la corada,
           desuyóle sangre que estaua cuagada;
           respiró ell almiella que estaua afogada,
           sospiró huna vez la enferma lazdrada.

311   El mege desti signo houo grant alegría,
           entendió que ya hiua obrando la metgía;

309a *olio*: ms. *oloio* con la segunda *o* emborronada.

308b *lexatiuo*: 'laxativo'.
   c *non se fizo esquiuo*: 'no eludió el trabajo'.
   d *catiuo*: atendiendo a "spiritus praeclusus" (*Historia,* XVII)
     sería 'cautivo', pero el lector también podía interpretar 'po-
     bre', 'infeliz', 'sin fuerzas'.
309a *aun sin esto*: ponderativo, 'además'.—*olio*: (<olĕum) 'óleo',
     'aceite'.
   b *ello*: (<illum) masculino referido a óleo.—*enferuentar*:
     'hervir'.
   c *enbolcar*: (<bajo latín involvicare) 'envolver'.
   d *megía*: 'tratamiento médico', 'medicina'.
310a *melezina*: (<medicinam), formas alternantes: "melizina",
     "meleçina", "medizina", "mediçina".
   b *desuyóle*: (<de-ex-obviare) 'separóle', 'descuajóle'; también
     podría ser 'desvióle' (*Tentative* s.v.).—*cuagada*: g por j.
   c *almiella*: diminutivo compasivo de 'alma'.—*afogada*: 'aho-
     gada', 'oprimida'.
   d *lazdrada*: (<lacerata) 'doliente'.
311a *esti*: dialectalismo, 'este'.

Fol. 31v   començó más ha firmes de fer la
                                                    [maestrí[a],
                 fízol' ha poca d' ora mostrar gran mejoría.

        312   Quando vido su ora que lo podryé pasar,
                 con otras melezinas qu'él sopo hí mesclar,
                 engargantól' el olyo, fízogelo pasar;
                 ouo de la horrura la duenya a porgar.

        313   Ouo desende ha rato los ogos ha abrir,
                 non sabié dó estaua, non podié ren dezir.
                 El metge cobdiçiaua tanto como beuyr,
                 en alguna palabra de su boca oýr.

        314   Pero quando Dios quiso, pasó hun gran
                                                    [rato,
                 metió huna boz, flaca, cansada, como gato:
                 —"¿Dó está Apolonyo, que yo por éll cato?
                 "Creyo que non me preçia quanto a su
                                                    [çapato."

        315   Entró más en recuerdo, tornó en su
                                                    [sentido,
                 cató ha todas partes con su ogo vellido,

311c ms. *maestrío*.

_____

311c *más ha firmes*: 'más firmemente', 'con más fuerza'.
312a *Quando vido su ora*: 'cuando vio llegado el momento'.—
      pasar: 'tragar'.
   c *engargantól'*: 'le puso en la garganta'.
   d *ouo a porgar*: incoativo 'logró purgar'.—*horrura*: 'horrura',
      'suciedad'.
313a *desende ha rato*: 'después de un poco'.—*ogos*: g por j.
   b *ren*: (<provenzal ren) 'nada'.
   d 'en alguna palabra oír algo de su boca'.
314c *por éll cato*: 'lo busco con mis ojos'.
   d *a su çapato*: objeto directo de cosa con *a*; "como a", "más
      que a", "quanto a" desarrollaron muy pronto la preposición,
      más que para evitar el equívoco, por expresividad.
315a *Entró en recuerdo*: 'volvió en sí'.
   b *ogo* [ojo] *vellido*: 'hermosa mirada' (*Cantar* 1612: "Oios
      velidos catan a todas partes").

non vio a sus conpanyas nin vio a su
[marido;
vio omnes estranyos, logar desconyosçido.

316   —"Amigo, dixo al metge que la hauié
[guarida,
Fol. 32   "ruégote que me digas dó sseyo, que mal só
[desmarrida;
"veyo de mi gentes τ de mi logar partida,
"¡si Dios non me valiere tengo que só
[perdida!
317   "Seméiasme omne bueno, non te çelaré
[nada:
"fija só de rey τ con rey fuy casada,
"non sé por quál manera só aquí arribada,
"só en muy gran miedo de seyer aontada."

318   Fabló el maestro a muy gran sabor:
—"Senyora, confortaduos, non ayades
[pauor;
"tenetuos por guarida, grado al Criador,
"bien seredes como nunca meior.

316b Después de *ruego*, una pequeña tachadura.

316a *guarida*: 'curada'.
   b *sseyo*: (<sedeo) 'estoy'.—*desmarrida*: 'abatida', 'desmayada'.
   c *mi gentes*: 'mis gentes', la -*s* de *mis* asimilada a la sibilante
      siguiente (*Reyes Magos* 6: "que es de *la* gentes senior?").—
      partida: 'separada'.
   d *tengo*: 'juzgo'.
317a *çelaré*: 'ocultaré'.
   d *aontada*: 'deshonrada', 'ultrajada'.
318a *a muy gran sabor*: 'muy convenientemente'.
   c *tenetuos por guarida*: 'consideraos protegida'; podría signi-
      ficar también 'curada', pero se trata de quitarle el miedo
      de ver gentes extrañas.

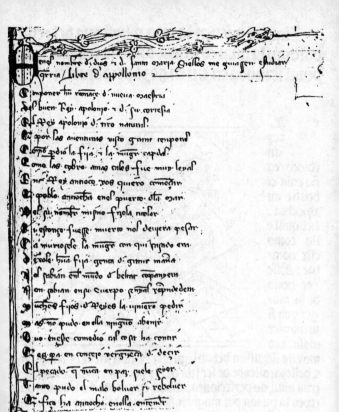

Primer folio del manuscrito K.III.4. El título en la segunda línea.

Aqui comiença la vida z hystoria del rey a/
polonio la qual co ntiene como la tribulaciõ tê
poral se muda en fin en gozo perdurable:

e **Z**
rey
an
thioco reg
ño enla ci
bdad õ an
thiochia .
del qual e
lla tomo
este nom
bre: Esse
rey houo
de su mu
ger vna fi
ja muy ser
mosa. z co

mo ella llegasse a hedad legitima : z floresciesse de fermosura
z belleza: allende de ser fija de rey dotada z morigerada de o
tras muchas perfeciones. Muchos grandes z famosos prin
cipes la pidian por muger: offrecientes cada vno muy gran
de: z inestimable quátidad de docte z arras. mas el rey su pa
dre ante que deliberasse aquien la mejor otorgasse en matri
monio. por maluada concupiscencia z non menos con flama
de crueldad se encēdio en desordenado amor de su fija. de ma
nera que començo a la mar mas que pertenescia a padre. El
qual como lidiasse con el furor: o pugnasse con la verguença
fue vencido del amor.

Be como entro el padre enla cambra de la fija: z la forço

a

Principio del Incunable en prosa. En el mismo comienzo se
puede leer "contiene como la tribulación tenporal se muda en
fin en gozo perdurable", característica de los textos derivados
de los *Gesta Romanorum*.

319   "Ioguiésedes folgada, yo ál non vos
                                    [rogaría;
        "yo vos faré seruiçio como ha madre mía:
        "si mucho uos cuytáredes faredes recadía;
        "prendrá mala finada toda nuestra metgía."

320   Iogo en paz la duenya, non quiso más
                                    [fablar.
        Fue el santo diçiplo su maestro buscar.
        —"Maestro, ditz, albriça te tengo de
                                    [demandar:
Fol. 32v   "guarida es la duenya, bien lo puedes
                                    [prouar."

321   Fuese luego el maestro, non lo quiso
                                    [tardar,
        falló biua la duenya, maguer con flaquedat.
        Dixo al diciplo, non por poridat,
        que la su maestría non auyé egualdat.

320b La s de su con un gran borrón que no impide su lectura.
   d La s de es, emborronada.
321b ms. con flaquedat maguer; la última palabra algo más baja
     del renglón, como subsanando, posteriormente, un olvido.

319a *Ioguiésedes*: subjuntivo con valor de imperativo cortés (*Can-*
     tar, II, 346), 'yaced', 'permaneced tendida'.—*folgada*: 're-
     lajada'.
   c *uos cuytáredes*: 'os preocupareis'.—*faredes recadía*: 'recae-
     réis'.
   d 'todo nuestro tratamiento médico tendrá mal fin'.
320a *Iogo*: (perfecto fuerte, < iacuit), 'descansó'.
   b *santo*: con frecuencia alternan en el texto *bondad* y *virtud*
     con *sabiduría* (vid. 322c), 'inteligente', 'sabio'.
   c *ditz*: (< dīcĭt), *diz* con grafía aragonesa, 'dice', frecuente-
     mente con valor de perfecto 'dijo'.—*albriça*: (< árabe al-bixara); an-
     tes de ser exclamación congratulatoria fue 'recompensa dada
     al portador de buenas nuevas'.
   d *guarida*: 'curada'.
321c *poridat*: calco semántico del árabe, 'secreto'; lítotes 'con toda
     claridad', 'en alta voz'.

322   Pensaron amos de la duenya fasta que fue
                                    [leuantada,
nunca viyo omne en el mundo duenya
                                    [mejor guardada.
La bondat de los metges era atan granada,
deuyé seyer escripta, en hun libro notada.

323   Quando fue guarida τ del mal alimpiada,
porfi[j]óla el metge que la hauìa sanada.
Del auer nol' tomaron quanto huna
                                    [dinarada,
todo gelo guardaron, nol' despendieron
                                    [nada.

324   Por amor que toviese su castidat mejor,
fiziéronle vn monesterio do visquiese seror
fasta que Dios quisiere que venga su
                                    [senyor.
Con otras duenyas de orden seruié al
                                    [Criador.

322a *Pensaron de*: 'miraron por', 'cuidaron de'.—*fue leuantada*:
      'se levantó'.
    b *guardada*: 'cuidada'.
    c *bondat*: 'sabiduría', cf. 320b.—*granada*: 'notable'.
323b *porfi[j]óla*: 'adoptóla' (*Sacrificio* 221c,d: "los que annados
      eran ... foron porfijados"; *Historia*, XXVII: "in filiam suam
      sibi adoptauit").
    c *dinarada*: 'valor de un dinero', 'ni un céntimo' (*Cantar* 64:
      "Non le osarien uender al menos dinarada").
    d *despendieron*: 'gastaron'.
324a *Por amor que*: 'a fin de que'.—*toviese*: 'conservase', 'mantu-
      viese', frente al incoativo "haber".
    b *seror*: (<sororem) forma alternante con "serora", "soror"
      'hermana', 'monja'.
    c *senyor*: 'esposo'.
    d *duenyas de orden*: 'monjas' (*Buen Amor* 1241: "...dueña
      de orden ... salen cantando ... «Mane nobiscum, domine»..."

TARSO. APOLONIO NO DESEA YA ANTIOQUÍA, SINO QUE, EN-
TRISTECIDO, SE DIRIGE A TARSO. DEJA A TARSIANA CON ES-
TRÁNGILO, SU MUJER DIONISA Y EL AMA LICÓRIDES. ÉL
PARTE PARA EGIPTO.

325   Dexémosvos la duenya, guarde su
                                    [monesterio,
        sierua su eglesia τ reze su salterio.
Fol. 33 En el rey Apolonyo tornemos el ministerio,
        que por las auventuras leuó tan gran lazerio.

326   Desque la muger en las ondas fue echada,
        sienpre fue en tristiçia hi en vida lazdrada;
        sienpre trayó de lágrimas la cara remojada,
        non amanesçié día que non fuese llorada.

327   La conpanya rascada τ el rey descasado,
        touieron su carrera maldiziendo su fado;
        guiyólos Santi Spiritus, fueles el mar
                                    [pagado,
        arribó en Tarsso, en su logar amado.

328   Tanto era Apolonyo del duelo esmarrido
        non quiso escobrirsse por seyer conosçido;
        fue para la posada del su huéspet querido,
        Estrángilo, con que ouo la otra vez manido.

325a *guarde*: 'cuide', porque tendrá el cargo de abadesa (581a).
   b *sierua*: (<sĕrviat) forma con *yod* de la tercera conjugación,
        pero, en español antiguo, podía diptongar, 'sirva'.
   c *tornemos el ministerio*: 'volvamos a ocuparnos'.
326b *hi*: copulatica 'y' ante *e-*.—*lazdrada*: 'penosa'.
   c *trayó*: aragonesismo, perfecto débil formado sobre el tema
        de presente (Alvar: *Dial. arag.*, pp. 242-243: "trayó" en
        Ansó) 'trajo'.
   d *non fuese llorada*: su sujeto pasivo "la mujer".
327a *rascada*: vid. 283c.—*descasado*: 'sin su mujer', 'viudo'.
   b *touieron su carrera*: 'siguieron su viaje'.
   c *pagado*: 'propicio'.
328a *esmarrido*: 'sin fuerzas', 'abatido'.
   b *escobrirsse*: 'descubrirse'.—*por*: 'no fuera a', 'para no'.
   c *posada*: 'casa'.—*huéspet*: 'el que hospeda'.
   d *manido*: (<manēre) 'permanecido', 'morado'.

329   Fue çierto a la casa, ca antes la sabìa;
        non entró tan alegre como entrar solìa;
        saluó duenyas de casa, mas non se les reyé;
        espantáronse todos porque tan triste venié.

330   De los omnes que houo, quando dende
                                    [fue, leuados,
        non paresçió ninguno nin de los sus
                                    [priuados.

Fol. 33v Los sus dichos corteses auíyalos ya
                                    [oluidados.
        Fazìanse desta cosa mucho marauyllados.

331   Trayén la criatura, ninya rezién
                                    [na⟨sçi⟩da,
        enbuelta en sus panyos, en ropa orfresada;
        con ella Licórides, que era su ama,
        la que fue por nodriça ha Luçiana dada.

332   Díxole la huéspeda, que hauỳa gran
                                    [pesar:
        —"Apolonyo de Tiro, quiérote preguntar:
        "¿qué fue de tus conpanyas, mesnadas de
                                    [prestar?
        "De tantas que leueste, non veyemos huno
                                    [tornar.

332a ms. *hauyía,* con la í tachada.

329a *çierto:* 'sin vacilar', 'seguro'.
   c *saluó duenyas:* la *a* de objeto personal tardó mucho en
      extenderse con nombres de familiares y servidumbre; nótese
      que tampoco lleva artículo.
330a 'De los hombres que llevó cuando salió de allí'.
   c *auíyalos:* vid. 286b.
   d *fazìanse marauyllados:* 'se maravillaban', *vid.* 224a.
331a *nada:* ms. *nasçida;* todos los autores sugieren *nada,* exigido
      por la rima, que hay que admitir; 'nacida'.
   b *ropa orfresada:* (<fr. orfreis) 'tela labrada en oro'.
332c *de prestar:* 'excelentes'.

333 "De toda tu fazienda te veyemos camiado;
"abés te connoscemos, tanto eres demudado;
"alegrarte non puedes, andas triste ɀ pesado.
"¡Por Dios, de tu fazienda que sepamos
[mandado!"

334 Recudiól' Apolonyo, entró en la razón,
llorando de los oios ha huna gran mesión;
díxole la estoria ɀ la tribulaçión,
cómo perdió en la mar toda su criazón.

335 Díxoles de quál guisa estorçió tan
[lazdrado,
Fol. 34   cómmo entró en Pentápolin, cómo fue
[conbidado,
cómmo cantó ante 'l rey ɀ cómo fue casado,
cómmo salliera dende tan bien
[aconpanyado.

336 Díxoles de la duenya cómo l' auyé
[perdida,
cómmo murió de parto la su muger
[querida;

333a te emborronado.

333a *camiado*: asimilación *mb > m,* tanto aragonesa como castellana, 'cambiado'.
b *abés*: (<ad vix) 'apenas', 'con dificultad'.—*connoscemos*:
palatalización de cognoscĕre, después se despalatalizó, 'cono-
cemos'.
c *pesado*: 'lleno de pesar'.
d *de tu fazienda*: 'de tus andanzas', 'de tus asuntos'.—*mandado*: 'recado', 'noticia'.
334b *mesión*: (<missionem, en español medieval 'esfuerzo') *ha
huna gran mesión*: 'copiosamente'.
d *criazón*: 'servidores de la casa'.
335a *estorçió*: 'escapó', 'se libró'.
c *fue casado*: 'se casó'.
d *aconpanyado*: 'rodeado de sus fieles y de su esposa'.

cómmo fizieron della depués que fue
[transida,
cómmo esta ninyuela auyé romanescida.

337   Los huéspedes del rey, quando esto
[oyeron,
por poco que con duelo de seso non
[sallieron.
Fizieron muy gran duelo, quanto mayor
[pudieron,
quando la tenién muerta mayor non lo
[fizieron.

338   Desque ouieron fecho su duelo aguisado,
tornó en Apolonyo el huéspet honrrado:
—"Rey, dize, yo te ruego τ pídotelo en
[donado,
"lo que dezir te quiero que seya escuchado.

339   "El curso deste mundo, en ti lo as prouado,
"non sabe luengamientre estar en vn estado;
"en dar τ en toller es todo su vezado,
"quienquier llore ho riya, él non á ningún
[cuydado.

338b Después de *Apolonio,* un pequeño borrón.
339c *vezado:* escribió *vegado* y corrigió la *g;* la *z* se lee con
      dificultad.

336c *cómmo:* 'lo que'.—*depués:* 'después', forma no rara en la
      Edad Media.—*fue transida:* 'se murió'.
    d *auyé romanescida:* (<vulgar *remanescěre 'permanecer', 'que-
      dar') 'había sobrevivido'; con *o* también en el *Cantar* 823:
      "lo que romaneçiere daldo?"
337b *sallieron de seso:* 'se desmayaron', también 'perdieron el
      juicio'.
    d 'en el caso de tenerla allí muerta no lo hubieran hecho ma-
      yor'; verso algo oscuro, pues nunca antes la 'tuvieron por
      muerta'.
338a *Desque:* 'una vez que'.
    c *en donado:* sintagma adverbial, 'en don'.
339c *su vezado:* 'su costumbre' (*Santo Domingo* 491a: "cojó un
      mal veçado").

340
Fol. 34v
"En ti mismo lo puedes esto bien entender,
"si corazón ouieses deuiéslo connosçer,
"nunq⟨u⟩a más sopo omne de ganar e
[perder:
"deuyéte a la cuyta esto gran pro tener.

341   "Non puede a nuyll omne la cosa más
[durar
"si non quanto el fado le quiso otorgar;
"non se deuié el omne por pérdida quexar,
"ca nunq⟨u⟩a por su quexa lo puede
[recobrar.

342   "Somos de tu pérdida nós todos perdidosos,
"todos con tal reýna seriemos muy gozosos;
"desque seyer non puede nin somos
[ventur[os]os,
"en perdernos por ella seriemos muy
[astrosos.

343   "Si conprarla pudiésemos por [l]lanto o
[por duelo,
"agora finchiriemos de lágrimas el suelo;
"mas, desque la á presa la muerte en el
[lençuelo,
"fagamos nós por ella lo que fizo ella por su
[auuelo.

340c Después de *nunqua*, una letra tachada.
342c *ventur[os]os*: corregido ya desde Janer (*Poetas*, 295, nota
      175).
343d Marden (II, 55) sugiere suprimir *nós por ella*, por parecer
      copiado de 342d.

340b *corazón*: 'voluntad', 'ánimo'.
   d 'esto debiera aliviarte en la pena'.
342a *perdidosos*: 'perdedores'.
   d *astrosos*: 'insensatos', 'desdichados'.
343a *conprar*: 'recuperar'.
   b *finchiriemos*: (<*implēre*, con *f-* ultracorrecta) 'llenaríamos'.
   c *lençuelo*: 'sudario'.
   d *auuelo*: No hay referencia concreta a un abuelo de Luciana
      (ni tampoco a su padre Architrastres), sino a que ella, cuando

344 "Si buena fue la madre, buena fija auemos;
"en logar de la madre la fija nós guardemos;
"avn, quando de todo algo nós tenemos,
"bien podemos contar que nada non
[perdemos."

345 Recudiól' Apolonyo lo que podrié estar:
—"Huéspet, desque a Dios non podemos
[reptar,
"lo que Él á puesto todo deue pasar;
"lo que Él dar quisiere todo es de durar.

346 "Acomiéndote la fija z dótela a criar
"con su ama Licórides que la sabrá guardar;
"non quiero los cabellos ni las hunyas taiar
"fasta que casamiento bueno le pueda dar.

347 "Fasta que esto pueda conplir z aguisar
"al reyno de Antioco quiérole dar vagar;

345d *quisiere*: el signo de abreviación de *ui,* borroso como por
una gota de agua.

---

murieron antepasados suyos, se sobrepuso al dolor y siguió
viviendo. El sentido es, por lo tanto, 'llorémosla, pero siga-
mos adelante con nuestras vidas'.
344c *avn*: 'además' (*Buen Amor,* nota a 7a).—*quando*: 'puesto
que'.—*de todo*: 'de la totalidad'.
d *nada non*: 'nada'; al adquirir *nada* (<res nata) su sentido
negativo, el *non* que seguía se hizo expletivo.
345a *lo que podrié estar*: 'algo como esto:'; *estar* con valor de
'ser'.
b *reptar*: 'culpar', 'echar en cara', 'desafiar'.
c *á puesto*: 'ha dispuesto'.—*pasar*: 'tener lugar', 'suceder'.
d *es de durar*: 'se debe soportar', cf. 34a.
346c *taiar*: sobre los cabellos y la barba intonsa véanse los numerosos testimonios que aduce Menéndez Pidal (*Cantar,*
III, 494), 'cortar'.
347b *dar vagar*: 'dar largas', 'no tener prisa por hacer algo'; recuérdese que Antioco ha muerto (248) y esperan a Apolonio
como rey.

"nin quiero en Pentápolin [ni en Tiro]
[entrar;
"⟨ni en Tiro otro que tal⟩
"quiero en Egipto en tan amientre estar."

348   Dexóle la ninyuela, huna cosa querida,
dexóle grandes aueres, de ropa grant
[partida.
Metióse en las naues, fizo luego la mouida;
fasta los XIII anyos allá touo su vida.

349   Estrángilo de Tarso, su muger Dionisa,
criaron esta ninya de muy alta guisa.
Diéronle muchos mantos, mucha pen[y]a
[vera ζ grisa,
mucha buena garnacha, mucha buena
[camisa.

Fol. 35v 350   Criaron a gran viçio los amos la moçuela.
Quando fue de siete anyos diéronla al
[escuela;

347c Evidentemente hay que suprimir el hemistiquio suelto que
aparece tras 347c y añadir ni en Tiro en este verso (Marden, I, 41).
349c pen[y]a propuesto por Marden (II, 41).

347d en tan amientre: 'mientras tanto'.
348c fizo luego la mouida: 'emprendió en seguida la marcha'.
   d XIII anyos: en 434a afirma que vuelve a los diez.
349c pen[y]a vera: 'marta cibelina'; Marden (II, 147) aduce numerosas citas que lo avalan. Peña valía también 'abrigo de piel'
(Buen Amor, nota a 666d).—grisa: 'especie de marta de color pardo'.
   d garnacha: 'túnica de abrigo', hasta el Siglo de Oro no sig-
nificará 'vestidura de respeto'.
350a a gran viçio: 'con gran regalo'.
   b diéronla: 'enviáronla' (Cantar 1159: "Dauan sus corredo-
res ζ fazién las trasnochadas").

apriso bien gramátiga z bien tocar viuela,
aguzó bien, como fierro que aguzan a la
[muela.

351   Amáuala el pueblo de Tarso la çibdat,
ca fizo contra ellos el padre gran bondat.
Si del nombre queredes saber certenidat,
dízenle Tarsiana, ésta era uerdat.

352   Quando a XII anyos fue la duenya venida,
sabìa todas las artes, era maestra complida;
de beltad, conpanyera non auyé conoscida,
auyé de buenas manyas toda Tarso vencida.

353   Non queryé nengún día su estudio perder,
ca auyé uoluntat de algo aprender.

350c Marden lee *viula*, pero, al lado izquierdo de la *l*, hay un
pequeño rasgo de abreviación.
353c Después de *maguer*, una *s* alta (*se?*) levemente tachada.

350c *apriso*: perfecto fuerte de "aprender", 'aprendió'.
   d *aguzó bien*: todavía hoy se dice "aguzar el ingenio".—*a*: de
instrumento 'con'.
351a *Tarso la çibdat*: 'la ciudad de Tarso', sintagma apositivo
medieval, ponderativo algunas veces, que no prosperó (Lapesa: *Con sola su figura*, 90).
   b *contra*: 'hacia'.
   c *certenidat*: 'certeza', 'verdad'; adquiría valor adverbial 'certeramente', 'verdaderamente'.
   d *dízenle*: se construía con dativo, y en objeto con *a* en régimen de indirecto, "a la niña", "a la cosa"; quizás, en
vista de *Amaua* y *era*, habría que suponer *diz[i]énle*, 'la
llamaban'.
352b *artes*: 'artes liberales' (*Historia*, XXIX: "traditur studiis ar-
tium liberalibus").
   c *conpanyera*: 'competidora', 'parangonable con ella'.—*auyé*:
impersonal 'había', 'existía'.
   d *auyé vencida*: 'había conquistado'.—*buenas manyas*: 'encan-
tos', 'buenas maneras'.
353b *algo*: con sentido más fuerte que el actual, 'bastante', 'mucho' (*Cantar* 2434: "con dos espadas que él preçiaua algo").

> Maguer mucho lazdraua, cayóle en plaçer,
> ca preciáuase mucho τ querié algo ualer.

TARSO. LICÓRIDES, EN TRANCE DE MUERTE, REVELA A TAR-
SIANA QUIÉNES SON SUS PADRES. DIONISA, ENVIDIOSA DE
TARSIANA, ENCARGA A TEÓFILO QUE LE DÉ MUERTE.

354   Çerq⟨u⟩a podié de terçia a lo menos estar,
quando los escolanos vinién a almorzar,
non quiso Tarsiana la costumbre pasar:
su liçión acordada, vinyé a almorzar.

Fol. 36   355   A su ama Licórides, que la auié criada,
trobóla mal enferma, fuertemiente cuytada.
Maguer que era ayuna, que non era
                       [yantada,
en el cabo del lecho posósse la criada.

356   —"Fija, dixo Licórides, yo me quiero
                       [pasar,
"pero ante que me passe quiérote demandar

354d Al final, en el ángulo inferior derecho, "a su ama" enmarcado, principio del cuadernillo siguiente.

353c 'aunque trabajaba mucho, le gustaba'.
354a *terçia*: 'las nueve de la mañana'; el almuerzo era el des-
ayuno (cf. nota a 144a sobre las cinco colaciones).—*estar*:
'ser', licencia poética para facilitar la rima.
  c *la costumbre pasar*: 'transgredir su costumbre'.
  d *acordada*: 'aprendida'.
355a *A su ama*: la *a* de objeto directo se debe tanto a que le
sigue nombre propio como a expresividad por la enfermedad
súbita; también servía como elemento deíctico para comuni-
car que se trata de un personaje de quien ya se ha hablado
antes.
  b *mal*: 'gravemente'.
  c *era ayuna, non era yantada*: casi sinónimos, 'no había tomado alimento'.
  d *posósse*: (<pausare) 'se sentó' (*Cantar* 2216: "E yuan posar
en vn preçioso escaño").—*criada*: 'pupila' (Tarsiana).
356a *yo me quiero pasar*: 'estoy a punto de morirme'.

"quál tienes por tu tierra, segunt el tu
[cuydar,
"o por padre o por madre quáles deues
[catar."

357   —"Ama, dixo la duenya, segunt mi
[conos⟨cen⟩cía,
"Tarsso es la mi tierra, yo otra non sabría;
"Estrángillo es mi padre, su muger madre
[mía;
"sienpre así lo toue τ terné oy en día."

358   —"Oýdme, dize Licórides, senyora τ
[criada,
"si en eso touiéredes, seredes enganyada,
"ca la vuestra fazienda mucho es más
[granada.
"Io uos faré çertera, si fuere escuchada.

356c Entre *el* y *tu*, un borrón extendido.
 d *quales*: ms. *queles* (Marden, I, 42).
358a *dize*: sobre la línea con señal de llamada.

356c *el tu cuydar*: 'tu parecer'.
 d *quáles deues catar*: 'a quiénes debes considerar'.
357a *conos⟨cen⟩cía*: coexistían *conoscencia* y *conoscía* con el mismo significado 'conocimiento'; aquí la rima exige la segunda,
  ya en Marden (II, 42).
 c *Estrángillo*: léase Estrángilo, aunque con reservas, pues pudo
  el copista querer representar una palatal, ya que en latín
  era Strangillio, y, en los textos franceses, siempre con
  lyod.
 d *terné*: (tener+he con síncopa y metátesis) 'tendré'.
358a *Oýdme*: pasa del tú, de la 356, al vos, al revelar a Tarsiana
  su origen regio.—*criada*: 'pupila'.
 b *si en eso touiéredes*: 'si os mantuviereis en esta idea'.—
  seredes: 'estaréis'.
 c 'porque vuestra historia es mucho más ilustre'.
 d *uos faré çertera*: 'os sacaré del error', 'os pondré en lo
  cierto'.

359   "De Pentápolin fuestes de raýz τ de suelo,
Fol. 36v   "al rey Architrastres ouiestes por auuelo;
         "su fija Luçiana, ementáruosla suelo,
         "ésa fue vuestra madre, que delexó gran
                                              [duelo.

360   "El rey Apolonio, vn noble cauallero,
         "senyor era de Tiro, vn reçio cabdalero;
         "ése fue vuestro padre, agora es palmero,
         "por tierras de Egipto anda como romero."

361   Contóle la estoria toda de fundamenta,
         en mar cómo entró en hora carbonenta,
         cómo casó con ella a muy gran sobreuienta,
         cómo murió de parto huna cara juuenta.

362   Díxol' cómo su padre fizo tal sagramento:
         fasta qu'éll a la fija diese buen casamiento

359d *duelo*: primero anticipado a *delexó*, pero tachado.

359a *fuestes*: (fŭĭstis > *foestes > fuestes; o fŭĭstis > fuestes) 'fuis-
   teis.—*de raýz τ de suelo*: 'de linaje y de patria'.
   c *su fija Luçiana*: el nombre propio que sigue no es suficiente
   para que *fija* lleve *a* de objeto personal (cf. nota a 355a);
   además, el adelantamiento del objeto directo favorece la
   presentación "neutra", una especie de anacoluto (cf. nota
   a 62a).—*ementáruosla*: 'recordárosla', 'mencionárosla'.
   d *delexó*: (<delaxare) 'dejó tras de sí'.
360b *cabdalero*: 'persona principal' (*Tentative*, s.v.).
   c *palmero*: 'peregrino', en especial el que iba a Tierra Santa.
   d *romero*: 'peregrino', en especial el que iba a Roma o Santiago.
361a *de fundamenta*: 'desde el principio'.
   b *carbonenta*: 'negra como el carbón', 'aciaga'.
   c *a muy gran sobreuienta*: 'muy inesperadamente'.
   d *huna cara juuenta*: 'una joven querida'; *juuenta*, posible aragonesismo.
362a *tal*: anáfora de lo que resta de estrofa.—*sagramento*: 'juramento'.
   b *buen*: introducción de la consecutiva del verso siguiente,
   'tan buen'.

que todo su linage ouiese pagamie*n*to,
que non se çerçenase por null falagamie*n*to.

363   Quando esto le ouo dicho *z* ensenyado,
e lo ouo la ninya todo bien recordado,
fue *per*diendo la lengua, *z* el ora legando,
despidióse *de*l mundo *z* *de* su gasanyado.

364   Luego q*u*e fue Licórides deste mu*n*do
[pasada,
aguisó bien el cuerpo la su bue*n*a criada;
Fol. 37   mortajóla muy bien, diol' sepultura
[honrrada,
manteniél' cutiano candela *z* oblada.

365   La infante Tarsiana, d' Estrángilo
[nodrida,
fue salliendo tan bue*n*a, *de* manyas tan
[co*n*plida,
que *de*l pueblo *de* Tarso era tan q*u*erida
como serié *de* su madre q*u*e la ouo parida.

364d Parte de *manteniél* está emborronado.

362c *ouiese pagamiento*: 'estuviese satisfecho'.
  d *que non se çerçenase*: que+subjuntivo donde hoy usaríamos
    infinitivo 'no rasurarse'; o futuro hipotético o condicional,
    'que no se rasuraría'.
363c *legando*: rima asonante, la *l*- con valor de *l* palatal.
  d *gasanyado*: (<gótico *gasalja) 'ganancia', Marden (II, 120)
    sospecha que es errata por *gasaiado* 'placer', 'contento', y
    Corominas (2, s.v. agasajar) lo corrobora —aunque con valor
    de 'compañía'— añadiendo que el escriba aragonés confun-
    dió la palabra con la occitana gazanhat ('ganado'), 'ganan-
    cia' (sólo más tarde valdrá 'reunión festiva', 'agasajo')
    Cf. prov. "gazanhar", cat. ant. "gasanyar" 'ganar'.
364b *aguisó*: 'preparó'.—*criada*: 'pupila'.
  d *cutiano*: (<quottidianum) 'cotidianamente'.—*oblada*: 'pan vo-
    tivo'.
365a *La infante Tarsiana*: este sintagma apositivo desplazó al me-
    dieval *Tarsiana la infante* (489a).—*nodrida*: (<nutrire) 'cria-
    da por Estrángilo'; la preposición *de* fue, hasta el Siglo de
    Oro, la dominante para el complemento agente.
  b *manyas*: 'maneras', 'habilidades'.

366   Vn dia de fiesta, entrante la semana,
        pasaua Dionisa por la rúa, manyana;
        vinyé a su costado la infante Tarsiana,
        otra ninya con ella, que era su ermana.

367   Por ò quier que pasauan, por rúa o por
                                        [calleia,
        de donya Tarsiana fazìan todos conseia;
        dizìan que Dionisa nin su conpanyera
        non valién, contra ella, huna mala erueja.

368   Por poco que de enbidia non se querié
                                        [perder.
        Conseio del diablo óuolo a prender;
        todo, en cabo, ouo en ella a cayer;
        esta boz Dionisa hóuola a saber.

369   Asmaua que la fiziese a escuso matar,
        ca nunq⟨u⟩a la vernié el padre a buscar;

368a Entre *por* y *poco,* un trazo de abreviación sin aparente sig-
     nificado.

366a *entrante la semana*: participio presente activo conservando
     su valor.
   b *manyana*: 'por la mañana'.
   d *ermana*: hija de Estrángilo y Dionisa, se entiende. Su nom-
     bre en la *Historia* es Philomusia, y en los *Gesta* y el *Incu-
     nable,* Philomancia.
367b *conseia*: 'comentarios'.
   c *conpanyera*: 'la hija de Dionisa'; rompe la rima; Alvar
     (II, 141) propone un despectivo en -eja.
   d *contra ella*: 'frente a ella, a Tarsiana'.—*erueja*: 'arveja',
     'no valían un comino'.
368a 'Poco le faltó para volverse loca de envidia'.
   b 'Siguió el consejo del diablo'.
     Creo que el orden originario de los versos sería: *d, a, b, c,* y
     que el sentido de *c* es: 'todo, en fin de cuentas, vino a
     recaer sobre ella', anuncio del castigo que recibiría por haber
     seguido el consejo demoníaco.
369a *Asmaua que la fiziese matar*: 'tramaba hacerla matar', *vid.*
     362d.—*a escuso*: 'a escondidas'.
   b *vernié*: (venire+hía, con síncopa y metátesis) 'vendría'.

Fol. 37v   el auer que le diera podérselo ye lograr;
               non podrié, en otra guisa, de la llaga sanar.

370   Dizié entre su cuer la mala omiçida:
         —"Si esta moça fuese de carrera tollida,
         "con estos sus adobos que la fazen vellida
         "casaría mi fija, la que houe parida."

371   Comidiendo la falsa en esta trayçión,
         entró vn áuol omne de los de criazón,
         omne de raýz mala, que iazìa en presión,
         que farìa grant nemiga por poca de mesión.

372   Su nombre fue Teófilo, si lo saber
                                      [queredes,
         catatlo en la estoria si a mí non creyedes.
         Asmó la mala fembra lo que bien
                                      [entendredes:
         que éste era ducho de texer tales redes.

371a *Comidiendo*: la cuarta letra es un borrón con un rasgo hacia
abajo; podría ser *e* o *i*; me inclino por la segunda por el
rasgo inferior y por la influencia de la *yod* que sigue.

369c *podérselo ye lograr*: 'lo pondría a interés para sí'. "Logro"
era 'interés', 'usura', (<lucrare).
370a *cuer*: (<cor) 'corazón', 'decía para su fuero interno'.
  b *de carrera tollida*: literalmente 'sacada del camino'; 'quita-
da de en medio', 'asesinada'.
371a *Comidiendo*: 'meditando'.
  b *áuol*: (<catalán y occitano ávol, de origen incierto, posiblemente de habĭlis 'apto') 'ruin'.—*criazón*: 'criados de muy
distintas categorías' (*Cantar*, III, 608-609).
  c *de raýz mala*: 'de mala ralea', 'de bajo linaje'.—*iazìa en
presión*: 'era esclavo'.
  d *gran nemiga*: 'gran maldad'.—*por poca de mesión*: partitiva
con adjetivo, tanto puede significar 'con poco esfuerzo' como
'por poca recompensa'.—*mesión*: 'gasto', 'dinero', 'precio';
'esfuerzo' (cf. 448d).
372b Los escritores de clerecía no ocultaban sus fuentes, sino que
se vanagloriaban de su cultura.

373   Llamólo luego ella en muy gran poridat,
      fízole entender toda su voluntat;
      si gelo acabasse, prometiól' su verdat
      que le daría gran preçio z toda e[n]guedat.

374   Preguntól' el mançebo, todavía dubdando,
      cómo podrié seyer, z en quál lugar o
                                    [quándo.

Fol. 38   Díxole que manyana souiese assechando
           quando sobre Licórides ssouiese orando.

375   Por amor, el astroso, de sallir de laçerio,
      madurgó de manyana z fue para 'l
                                    [ciminterio;
      aguzó su cuchiello por fer mal ministerio,
      por matarla rezando los salmos del salterio.

376   La duenya, gran manyana, como era su
                                    [costumbre,
      fue para 'l çiminterio con su pan z con su
                                    [lumbre;
      aguisó su ençienso z encendió su lumbre,
      començó de rezar con toda mansedumbre.

373a *poridat*: 'secreto'.
   c *acabasse*: 'llevase a cabo'.—*su verdat*: 'bajo su palabra'.
   d *e[n]guedat*: para la etimología, *vid.* Corominas, 2, s.v. in-
      quina 'libertad' (*Santo Domingo* 76b: "a los encaptivados
      que diesse enguedad").
374c *manyana*: 'a la mañana siguiente' (*Cantar* 836: "mañánas'
      fue Minaya").—*souiese*: formado sobre souo, perfecto fuer-
      te de sedēre, analógico de ouo < habuit) 'estuviese'.
375a *el astroso*: 'miserable', 'malvado'.—*laçerio*: 'pobreza'.
   b *madurgó*: (<*maturicare), ya desde Berceo alterna con la
      forma metatizada, 'madrugó'.
   c *ministerio*: 'servicio'.
376a *gran manyana*: 'muy de mañana'.
   c *aguisó*: 'preparó'.

377 Mientre la buena duenya leyé su
[matinada,
sallió el traydor falso luego de la çelada,
prísola por los cabellos τ sacó su espada:
por poco le ouiera la cabeça cortada.

378 —"Amigo, dixo ella, nunca te fiz pesar,
"non te merecí cosa por que me deues
[matar;
"otro precio non puedes en la mi muerte
[ganar
"fueras atanto que puedes mortalmientre
[pecar.

379 "Pero si de tu mano non puedo escapar,
"déxame hun poquiello al Criador rogar.
Fol. 38v "Asaz puedes auer hora τ vagar,
"non he, por mis pecados, quien me venga
[huuiar."

379b Después de *hun,* un agujero del papel deja ver media letra
del folio siguiente, 39r.
d *pecados* sobre la línea con señal de llamada.

377a *Mientre*: abreviación de "domientre', "demientre" (<dŭm
ĭntĕrim) 'mientras' (con *a* y *s* analógicas).—*matinada*: 'maitines', 'oración primera de la mañana'.
b *sallió*: vid. nota a 201d.
c *prísola*: perfecto fuerte de prender, 'cogióla'.
d *por poco*: 'poco faltó para que'.
378b *deues*: indicativo donde hoy usaríamos subjuntivo por ser
irreal la causa.
d *fueras atanto que*: 'excepto que'.—*mortalmientre*: para -mien-
tre, vid. nota a 200a.
379c *asaz hora τ vagar*: 'suficiente tiempo y tranquilidad'.
d *por mis pecados*: 'por desgracia'.—*huuiar* (<ŏbvĭāre) 'ayudar', 'socorrer'.

380 Fue, maguera, con el ruego hun poco
               [enbargado,
    dixo: —"Sí Dios me vala, que lo faré de
               [grado."
    Pero que aguisasse cómo liurase priuado,
    ca non le podrìa dar espaçio perlongado.

381 Enclinóse la duenya, començó de llorar:
    —"Senyor, dixo, que tienes el sol ha tu
               [mandar
    "e fazes a la luna creçer ⁊ enpocar,
    "Senyor, tú me acorre por tierra o por mar.

382 "Só en tierras agenas sin parientes criada,
    "la madre perdida, del padre non sé nada,

382b Después de *la madre,* "non sé nada" tachado.

380a *maguera*: quizás con su valor originario: 'felizmente', 'por
    suerte'.—*enbargado*: 'turbado'.
  b *Sí*: partícula exclamativa '¡así!'.—*vala* (<val(e)at) 'valga'.
  c 'Pero que viera el modo cómo acabase rápidamente'.
  d *perlongado*: prefijo "per" latino para superlativos, 'muy lar-
    go'; Corominas (2, s.v. luengo) lo da como catalanismo,
    pero quedó en sayagués. No hay por qué suponer *porlonga-
    do*, a pesar de 433a, porque el signo de abreviación es
    claramente de -*er*-.
381b *mandar*: sustantivo, 'mando'.
  c *a la luna*: se daba *a* regularmente, régimen de indirecto,
    cuando el infinitivo no concertado regía, a su vez, un ob-
    jeto directo; ya visto, para personas, con cualquier verbo,
    por Lapesa (*Los casos*, 85); aquí, incluso, con objeto de
    cosa, habitual cuando el verbo era *fazer*.—*enpocar*: 'dismi-
    nuir', 'menguar'.
  d *tú me acorre*: presencia del pronombre personal, antepues-
    to, con imperativo (*Buen Amor* 20: "Tú me guía / toda
    vía"), 'socórreme'.
382a *agenas*: sólo se usa en el sintagma *tierras agenas,* 'países ex-
    tranjeros'.—*parientes*: 'padres', 'parientes'.

"Io, mal non meresçiendo, he a ser
[martiriada.
"Senyor, quando lo tú sufres só por ello
[pagada.

383   "Senyor, si la justiçia quisieres bien tener,
"si yo non lo merezq⟨u⟩o por ell mìo
[mereçer,
"algún conseio tienes para [a] mí acorrer
"que aqueste traydor non me pueda
[vençer."

384   Seyendo Tarsiana en esta oración,
rencurando su cuyta τ su tribulaçión,
ouo Dios de la huérfana duelo τ conpasión,
enuiól' su acorro τ oyó su petiçión.

Fol. 39 appears in left margin beside line 3 of stanza 384.

TARSO. UNOS LADRONES EVITAN LA MUERTE DE TARSIANA
Y SE LA LLEVAN CAUTIVA A MITILENE.

385   la pensaua Teófilo del gladio aguisar,
asomaron ladrones que andauan por la
[mar:

383a Sobre *la,* signo de abreviación sin sentido.
384c *huérfana*: la *h* escrita sobre una primitiva *v.*

382c *martiriada*: alternancia de sufijos -iar / -izar, 'martirizada'.
    d *lo tú sufres*: 'tú lo consientes'; interpolación de palabras en-
      tre afijo y verbo, cuya frecuencia aumentó en castellano con
      Alfonso X, por influjo leonés.—*pagada*: 'contenta'.
383a *tener*: 'mantener'.
    c *conseio*: 'socorro'.—*acorrer*: 'ayudar'.
    d *que*: 'para que', 'de tal forma que'.
384a *Seyendo*: (<sĕdendo) 'estando'.
    b *rencurando*: (formado sobre rancōrem 'rencor') 'querellán-
      dose de', 'quejándose de'.
385a *pensaua del gladio aguisar*: 'estaba a punto de disponer de
    la espada'.
    b *asomaron*: 'aparecieron'.

vieron que el malo enemiga querìa far,
diéronle todos bozes, fiziéronle dubdar.

386   Coytaron la galea por amor de huuiar,
en aquell traydor falso mano querién
[echar.
Ouo pauor Teóphilo, non quiso esperar,
fuxo para la villa quanto lo pudo far.

387   Fue para Dionisa todo descolorado,
ca houiera gran miedo vinié todo
[demudado.
—"Senyora, dixo luego, complí el tu
[mandado,
"piensa cómo me quites τ me fagas
[pagado."

388   Recudió la duenya mas no a su sabor:
—"¡Vía, dixo, daquende, falso τ traydor!
"As fecho omeçidio τ muy gran trahiçión.
"Non te prendré por ello vergüença nin
[pauor.

386d *para*: hay que adivinarlo, pues está completamente emborronado.

385c *enemiga*: 'crimen', alterna con *nemiga*.
    d *dubdar*: 'temer' (*San Millán* 165d: "Mas tu nos as movidos
    secundo que dubdamos").
386a *Coytaron la galea*: 'apresuraron la galera', la *r* actual de
    "galera" por influjo del sufijo -ero.—*por amor de huuiar*:
    'por deseo de llegar' (*Cantar*, III, s.v.).
    d *fuxo*: (<fuxit) pretérito fuerte de fũgĕre, 'huyó'.
387a *descolorado*: 'pálido'.
    b *ca houiera*: 'porque había tenido'.
    c *luego*: 'en seguida'.
    d 'dispón cómo hacerme libre y dejarme satisfecho'.
388b *¡Vía*: 'camino', usado en la Edad Media con valor exclama-
    tivo ¡Fuera!'.
    c *trahiçión*: rima asonante.
    d 'no serás para mí un testigo peligroso'.

389   "Tórnate all aldeya τ piensa de tu lauor;
        "si no, auerás luego la maldiçión del
                                          [Criador.
Fol. 39v   "Si más ante mí vienes, reçibrás tal amor
        "qual tú feziste a Tarsiana, τ non otro
                                          [mejor."

390   Tóuose el villano por muy mal
                                  [engan[y]ado,
        querrìa que no fuese en el pleyto entrado;
        murió en seruidumbre, nunca ende fue
                                          [quitado.
        Qui en tal se metiere non prendrá meior
                                          [grado.

391   Corrieron los ladrones a todo su poder,
        cuydaron ha Teóphilo alcançar ho prender,
        mas, quando a esso non pudieron acaeçer,
        ouieron en la duenya la sanya a verter.

390b *que no*: en el ms. *qno,* con trazo horizontal que sólo cubre
        la *q;* tanto podría leerse *que no* como *que non.*

___

389a *piensa de*: 'ocúpate en'.
    c *más*: 'otra vez'.—*amor*: 'favor'.
390b Hoy usaríamos el infinitivo concertado, 'querría no haber
        entrado'.
    c *murió*: el texto se contradice en 612d: *diéronle quitaçión.*—
        quitado: 'libertad', 'hecho libre'.
    d *prendrá*: futuro de "prender" con síncopa, 'conseguirá'.—
        grado: 'agradecimiento'.
    391 Aquí hay una laguna en el texto, en que Estrángilo se hace
        cómplice de Dionisa, al ser informado por ésta, y sumarse
        a la comedia de fingimiento de duelo y enterramiento falso
        (*vid.* p. 52, donde se explica más ampliamente).
    b *cuydaron*: 'procuraron'.
    c *quando*: 'puesto que'.—*acaeçer a esso*: 'llegar a ello', 'llevar-
        lo a cabo'.

392   Vieron la ninya de muy gran paresçer,
        asmaron de leuarla τ sacarla a vender;
        podrién ganar por ella mucho de buen
                                    [auer,
        que nunca más pudiesen en pobreza cayer.

393   Fue la mesquinyella, en fuerte punto nada,
        puesta en la galea de rimos bien poblada.
        Rimaron apriesa, ca sse temién de çelada;
        arribó en Mitalena la catiua lazdrada.

MITILENE. TARSIANA ES VENDIDA A UN RUFIÁN. EL REY
ANTINÁGORAS PROTEGE A TARSIANA, QUE ACABA EJERCIENDO
EL OFICIO DE JUGLARESA.

394   Fue presa la catiua, al mercado sacada,
        el uendedor con ella, su bolsa apareiada.
        Vinyeron compradores sobre cosa tachada,
        que comprarla querién, τ por quánto serié
                                    [dada.

394d *dada*: escrito dos veces, emborronada la primera.

392b *asmaron*: 'tramaron'.
  c *mucho de buen auer*: 'mucho dinero'.
  d *que*: 'de forma que'.
393a *mesquinyella*: *ny* con valor de *ni*, 'pobrecilla'.—*en fuerte
    punto nada*: 'en mala hora nacida'.
  b *rimos*: (<remum) 'remos'; con *i* duró hasta el xv, alternan-
    do con *remo*; Corominas (2, s.v. remo) cree que la forma
    con *i* deriva del germánico, a través del francés, como mu-
    chas otras palabras de navegación.—*poblada*: 'equipada'.
  c *Mitalena*: 'Mitilene', puerto de mar en la costa sudoeste de
    la isla de Lesbos, en el Egeo.
  d *catiua*: 'cautiva'.
394a *fue presa*: más que 'fue tomada' parece significar 'fue pues-
    ta en prisiones', 'aherrojada' (cf. 283b *preso* 'sujeto').—*ca-
    tiua*: 'infeliz'.
  b *apareiada*: 'preparada'.
  c 'se acercaron compradores de desechos', 'compradores de
    poca monta'; *tachada*: 'viciada' (Nebrija: "tachar" 'vitium
    ostendo').
  d *por quánto*: suplido *saber*.

Fol. 40 395   El senyor Antinágora, que la villa tenié
                                          [en poder,
                  vio esta catiua de muy gran paresçer;
                  ouo tal amor della que sen querié perder,
                  prometióles por ella [diez] pesa[s] de
                                          [auer.

         396   Vn homne malo, sennyor de soldaderas,
                  asmó ganar con ésta ganançias tan
                                          [pleneras;
                  prometió por ella luego dos tanto de las
                                          [primeras,
                  por meterla ha cambio luego con las otras
                                          [coseras.

395d *diez pesa[s]*: ms. *veynte pesar,* número que no concuerda
     con las siguientes pujas (*Historia,* XXXIII: "decem sester-
     tia auri"). *Pesas* ya propuesto por Janer (*Poetas* 296, nota
     194).
396d Sobre la *m* de *cambio* comienza un borrón.

395a *El senyor Antinágora*: en 404a se le titula "príncipe", y
     "rey" en 553b.
   c *amor*: 'deseo'.—*que sen querié perder*: 'que estaba a punto
     de perder el juicio'.—*sen*: (<germánico sinn, a través del
     provenzal), 'inteligencia', 'juicio'.
396a *soldaderas*: 'prostitutas', hoy todavía 'rameras' en México y
     Aragón.
   b *tan pleneras*: 'muy abundantes', aragonesismo en *pl*-; *llene-
     ra* en 44c.
   c *dos tanto*: 'el doble'; la perífrasis latina "bis tantum", "quin-
     quies tantum" da una serie de múltiplos romances "dos
     tanto", "tres tanto", "ciento tanto".
   d *meterla ha cambio*: 'alquilarla', 'prostituirla'.—*coseras* (<*cŭr-
     sariam) 'prostitutas'; todavía hoy existe la expresión "hacer
     la carrera". Marden lee, equivocadamente, *caseras*.

397   Prometió Antinágora quel' darìa las
[trenta,
dixo el garçón malo quel' darìa las
[quarenta.
Luego Antinágora puyó a las çinquanta,
el malo fidiondo subió a las sexanta.

398   Dixo mayor paraula el mal auenturado:
que de quanto ninguno diese por ell
[mercado,
o, si más lo quisiese, de auer monedado,
él enyadrié veyente pesos de buen oro
[colado.

397a *trenta*: ms. *treýnta*, en la *y*, leves trazos de anulación que
habría, sin embargo, que admitir.
398a *mal*: ms. *malo*, con la *o* emborronada.
c Antes de *quisiese*, "quisiesse" tachado con la misma tinta
roja que adorna y completa las mayúsculas de principio
de verso.

_____

397a *las trenta*: el numeral no llevaba artículo; si aparecía, tenía
carácter partitivo ("Me debía diez, me devolvió las cinco");
por lo tanto, aquí hay que darle valor ponderativo a la cantidad.—*trenta*: en castellano sería "treýnta", contra la rima;
trenta todavía hoy en catalán, pero quizá no haya que acudir a catalanismo: estando documentado el contracto "vin-
te" (Corominas, 2, s.v.) podría existir, paralelamente, *trenta*,
al que se ha acudido en favor de la rima.
b *garçón*: 'hombre disoluto' (*Historia*, XXXIII: "leno", 'rufián', 'proxeneta').
c *puyó*: (<*pulleare) 'pujar', confusión de *y* por *j* < *llyod*; si
fuera aragonesismo sería "pullar".—*a*: 'hasta'.
c y d *çinquanta*, *sexanta*: son aragonesismos; para mantener
la rima habría que acudir a las formas castellanas: *çinqüen-
ta*, *sexenta*.
d *fidiondo*: 'hediondo'.
398a *paraula*: (<parabola) no hay que pensar en catalanismo si
se considera la *u* con valor de labial fricativa, 'palabra',
'oferta'.
b *ell mercado*: 'la venta', 'la compra' (*Cantar* 139: "non se
faze assi el mercado").
c *de auer monedado*: 'en dinero acuñado'.
d *enyadrié*: *vid.* nota a 28c.—*veyente* (<vīgĭntī) la *y* antihiática
etimológica, 'veinte'.—*oro colado*: 'oro puro'.

399   Non quiso Antinágora en esto porfiar,
        asmó que la dexase al traydor conprar,
        quando la houiesse comprada que jela yrié
                                        [logar;
        podrié por menos precio su cosa recabdar.

400   Pagójela el malo, óuola de prender
Fol. 40v   el que no deuié huna muger valer.
        Aguisóse la [ç]iella para 'l mal menester,
        escriuyó en la puerta el preçio del auer.

401   Esto dize el título, qui lo quiere saber:
        «Qui quisiere a Tarsiana primero conyoscer
        »vna liura de oro aurá hí a poner;
        »los otros sendas onzas [aurán] ha
                                        [ofreçer.»

402   Mientre esta cosa andaua reboluiendo,
        fue la barata mala la duenya entendiendo;

400c çiella: ms. siella, que Marden corrige (Historia, XXXIII:
    "cella ornetur diligenter").
401d onzas: con la s emborronada.—[aurán] añadido por Marden
    (I, 47).

_____

399b que la dexase: hoy infinitivo concertado 'determinó dejar-
    la'.—traydor: el texto sigue con eufemismos (Historia,
    XXXIII): "leno".
  c quando ... que: que expletivo.—jela: la grafía más común
    era "gela".—la logar: 'alquilarla para poseerla'.
  d su cosa recabdar: 'lograr su deseo'; siguen los eufemismos,
    Historia, XXXIII: "emeret nodum virginitatis".
400a óuola de prender: 'obtuvo el derecho de llevársela', 'consi-
    guió tenerla en su poder'.
  b valer: 'proteger', 'tener bajo su custodia'.
  c Aguisóse la çiella: 'se preparó la habitación, la celda'.
  d el preçio del auer: 'el precio para poseer a la doncella'.
401a qui: 'si alguien', 'para quien lo quiera'.
  b primero conyoscer: en el sentido bíblico (Historia, XXXIII:
    "uirginem uiolare uoluerit").
  c aurá a poner: perífrasis de obligación.
402a reboluiendo: 'urdiendo'.
  b la barata mala: 'el tráfico perverso'.

rogó al Criador, de los ojos vertiendo:
—"Senyor, diz, tú me val, que yo a ti me
[acomiendo.

403 "Senyor, que de Teóphilo me quesiste
[guardar,
"que me quiso el cuerpo a trayción matar,
"Senyor, la tu uertud me deue anparar
"que non me puedan el alma garçones
[enconar."

404 En esto Antinágora, príncep de la çibdat,
rogó al traydor, de firme voluntat,
que le diese el preçio de la virginidat,
que gelo otorgase, por Dios, en caridat.

405 Ouo esta primiçia el príncep otorgada.
Fol. 41   La huérfana mesquina, sobre gente
[adobada,
fue con gran proçesión al [ostal] enuiada;
veyérgelo ye quienquiere qu' ella yua
[forçada.

405c [ostal]: propuesto por Marden (II, 58), ms. apostol (Historia, XXXIV: "ad lupanar"). También podría pensarse en deformación de puesto, con el sentido de 'lugar señalado para hacer algo'. Otra corrección que se ha propuesto, al avol, es insatisfactoria, porque no la conducen al rufián, sino a Antinágoras).

402d tú me val: 'protégeme tú'; val apocopado hasta fines de la Edad Media.

403a quesiste: (<quaesi(vi)sti) 'quisiste'.
c uertud: 'fuerza', 'poder'.
d enconar: (<inquinare 'manchar') 'mancillar'. Para la o, véase Corominas, 2, s.v.

404b de firme voluntat: sintagma adverbial, 'firmemente'.
c le diese el preçio: 'le concediese el pago'.

405b sobre: partícula, después prefijo, para superlativo en aragonés, 'muy'.—gente: adverbio 'gentilmente'.
d veyérgelo ye: 'lo vería en ella'.

406   Salliéronsse los otros, fincó Tarsiana
                                        [senyera,
        romaneçió el lobo solo con la cordera.
        Mas, como Dios lo quiso, ella fue bien
                                        [artera;
        con sus palabras planas metiólo en la
                                        [carrera.

407   Cayóle a los pies, començó a dezir:
        —"Senyor, mercet te pido que me quieras
                                        [oýr,
        "que me quieras vn poco esperar τ sofrir.
        "Auert' á Dios del cielo por ello que gradir.

408   "Que tú quieras agora mis carnes
                                        [quebrantar,
        "podemos aquí amos mortalmientre pecar;
        "io puedo perder mucho, tú non puedes
                                        [ganar,
        "tú puedes en tu nobleça mucho
                                        [menoscabar.

409   "Io, puedo por tu fecho perder ventura τ
                                        [fado,
        "cayerás por mal cuerpo, tú, en mortal
                                        [pecado.

406a *senyera*: 'sola'.
  b *romaneçió*: (<*remanescĕre) 'quedó', en castellano medieval
    alternaba con "remaneçer".
  c *bien artera*: 'muy hábil'.
  d *planas*: aragonesismo en *pl-*, 'llanas', 'sencillas'.—*metiólo*:
    "meter algo o a alguien en la carrera" 'ponerlo en el buen
    camino', cf. nota a 143a.
407c *sofrir*: 'soportar'.
  d *gradir*: 'agradecer'.
408a *Que tú*: 'por el hecho de que tú'.—*carnes*: 'virginidad'.
409a *fado*: 'felicidad', 'buena fortuna'.
  b *mal cuerpo*: 'cuerpo de poco valor'.

"Omne eres de precio, ¡sí te veyas logrado!,
"sobre huérfana pobre non fagas
[desaguisado."

410 Contóle sus periglos, quantos auié
[sofridos,

Fol. 41v cómo ouo de chiquiella sus parientes
[perdidos;

aviendo de su padre muchos bienes
[reçebidos,

cómmo houiera amos falsos z descreýdos.

411 El prínçep Antinágora, que vinié
[denodado,

fue con estas paraulas fieramient
[amanssado.

Tornó contra la duenya, el coraçón
[camiado,

recudióle al ruego z fue bien acordado:

412 —"Duenya, bien entiendo esto que me
[dezides,

"que de linatge sodes, de buena parte
[venides;

412a *entiendo*: escrito *enteendo* y corregida la *e* con una *i* longa.

409c *de precio*: 'de estimación'.
 d *desaguisado*: 'tropelía'.
410a *quantos*: 'todos los que'.
 b *parientes*: (<parentes 'padre y madre') derivado directamente
  del étimo clásico, 'padres'.
 d *amos*: 'ayos'.
411a *denodado*: 'vehemente', 'muy deseoso'.
 b *paraulas*: vid. nota a 398a.—*fieramient*: 'enormemente'.
 c *Tornó contra*: 'se dirigió a'.
 d *bien acordado*: 'muy prudente'.
412b *linatge*: (<linea + -aticum) para Corominas (2, s.v. línea es
  catalanismo, pues, para él, "la forma castellana sería "linnaje"
  (documentada, *Tentative* s.v.) con palatalización de *nyod*,

"esta petiçión que uós a mí pedides
"véyolo por derecho, ca bien lo concluydes.

413   "Todos somos carnales z auemos a morir,
"todos esta ventura auemos ha seguir.
"Demás, ell omne deue comedir
"que qual aquí fiziere tal aurá de padir.

414   "Diome Dios huna fija, téngola por casar,
"a todo mìo poder q[ue]rríala guardar;
"porque no la querría veyer en tal logar,
"por tal entençión vos quiero perdonar.

415   "Demás, por ell buen padre de que uós
    [me ementastes,
Fol. 42   "e por la razón buena que tan bien
    [enformastes,

---

considerando la *n* de Berceo como olvido de tilde; pero la *z*
despalatalizó a la *n* palatal, por lo tanto puede ser forma
castellana (cat. ant. llinyatge); aquí la grafía *tg* para la prepalatal es claramente catalana, tomada del provenzal, 'linaje'.—*buena parte*: 'buena familia'.
412d *véyolo por derecho*: 'lo considero justo', el *lo* concuerda ad
sensum con lo solicitado en la petición.—*bien lo concluydes*:
'bien lo argumentáis'.
413b *ventura*: 'destino'.
  c *comedir*: 'pensar', 'meditar'.
  d *padir*: 'sufrir', 'padecer' (en el otro mundo).
414b *a todo mìo poder*: 'con todas mis fuerzas'.
415a,b,c *ementastes, enformastes, demandastes*: para que rima-
sen con *viestes* del ms. habría que suponer que tendrían
desinencia *-estes*, analógica de la persona yo, frecuente en
medieval. Pero la forma *viestes* puede ser deturpación de
uyastes, 'os encontrasteis conmigo', y sería rima completa en
-astes.
  b *razón buena*: 'adecuada alegación'.—*enformastes*: 'configu-
rasteis'.

"quiérouos dar agora más que uós non
[demandastes,
"que uos uenga emiente en quál logar me
[uyastes].

416   "El preçio que daría para con vós pecar
"quiérouoslo, en donado, ofreçer τ donar,
"que si uós non pudierdes, por ruego,
[escapar,
"al que a uós entrare datlo para uos quitar.

417   "Si uós daquesta manya pudierdes
[estorçer,
"mientre lo mìo durare, non uos faldrá
[auer.
"El Criador uos quiera ayudar τ valer,
"que vós vuestra fazienda podades bien
[poner."

415d *uyastes*: ms. *viestes*.

415c *agora*: (<ablativo hac hora) 'ahora'.
   d *que*: 'para que'.—*emiente*: (<in mente) 'memoria', "venir emiente" 'recordar', 'acordarse'.—*me uyastes*: (<obviare) 'me encontrasteis'.
416b *en donado*: sintagma adverbial, 'graciosamente', 'como regalo'.
   c *pudierdes*: forma sincopada, en esdrújulas, que duró hasta el XVII, en que triunfó la diptongada 'pudiereis'.
   d *a uós entrare*: "entrar a" significaba 'visitar a una mujer con intento carnal', incluso en latín "quantum dedit tibi que ad te modo introiuit?" (*Historia*, XXXIV).—*para vos quitar*: 'para libraros'.
417a *manya*: 'astucia'.—*estorçer*: 'escapar de ser violada'.
   b *faldrá*: (futuro de "fallir" (<fallère), con síncopa de la *i* de "fallirá" y epéntesis de *d* (*fallrá > *falrá) > *faldrá*) 'faltará'.
   c *valer*: 'proteger', 'ayudar'.
   d *que*: 'para que'.—*vuestra fazienda*: 'vuestros asuntos'.—*bien poner*: 'arreglar'.

418   Con esto Antinágora ffuesse para su
[posada.
Presto souo otro para entrar su vegada,
mas tanto fue la duenya sauia τ adonada
que ganó los dineros τ non fue violada.

419   Quantos ahí vinieron τ a ella entraron,
todos se conuertieron, todos por tal
[pasaron.
Nengún danyo nol' fizieron, los aueres
[lexaron;
de quanto que aduxieron con nada non
[tornaron.

420   Quando vino a la tarde, el mediodía
[pasado,

Fol. 42v   avié la buena duenya tan gran auer ganado
que serié con lo medio el traydor pagado,
reyésele el oio al malauenturado.

418b *presto*: adverbio 'pronto' más que adjetivo 'dispuesto'.—
souo: perfecto fuerte, analógico, de sedēre, 'estuvo'.—*entrar
su vegada*: 'entrar en su turno'.
c *adonada*: 'llena de dones', aquí 'de dones de persuasión'
(*Duelo* 66a: "Los sos sanctos sermones eran tan adonados").
419a *ahí*: lugar a dónde (quo), lo normal era su empleo como
lugar en dónde (ubi).—*a ella entraron*: vid. nota a 416d,
'visitaron'.
b *conuertieron*: (<convĕrtĕre) perfecto débil sin inflexión de
la *yod* romance, 'cambiaron su actitud'.
c *lexaron*: vid. nota a 62c, 'dejaron'.
d *aduxieron*: (del perfecto fuerte addūxī, con inflexión de la
u breve) 'trajeron'.
420a *vino*: sujeto "el rufián" a quien se nombra en d.—*mediodía*: 'las doce'.
c *con lo medio*: 'con la mitad' (*vid.* Lapesa: *El neutro*,
p. 179).—*serié pagado*: en vista del verso d, no parece que
se refiera a la compra de su libertad, sino que 'estaría contento de la ganancia'.
d *reyésele el oio*: 'se le alegraban los ojos a la vista del dinero'.

421   Vio a ella alegre, ꝫ fue en ello artera;
       quando él tal la vido plógol' de gran
                      [manera.
       Dixo: —"Agora tienes, fija, buena carrera,
       "quando alegre vienes ꝫ muestras cara
                      [soltera."

422   Dixo la buena duenya vn sermón tan
                      [tenprado:
       —"Senyor, si lo ouyesse de ti condonado,
       "otro mester sabía qu' es más sin pecado,
       "que es más ganançioso ꝫ es más ondrado.

423   "Si tú me lo condonas, por la tu cortesía,
       "que meta yo estudio en essa maestría,
       "quanto tú demandases, yo tanto te daría;
       "tú auriés gran ganançia ꝫ yo non pecaría.

421c *buena*: la *u* emborronada.
422b *ouyesse*: la *y* algo emborronada, pero se la distingue por el
     punto que suele llevar arriba.

421a *artera*: 'astuta'.
   b *tal*: 'así'.—*vido*: (perfecto vīdit) la *d* parece conservación
     de la latina del perfecto fuerte (que Amador de los Ríos con-
     sidera rasgo aragonés), pues, para deshacer el hiato, emplea
     viyo; 'vio'.—*plógol* (<placuit, perfecto fuerte de placēre) 'le
     plugo'.
   c *carrera*: 'camino o modo para conseguir alguna cosa' (*Buen
     Amor* 590a: "¿Quál carrera tomaré que me non vaya a
     matar?").
   d *quando*: 'puesto que'.—*soltera* (sobre el participio de sŏl-
     vĕre) 'distendida'.
422a *sermón*: 'discurso', 'exposición'.—*tan tenprado*: (<temperātus)
     'muy atemperado', 'muy ponderado'.
   b 'si lograse que me lo concedieses', el verbo haber tenía, fren-
     te a tener, matices incoativos.
423b *meta yo estudio*: 'ponga yo mi esfuerzo, empeño'.—*maes-
     tría*: 'profesión'.

424   "De qual guisa se quiere que pudiesse
                                            [seyer
       "que mayor ganança tú pudieses auer,
       "por esso me compreste τ esso deues façer.
       "A tu prouecho fablo, déuesmelo creyer."

425   El sermón de la duenya fue tan bien
                                            [adonado
       que fue el coraçón del garçón amansa⟨n⟩do.
Fol. 43   Diole plaço poco, ha día senyalado,
       mas que ella catase qué hauié demandado.

426   Luego el otro día, de buena madurg⟨u⟩ada,
       leuantóse la duenya ricamiente adobada;
       priso huna viola buena τ bien tenprada
       e sallió al mercado violar por soldada.

424a *de qual guisa se quiere*: 'de cualquier forma' (*Buen Amor*
       850a: "véngase qualsequier comigo a departir").
    c *esso*: 'obtener mayor ganancia'.—*compreste*: -este <a(vi)sti,
       con *e* por analogía con la persona yo "compré", 'compraste'.
425a *adonado*: vid. nota a 418c.
    b *el garçón*: 'el proxeneta'.
    c *poco*: 'escaso'.—*ha*: 'hasta'.
    d *catase*: 'se diese bien cuenta'.
426a *Luego el otro día*: 'al día siguiente mismo'.—*de buena ma-
       durg⟨u⟩ada*: postverbal de *maturicare, que alternaba con
       la metátesis que hoy ha triunfado, 'muy de madrugada', 'al
       alba'.
    b *adobada*: 'vestida', 'ataviada'.
    c *viola*: 'vihuela'.—*tenprada*: (<temperata) 'templada', 'afina-
       da'; la forma con *r* es normal en toda la Edad Media, sin
       que falten ejemplos de la ultracorrecta "templar", generali-
       zada en el xv.
    d *violar por soldada*: 'a tocar la vihuela a cambio de di-
       nero'.

427   Començó hunos viesos τ hunos sones
                                    [tales
que trayén grant dulçor τ eran naturales.
Finchiénse de omnes apriesa los portales,
non les cabi⟨e⟩én las plaças, subiénse a
                                    [los poyales.

428   Quando con su viola houo bien solazado,
a sabor de los pueblos houo asaz cantado,
tornóles a rezar hun romançe bien rimado
de la su razón misma por hò hauìa pasado.

429   Fizo bien a los pueblos su razón entender.
Más valié de çient marq⟨u⟩os ese día el
                                    [loguer.

427d: ms. *non les cabie enlas.*
429b Antes de *loguer, Aue* tachado.

427a *viesos*: 'canciones', 'versos' en la acepción vulgar, colectiva,
      de hoy, "verso" = "conjunto de versos" (Devoto, 295).
   b *naturales*: 'excelentes' (cf. Corominas, 2, s.v. nacer).
   c *finchiénse*: (<implēre con *f* ultracorrecta) 'henchíanse', 'lle-
      nábanse'.—*portales*: 'zaguanes'.
   d *non les cabi⟨e⟩én las plaças*: aquí el escriba ha cruzado dos
      construcciones, posibles en medieval, con el verbo *caber*:
      una, la que hoy perdura, de donde la preposición *en* del
      texto (188d: *Abés cabié la duenya de gozo* EN *su pelleio*), y
      la otra, *caber* más dativo personal 'no ser suficiente algo para
      contener a alguien', de donde le queda el dativo LES (585d:
      non LE *podié de gozo caber el monesterio; Alexandre* 188b:
      "*non* LES *cabien los canpos*").—*poyales*: 'poyos, asientos ado-
      sados al cimiento de la pared'.
428b *a sabor*: 'a gusto'.—*asaz*: (<ad satis) 'suficientemente', 'bas-
      tante'.
   c *tornó* + a + infinitivo: 'empezó a' (*Cantar*, III, 869).—*re-
      zar*: (<recĭtare) 'recitar'.—*romançe*: 'relato', 'narración'.
   d *razón*: 'asunto', 'relación de sucesos' (*Cantar* 2728-2729: "cor-
      tandos las cabecas, mártires serenos nós / moros τ christianos
      departirán desta razón").
429a *bien*: adverbio referido a *entender.—a los pueblos*: lleva *a*
      por tener infinitivo regido con objeto directo propio (*vid.*
      381c), 'a la gente'.
   b *loguer*: 'paga por un alquiler', aquí referido a la prostitu-
      ción, 'ganancia obtenida para el amo'.

Fuesse el traydor pagando del menester;
ganaua por ello sobeiano grant auer.

430   Cogieron con la duenya todos muy grant
[amor,
todos de su fazienda auìan grant sabor;
demás, como sabìan que auìa mal senyor,
Fol. 43v   ayudáuanla todos de voluntat mejor.

431   El prínçipe Antinágora mejor la querié;
que si su fija fuese más non la amarié;
el día que su boz o su canto non oyé
conducho que comiese mala pro le tenié.

432   Tan bien sopo la duenya su cosa aguisar
que sabìa a su amo la ganançia tornar.
Reyendo τ gabando con el su buen catar,
sópose, maguer ninya, de follía quitar.

433   Visco en esta vida hun tiempo porlongado,
fasta que a Dios plogo, bien quita de
[pecado.
Mas dexemos a ella su menester vsando
tornemos en el padre que andaua lazdrado.

429c *pagando del menester*: 'alegrando del oficio nuevo'.
   d *sobeiano*: 'extraordinario'.
430b *fazienda*: 'historia'.—*sabor*: 'gusto', 'placer', 'interés'.
431a *mejor*: 'más que ninguno'.
   d *conducho*: 'comida', 'alimento'.—*mala pro*: 'mal provecho'.
432a *sopo*: (perfecto fuerte, de sapuit) 'supo'.—*su cosa aguisar*:
   'encontrar salida a su situación'.
   b *tornar ganançia*: 'hacer el vasallo el servicio que debe a su
   señor' (Marden, II, 175).
   c *gabando*: (germánico gabban > francés gaber) 'bromeando',
   'presumiendo'.—*buen catar*: 'hermosa mirada', quizás, más
   general, 'hermoso semblante'.
   d *follía*: 'locura', 'maldad'.—*se quitar*: 'librarse'.
433a *Visco*: perfecto fuerte, de vixit, con metátesis de ks, 'vivió'.—
   vida: 'género de vida'.—*porlongado*: (<latín medieval pro-
   longatum, con el prefijo arromanceado) 'prolongado'.
   b *plogo*: (perfecto fuerte, de placuit) 'plugo'.—*quita*: (<quie-
   tare 'apaciguar') 'libre', 'exenta'.
   c *vsando*: rima asonante.

TARSO. VUELVE APOLONIO A CASA DE ESTRÁNGILO EN BUSCA
DE TARSIANA. AL COMUNICARLE QUE HA MUERTO DECIDE
DIRIGIRSE A TIRO. UNA TORMENTA LOS DESVÍA A MITILENE.

434 A cabo de diez anyos que la houo lexada,
recudió Apolonyo con su barba trençada;
cuydó fallar la fija duenya grant z criada,
mas era la fazienda otramiente trastornada.

435 Estrángilo, el de Tarso, quando lo vio
[entrar,
perdió toda la sangre con cuyta z con pesar;
tornó en su encubierta a la muger a rebtar.
Mas cuydáuase ella con mentiras saluar.

Fol. 44 436 Saluó el rey sus huéspedes z fuelos
[abraçar,
fue dellos reçebido como deuìa estar.
Cataua por su fija que les dio ha criar,
non se podié sin ella reýr ni alegrar.

434a *diez anyos*: puede ser una distracción del poeta o del copista; la *Historia* (XXXVII) dice catorce (también los *Gesta*,
lín. 561, y el *Incunable*, lín. 698), que concuerda más con
los trece años que pasó Apolonio en Egipto (348d) y con los
doce que tenía Tarsiana cuando se la quiso asesinar (352a
y 446d).—*lexada*: 'dejada'.

 b *recudió*: 'regresó'.—*trençada*: (<francés antiguo trece, hoy
tresse, la *n* por cruce con trina > *trena 'triple'); la barba
'trenzada' era señal de duelo (*Cantar*, III, 495).

 c 'pensó encontrarla hecha una mujer'.

 d *fazienda*: 'el hecho', 'la historia'.—*otramiente trastornada*:
'trastocada de muy distinta forma'.

435b *perdió toda la sangre*: 'palideció'.

 c *vid.* nota a 391 y pág. 52.—*en su encubierta*: 'a solas'.—
rebtar: 'recriminar'.

 d *cuydáuase*: 'procuraba'.

436b *deuìa estar*: 'debía ser', 'convenía'.

 c *Cataua*: 'buscaba con la mirada'.

437 —"Huéspedes, dixo el rey, ¿qué puede
[esto seer?
"Pésame de mi fija que non me viene veyer.
"Querría desta cosa la verdat entender,
"que veyo a uós tristes, mala color tener."

438 Recudiól' Dionisa, díxol' grant falssedat:
—"Rey, de tu fija ésta es la uerdat:
"al coraçón le priso mortal enfermedat,
"passada es del sieglo, ésta es la uerdat."

439 Por poco Apolonio qu' el seso non perdió,
passó bien vn gran rato qu' él non les
[recudió,
que tan mala colpada él nunca recibió.
Parósse endurido, la cabe[ç]a primió.

440 Después, bien a la tarde, recudió el uarón;
demandó ha beuer agua, que vino non.
Tornó contra la huéspeda z díxol' huna
[razón
que deuié a la falsa quebrar el coraçón.

439a Después de *Apolonio, la* tachado.—*seso*: la primera *s*, longa,
completada a lápiz (o tinta muy desvaída).
d ms. *cabeca*.

_____

437b *pésame de*: impersonal, *de* introduce la causa del dolor
(*Cantar*, III, 795).
d *tristes*: *Historia*, XXXVII: "indue uestes lugubres et fictas
fundamus lacrimas et dicamus eam subito dolore stomachi
interisse".
438d *passada es del sieglo*: 'ha muerto'.
439a *el seso non perdió*: 'no enloqueció'.
b *recudió*: 'respondió', 'replicó'.
c *colpada*: 'golpe'.
d *parósse*: 'quedóse'.—*endurido*: 'aturdido' (literalmente 'en-
durecido').—*primió*: (<prĕmĕre con inflexión de *yod*) 'bajó'.
440a *bien a la tarde*: 'bien entrada la tarde'.—*recudió*: 'volvió
en su ser' (*Milagros* 823c: "recudió don Teófilo, tornó de
muert a vida").
c *Tornó contra*: 'se dirigió a'.—*razón*: 'discurso', 'parlamento'.
d *quebrar*: (<crĕpare con metátesis) 'quebrar'.

Fol. 44v 441 —"Huéspeda, diz, querría más la muerte
            [que la vida
    "quando, por mìos pecados, la fija he
            [perdida.
    "La cuyta de la madre, que me era venida,
    "con ésta lo cuydaua aduzir ha medida.

442 "Quando cuydé agora que podría sanar,
    "que cuydaua la llag⟨u⟩a guarir τ ençerrar,
    "é preso otro colpe en esse mismo logar;
    "non he melezina que me pueda sanar.

443 "Pero las sus abtezas τ los sus ricos
            [vestidos,
    "poco ha que es muerta, aýn non son
            [mollidos;
    "tenéruoslo é a grado que me sean
            [vendidos,
    "de que fagamos fatilas los que somos
            [feridos.

441a *diz*: presente dīcit usado tanto para presente como para
  perfecto, después quedó como impersonal "dicen", 'dice' o
  'dijo'.
 b *quando*: 'puesto que'.—*por mìos pecados*: 'por mi desgracia'.
 d *ésta*: 'la hija'.—*lo aduzir ha medida*: 'reducirlo a medida',
  'moderarlo', 'hacerlo más llevadero'.
442b *guarir*: 'curar'.—*ençerrar*: 'cicatrizar'.
 c *é preso*: (<prensum, participio de prendĕre) 'he recibido'.—
  colpe: (<colăphum) 'golpe' que aparece en textos del XIII
  y se generaliza en el XIV en castellano; en aragonés duró
  colpe hasta 1400 por lo menos.
443a *abtezas*: (<abte, *Dicc. Hco.*, 225) 'alhajas', 'bienes y objetos
  de valor'.
 b *poco ha*: haber impersonal 'hace poco'.—*es muerta*: 'ha
  muerto'.—*mollidos*: (<mollīre) 'reblandecidos por la humedad', 'enmohecidos'.
 c *ternéruoslo é a grado*: 'os lo agradeceré'.
 d *fatilas*: 'hilas'.—*somos feridos*: 'hemos sido heridos'.

444 "Demás quiero hir luego veyer la sepultura,
"abraçaré la piedra maguer f[rid]a 〈
[dura,
"sobre mi fija Tarsiana planyeré mi
[rencura,
"sabré de su façienda algo por auentura."

445 Cosa endiablada, la burçesa Dionisa,
ministra del pecado, fizo grant astrosía:
fizo hun monumento, rico a muy gran guisa,
de hun mármol tan blanq⟨u⟩o como huna
[camisa.

Fol. 45 446 Fizo sobre la piedra las letras escreuir:
«Aquí fizo Estrángilo ha Tarsiana sobollir,
»fija de Apolonyo, el buen rey de Tir,
»que a los XII anyos abés pudo sobir.»

447 Reçibió Apolonyo lo que pudo cobrar,
mandólo a las naues a los omnes leuar;
fue él al monumento su ventura plorar,
por algunas reliquias del sepulcro tomar.

444b *f[rid]a*: ms. *fidra* (Marden, II, 117).

444a *luego*: 'en seguida'.
  b *frida*: (<frigĭdam) 'fría', la conservación de la *-d-* se interpreta como aragonesismo.
  c *rencura*: 'aflicción'.
  d *por auentura*: 'por ventura', 'acaso'.
445a En la *Historia,* Dionisa manda hacer el sepulcro en seguida de la fingida muerte de Tarsiana.
  b *astrosía*: (<*astrosia 'mala estrella') 'vileza', rima asonante.
  c *a muy gran guisa*: 'en gran manera'.
446b *sobollir*: (<*sepullire < sepelire × sepultus; *so-* confusión con el prefijo *sub*) 'enterrar'.
  c *Tir*: 'Tiro', quizás occitanismo o catalanismo.
  d *abés*: 'apenas'.—*sobir*: (<sŭbīre) 'subir', 'llegar', la forma con *u* se impone en el xv.
447a *cobrar*: 'recobrar'.
  c *su ventura*: 'su destino', 'su suerte'.—*plorar*: aragonesismo, 'llorar'.
  d *por*: final, 'a fin de'.

448 Quando en el sepulcro cayó el buen uarón,
quiso façer su duelo como hauié razón;
abaxósele el duelo z el mal del coraçón,
non pudo echar lágrima por nenguna
[misión.

449 Tornó contra sí mismo, començó de asmar:
—"¡Ay, Dios!, ¿qué puede esta cosa estar?
"Si mi fija Tarsiana yoguiesse en este logar,
"non deuién los mis ojos tan en caro se
[par[a]r.

450 "Asmo que todo aquesto es mentira
[prouada,
"non creyo que mi fija aquí es soterrada:
"mas, ho me la han vendida ho en mal logar
[echada.
"Seya, muerta ho biua, ha Dios
[acomendada."

449d *parar*: ms. *partir*; en la letra del escriba el conjunto *ti* es
muy parecido a una *a*; Marden (I, 53) ya corrigió *parar*.
450d La abreviación de *acomendada* rasga el papel, produciendo
un borrón en folio 45 v: *tempesta*.

448a *cayó*: 'cayó de rodillas'.
b *como hauié razón*: 'como convenía'.
c *abaxó*: 'disminuyó'.
d *nenguna*: (<nec una, con *n* analógica de non) 'ninguna' que
se generaliza en el xiv, aunque alternando con *nenguna.*—
misión: 'esfuerzo'.
449b *estar*: 'ser', licencia poética para la rima.
c *yoguiesse*: imperfecto de subjuntivo formado sobre iacui,
perfecto de iacere, 'estuviese enterrada'.
d *tan en caro se parar*: 'refrenarse, abstenerse, contenerse tanto'. En la *Primera Crónica General* (667a,9): "Et ell abbat,
maguer que *se paro en caro* de comienço, en el cabo otorgo
a aquell cauallero su monge lo quel rogaua". Este pasaje tra-
duce "et licet abbas se a principio *retraxisset*, demun con-
sentit" (Marden: *Unos trozos oscuros*, 295-297).
450c *echada*: se puede entender 'enterrada', si está muerta, o
'conducida a un mal lugar', si estuviese viva.

Fol. 45v 451   Non quiso Apolonyo en Tarso más estar
                 q⟨u⟩a hauié reçebido en ella gran pesar;
                 tornósse ha sus naues cansado de llorar.
                 Su cabeça cubierta, non les quiso fablar.

        452   Mandóles que mouiesen τ que pensasen de
                                                    [andar,
                 la carrera de Tiro penssasen de tomar;
                 que sus días eran pocos τ querrié allá finar,
                 que entre sus parientes se querrié soterrar.

        453   Fueron luego las áncoras a las naues
                                                    [tiradas,
                 los rimos aguisados, las velas enfestadas;
                 tenién viento bueno, las ondas bien pagadas,
                 fueron de la ribera ayna alongad[a]s.

        454   Bien la media carrera, o más, hauién
                                                    [andada,
                 auìan sabrosos vientos, la mar iazié pagada,
                 fue en poco de rato toda la cosa camiada,
                 tollióles la carrera que tenién començada.

453b El final de *velas* y el principio de *enfestadas* emborronado.
   d *alongadas*: ms. *alongados,* que Marden (II, 59) corrige por la
     rima y por la referencia a *naues*.

451d *les*: parece que se refiere a Estrángilo y Dionisa, pues, tanto
     en la *Historia* (XXXVIII) como en los *Gesta* (lín. 589), sí se
     explaya con los suyos.
452a *mouiesen*: 'zarpasen'.—*pensar de* + *infinitivo*: 'disponerse a'.
   c *finar*: 'morir'.
   d *se querrié soterrar*: factitivo, 'querría ser enterrado'.
453a *Fueron tiradas las áncoras*: 'levaron anclas'.
   b *enfestadas*: (<*infestare*) 'enhiestas', 'izadas'.
   c *bien pagadas*: 'muy sosegadas'.
   d *ayna*: 'deprisa'.
454d *tollióles la carrera*: (<*tollĕre* 'quitar') 'desviólos del rumbo'.

455   De guisa fue rebuelta τ yrada la mar
que non auién nengún conseio de guiar;
el poder del gouernyo houiéronlo ha
                      [desemparar,
non cuydaron ningunos de la muerte
                      [escapar.

456   Prísolos la tempesta τ el mal temporal,
Fol. 46   sacólos de caminos el oratge mortal;
echólos su uentura τ el Rey Espirital
en la vila que Tarsiana pasaua mucho mal.

457   Fueron en Mitalena los romeros arribados,
auìan mucho mal passado τ andauan
                      [lazdrados.
Prisieron luego lengua, los vientos hia
                      [quedados.
Rendìan a Dios graçias porque eran
                      [escapados.

456a El final de *tempesta* emborronado por el rasgado del papel
que produce la abreviación de *acomendada*, 450d.

455a *De guisa*: 'de tal manera'.
  b *nengún*: puede ser adjetivo, o el sujeto de *auién* 'nadie'.—
conseio de guiar: 'idea del rumbo', cf. 110b: *perdieron el
conseio*.
  c *poder*: 'vigilancia', 'custodia' (*Cantar* 486: "El castiello dexó
en so poder").—*gouernyo*: (<latín tardío gŭbĕrnium) 'timón'.—*houiéronlo ha*: perífrasis de obligación.—*desemparar*:
(<des-*imparare) 'abandonar'.
456a *tempesta*: resto fonético, culto, del nominativo latino tempesta, 'tempestad'.
  b *oratge*: catalanismo (<aura + -atĭcum) 'viento'.
  d *vila*: lo más probable es una *l* con valor de *ll* palatal, o, si
no, catalanismo, 'villa'.—*que*: 'en que'.
457c *Prisieron luego lengua*: "prender lengua", en español medieval, tenía la significación de 'recabar noticias'; por lo tanto,
no es que 'recuperaran el habla para dar gracias a Dios',
sino que 'en seguida intentaron informarse de adónde habían llegado'.—*hia*: 'ya'.—*quedados*: 'amainados'.
  d *eran escapados*: 'habían escapado'.

458   Ancoraron las naues en ribera del puerto,
ençendieron su fuego que se les era muerto,
enxugaron sus panyos lasos z de⟨l⟩ mal
                            [puerto;
el rey en todo esto non tenyé nuyll
                            [conuerto.

459   El rey Apolonyo, lazdrado cauallero,
naçiera en tal día z era disantero,
mandóles que comprassen conducho muy
                            [llenero,
e fiziessen rica fiesta z ochauario plenero.

460   En cabo de la naue en hun rencón
                            [destaiado,
echósse en hun lecho el rey tan deserrado;
juró que quien le fablasse serié mal soldado,
dell huno de los pies serié estemado.

461   Non quisieron los omnes ssallir de su
                            [mandado,
conpraron gran conducho de quanto que
                            [fue fallado.

458c *lasos z de mal puerto*: 'cansados y desafortunados' (*Milagros* 337d: "Asmó bien esta cosa quel istrie [saldría] a mal puerto").

d *conuerto*: (<*conhortare 'confortar') 'consuelo'.

459b *disantero*: 'referente al día de fiesta ("disanto")', 'el que suele celebrarlas'; el autor, en su afán por cristianizar el texto pagano, cambia la fiesta de Neptuno (*Historia,* XXXIX: "Ibi Neptunalia festa celebrabantur") por el cumpleaños de Apolonio, pero en 463a lo olvida y Antinágoras sale hacia el puerto *por la fiesta passar*.

c *conducho muy llenero*: 'víveres abundantes'.

d *ochauario plenero*: 'octavario completo'.

460a *rencón*: vid. 289a.—*destaiado*: 'separado', 'apartado'.

b *deserrado*: (<des + errare): 'perdido', 'desgraciado'.

c *soldado*: 'remunerado'.

d *estemado*: (<stĭgmare) 'mutilado', vocablo restringido al área navarro-aragonesa.

Fol. 46v   Fue ante de mediodía el comer aguisado,
                  qualquiere que vinyé non era repoyado.

        462   Non osauan ningunos al senyor dezir nada,
                  q⟨u⟩a auyé dura ley puesta τ confirmada.
                  Cabdellaron su cosa, como cuerda mesnada,
                  penssaron de comer la conpanya lazdrada.

MITILENE. EL REY ANTINÁGORAS PRETENDE SACAR A APO-
LONIO DE SU TRISTEZA ENVIÁNDOLE A LA JUGLARESA
                        TARSIANA.

        463   En esto Antinágora, por la fiesta passar,
                  salló contra el puerto, querìasse deportar.
                  Vio en esta naue tal companya estar,
                  entendió que andauan como omnes de
                                                    [prestar.

        464   Ellos, quando lo uieron de tal guisa venir,
                  leuantáronsse todos, fuéronlo reçebir;
                  gradesçiólo él mucho, non los quiso fallir,
                  assentósse con ellos por non los desdezir.

        465   Estando a la tabla, en solaz natural,
                  demandóles quál era el senyor del reyal.

461d *repoyado*: (< repūdiare) 'rechazado'.
462c *Cabdellaron su cosa*: 'gobernaron sus asuntos'.
   d *penssaron de*: 'se dispusieron a'.
463d *andauan*: 'se comportaban'.—*de prestar*: 'importantes'.
464b *reçebir*: vid. 203d.
   c *fallir*: (< fallĕre 'faltar') 'desairar'.
   d *desdezir*: 'desatender', 'dar muestras de desconsideración'.
465a *a la tabla*: 'a la mesa', no es aragonesismo, se da también
      en escritores castellanos.—*natural*: 'relajado', 'espontáneo'.
   b *quál*: 'quién', en medieval usado también para personas en
      interrogación.—*reyal*: (arabismo, Corominas, 2, s.v. rehala)
      'albergue' (*Cantar* 2175: "Dadles vn reyal ⟨τ⟩ a los yfantes
      de Carrión"); como están en la nave (463a), es que a la fies-
      ta admiten convidados (461d), como lo hacen con Antiná-
      goras (464).

—"Iaze, dixieron todos, enfermo muy mal,
"e por derecho duelo es perdido non por ál.

466   "Menazados nos á que aquell que li fablare,
"de comer nin de beuer nada le ementare,
"perderá el hun pie de los dos que leuare,
"por auentura amos, si mucho lo porfiare."

467   Demandó quel' dixiesen por quál ocasión
Fol. 47   cayó en tal tristiçia τ en tal ocasión.
Contáronle la estoria τ toda la razón
quel' dizién Apolonyo de la primera sazón.

468   Díxoles él: —"Como yo creyo, si non ssó
                                    [trastornado,
"tal nombre suele Tarsiana auer mucho
                                    [vsado.
"A lo que me salliere ferme quiero osado:
"dezirle he que me semeia villano
                                    [descoraznado."

468c *salliere*: una *l* corregida con un nuevo trazo; pudiera leerse *ll*,
como hace Marden, o *l*, como transcribe Alvar.

465d *derecho*: 'justo', 'justificado'.
466a *li*: dialectalismo, 'le'.
  b *nada*: 'algo'.
  d *amos*: 'ambos'.
467a *ocasión*: (<occasionem) 'daño grave', 'accidente imprevisto'
    (Corominas, 2, s.v. caer).
  b *ocasión*: (<cadĕre) 'derrumbamiento'.
  c *razón*: 'explicación'.
  d 'y que le llamaban Apolonio desde la niñez'.
468c *A lo que me salliere*: 'arriesgándome'.—*ferme quiero osado*:
    'quiero atreverme'.
  d *descoraznado*: 'sin corazón'.

Un humilde pescador apiadado de Apolonio le viste con la mitad de sus pobres vestidos y le lleva a su casa. Grabado en madera del incunable.

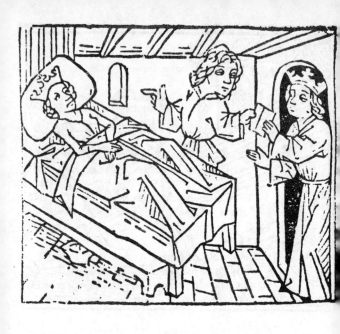

Apolonio entrega al rey Architrastres la carta en que Luciana
le elige por esposo. Grabado en madera del incunable.

469   Mostráronle los homnes el logar hon iazìa,
que co[n] el omne bueno a todos mucho
[plazié.
Violo con fiera barba que los pechos le
[cobrié,
tóuolo por façanya porque atal fazié.

470   Díxol: —"Dios te salue, Apolonyo amigo,
"ohí fablar de tu fazienda, vengo fablar
[contigo.
"Si tú me conosciesses auriés plaçer comigo,
"q⟨u⟩a non ando pidiendo nin só omne
[mendigo."

471   Boluiósse Apolonyo vn poco en el escanyo;
si de los suyos fuesse recibrìa mal danyo;
mas, quando de tal guisa vio omne estranyo,
non le recudió nada, enfogó el sossanyo.

472   Afincólo ell otro, non le quiso dexar;
omne era de preçio, querìalo esforçar.
Dixo: —"Apolonyo, mal te sabes guardar;
Fol. 47v   "deuyéste de otra guisa contra mí mesurar.

469b *co[n]*: ms. *com.*

469a *hon*: (<unde) 'donde'.—*iazìa*: ya desde P. J. Pidal se propone
iazié.
  b 'estaban de acuerdo con su idea'.
  d *tóuolo por façanya*: 'se maravilló de ello'.
470b *fablar*: el primero parece adelantamiento erróneo del segundo.
471a *escanyo*: 'banco', 'catre' (cf. 489a *lecho*), *Historia,* XL: "in
tenebris iacentem".
  d *recudió*: 'respondió'.—*enfogó*: 'sofocó', 'ahogó'.—*sossanyo*:
'ira' (*vid.* pág. 21).
472a *Afincó*: 'instó'.—*le*: leísmo antietimológico.
  b *omne de preçio*: 'noble'.
  c *guardar*: 'precaver', 'mirar lo que se hace o dice'.
  d *mesurarte*: 'comportarte'.

473   "Senyor ssó desta villa, mía es para
                                        [mandar,
           "dízenme Antinágora, si me oýste nombrar.
           "Caualgué de la villa z sallíme a deportar,
           "las naues que yaçién por el puerto a mirar.

474   "Quando toda la houe la ribera andada,
           "páguéme desta tu naue, vila bien adobada;
           "salliéronme a recebir toda la tu mesnada,
           "reçebí su conbido, yanté en su posada.

475   "Vy omnes ensenyados, companya
                                        [mesurada,
           "la cozina bien rica, la mesa bien
                                        [abondada;
           "demandé que quál era el senyor de la
                                        [aluergada,
           "dixóronme tu nombre z tu vida lazdrada.

476   "Mas ssi tú a mí quisieres escuchar z
                                        [creyer,
           "saldriés desta tiniebra, la mi cibdat veyer;
           "veriés por ella cosas que auriés gran
                                        [plaçer,
           "por que podriés del duelo gran partida
                                        [perder.

473c *de*: 'desde'.—*deportarme*: 'distraerme', 'divertirme'.
474b *paguéme desta*: 'me gustó esta'.
   c *salliéronme*: concordancia ad sensum.
   d *reçebí*: 'acepté'.—*yanté*: 'comí'.—*posada*: 'lugar donde cele-
      braban la fiesta'.
475a *ensenyados*: 'instruidos'.—*mesurada*: 'prudente'.
   b *cozina*: 'comida'.
   c *quál*: *vid.* nota a 465b.—*aluergada*: sinónimo de *reyal* (465b),
      dentro de la nave, *Historia*, XL: "Inquisiui dominum nauis".
   d *dixoron*: desinencia aragonesa del perfecto fuerte de decir
      (<dīxerunt), 'dijeron'.
476c *que*: introductora de consecutiva, su correlato en la principal
      implícito en *cosas*, *[tales] cosas*.
   d *que*: relativo: 'las que', antecedente *cosas*.

477 "Deuyés en otra cosa poner tu uoluntat,
"que te puede Dios façer aún gran piedat.
"Que cobrarás tu pérdida, cuydo que será
[uerdat,
"perderás esta tristiçia z esta crueldat."

478 Recudió Apolonyo z tornó ha él la faz,
Fol. 48 díxol': —"¡Quienquier que seyas, amigo,
[ue en patz!
"Gradézcotelo mucho, fezísteme buen
[solaz;
"entiendo que me dizes buen conseio asaz.

479 "Mas ssó por mis pecados de tal guisa
[llagado
"que el coraçón me siento todo atrauesado;
"desque beuir non puedo z só de todo
[desfriado,
"de cielo nin de tier[r]a a veyer non é
[cuydado."

480 Partióse Antinágora d' él mal deserrado,
veyé por mal achaque omne bueno danyado;
tornó a la mesnada fieramiente conturbado,
díxoles que el omne bueno fuert era
[deserrado.

478a "Dixol' quien quier" aparece en el ángulo inferior derecho
indicando el comienzo del cuadernillo siguiente; va inscrito
en un rectángulo rudimentariamente ornamentado.

477a *uoluntat*: 'deseo', 'interés'.
d *crueldat*: 'aspereza', 'descortesía'.
478b *patz*: (<pacem) 'paz' con grafía aragonesa.
d *asaz*: 'bastante' con valor de 'muy', refuerza a *buen*.
479a *ssó*: resultativo, 'me encuentro'.
c *desque*: 'puesto que'.—*desfriado*: 'indiferente'.
d *cuydado*: 'deseo', 'interés'.
480a *Partióse d' él*: 'le dejó', 'se alejó de él'.—*deserrado*: *vid.* nota
a 460b.
b *achaque*: (<árabe atšákkà) 'dolencia'.
c *fieramiente*: 'fuertemente'.
d *fuert*: 'muy'.

481   Non pudo comedir nin asmar tal manera
        por qual guisa pudiés' meterlo en la carrera:
        —"Só en sobejana cuyta, más que yer non
                                            [era;
        "nunca en tal fuy, por la creença vera.

482   "Pero cuydo τ asmo vn poco de entrada;
        "quiero que lo prouemos, que non perdemos
                                            [nada,
        "Dios mande que nos preste la su uertut
                                            [sagrada,
        "¡ternía que auiemos a Jericó ganada!

483   "En la çibdat auemos huna tal juglaresa
        "—furtada la ouieron—, enbiaré por éssa.
        "Si ella non le saca del coraçón la quexa,
        "a null omne del mundo nol' fagades
                                            [promesa."

484   Enbió sus siruie[n]tes al malo a dezir
Fol. 48v quel' diesen a Tarsiana quel' viniese seruir;

484b *viniese*: la segunda *i* interlineada.

481a *tal manera*: 'la forma adecuada'.
   b *meterlo en carrera*: vid. nota a 143a.
   c *sobejana*: 'extraordinaria', 'desmesurada'.—*yer*: (<hĕri) 'ayer',
      posible aragonesismo.
   d *creença vera*: (<*credentia) 'por la fe verdadera', 'por Dios'.
482a *vn poco de entrada*: 'un resquicio para convencerlo'.
   c *Dios mande que nos preste*: 'Dios disponga prestarnos'.—
      uertut: 'fuerza', 'poder'.
   d 'lo consideraría como si hubiéramos ganado a Jericó'; los
      nombres de ciudad llevaban *a* de objeto directo si había ex-
      presividad.—*ternía*: < tener + ía con metátesis, 'tendría'.
483a *huna tal*: 'una cierta'.
   b *furtada la ouieron*: 'la raptaron'.
   c *quexa*: rima asonante, 'aflicción'.
   d Parece frase hecha que expresa gran seguridad en algo.
484b *diesen*: 'alquilasen'; 'enviasen', según *Cantar* 1159: "dauan
      sus corredores".—*quel'*: 'para que le'.

leuaryé tal ganançia, sil'pudiese guarir,
qual ella se pudiese de su boca pedir.

485 La duenya fue venida sobre gent adobada,
saluó [a] Antinágora τ a toda su mesnada;
por la palabra sola, luego de la entrada,
fue de los pelegrinos bien quista τ amada.

486 Díxol' Antinágora: —"Tarsiana, la mi
[querida,
"Dios mande que seyades en buen punto
[venida;
"la maestría uuestra tan gran τ tan conplida
"agora es la ora de seyer aparesçida.

487 "Tenemos vn buen omne, senyor destas
[companyas,
"omne de gran fazienda, de raýç τ de
[manyas:

484c *guarir*: 'curar'.
   d *se*: dativo commodi: 'en su provecho'.
485a *fue venida*: ser auxiliar de intransitivos, 'vino'.—*sobre gent*: vid. nota a 405b.
   b *[a] Antinágora*: la *a* de objeto directo embebida en la inicial siguiente (en el *Cantar* se da este tipo de *a* incluso con indirecto, 1260-1261: "el auer me aura a tornar / [a] aquestos myos vassallos"); en medieval era muy frecuente este desglose del objeto directo en dos miembros con *a*, sobre todo si el segundo es "mesnada" o "compaña".
   d *pelegrinos*: forma popular con disimilación (<peregrinus) 'viajeros', 'extranjeros'.—*quista*: (participio pasado de quaerere, quaesitam) 'querida'; en lo antiguo podía emplearse sin el adverbio, en Nebrija ya solamente "bienquista", "malquista".
486d *aparesçida*: 'manifestada'.
487b *de raýç τ de manyas*: 'de linaje y educado'; *raýç* es la única palabra del texto que acaba en ç.

"es perdido con duelo por pérdidas
[estranyas,
"por Dios, quel' acorrades con algunas
[fazanyas."

488   Dixo ella: —"Mostrátmelo, q⟨u⟩a como
[yo só creýda,
"yo trayo letuarios *z* espeçia tan sabrida
"que, si mortal non fuere ho que seya de
[vida,
"io le tornaré alegre, tal que a comer pida."

MITILENE. TARSIANA INTENTA, POR TODOS LOS MEDIOS,
ALEGRAR A SU PADRE. SERIE DE ADIVINANZAS. APOLONIO
ACABA IRRITÁNDOSE Y, EN LAS QUEJAS DE LA JUGLARESA,
RECONOCE A SU HIJA.

489   Leuáronla al lecho a Tarsiana la infante.
Dixo ella: —"Dios te salue, romero o
[merchante,
"mucho só de tú cuytada, sábelo Dios,
[pesante.
"Su⟨e⟩ estrumente en mano parósele
[delante.

487c *estranyas*: 'extraordinarias'.
   d *acorrades*: 'ayudéis'.—*fazanyas*: 'historias ejemplares que le
      puedan consolar'.
488a *como yo só creýda*: valor de presente, 'como me creo' (Hans-
      sen, *Gramática*, § 580; *Pasiva*, 24).
   b *letuarios*: (<electuarium) 'electuarios', 'medicamentos que
      contienen miel o azúcar y otros componentes'.—*sabrida*: 'sa-
      brosa'.
   c Los dos hemistiquios parecen querer decir lo mismo: 'si la
      enfermedad fuera curable'.
   d *le*: leísmo antietimológico.
489a *la infante*: vid. 163a.
   b *merchante*: (<francés antiguo merchant, *ch* con valor africado
      palatal) 'mercader'.
   c *de tú*: forma de sujeto para término de preposición, propio del
      aragonés.—*pesante*: 'pesarosa'.
   d *su⟨e⟩*: *estrumente* es masculino, por lo que es imposible el
      arcaico *sue*.—*estrumente*: vid. nota a 15b, 'su vihuela'.—*paró-
      sele delante*: 'se colocó de pie delante de él'.

Fol. 49   490   "Por mi solaz non tengas que eres
[aontado,
"sy bien me con[o]scieses, tenerte yes por
[pagado,
"q⟨u⟩a non só juglaresa de las de buen
[mercado,
"nin lo é por natura, mas fágolo sin grado.

491   "Duenya só de linatge, de parientes
[honrrados,
"mas dezir non lo oso por mìos graues
[pecados;
"nací entre las ondas on naçen los pescados,
"amos houe mintrosos τ traydores prouados.

492   "Ladrones en galeas que sobre mar
[vinyeron,
"por amor de furtarme, de muerte me
[estorcieron;
"por mi uentura graue a omne me
[uendieron
"por que muchas de vírgines en mal fado
[cayeron.

490a *Por mi solaz*: 'por el placer que recibas de mí'.—*tengas*:
'creas'.—*aontado*: verbo creado sobre el francés honte, 'burla', y éste del germánico haunitha, alternaba con "afontar",
'deshonrado', 'afrentado', 'rebajado'.
b *tenerte yes por pagado*: 'te tendrías por satisfecho'.
c *de buen mercado*: 'de poco precio'.
d *por natura*: 'por afición espontánea'.—*sin grado*: 'a disgusto'.
491a *linatge*: vid. 412b.—*parientes*: vid. nota a 410b, 'padres'.
b *non oso*: (<ausare) 'no me atrevo'.—*por mìos graues pecados*: 'por desdicha'.
c *on*: (<unde) ya sin sentido de procedencia, 'donde'.
d *amos*: 'ayos', 'tutores'.—*mintrosos*: vid. 249b, 'mentirosos',
'falsos'.
492b *amor*: 'deseo', 'propósito'.—*estorcieron*: 'libraron'.
c *graue*: 'funesta'.
d *que*: relativo 'el que', antecedente *omne*.—*mal fado*: 'desgracia', 'fatal destino'.

493 "Pero fasta agora quísome Dios guardar,
"non pudo el pecado nada de mí leuar.
"Maguer en cuyta biuo, por meior escapar
"busco menester que pueda al sieglo
[enganyar.

494 "Et tú, si desta guisa te dexares morir,
"siempre de tu maliçia auremos que dezir,
"Camya esta posada si cobdiçias beuir;
"io te daré guarido si quisieres ende sallir."

495 Quando le houo dicho esto τ mucho ál,
mouyó en su viola hun canto natural,
coplas bien assentadas, rimadas a senyal;

Fol. 49v   bien entendié el rey que no lo fazié mal.

496 Quando houo bien dicho τ ouo bien
[deportado,
dixo el rey: —"Amiga, bien só de ti
[pagado:

493b 'no perdí la virginidad'.—*pecado*: 'demonio'.
   d *menester*: 'oficio', seguramente *mester*.—*al sieglo*: 'al mundo'
     en sentido eclesiástico peyorativo, 'gente mundana, carnal'.
494b *auremos que dezir*: 'tendremos algo que dezir', 'tendremos
     motivo para acusarte de malicia'.
   c *Camya esta posada*: 'cambia esta morada, el rincón donde te
     encuentras'.
   d *daré guarido*: 'curaré'.—*ende*: (<inde) 'de ahí', 'de ella'.
495a *mucho ál*: (<latín vulgar alid) 'muchas otras cosas'.
   b *mouyó*: 'rasgueó', 'tañó'.—*natural*: puede ser opuesto a semi-
     tonal, 'diatónico', como en 178b (Devoto, 309), o bien 'exce-
     lente', según la acepción que Corominas da a esta palabra.
   c *bien assentadas*: 'bien compuestas'.—*a senyal*: 'prodigiosa-
     mente', 'extraordinariamente', cf. "obtuvo una señalada victo-
     ria". En provenzal, "senhal" tiene la acepción de 'milagro',
     'prodigio'.
496a *deportado*: 'entretenido', 'solazado'.
   b *pagado*: 'satisfecho', 'complacido'.

"entiendo bien que vienes de linatge
[granado,
"ouiste en tu dotrina maestro bien letrado.

497 "Mas, si se me aguisare τ ploguiere al
[Criador,
"entendriés que de grado te faría amor;
"si uender te quisiere aquell tu senyor,
"io te quitaría de muy buen amor.

498 "Mas por esto senyero que me has aquí
[seruido,
"darte he diez libras de oro escogido.
"Ve a buena uentura que muy mal só
[ferido,
"que quantos días biua nunq⟨u⟩a seré
[guarido."

499 Tornó a Antinágora Tarsiana muy
[desmayada,
dixol' —"Nós non podemos aquí mejorar
[nada.
"Mandóme dar diez libras de oro en
[soldada,
"mas aún por prenderlas non só yo
[acordada."

499a Un borrón sobre *muy* no impide leer la palabra.

496c *granado*: 'grande', 'noble'.
  d *dotrina*: 'enseñanza'.
497a *si se me aguisare*: 'si se me arreglara mi situación'.
  b *te faría amor*: 'te haría un servicio'.
  d *te quitaría*: 'te daría la libertad'.—*amor*: 'voluntad'.
498a *senyero*: (<singularium) adjetivo, 'solo' (*Milagros* 244d: "cegó
    a muchos omnes, non a uno sennero"; la acepción del cultis-
    mo actual "singular", 'excelente', se expresaba por "señala-
    do".
  d *guarido*: 'curado', 'sanado'.
499a *desmayada*: 'decepcionada', 'entristecida'.
  d *aún non só acordada*: 'no me he puesto de acuerdo [con él]',
    'no [le] he dado mi conformidad'.

500   —"Fazes, diz Antinágora, en esto
[aguisado,
"non prendas su oro, q⟨u⟩a serìa gran
[pecado.
"Yo te daré dos tanto de lo que te él á
[mandado;
"non quiero que tu laçerio vaya en'
[denodado.

501   "Más aún, te lo ruego z en amor te lo
[pido,
"que tornes a éll z mete hí tu son complido.
Fol. 50   "Si tú bien entendieres z yo bien só
[creýdo,
"que querrá Dios que seya por tu son
[guarido."

502   Tornó al rey Tarsiana faziendo sus
[trobetes,
tocando su viola, cantando sus vesetes.
—"Omne bueno, diz, esto que tú a mí
[prometes.
"téntelo para tú, si en razón non te metes.

502a *trobetes*: emborronada la *s*.

500b *gran pecado*: 'gran error'.
   c *dos tanto*: 'el doble'.
   d *en'*: (<índe) 'ende', 'por eso'.—*vaya denodado*: 'resulte au-
     mentado', 'no quiero que salgas perjudicada habiendo traba-
     jado sin paga'.
501a *en amor*: 'por favor'.
   b *hí*: (<ibi) 'allí'.—*son complido*: 'música excelente'.
   c *entendieres*: 'intuyeres'.—*bien só creýdo*: 'creo firmemente'.
502a *trobetes*: diminutivo de 'trova' (Devoto, 296).
   b *vesetes*: diminutivo de *viesso*, 'verso', 'poema', 'canción'.
   c *Omne bueno*: 'ciudadano'.—*esto*: 'las diez libras'.
   d *para tú*: aragonesismo, 'para ti'.

503   "Vnas pocas de demandas te quiero
                                   [demandar.
"Si tú me las supiesses a razón terminar,
"leuar hía la ganançia que me mandeste
                                   [dar;
"si non me recudieres, quiérotela dexar."

504   Ouo el rey dubda que, si la desdenyasse,
que asmarién los omnes, quando la cosa
                                   [sonasse,
que por tal lo fiziera que su auer cobrasse.
Tornóse contra ella, mandóle que
                                   [preguntase.

505   Dixo: —"Dime «quál es la cosa
                      [—preguntó la mallada—
»que nunca seye queda, sienpre anda
                                   [lazdrada,

504c Un borrón sobre *cobrasse.*

503a *de*: partitivo con adjetivo.—*demandas*: 'acertijos', 'adivinan-
     zas', cf. 15b, 51d.
   b *a razón terminar*: 'convenientemente resolver' (*Alexandre*
     1477b: "non es nado quel' pueda la color terminar ['determi-
     nar']").
504a *dubda*: 'temor'.
   b *que*: fue costumbre, hasta el Siglo de Oro, repetir la conjun-
     ción subordinante después de un inciso.—*asmarién*: 'pensa-
     rían'.
   c *por tal ... que*: en correlación; la proposición iniciada por *que*
     explicita a *tal*: 'que se negaba a contestar a las adivinanzas
     por recobrar sus diez libras'.
505a *mallada*: (<árabe mowallad 'adoptado') 'esclava', 'sierva' o
     'muchacha' (*Glosas Sil.* 170: "sponsatis puellis [malatas]").
     Muy abundante en textos, entre x y xiv, en el sentido de 'en-
     comendado o liberto bajo el patrocinio de un señor', 'criado',
     'siervo'. 'Muchacha'.
   b *seye*: (<sedet) 'permanece'.—*queda*: 'inmóvil'.

»los huéspedes son mudos, da bozes la
[posada.»
"Si esto adeuinases sería tu pagada."

506 —"Esto, diz Apolonyo, yo lo uo asmando:
"el río es la casa que corre murmujando,
"los peçes son los huéspedes que siempre
[están callando."

Fol. 50v —"Ésta es terminada, ve otra adeuinando:

507 «Parienta só de las aguas, amiga só del río,
»fago fermosas crines, bien altas las enbío,
»del blanco fago negro, q⟨u⟩a es oficio
[mío.»
"Ésta es más graue, segunt que yo fío."

508 —"Parienta es de las aguas mucho la
[canya uera,
"que çerq⟨u⟩a ella cría, ésta es la cosa
[vera;
"ha muy fermosas crines altas de grant
[manera,
"con ella fazen libros. Pregunta la terçera."

507a Ante de las puede leerse con cierta dificultad de las río, tachado.

505d sería tu pagada: 'quedaría satisfecha de ti', 'me daría por
contenta'.
506a asmando: 'vislumbrando'.
    b murmujando: formado sobre "murmulio", "murmujo", no
sobre el latino murmurare, 'murmurando'.
    d terminada: 'resuelta'.
507b crines: con sentido más amplio que el de hoy, 'cabellos', cf.
549c.
    d graue: 'difícil'.—fío: 'creo'.
508a canya uera: todavía sin unir sus dos elementos (<canna vera
'caña verdadera') 'cañavera', 'carrizo'.
    b çerq⟨u⟩a: 'cerca de las aguas'.—ella: 'la cañavera'.—cría:
'crece'.
    d fazen libros: referencia al "papiro".

509 «Fija ssó de los montes, ligera por
[natura,
»ronpo z nunq⟨u⟩a dexo senyal de la
[rotura;
»guerreyo con los vientos, nunca ando
[segura.»
—"Las naues, ditz el rey, trayen essa
[figura."

510 —"Bien, dixo Tarssiana, as a esto
[respondido;
"paresçe bien que eres clérigo entendido.
"Mas, por Dios ⟨te ruego⟩, pues que eres
[en responder metido,
"ruégote que non cansses z tente por
[guarido:

511 «Entre grandes fogueras que dan gran
[calentura,
»iaçe cosa desnuda, huéspet sin vestidura,
»n⟨n⟩il nueze la calor, nil' cuyta la friura.»
"Ésta puedes iurar que es razón escura."

512 Estonçe dixo el rey: —"Yo me lo faría
Fol. 51 "si fuesse tan alegre como seyer ssolía;

510c ⟨te ruego⟩: parece adelantado del verso siguiente, supresión
de Marden (I, 59).

509 Sobre la supervivencia de esta adivinanza, vid. Pérez Vidal, 90.
c guerreyo: aragonesismo, por la conservación de y intervocá-
lica (-idiare).
510b clérigo: había ampliado su significado a 'hombre culto' en
general.
d cansses: hoy reflexivo, 'te canses'.—tente por guarido: 'date
por satisfecho', vid. 88a.
511c nueze: (<nŏcēre) 'daña'.—cuyta: 'aflige'.—friura: 'frialdad
producida por la desnudez'.
d razón escura: 'adivinanza difícil'.
512a Yo me lo faría: 'tomarme un baño'.

"por entrar en los banyos, yo me lo faría.
"Fablar en tan vil cosa ssemeia bauequía."

513   —«Nin he piedes, nin manos, ni otro
[estentino,
»dos dientes he sennyeros corbos como
[fozino,
»fago al que me traye fincar en el camino.»
—"Tú fablas dell áncora", dixo el
[pelegrino.

514   —«Nascí de madre dura, ssó mueyll como
[lana,
»apésgame el río, que ssó por mí liuiana,
»quando prenyada sseyo, semeio fascas
[rana.»
—"Tú fablas de la esponja, dixo el rey,
[ermana."

514a *mueyll como*: está escrito sobre algo raspado. Difícilmente se
podría leer *mueyell* como hace Marden (I, 60), pues la curva
que hay a la derecha de la primera *l* no puede ser una *e*, so
pena de suprimir una *l*, sino resto de lo anteriormente escrito;
también es resto la parte baja de la *l* final, pues no hay ninguna *l* de forma semejante.

512c *yo me lo faría*: 'estar desnudo'; la repetición de los dos finales hace que Marden (II, 61) sugiera *yo desnudo sería* apoyándose en el texto latino: "Intrarem enim balneum ... ubi
nudus sine vestitus ingreditur hospes" (*Historia*, XLII).

d *vil*: 'sin importancia'.—*bauequía*: (onomatopéyico *babeccam
del latín vulgar) 'necedad'.

513a *estentino*: 'intestino', para Corominas es deformación popular
del derivado de intestinum del latín popular (2, s.v. entre).

b *sennyeros*: (<singularium) 'solos', 'únicos'.—*fozino*: (<fal-
cem + -inu) 'especie de hoz'.

514a *mueyll*: (<mŏllem) 'blando', con grafía aragonesa, *yll*, para *ll*
palatal.

b *apésgame*: (<*ad-pensicare, clásico pensāre 'pesar') 'cárga-
me', 'engruésame'.

c *prenyada sseyo*: 'permanezco preñada'.—*fascas*: 'casi' (Para
la etimología, *vid.* Corominas, 2, s.v. casi).

515 —"Dezirte he, [diz] Tarssiana, ya más
          [alegre sseyo,
"a bien verná la cosa, segunt que yo creyo;
"Dios me dará consseio, que buenos signos
            [veyo.
"Aýn por auentura veré lo que desseyo.

516 "Tres demandas tengo que son assaz
          [rafeçes.
"Por tan poca de cosa, por Dios, non
          [enperezes;
"si demandar quisieres, yo te daré las
          [vezes."

517 —"Nunq⟨u⟩a, ditz el rey, vi cosa tan
          [porffiosa.
"sí Dios me benediga, que eres mucho
          [enojosa.
"Si más de tres dixeres, tenert[e] é por
          [mintrosa,
Fol. 51v "non te esperaría más por ninguna cosa."

518 —«De dentro ssó vellosa τ de fuera raýda,
   »siempre trayo en sseno mi crin bien
          [escondida;

515a *[diz]*: añadido por Marden (I, 60), que acepto, aunque pudiera la estrofa estar en boca de Apolonio, éste no conoce todavía la identidad de la juglaresca para llamarla por su nombre.
516c Falta un verso a la estrofa.

515b *verná*: futuro de venir con síncopa y metátesis, 'vendrá'.
516a *demandas*: 'adivinanzas'.—*rafeçes*: (<árabe rahis 'barato') 'fáciles'.
 c *demandar*: 'seguir proponiendo adivinanzas'.—*vezes*: 'oportunidades', 'turnos para contestar'.
517a *cosa*: 'ser', 'persona'.
 c *mintrosa*: 'mentirosa'.
518a *raýda*: (<raděre 'rasurar') 'sin pelo'.

»ando de mano en mano, tráenme
[escarnida;
»quando van a yantar nengún non me
[conbida.»

519 —"Quando en Pentápolin entré
[desbaratado
"si non ffuesse por éssa andaría lazdrado;
"fuy del rey Architrastres por ella onrrado,
"si no, non me ouiera a yantar conbidado."

520 —«Nin ssó negro [nin blanco] nin he
[color certero
»nin lengua con que fable vn prouerbio
[senyero
»mas ssé rendar a todos, ssiempre ssó
[refertero
»valo en el mercado apenas vn dinero.»

521 —"Dalo por poco preçio el bufón ell
[espeio
"nin es ruuio nin negro, nin blanq⟨u⟩o nin
[bermejo
"el que en él sse cata veye su mismo çejo
"a altos τ a baxos riéndelos en parejo."

520a *negro [nin blanco]*: adición de Marden (I, 61).

519a *desbaratado*: 'despojado de todo a causa del naufragio'.
  b *éssa*: hace mención a 'la pelota', cf. 144 a 151 (*Historia* XLIII: "Nam sphera est").
520c *rendar*: Marden (I, 61) lo cambia por *render* 'vencer', pero e *reimītare* > remdar > rendar, 'remedar', que es lo que el es pejo hace con quien se pone delante.—*refertero*: (<*referita re* < *referre* 'replicar') 'el que da la réplica', y, también, 'pen denciero'.
  d *valo*: (<valeo) 'valgo' la *g* actual, contagiada, ha venido ocupar el lugar de la *yod*.
521a *bufón*: 'buhonero'.
  c *cata*: 'mira'.—*çejo*: 'semblante'; este verso explica el dato de *rendar*.
  d Aquí desentraña el *ssó refertero*, *riende* (<rĕndĕre 'vencer' 'somete', 'da la réplica'; el sintagma *altos τ baxos* (*vid.* not

522 —«Quatro ermanas ssomos, sso vn techo
[moramos],
»corremos en pareio, ssienpre nos
[segudamos,
»andamos cada 'l día, nunq⟨u⟩a nos
[alcançamos,
»yaçemos abra[ç]adas, nunq⟨u⟩a nos
[ayuntamos.»

Fol. 52 523 —"Raffez es de contar aquesta tu
[qüestión,
"que las quatro ermanas las quatro ruedas
[son;
"dos a dos enlazadas, tíralas vn timón,
"andan, τ non sse ayuntan en ninguna
[sazón."

524 Quísol' aún otra pregunta demandar,
assaz lo quiso ella de qüenta enganyar;
mas ssopo quántos eran Apolonyo contar,
díxol' que sse dexasse τ que estouiés' en
[paz.

522a *ermanas*: s final emborronada.—*[moramos]* añadido por Marden (I, 61) porque falta la palabra portadora de la rima.
d ms. *abracadas*, que podría darse por válido, pues existe 'abra-
car' como variante etimológica de "abarcar" < *abbrachicare,
con sentido de 'abrazar'; se dan ejemplos en Villena y está vivo
en América.—*ayuntamos*: la *u* escrita sobre una *n*.

a 180a), y otros semejantes, llevaban *a* de objeto directo, de
carácter expresivo, subrayando la amplitud de la acción ver-
bal, 'a todos'.—*en parejo*: 'por igual'.
522 Sobre la permanencia de este acertijo *vid.* Pérez Vidal, 92.
b *segudamos*: (<*secutare) 'perseguimos'.
c *cada 'l día*: 'durante todos los días' con su valor primitivo de
distributivo.
d *abraçadas*: 'unidas por el eje del carruaje'.—*ayuntamos*:
(<adjunctare) 'juntamos'.
523a *qüestión*: 'pregunta'.
d *sazón*: (<sationem) 'ocasión'.
524b *de qüenta*: 'en la cuenta, cómputo'.
d *sse dexasse*: 'desistiese'.—*paz*: rima asonante.

525   —"Amiga, dixo, deues de mí seyer pagada:
        "de quanto tú pidiste, bien te he
                                    [abondada;
        "et te quiero aún anyader en soldada;
        "vete luego tu vía, más non me digas nada.

526   "Más por ninguna cosa non te lo ssofriría
        "querriésme, bien lo veyo, tornar en alegría.
        "Ternyélo a escarnio toda mi compannýa;
        "demás, de mi palabra, por ren non me
                                    [toldría."

527   Nunq⟨u⟩a tanto le pudo dezir nin predicar
        que en otra leticia le pudiesse tornar.
        Con grant cuyta que ouo non sopo qué
                                    [asmar,
        fuele amos los braços al cuello a echar.

528   Óuosse ya con esto el rey a enssanyar,
Fol. 52v   ouo con fellonía el braço a tornar;
        óuole huna ferida en el rostro a dar,
        tanto que las narizes le ouo ensangrentar.

525a *de mí seyer pagada*: 'estar contenta de mí'.
   b *pidiste*: con inflexión analógica de las formas con *yod*, 'pe-
      diste'.—*te he abondada*: 'te he concedido ampliamente'.
   c *anyader*: vid. nota a 28c.
   d *vete luego tu vía*: 'márchate', 'sigue tu camino', resto del acu-
      sativo interno latino.—'no me digas nada más'.
526a *lo*: anáfora de *más*.
   c *Ternyé*: (<tenēre + habebat > tener hía, con síncope y metá-
      tesis, nr > rn) 'tendría'.—*lo*: 'que me hicieras olvidar mis pe-
      nas y mi juramento'.
   d *toldría*: (<toller ía, con síncopa de la *e,* despalatalización de
      ll > l y epéntesis de *d*) 'apartaría'.
527a *predicar*: 'sermonear', 'reprender'.
   b *leticia*: 'alegría'.
   c *cuyta*: 'pena', 'congoja'.
528a *Óuosse a enssanyar*: 'se enfureció'.
   b *fellonía*: 'irritación', 'ira'.
   c *ferida*: 'golpe'.
   d *le ouo ensangrentar*: 'le ensangrentó'.

529   La duenya fue yrada, començó de llorar,
començó sus rencuras todas ha ementar.
Bien querrié Antinágora grant auer a dar
que non fuesse entrado en aquella yantar.

530   Dizìa: —"¡Ay, mesquina, en mal ora fuy
[nada!
"Sienpre fue mi uentura de andar aontada;
"por las tierras agenas ando mal sorostrada;
"por bien z por seruiçio, prendo mala
[soldada.

531   "¡Ay, madre Luçiana, ssi mal fado ouiste,
"a tu fija Tarssiana meior non lo diste;
"peligreste sobre mar z de parto moriste,
"ante quen pariesses afogarme deuiste!

532   "Mi padre Apolonyo non te pudo prestar,
"a fonssario ssagrado non te pudo leuar;
"en ataúd muy rico echóte en la mar,
"non sabemos del cuerpo dó pudo arribar.

529a *fue yrada*: 'se enfadó', 'se irritó'.
  b *rencuras*: 'penas'.—*ementar*: 'recordar'.
  d *fuesse entrado*: hoy con infinitivo 'por no haber entrado'.
530a *fuy nada*: 'nací'.
  b *aontada*: *vid.* 115c, 'afrentada', 'avergonzada'; alternaba con
    "afontada".
  c *tierra agenas*: *vid.* nota a 382a.—*sorostrada*: (<sub + ros-
    trum + -ata) 'afrentada'.
531b *diste*: 'transmitiste'.
  c *peligreste*: analógica de la persona yo "peligré", 'estuviste a
    punto de naufragar'.
  d *quen*: 'que me'.—*afogarme*: 'abortarme' (Marden, s.v. afogar).
    Gesta, 487: "quomodo suffocasti", 'cómo mataste', es ver-
    tido en el *Incunable*, 605: "¿cómo afogaste".
532a *prestar*: 'ayudar'.
  b *fonssario*: 'fosa', 'sepultura'.
  d *cuerpo*: 'cadáver'.

533   "A mí touo a vida por tanto pesar tomar;
      "diome a Dionisa de Tarsso a criar;
      "por derecha enbidia quísome fer matar.
Fol. 53   "Si estonçe fuesse muerta non me deuiera
                                          [pesar.

534   "Oue, por mis pecados, la muerte ha
                                          [escusar;
      "los que me acorrieron non me quisieron
                                          [dexar,
      "vendiéronme a omne que non es de prestar,
      "que me quiso ell alma τ el cuerpo danyar.

535   "Por la graçia del çielo, que me quiso
                                          [ualler,
      "non me pudo ninguno fasta aquí uençer;
      "diéronme omnes buenos tanto de su auer,
      "por que pague mi amo de todo mìo loguer.

536   "Entre las otras cuytas ésta m' es la peyor:
      "a omne que buscaua seruiçio τ amor,
      "áme aontada a tan gran desonor.
      "Deurìa tan gran soberuia pesar al Criador.

533a 'A mí pudo conservarme con vida, para sufrir, luego, tantos
     pesares'.
   c *derecha*: 'bien fundada'.
   d *fuesse muerta*: resto de la pasiva perifrástica latina 'hubiese
     sido muerta, asesinada'.—*non me deuiera pesar*: 'no me debía
     haber pesado'.
534a 'Me libré, por desgracia, de la muerte'.
   b *acorrieron*: 'ayudaron', 'salvaron'.
   c *non es de prestar*: 'es indigno'.
535a *ualler*: doble *l* con valor de simple, 'ayudar'.
   b *me uençer*: 'lograr nada de mí'.
   d *por*: sentido del per latino, 'por medio del cual'.—*loguer*:
     vid. 429b.
536a *me*: dativo de referencia, 'en cuanto a mí'.
   b *a omne que*: la preposición del relativo atraída por el antece-
     dente, 'hombre a quien'.—*buscaua*: 'buscaba darle'.

537   "¡Ay, rey Apolonyo, de ventura pesada,
        "si ssopieses de tu fija tan mal es aontada
        "pesar auriés τ duelo, τ serìa bien vengada;
        "mas cuydo que non biues, onde non ssó yo
                                        [buscada!

538   "De padre nin de madre, por mìos graues
                                        [pecados,
        "non sabré el çiminterio do fueron
                                        [ssoterrados;
        "tráyenme como a bestia ssienpre por los
                                        [mercados,
        "de peyores de mí faziendo sus mandados."

539   Reuisco Apolonyo, plógol' de coraçón,
Fol. 53v entendió las palabras que vinién por razón.
        Tornóse contra ella, demandól' si mintié o
                                        [non,
        preguntól' por paraula de grado el uarón:

537a *pesada*: 'penosa'.
   b Elipsis del *que* subordinativo, 'si de tu hija supieses que su-
     fría tan grave afrenta'.
   d *onde*: 'por lo cual'.
538b *çiminterio*: (<griego koimeterion 'dormitorio'); la forma ac-
     tual 'cementerio' no la data Corominas hasta 1400; en la pa-
     labra medieval: la segunda *i* por iotacismo, la primera por
     asimilación y, junto con la *n,* por contagio con "cimiento",
     con *yod* romance.
   d 'obedeciendo a gente de inferior linaje'.—*de mí*: comparativo
     con *de* como herencia de la posibilidad latina de ablativo en
     el segundo término.
539a *Reuisco*: (<revixit) 'revivió', 'se reanimó', perfecto fuerte.
   b *las palabras*: acusativo proléptico, 'entendió que lo dicho pa-
     recía ser verdad'.
  c,d Son anuncio del parlamento que va a venir después; indaga
     sobre el nombre del ama, para ver si mentía o no, pues los
     nombres de Apolonio y Luciana podía conocerlos y, no por
     ello, dejar de ser una impostora. Empieza disculpándose, sin
     embargo.

540   —"Due*n*ya, sí Dios te dexe al tu padre
          [veyer,
 "perdóname el fecho, dart'é d*e* mìo auer;
 "erré co*n* fello*n*ía, puédeslo bien creyer,
 "ca nu*n*q⟨u⟩a fiz tal yerro ni*n* lo cuydé
          [fazer.

541   "Demás, si me dixiesses, q⟨u⟩a puédete
          [me*n*brar,
 "el nombr*e* del ama q*ue* te ssolié criar,
 "podriémosnos por ventura amos alegrar,
 "io podría la fija, tú el padre cobrar."

542   Perdonólo la due*n*ya, p*e*rdió el mal taliento,
 dio a la dema*n*da leyal recudimie*n*to:
 —"La ama, diç*e*, d*e* que siemp*r*e me*n*guada
          [me siento,
 "dixiéro*n*le Licórides, sepades q*ue* non uos
          [mie*n*to."

543   Vio bien Apolonyo q*ue* andaua carrera,
 entendió bien senes falla q*ue* la su fija era;

540d *fiz*: (<fecī) 'hice' con inflexión con -ī larga final, y apócope.
541a *dixiesses*: (<*dīxisses y contagio con los pretéritos débiles
 -ī(v)īsses > -iesses; el diptongo -*ie*- se redujo posteriormente en
 contacto con la palatal *x* que absorbió a la *i*) 'dijeses'.—*puédete menbrar*: impersonal con dativo de persona 'puede ve-
 nirte a la memoria', 'puedes recordarlo'.
542a *taliento*: 'voluntad', 'se le pasó la irritación'.
 b *recudimiento*: 'respuesta'.
 c *La ama*: presentación "neutra" de quien se va a hablar después, muy semejante al anacoluto, por eso no lleva *a* de objeto indirecto ("decir", y "llamar" regían dativo en español
  medieval, salvo rarísimas excepciones).—*menguada*: 'falta de
  algo o de alguien', 'a quien siempre echo de menos'.
 d *dixieron*: 'dijeron', *vid.* nota a 541a.
543a *andaua carrera*: 'estaba en el buen camino', *vid.* 143c.
 b *senes*: 'sin', *vid.* 249d.

salló fuera del lecho luego de la primera
diziendo: —"Valme, Dios, que eres vertut
[uera!"

544   Prísola en sus braços con muy grant
[alegría,
diziendo: —"Ay, mi fija, que yo por uós
[muría,
"agora he perdido la cuyta que auía.
Fol. 54   "Fija, non amanesçió para mí tan buen día.

545   "Nunq⟨u⟩a este día no lo cuydé veyer,
"nunq⟨u⟩a en los mìos braços yo uos
[cuydé tener.
"Que por uós tristiçia, agora he plaçer;
"siempre auré por ello a Dios que
[gradeçer."

546   Començó a llamar: —"¡Venit los mìos
[vasallos;
"sano es Apolonyo, ferit palmas τ cantos;
"echat las coberturas, corret vuestros
[cauallos,
"alçat tablados muchos, penssat de
[quebrantarlos!

543c *salló*: (<*salire*) en su acepción latina, 'saltó'.—*luego de la*
primera: frase hecha, 'inmediatamente', cf. 21a.
d *Valme*: 'váleme', con apócope, como hoy queda en "pon",
"ten", "ven", etc.
544b *muría*: 'moría', *u* analógica de verbos con ō larga, que infle-
xionan por influencia de formas con *yod*. También, con ŏ breve, tenía parecido tratamiento "dormir", todavía hoy "dur-
mió", "durmamos".
546 *Venit, ferit, echat, corret, alçat, penssat*: la *-t* final del imperativo representa el archifonema /d,t/ con una realización, lo
más probable, algo interdental y algo asibilada.
b *ferit palmas τ cantos*: 'aplaudid y entonad canciones'.
c *coberturas*: 'gualdrapas que debían llevar los caballos que
corrían en las fiestas' (*Cantar*, III, 610).
d *tablados*: 'tablados', 'castillejos de tablas', "hacíase muy elevado y los caballeros lanzaban a él sus varas o lanzas, para

547   "¡Penssat cómo fagades fiesta gra*n*t *z*
[complida;
"cobrada he la fija q*ue* hauía p*e*rdida;
"buena fue la tempesta, d*e* Dios fue
[p*r*ometida,
"por onde nós ouiemos a fer esta venida!"

MITILENE. ANTINÁGORAS SE DESPOSA CON TARSIANA. EL
CONCEJO CASTIGA AL RUFIÁN. APOLONIO DECIDE IR A TIRO,
PERO UN ÁNGEL, EN SUEÑOS, LE ORDENA QUE SE DIRIJA A
ÉFESO.

548   El prínçep Anti*n*ágora por ningu*n*a
[gana*n*cia,
avn si ganase el imp*e*rio d*e* França,
non s*e*rié más alegre, *z* no*n* por alabança,
ca amostró en la cosa d*e* bien grant
[abunda*n*ça.

549   Avyélo ya oýdo, diziélo la mesnada,
que auié Apolonyo palabra destaiada:

---

probar de alcanzarle y de quebrantar alguna de las tablas de
que estaba hecho" (*Cantar,* III, 861).—*quebrantarlos:* seguramente sería con asimilación, *quebrantallos* (Solalinde, 189),
aunque *cantos* queda en rima asonante.
547c *prometida:* su signo de abreviación para *ro* es el mismo que
el de palabras como "prouado" (339a); en cambio, para *er, re,*
aparecen tres diferentes, pero ninguno como el de *ro;* por
todo ello es más segura la lectura *prometida,* como hace Marden (I, 64), que *permitida. Prometida* (<promittĕre) sería un
cultismo semántico en su primera acepción latina 'dejar crecer', 'dejar seguir adelante'; la acepción 'asegurar' fue una extensión figurada de la dicha antes.
     d *esta venida:* 'esta llegada a Mitilene'.
548c,d *alabança, abundança:* seguramente serían rimas en *-ançia.*—
alabança: 'adulación'.
     d *amostró:* 'mostró', aunque su uso era más frecuente como
'enseñar' (<docēre).—*de bien:* 'de obras buenas y generosas'.
549b *destaiada:* (<taleare 'tallar', 'tajar') la acepción más corriente es 'cortar', 'separar', pero, de 'separar', pudo haber un des-
lizamiento semántico a 'señalar', 'determinar' (*San Millán*
423d: "por siempre e cada anno en destaiado día"; *Milagros*

de barba nin de crines que non çerçenase
[nada
fasta que a ssu fija ouiesse bien casada.

Fol. 54v 550   Por acabar su pleyto z su seruiçio
[complir,
asmó a Apolonyo la fija le pedir;
quando fuesse casada que lo farié tundir,
por seyer salua la jura z non auria qué
[dezir.

551   Bien deuié Antinágora en escripto iaçer,
que por saluar vn cuerpo tanto pudo ffaçer.
Si cristiano fuesse z sopiesse bien creyer,
deuiemos por su alma todos clamor tener.

552   —"Rey, dize Antinágora, yo merçet te pido
"que me des tu fija, que seya yo su marido.
"Seruiçio le he fecho, non ssó ende
[repentido;
"valerme deue esso por ganar vn pedido.

335d: "Destaiaron el dia que las bodas farie") y, de aquí, a
'palabra inamovible, terminante, jurada'.
549c çerçenase: que + subjuntivo, hoy con infinitivo, 'no cercenar
nada'.
d a ssu fija: con fija, la a de objeto directo por expresividad;
en las mismas condiciones aparece en el Poema del Cid:
"casar las fijas" / "A mis fijas bien las casaré yo" (2834).
550a acabar: 'llevar a cabo'.—complir: 'realizar completamente'.
c tundir: (<tŏndēre) 'cortar el pelo y la barba'.
d qué dezir: 'qué murmurar'.
551a 'tener historiadas sus acciones'.
b cuerpo: 'persona'.
d deuiemos: en la apódosis era posible el imperfecto de indicativo con verbos modales, 'debíamos' o 'deberíamos'.—clamor:
cl- no es aragonesismo, sino cultismo que se ha conservado.
552c repentido: 'arrepentido'.
d ganar vn pedido: 'lograr una petición'.

553   "Bien me deu[e]s por yerno reçebir τ
                                            [amar,
        "ca rey ssó de derecho, regno he por
                                            [mandar.
        "Bien te puedes encara, rey, marauillar,
        "si meior la pudieres oganyo desposar."

554   Díxole Apolonyo: —"Otorgo tu pedido;
        "non deue tu bienfecho cayerte en oluido.
        "As contra amos estado muy leyal amigo,
        "della fuste maestro τ a mí as guarido.

555   "Demás yo he jurado de non me çerçenar,
        "nin rayer la mi barba, nin mis vnyas tajar,
Fol. 55   "fasta que pudiesse a Tarsiana desposar.
        "Pues que la he casada quiérome afeytar."

553a *deu[e]s*: ms. *deuos*.

553c *puedes*: indicativo en la apódosis para dar mayor impresión
    de realidad.—*encara*: 'aún', aragonesismo tomado del catalán
    o del occitano.
554b *bienfecho*: sus dos elementos se fundieron en un sustantivo,
    cf. "bienfechor".
   c *As estado*: catalanismo 'has sido'.—*contra*: 'hacia'.
   d *fuste*: (<*fŭstī con inflexión de -ī; o <*fūstī) 'fuiste'.—*maes-
    tro*: 'guía', porque fue quien tuvo la idea de la actuación de
    Tarsiana.—*a mí*: "a mí ... me", más expresivo, tardó en desa-
    rrollarse.
555b *rayer*: 'afeitar' (<radĕre, la *y* antihiática puede ser analógica
    de las formas con *dyod*, como *radeo, al pasar el verbo a
    -ēre).
   d *la he casada*: verbo *haber* no completamente auxiliar, puesto
    que aún no se han celebrado las nupcias, sino conservando su
    primitivo valor de 'tener' con matiz incoativo: 'he consegui-
    do casarla'.—*afeytar*: 'arreglarse', 'acicalarse'; realmente no se
    "afeita", sino que se arregla y adorna la barba; pero se su-
    pone que sí recortaría uñas y cabellos.

556 Sonaron estas nueuas luego por la çibdat,
plogo mucho a todos con esta vnidat;
a chiq⟨u⟩os τ a grandes plogo de uoluntat,
fueras al traydor falsso que sse dolié por
[verdat.

557 Con todos los roýdos, maguer que sse
[callaua,
con este cas[a]miento a Tarssiana non
[pesaua:
el amor quel' fiziera quando en cuyta
[estaua,
quando ssallida era non sse le oluidaua.

558 Aguisaron las bodas, prisieron
[bendiciones,
fazién por ellos todos preçes τ oraçiones;
fazién tan grandes gozos τ tan grandes
[missiones
que non podrìan contarlas loqüelas ni
[sermones.

556b *vnidat*: 'enlace'.
  c *de uoluntat*: adverbial, 'de corazón'.
  d *fueras*: 'excepto'.—*por verdat*: 'ciertamente'.
557a *roýdos*: 'comentarios', 'noticias'.
  c *amor*: 'favores'.—*fiziera*: todavía con valor de pluscuamperfecto, 'había hecho'.
  d *ssallida era*: 'se había librado de su cuita'.
558c *missiones*: 'dispendios', 'gastos'.
  d *loqüelas ni sermones*: (<loquela) 'palabra', 'lenguaje' ya en latín; me inclino por la lectura culta sin pérdida del *wau* porque, según aparece en Berceo, parece un latinismo copiado del salmo XVIII (*Santo Domingo* 232d: "non dizrién el adobo loquele nec sermones", *Salmo* XVIII: "Non sunt loquelae neque sermones..."; cf. "elocuencia", "locuaz".

559　　Por esto Tarssiana non era ssegurada;
　　　　non sse tenyé que era de la cuyta ssacada
　　　　[si] el traydor falsso, que l' á conprada,
　　　　non ffuesse lapidado ho muerto a espada.

560　　Sobr' esto Antinágora mandó llegar
　　　　　　　　　　　　　　　　　　　　[conçejo;
　　　　fueron luego llegados a vn buen lugarejo.
　　　　Dixo éll: —"¡Ya, varones, oýd hun
　　　　　　　　　　　　　　　　　　　　[poquellejo;
Fol. 55v　"mester es que prendamos entre todos
　　　　　　　　　　　　　　　　　　　　[conseio!

561　　"El rey Apolonyo, omne de grant poder,
　　　　"es aquí aq⟨u⟩aesçido, quiéreuos conosçer.
　　　　"Vna fija, que nunq⟨u⟩a la cuydó veyer,
　　　　"ála aquí fallada, deue a uós plaçer.

562　　"Pedíla por muger, ssó con ella casado;
　　　　"es rico casamiento, ssó con ella pagado.
　　　　"Quál es vós lo ssabedes, que aquí ha
　　　　　　　　　　　　　　　　　　　　[morado;
　　　　"todos uós lo veyedes como ella ha prouado.

559c [si]: el verso comienza por nin, evidente contagio de b y d,
　　corregido por Marden (I, 65).
561b conosçer: la segunda o sobre el renglón.

559a Por esto: 'aun con todo esto'.
　b sse tenyé: 'se consideraba'.—era sacada: 'había sido librada'.
　c á conprada: perfecto con consecuencias que duran en el
　　presente. P. J. Pidal, Marden y Alvar: a[uye].
560a llegar: 'allegar', 'reunir'.
　d mester es: 'es necesario'.—conseio: 'decisión'.
561b es aq⟨u⟩aesçido: 'está presente', 'ha llegado'.
562b ella: podría ser copia del renglón anterior, y, en el original,
　　existir ello, referido a casamiento (Marden, II, 62).
　c Quál: de cualidad, no de identidad, 'cómo es ella'.

563 "Gradésçeuoslo mucho, tiéneuoslo en amor
"que tan bien la guardastes de cayer en
[error.
"Fuemos hí bien apresos, grado al Criador,
"si non, auriemos ende grant pesar τ dolor.

564 "Enbìauos vn poco de present prometer;
"quinientos mil marq⟨u⟩os d'oro, pensatlos
[de prender;
"en lo que uós querredes mandatlos
[despender;
"en esto lo podedes, quál omne es, veyer.

565 "Pero, ssobre todo esto, enbìauos rogar,
"del malo traydor quel' quiso la fija
[difamar,
"que le dedes derecho qual gelo deuedes dar,
"que non pueda el malo desto sse alabar."

563a *tiéneuoslo en amor*: 'os lo considera un gran favor'.—*lo*:
catáfora del verso b; el sujeto sigue siendo Apolonio, aunque
se hable de Tarsiana.
c *Fuemos*: (<clásico fŭīmos, o vulgar fūīmus) el actual 'fuimos'
tiene *i* analógica de otras formas.—*hí*: (<ibi) 'en esto'.—
bien apresos: 'muy dichosos' (*Buen Amor* 935a,b: "¡Que
sea malapreso / quien nunca..."); de "aprender" 'bien diri-
gidos, enseñados', y, si es por Dios, 'bienaventurados'; el
'dichosos', de c se opone a la tristeza de d.
d *ende*: 'por ello'.
564a *Enbìauos prometer*: 'encarga ofreceros'.
b *pensat*: es una exhortación a que los tomen en seguida.
c *despender*: 'gastar'.
d *quál*: vid. 562c.
565b *del*: *de* de materia o asunto, 'respecto al'.—*difamar*: 'deshonrar'.
c *le dedes derecho*: 'le hagáis juicio'.
d *desto*: 'de lo que hizo'.—*sse alabar*: 'jactarse' (*Cantar* 2823:
"alabando seýan los yfantes de Carrión").

Fol. 56   566   Todos por huna boca dieron esta
[respuesta:
—"Dios dé a tan buen rey vida gra*n*t *z*
[apuesta.
"Quando él esta uengan[ç]a ssobr*e* nós la
[acuesta,
"cumplamos el su ruego, no*n* le demos de
[cuesta."

567   Non q*u*isieron el ruego meter en otro
[plazo;
mouiósse el conçejo como q*ue* ssanyudazo,
fueron al traydor, echáronle el laço,
matáronlo a piedras como a mal rapaço.

568   Quando el rey ouieron d*e* tal guisa
[vengado
que ffue el malastrugo todo desmenuzado,
echáronlo a canes como a descomulgado.
Fue el rey d*e* Tiro del conçejo pagado.

566c ms. *uenganca.*

566b *apuesta*: 'feliz' (*Cantar*, III, 470).
   c *Quando*: 'puesto que'.—*acuesta*: 'confía'.
   d *demos de cuesta*: 'demos la espalda', 'rehusemos'.
567a *meter en otro plazo*: 'posponer'.
   b *como que*: en este sintagma el *que* reemplazaba a un verbo
     en indicativo, 'puesto que estaba'.—*ssanyudaz*o: 'muy sa-
     ñudo', el sufijo *-azo* se conserva como superlativo en Améri-
     ca, "cansadazo" 'cansadísimo'.
   d *rapaço*: 'ladrón'; alternaban *rapaz* y *rapaço* por trueque de
     los sufijos *-ax, -acis* y *-acius.*
568a *el rey*: sin *a* de objeto directo; rey la llevaba con frecuencia
     por contagio de rey + nombre propio.
   b *que*: temporal-causal, 'una vez que'.—*malastrugo*: (mala-
     trugado) 'de mal astro', 'desventurado'.
   d *pagado del*: 'satisfecho con'.

569   Tarssiana a las duenyas que él tenié
                                    [conpradas
        dioles buenos maridos, ayudas muy
                                    [granadas;
        sallieron de pecado, visquieron muy
                                    [onrradas,
        ca sseyén las catiuas fieramientre adobadas.

570   Tóuosse el conçejo del rey por adebdado,
        ca por verdat auiéles fecho bien aguisado;
        fablaron quel' fiçiessen guallardón
                                    [ssenyalado,
        por el bien que él fizo que non fuesse
                                    [oluidado.

Fol. 56v 571   Mandaron fer vn ýdolo al ssu mismo
                                    [estado;
        de oro fino era, de orençe labrado;
        pusiéronlo derecho en medio del mercado,
        la fija a los piedes del su padre ondrado.

572   Fizieron en la ba⟨l⟩ssa huna tal
                                    [scriptura:
        «El rey Apolonyo, de grant mesura

572a ba⟨l⟩ssa: corregido por Marden (II, 67).

569b ayudas muy granadas: 'dotes muy ricas'.
    d 'porque las pobrecillas ya estaban suficientemente preparadas
      para ello'.
570c fablaron: 'decidieron'.—guallardón: la reducción gua- a ga-
      triunfó a fines del xv; el étimo exige -l- (como en 82d o
      612c), pero en portugués también existió con -lh- palatal
      (Corominas, 2).
    d fuesse oluidado: sujeto él, 'Apolonio'.
571a ýdolo: 'estatua', 'efigie'.—estado: 'tamaño' (Milagros 212d:
      "Non li creció un punto, fincó en su estado").
    b de: 'por', agente de la pasiva.—orençe: (aurífice > orebce),
      pero con n aparece en bastantes fueros y hasta en don Juan
      Manuel (Corominas, 2, s.v. oro), 'orífice', 'orfebre'.
    d piedes: la conservación de la -d- puede ser aragonesismo.

»—echólo en esta villa huna tenpesta
[dura—
»falló aquí su fija Tarsiana por grant
[uentura.

573 »Con gozo de la fija perdió la enfermedat;
»diola a Antinágora, ssenyor desta çibdat;
»diole en casamiento —muy gran
[solepnidat—
»el regno de Antiocha, muy grant eredat.

574 »Enriquesçió esta villa mucho por su
[venida;
»a qui tomarlo quiso dio auer sin medida;
»quanto el sieglo dure, fasta la fin venida,
»será en Mitalena la su fama tenida.»

575 El rey Apolonyo, ssu cuyta amanssada,
quiso entrar en Tiro con su barba treçada;
metióse en las naues, ssu barba adobada;
non podrié la riqueza omne asmar por
[nada.

573a *perdió*: -*io* emborronado.

572c Puede ser un inciso; aunque no lo fuera, no habría que
extrañarse de la falta de *a* en rey Apolonio, 572b, pues es
un tipo de presentación "neutra" de quien luego se va a
hablar, muy frecuente en textos desde el *Cid*.
573c *en casamiento*: 'en arras'.—*solepnidat*: 'magnificencia' la *p*
antietimológica era frecuente en grupos *mn,* cf. "dompna".
574d *tenida*: 'mantenida'.
575b *treçada*: 'trenzada', vid. 434b; también era señal de exigencia de venganza (*Cantar,* III, 495); a pesar de que su hija
está ya bien casada (562a), y de la intención de Antinágoras
de hacerlo rasurar (550c), no lo hace, porque quiere entrar
en Tarso exigiendo venganza sobre Dionisa y Estrángilo.
c *adobada*: 'adornada'; se trenzaba con hilos de oro y otros
ricos adornos (*Cantar,* III, 496); ya no la lleva como le
encontró Antinágoras: *violo con fiera barba que los pechos
le cobrié* (469c).
d *riqueza*: acusativo proléptico dependiente de *asmar*.—*omne*:
sentido indeterminado, 'no se podría'.—*asmar*: 'calcular'.—
por nada: 'de ninguna manera'.

576 Iendo por la carrera asmaron de torçer,
Fol. 57 de requerir a Tarsso, sus amigos veyer,
cremar ha Dionisa, su marido prender,
que atan mal ssopieron el amiztat tener.

577 Auiendo esto puesto, el guyón castigado,
vínol' en visión vn omne blanquea⟨n⟩do;
ángel podrié seyer, q⟨u⟩a era aguisado.
Llamólo por su nombre, díxol' atal
[mandado:

578 —"Apolonyo, non as ha Tiro que buscar,
"primero ve a Efesio, allá manda guiar;
"quando fueres arribado z sallido de la mar
"io te diré qué fagas por en çierto andar.

579 "Demanda por el templo que dizen de
[Diana,
"fuera yaze de la villa, en huna buena
[plana;

576b *requerir*: 'dirigirse'.
  c *cremar*: (<cremare) catalanismo y aragonesismo 'quemar'.—
    prender: parece hacer aquí distinción entre el castigo a la
    instigadora y al mero encubridor, pero ambos fueron muer-
    tos (611).
  d *tener*: 'mantener'.
577a *puesto*: 'dispuesto'.—*guyón* [guión]: 'el que gobierna la
    nave'.—*castigado*: 'convenientemente adiestrado sobre el
    rumbo'.
  b *blanquea⟨n⟩do*: para mantener la rima en -*ado* habría que
    suprimir la *n; blanqueado* consta en Berceo como 'vestido
    de blanco', con referencia a seres celestiales o bienaventu-
    rados aparecidos.
578a 'no debes dirigirte a Tiro'.
  d *por en çierto andar*: 'para obrar acertadamente'.
579a *templo de Diana*: sigue el texto latino, "ingredere templo
    Dianae", pero identificándolo con los monasterios cristia-
    nos que conoce: *fiziéronle vn monesterio do visquiese seror*
    (324b), *verná ell abadessa muy bien acompanyada* (581a),
    las monjas visten *panyos de lana,* no túnicas de ricas telas.
  b *plana*: *pl-* aragonesismo, 'llanura'.

"dueñas moran en él que visten panyos de
[lana,
"a la mejor de todas dízenle Luçiana.

580   "Quando a la puerta fueres, ssi vieres que
[es hora,
"fiere con ell armella τ saldrá la priora;
"sabrá qué omne eres τ hirá a la senyora;
"saldrán a reçebirte la gente que dentro
[mora.

581   "Verná ell abadessa muy bien
[acompanyada;
"tú faz tu abenençia, q⟨u⟩a duenya es
[honrrada;

Fol. 57v   "demándal' que te muestre el arq⟨u⟩a
[consagrada
"do iazen las reliquias en su casa ondrada.

582   "Hirá ella contigo, mostrarte ha el logar;
"luego, a altas bozes, tú piensa de contar
"quanto nunq⟨u⟩a sopieres por tierra τ por
[mar;
"non dexes huna cosa ssola de ementar.

583   "Si tú esto fizier[e]s, ganarás tal ganancia
"que más la preçiarás que el regno de
[França;

580a *hora*: 'hora prudente'.
   b *fiere con ell armella*: 'golpea con la aldaba'.—*priora*: 'se-
     gunda autoridad después de la abadesa'.
581a *verná*: (venir+ha con síncopa y metátesis) 'vendrá'.
   b *faz tu abenençia*: 'solicita su consentimiento, su aquiescen-
     cia', 'haz tu cortesía', cf. 294d.
582b *piensa de contar*: 'empieza a relatar (delante del arca
     santa)'.
   c *quanto nunq⟨u⟩a*: valor afirmativo, 'todo lo que recordares'.

"después hirás a Tarsso con mejor alabança,
"perdrás todas las cuytas que prisiste en
[infançia."

ÉFESO. APOLONIO RELATA SU HISTORIA EN EL MONASTERIO.
REENCUENTRO CON LUCIANA. PARTEN PARA TARSO.

584   Razón no alonguemos, que serìa perdición.
Despertó Apolonyo, ffue en comedición,
entró luego en ello, cumplió la mandación.
Todo lo fue veyendo ssegunt la visión.

585   Mientre que él contaua su mal z su
[laçerio,
non penssaua Luçiana de reçar el ssalterio;
entendió la materia z todo el misterio,
non le podié de gozo caber el monesterio.

586   Cayó al rey a piedes z dixo a altas bozes:
—"Ay, rey Apolonyo, creyo que me non
[conosçes.
"Non te qüydé veyer nunq⟨u⟩a en estas
[alfoçes.
Fol. 58   "Quando me conosçieres, non creyo que te
[non gozes.

583c *alabança*: quizá sea *alabançia*, atestiguada en Berceo (y en *d*,
Françia, ya en P. J. Pidal), 'complacencia' (*Cantar* 580:
"Veyénlo los de Alcoçer, Dios, cómmo se alabauan!").

d *prisiste*: pretérito fuerte de prender, 'soportaste', 'padeciste'.—*infançia*: 'mocedad' (*Historia*, XLVIII: "et omnes casus
tuos, quos a iuuenili aetate es passus, expone per ordinem").

584a *Razón*: 'el relato'.

b *ffue en comedición*: 'se puso a reflexionar'.

c *mandación*: 'mandato'.

585d *caber*: vid. 427d.

586c *qüydé*: 'pensé'.—*alfoçes*: 'regiones', 'pagos'.

d *te non gozes*: la enclisis del pronombre afijo permitía la intercalación de otras palabras entre él y el verbo, lo mismo
en 586b.

587   "Yo ssó la tu muge*r*, la q*ue* era p*er*dida,
        "la q*ue* en la mar echeste, q*ue* tienes por
                                          [transida;
        "del rey Architrastres fija fuy muy q*ue*rida,
        "Luciana he por nombr*e*, biua ssó *z* guarida.

588   "Yo ssó la q*ue* tú sabes cómo te houe
                                          [amado.
        "Iaziendo mal enferma venísteme con
                                          [mandado,
        "de tr*es* que me pidién tú m*e* aduxiste el
                                          [dictado,
        "io te di el esc*r*ipto, qual tú sabes, notado."

589   —"Entiendo, dize Apolonyo, toda esta
                                          [estoria."
        Por poco q*ue* con gozo no*n* p*er*dió la
                                          [memoria;
        amos hu*n*o con otro viéro*n*sse en gra*n*
                                          [gloria,
        car auiéles Dios dado gra*n*t gracia *z* gra*n*t
                                          [victoria.

590   Contáro*n*sse hu*n*o a otro por lo q*ue* auién
                                          [passado,
        qué auié cada hu*n*o p*er*dido ho ganado.

587b *echeste*: 'echaste', *e* analógica de la persona yo, eché.—*tran-
     sida*: 'muerta'.
   d *guarida*: tanto puede significar aquí 'curada', como 'a salvo'.
588b *veniste*: 'viniste' con *e* etimológica (<vēnisti).—*mandado*:
     'encargo'.
   c *me pidién*: 'solicitaban mi mano', cf. 203 y ss.—*el dictado*:
     'la carta'.
   d *notado*: 'anotado', 'bien precisado'.
589b *la memoria*: 'el sentido'.
   d *car*: aragonesismo coincidente con catalán y francés, 'por-
     que'.

El ataúd de Luciana es echado al mar. Tarsiana, recién nacida,
en brazos de Licórides. Apolonio muestra su dolor levantando
los brazos. Grabado en madera del incunable.

Apolonio encomienda la crianza y educación de su hija Tarsiana a Estrángilo y a su mujer Dionisa. Grabado en madera del incunable.

Apolonyo del metge era mucho pagado,
avyél' Antinágora, τ Tarssiana, grant grado.

591   A Tarssiana, con todo esto, nin marido
                                    [nin padre
        non la podién ssacar de braços de ssu
                                    [madre.
        De gozo Antinágora, el cabosso confradre,
        lloraua de los ojos como ssi fuesse ssu
                                    [fradre.

Fol. 58v 592   Non sse tenié el metge del ffecho por
                                    [repiso,
        porque en Luçiana tan gran ffemencia
                                    [miso;
        diéronle presentes quantos él quiso,
        mas, por ganar buen preçio, él prender
                                    [nada non quiso.

593   Por la çibdat de Effesio corrié grant
                                    [alegría,
        auién con esta cosa todos plazentería;
        mas llorauan las duenyas dentro en la
                                    [mongía,
        ca sse temién de la sennyora que sse querìa
                                    [yr ssu vía.

591b *la*: emborronada la *a*.

_____

590c *metge*: catalanismo 'médico'.—*era mucho pagado*: 'estaba
    muy satisfecho'.
   d *grado*: 'agradecimiento'.
591c *cabosso*: 'cabal'.—*confradre*: 'amigo', como hoy se puede
    usar "compadre".
   d *fradre*: (<fratrem) 'hermano'.
592a *repiso*: participio fuerte analógico 'arrepentido'.
   b *ffemencia*: (<(ve)hementia) 'esfuerzo', 'interés'.—*miso*:
    (<misī, perfecto fuerte) 'puso'.
   d *buen preçio*: 'buen aprecio', 'buena estimación'.

594 Moraron hí vn tiempo, quanto ssabor
[ouieron;
fizieron abadessa a la que meior vieron;
dexáronles aueres, quantos prender
[quisieron,
quando el rey τ la reýna partirsse quisieron.

TARSO. EL CONCEJO AJUSTICIA A ESTRÁNGILO Y DIONISA
Y CONCEDE LA LIBERTAD A TEÓFILO.

595 Entraron en las naues por passar la
[marina,
doliendo a los de Effessio de la buena
[vezina.
En el puerto de Tarsso arribaron aýna
alegres τ gozosos el rey τ la reýna.

596 Antes que de las naues ouiessen a ssallir,
sópolo el conçejo, ffuelos ha reçebir;
nunq⟨u⟩a non pudo omne nin veyer nin
[oýr
omnes a huna cosa tan de gozo ssallir.

594a Entre vn y tiempo, una larga raya horizontal que parece
tachar una palabra de la que sólo se adivina parte de las
dos primeras letras.

595b *doliendo*: impersonal, indicando la persona en dativo y la
causa con *de*.
c *En*: heredero de *in* de dirección.
596a *ouiessen a ssallir*: 'comenzasen a salir'.
b *sopo*: (perfecto fuerte, <sapuit, con metátesis de *w* y -*o*
analógica) 'supo'.—*reçebir*: segunda *e* etimológica (<reci-
pere) antes de cerrarse en *i* por analogía de formas con *yod*,
'recibir'.
c *omne*: sujeto indeterminado, 'nunca se pudo'.
d *a huna cosa*: 'unánimemente'.—*ssallir*: 'saltar', en su acepción más cercana al latín.

597   Reçibieron al rey como ha ssu ssen*n*yor,
Fol. 59   cantando los responssos de libro *z* de cor;
               bien les vinyé emie*n*tel del antigo amor,
               mas avié Dionisa con ellos mal ssabor.

598   Ante q*ue* a la villa ouiessen a entrar,
               fincó el pueblo todo, no*n* sse q*ui*so mudar.
               Entró el rey en medio, començo de ffablar:

599   —"Oýtme, conçeio, ssí Dios uos benediga,
               "non me vos reboluades ffasta q*ue* mi razón
                                        [diga.
               "Si ffiz mal ha algu*n*o qua*n*to val hu*n*a figa,
               "aquí, ante uós todos, q*ui*ero q*ue* me lo
                                        [diga."

600   Dixieron luego todos: —"Esto te
                                  [respondemos:
               "por tú ffincamos biuos, bien te lo
                                  [conosçemos;

---

598   Falta un verso a la estrofa.

597a *como ha*: aunque la *a* parece para evitar anfibología, debió de
     tener, junto con "mejor que a", "menos que a", un origen
     expresivo porque se daba también con cosas, en casos no
     equívocos.
  b *responssos*: 'cantos festivos' (*Alexandre*, 1520a,b: "Echauan
     los moçuelos ramos por las carreras / cantando sus rrespon-
     sos de diuersas maneras").—*de cor*: *de coro* 'de memoria';
     abunda en los clásicos. El autor lo ve como una procesión
     con gentes que leen en su libro los salmos y otros que res-
     ponden, y lo hacen de memoria (*Sacrificio*, 164c: "Dize
     essas palabras, ca de cor⟨t⟩ las retiene") repitiendo el estri-
     billo. *Vid.* la interpretación de Daniel Devoto (Devoto, 316-
     317).
  c *venir emiente*: impersonal con dativo, 'recordar'.—*emiente*:
     'memoria' (<in-mĕntem donde in ha perdido su valor de pre-
     posición).—*antigo*: (<antiquum) con pérdida de *w*, como es
     normal si no sigue *a*, 'antiguo'.
598b *fincó*: 'permaneció'.
599b *vos reboluades*: 'os perturbéis'.
  c *figa*: 'higo', formaba un modismo como 'valer un comino'.
600b *por tú*: aragonesismo, 'por ti'.—*conosçemos*: 'reconocemos'.

"de lo que te prometiemos, non te nos
[camiaremos;
"quequiere que tú mandes nós en ello
[sseremos."

601   —"Quando vine aquí morar la segunda
[vegada,
"de la otra primera non uos emiento nada,
"aduxe mi fija, ninya rezient nada,
"ca auía la madre por muerta dexada.

602   "A los falssos mis huéspedes, do solía
[posar,
"con muy grandes aueres dígela a criar;
"los falssos, con enbidia, mandáronla matar,
Fol. 59v   "mas, mal grado a ellos, houo a escapar.

603   "Quando torné por ella, que serìa ya
[criada,
"dixiéronme que era muerta ꞇ ssoterrada.
"Agora, por mi ventura, éla biua fallada,
"mas, en este comedio, grant cuyta he
[passada.

604   "Si desto non me feches justiçia ꞇ
[derecho,

604   Falta un verso a la estrofa.

600d *quequiere*: traducción del quidvis latino, 'cualquier cosa'.
601a *vegada*: (<vicata) 'vez'.
   c *aduxe*: (pretérito fuerte <adduxi, 'aduje') 'traje'.—*nada*:
      (<natam) 'nacida'.
602d *mal grado a ellos*: 'a su pesar', cf. francés "malgré eux".—
      houo a escapar: 'logró escapar'.
603a *que*: 'porque' o 'momento en que'.
   d *comedio*: 'intervalo'.
604a *feches*: resto de la tercera conjugación latina (<fac(ĭ)tis)
      'hacéis'.

"non entraré en Tarsso, en corrall nin so
[techo;
"auriedes desgradeçido todo uuestro
[bienffecho."

605 Fue de ffiera manera rebuelto el conçeio,
non dauan de grant huno a otro consseio;
dizién que Dionisa ffiziera mal ssobeio,
meresçié resçebir por ello mal trebejo.

606 Fue presa Dionisa τ preso el marido,
metidos en cadenas, ell auer destruydo;
fueron ant' éll con ellos, al conçejo venido;
fue en poco de rato esto todo boluido.

607 Como non sabié Dionisa que Tarssiana
[hí vinyé,
touo en ssu porffía como antes tenié;

604b *corrall*: 'patio', la *ll* con valor de *l*.
c *desgradeçido*: 'invalidado'.
605a *Fue rebuelto*: 'se perturbó'.—*ffiera*: 'grandísima'.
b *grant*: parece que falte el sustantivo a quien califique; Marden (II, 64) sugiere *miedo, duelo, cuyta, tiempo*.—*non dauan
huno a otro consseio*: frase muy usada para indicar 'desconcierto' (*Cantar* 1176-1177: "Nin da co[n]sseio padre a fijo,
nin fijo a padre, / nin amigo a amigo nos' pueden consolar").
c *mal ssobeio*: 'enorme maldad'.
d *resçebir*: (<reçĭpĕre) la *s* por confusión con verbos incoativos
con infijo *-sc-*, 'recibir'.—*mal trebejo*: 'escarnio'.
606c *venido*: Marden (II, 64) lo considera licencia poética por
venidos; tal como está, parece significar 'fueron con ellos
ante Apolonio que estaba en el concejo'.
d *boluido*: 'resuelto' (<võlvĕre 'hacer ir y venir', 'enrollar',
'desenrollar') participio analógico raro y dialectal (Corominas, 2).
607a *hí vinyé*: 'se encontraba allí'.—*vinyé*: 'venía' con e > i por
la *yod*.
b *touo, tenié*: 'mantenerse'.

dizié que muerta ffuera τ por verdat lo
[prouaryé,
do al padre dixiera, en esse logar iaçié.

Fol. 60   608   Fue luego la mentira en conçejo prouada,
q⟨u⟩a leuantósse Tarssiana do estaua
[assentada;
como era maestra τ muy bien razonada,
dixo todas las cuytas por ò era passada.

609   Por prouar bien la cosa, la uerdat
[escobrir,
mandaron ha Teóffilo al conçejo venir;
que ant' el rey, de miedo, non osarié
[mentir,
avrié ante todos la uerdat a dezir.

610   Fue ant' el conçejo la verdat mesturada,
cómo la mandó matar τ sobre quál
[ssoldada,
cómo le dieron por ella cosa destaiada.
Con esto Dionisa fue mucho enbargada.

607d Al final, en el ángulo inferior derecho, las dos primeras palabras del siguiente cuadernillo: *Fue luego,* enmarcadas con
algún adorno.

607c *muerta ffuera*: pluscuamperfecto 'había muerto'.
  d *dixiera*: 'había dicho'.
608a *luego*: 'inmediatamente'.
  b *do*: (<de+ubi) 'de donde'.
  d *ò*: (<ubi) adverbio relativo, 'donde'.
609a *escobrir*: (<ex-cooperire) alternancia de prefijos ex-/des-; *o*
    etimológica, 'descubrir'.
  c *que*: causal, 'porque'.
610a *mesturada*: (<mixtura 'mezcla') extendiendo el sentido a
    'encizañar', y, de ahí, a 'delatar' y 'revelar'; 'revelada'.
  c *cosa destaiada*: 'lo convenido'.

611   Non alongaron plazo nin le dieron vagar;
fue luego Dionisa leuada a quemar,
leuaron al marido desende a enforq⟨u⟩ar.
Todo ffue ante ffecho que fuessen ha yantar.

612   Dieron a Teófilo mejorada ración
porque le dio espaçio de ffer oración;
dexáronlo a vida τ ffue buen gualardón;
de catiuo que era, diéronle quitación.

Fol. 60v 613   El rey, esto ffecho, entró en la çibdat;
fizieron con él todos muy grant solenpnitat.
Moraron hí vn tiempo segunt ssu voluntat,
dende dieron tornada para ssu eredat.

ANTIOQUÍA. APOLONIO VA POR FIN A HACERSE CARGO DEL
IMPERIO DE ANTIOQUÍA, QUE DELEGA EN ANTINÁGORAS, Y
SALEN PARA PENTÁPOLIS.

614   Fueron para Antiocha, esto ffue muy
                        [priuado,
q⟨u⟩a ouieron buen viento, el tiempo ffue
                        [pagado.
Como lo esperauan τ era desseyado,
fue el pueblo con el rey alegre τ pagado.

611a le dieron vagar: 'lo retrasaron'.
  c desende: (<de-ex-înde) 'desde allí'; también 'después'.—en-
    forq⟨u⟩ar: 'ahorcar'.
612a mejorada ración: 'mejor sentencia en la distribución de pre-
    mios y castigos'.
  b le: 'a Tarsiana'.
  d quitaçión (<quietatione, con contracción de ie átonas 'apaci-
    guamiento') 'libertad'.
613d dieron tornada: 'regresaron'.
614a priuado: adverbio de etimología incierta, 'rápido'.
  b pagado: 'apacible'.
  c desseyado: (<desidium) 'deseado'; la doble -ss- la interpreta
    Corominas como confusión con el prefijo des- más s- inicial;
    la y (<dyod) conservada es aragonesismo.

615   Diéronle el emperio z todas las ffortalezas,
teniénle ssobrepuestas muy grandes
[riquezas,
diéronle los varones muchas de sus altezas.
¡Mal grado ha Antiocho con todas sus
[malezas!

616   Prísoles omenatges z toda segurança,
fue ssenyor dell emperio, huna buena
[pitança;
non ganó poca cosa en ssu adeuinança,
mucho era camiado de la otra malandança.

617   Desque ffue en el regno ssenyor
[apoderado,
e vio que todo el pueblo estaua bien
[pagado,

615a *emperio*: según se desprende del texto, el poder de Antioco
era mayor que el de Apolonio o Antinágoras, aunque tuvieran su independencia; como el título de Emperador de los
reyes de León no restaba independencia a los otros reyes
peninsulares.
   b *teniénle*: 'guardaban para él'.—*ssobrepuestas*: 'dadas con
profusión'.
   c *altezas*: ultracorrección de autezas < abtezas, 'alhajas'. cf.
nota a 443a.
   d *malezas*: (<malĭtia) 'maldades'.
616a *Prísoles omenatges*: 'recibió sus homenajes', esto es 'sus jura-
mentos de fidelidad del vasallo al señor que, a su vez, se
comprometía a ampararlos'.—*segurança*: 'seguridad de no
recibir daño'.
   b *pitança*: sentido irónico porque, derivado de "pietas", significaba 'porción de comida distribuida a mendigos'; en Berceo 'algo dado de propina', 'de más', en *Sacrificio*, 194d, Lon-
ginos, a Jesucristo, además de las cuatro llagas de los clavos,
le hace una quinta en el costado: "Dessas V. nos fazen las
cruçes remembrança, / Longino le offreçió la una por pitança", 'un buen bocado'.
   c *adeuinança*: 'por haber ido a solucionar el enigma de Antioco'.
617a *apoderado*: 'que ha tomado el mando'.

fízoles entender el rey auenturado
cómmo auié el regno a su yerno mandado.

Fol. 61   618   Fue con este ssenyorío el pueblo bien
                                        [pagado,
             q⟨u⟩a veyén omne bueno τ de ssen bien
                                        [esfforçado;
             recibiéronlo luego de sabor τ de grado.
             Ya veyé Antinágora que no era mal casado.

PENTÁPOLIS. NACE UN HIJO DE APOLONIO Y LUCIANA.
MUERE ARCHITRASTRES. APOLONIO HEREDA EL REINO, QUE
DEJARÁ A SU HIJO. PREMIO AL PESCADOR.

           619   Quando houo ssu cosa puesta τ bien
                                        [recabdada
             salló de Antiocha, ssu tierra aconsseiada;
             tornó en Pentápolin con su buena mesnada,
             con muger τ con yerno τ con ssu fija
                                        [casada.

           620   Del rey Architrastres ffueron bien
                                        [reçebidos,
             ca cuydauan que eran muertos ho
                                        [pereçidos,
             car bien eran al menos los xv anyos
                                        [conplidos
             como ellos asmauan que eran ende
                                        [ssallidos.

617d *mandado*: 'cedido'.
618a *este*: 'el de Antinágora'.
   b *ssen*: 'inteligencia', 'juicio', *vid*. nota a 395c.—*esfforçado*:
      'firme', 'vigoroso'.
   c *de sabor*: 'a gusto'.
619a *ssu cosa*: 'sus asuntos'.
   b *salló*: 'salió' con la *yod* absorbida en la palatal.—*su tierra
      aconsseiada*: 'una vez que dejó a Antioquía organizada'.
620b *cuydauan*: 'pensaban en Pentápolis'.
   c *car*: 'porque', *vid*. 589d.

621 El pueblo ζ la viila houo gra*n*t alegría;
   todos andaua*n* alegres, dizie*n*do: —"¡Tan
              [bue*n* día!"
   Cantaua*n* las palabras todos con alegría,
   colgaua*n* por las carreras ropa de gra*n*t
              [valía.

622 El rey auìan vie⟨i⟩jo, de días ançiano,
   n⟨n⟩i*n* les dexaua fijo nin fincaua ermano;
   por onde era el pueblo en duelo ssobegano
   que senyor no*n* fincaua a qui*en* besasen la
              [mano.

Fol. 61v 623 Por ende era*n* alegres, q⟨u⟩a derecho
              [fazié*n*,
   porq*ue* de la natura del senyor no*n*
             [saldrié*n*;
   a guisa d*e* leyales vassallos comidié*n*,
   las cosas en q*ue* cayé*n* todas las con*n*oscié*n*.

624 De la su alegría ¿qui*é*n uos podrié
              [contar?
   Todos se renouaro*n* de vestir ζ d*e* calçar,

621a *El pueblo ζ la villa*: vid. nota a 30d.
 b *andauan alegres*: desde el principio del romance se dan
  construcciones de predicativo en las que el verbo ha perdido
  su carga semántica.
 c *Cantauan las palabras*: 'entonaban gritos de júbilo'.
 d *carreras*: 'calles'.—*ropa*: 'colgaduras'.
622c *por onde*: 'por esto dicho', anáfora de a, b, y catáfora de d
  anunciando el *que* causal.—*ssobegano*: g grafía de prepalatal sonora, no de velar, 'desmesurado'.
623a *Por ende*: 'por eso', anáfora de *q⟨u⟩a* y de *porque*.—*de-*
  recho fazién: 'tenían razón', 'era de justicia'.
 b *natura*: 'linaje', al reaparecer Luciana puede seguir la dinastía de Architrastres.
 c *comidién*: 'reflexionaban', 'juzgaban'.
 d 'conocían perfectamente todas las novedades acontecidas';
  "cayer en algo" 'llegar a una situación determinada'.

entrauan en los banyos por la color cobrar,
avìan los alffagemes priessa de çerçenar.

625   Fumeyauan las casas, ffazìan grandes
                                    [cozinas,
        trayén grant abundançia de carnes
                                    [montesinas,
        de toçinos z de vacas, rezientes z çeçinas;
        non costauan dinero capones ni gallinas.

626   Fazìa el pueblo todo cada día oración
        que al rey Apolonyo naçiesse criazón.
        Plogo a Dios del çielo z, a su deuoción,
        conçibió Luçiana z parió fijo varón.

627   El pueblo con el ninyo, que Dios les auié
                                    [dado,
        andaua mucho alegre z mucho assegurado;
        mas a pocos de días fue el gozo torbado,
        q⟨u⟩a murió Architrastres, vn rey muy
                                    [acabado.

628   Del duelo que fizieron ementar non lo
                                    [queremos,
Fol. 62   a los que lo passaron, a essos lo dexemos;

624d *alffagemes*: arabismo 'barberos'.—*avìan priessa*: 'tenían pri-
    sa', 'estaban apurados de tanto trabajo'.
625a *Fumeyauan las casas*: 'humeaban las chimeneas de las ca-
    sas'.—*cozinas*: 'comidas', 'banquetes'.
  b *montesinas*: 'de caza'.
  c *rezientes z çeçinas*: 'frescas y en salazón'.
626b *que*: final 'para que'.—*criazón*: 'descendencia'.
  c *a su deuoción*: 'conforme a sus plegarias, a su fervor'.
627b *assegurado*: 'tranquilo', 'sin preocupaciones'.
  c *torbado*: (<tŭrbatu) con *o* etimológica, la *u* actual analógica
    de "turbio", 'perturbado'.
  d *acabado*: 'completo', 'perfecto'.
628a *ementar del duelo*: ementar, 'mencionar', regía frecuentemen-
    te *de*.

nuestro cursso ssigamos τ razón acabemos;
si non, dirán algunos que nada non
[sabemos.

629   Quando el rey fue deste ssieglo passado,
commo él lo meresçié fue noblemiente
[ssoterrado;
el gouernio del rey τ todo el dictado
fincó en Apolonyo, q⟨u⟩a era aguisado.

630   Por todos los trabajos quel' auìan venido
non oluidó el pleito que auié prometido;
menbról' del pescador quel' auié acogido,
el que houo con él el mantiello partido.

631   Fue buscarlo él mismo, que sabié dó
[moraua.
Fincó el ojo bien luenye τ violo dó andaua;
enbió quel' dixiesen qu' el rey le
[demand[a]ua,
que viniesse ant' él, que él lo esperaua.

632   Vino el pescador con ssu pobre vestido,
ca más de lo que fuera, non era
[enriquesçido;

628c *cursso:* 'poema'.—*razón:* 'relato'.
629c *gouernio:* 'gobierno'.—*dictado:* 'mandato', 'poder'.
  d *fincó:* 'recayó', 'quedó en poder de'.—*q⟨u⟩a era aguisado:*
    'porque era lo razonable'.
630a *auìan venido:* el auxiliar de los intransitivos era "ser", pero
    no es raro encontrar ejemplos con "haber".
  b *pleito:* 'convenio', 'pacto'.
  c *menbról' del:* (<memorare) 'acordóse'; los verbos imperso-
    nales de recuerdo regían frecuentemente *de* (cf. 628a *emen-
    tar del duelo* ("Acordársete debría / de aquel tiempo ya
    pasado", M. Pelayo, *Primavera y Flor de Romances*).
  d cf. estrofas 138 y 139.
631b *Fincó ... bien luenye:* (<lŏnge) 'miró muy lejos'.
  c *le demand[a]ua:* 'le requería', 'le buscaba'.
632b *fuera:* pluscuamperfecto, 'había sido'.—*non era enriquesçi-
    do:* 'no se había enriquecido'.

fue de tan alta guisa del rey bien reçebido
que para vn rico conde serìa amor
                                        [conplido.

         633   Mandól' luego dar honrradas vestiduras,
Fol. 62v   seruientes τ seruientas τ buenas
                                        [caualgaduras,
               de campos τ de vinyas muchas grandes
                                        [anchuras,
               montanyas τ ganados τ muy grandes
                                        [pasturas.

         634   Diole grandes aueres, τ casas en que
                                        [morase,
               vna villa entera en la qual eredase,
               que nunq⟨u⟩a a null homne seruicio non
                                        [tornase,
               nin éll nin ssu natura, ssino qua[n]do sse
                                        [pagasse.

         635   Dios que biue τ regna, tres τ huno
                                        [llamado,
               depare atal huéspet a tot ome cuytado.

633b *seruientes*: ms. *sieruentes*, seguramente por cruce con "sier-
      vo".
_____

632d *amor*: 'homenaje', 'atención'.
633b *seruientes*: *vid.* nota a 160b.—*caualgaduras*: 'bestias de
      carga'.
634a *casas*: tiene valor de singular 'una casa', pues en textos an-
      tiguos *casa* significaba 'habitación', y *casas* 'conjunto de ha-
      bitaciones'.
   b *eredase*: 'fuese el primero de un nuevo linaje que la fuera
      recibiendo por herencia'.
   c *tornar seruicio*: 'prestar vasallaje', *vid.* nota a 432b.
   d *natura*: 'descendencia'.—*sse pagasse*: 'le pluguiese'.
635b *huéspet*: recuérdese que *huésped* es tanto el que recibe alo-
      jamiento como el que lo ofrece; aquí es Apolonio el *huésped*.

¡Bien aya atal huéspet, cuerpo tan
[acordado,
que tan buen gualardón da a hu*n*
[ospedado!

636   Fiziero*n* omenatge las gentes al moçuelo;
pusiéronle el nombr*e* q*ue* hauìa su auuelo;
diéronle muy gra*n*t guarda como a bue*n*
[majuelo;
metiero*n* en él mie*n*tes, oluidaro*n* el duelo.

637   El rey Apolonyo, cuerpo auent*u*rado,
auyé a sus faziendas buen fundame*n*to
[dado:
q⟨u⟩a buscó a la fija casamie*n*to ondrado;
era, como oyestes, el fijo aconseiado.

TIRO. APOLONIO Y LUCIANA VUELVEN A TIRO. MUERTE DE
APOLONIO. REFLEXIONES FINALES.

638   Acomiéndolos a todos al Rey Espiral,
Fol. 63   déxolos a la gra*ç*ia del Senyor çelestial;
él con ssu reýna, hu*n* seruicio tan leyal,
tornósse p*ar*a Tiro donde era naturall.

635c ¡*Bien aya*: haber con sentido de posesión incoativa, todavía
conservado en "¡Que santa gloria haya!".—*cuerpo tan acordado*: 'persona tan prudente'; *acordado*, al derivarse de
"cor", podría haber tomado el matiz de 'generoso', aunque
me inclino por 'cuerdo', 'prudente'.
 d *ospedado*: 'hospedaje'.
636c *majuelo*: (<malleollum) 'cepa de viña tierna y nueva'.
637b *faziendas*: 'asuntos'.—*buen fundamento*: 'fuerte base', 'sóli-
dos cimientos'.
 d *aconseiado*: 'bien orientado'.
638a *Acomiéndolos*: 'encomiéndolos', inciso del autor para pasar
a otro relato.
 c *seruicio*: 'actitud de Luciana para con su esposo'.
 d *donde*: (<de-ŭnde) 'de donde'.—*naturall*: *ll* sin valor de
palatal.

639   Todos los de Tiro desque ha éll perdieron
        duraron en tristiçia, ssiempre en duelo
                                    [uisquieron;
        non por cosa que ellos assaz non
                                    [entendieron,
        mas, como Dios non quiso, ffablar non le
                                    [pudieron.

640   Quando el rey uieron, houieron tal plazer
        commo omnes que pudieron de cárçell
                                    [estorçer;
        veyénlo con los ojos, non lo podién creyer,
        mas avn dubdauan de cerq⟨u⟩a non lo
                                    [tener.

641   Plogo a éll con ellos, τ a ellos con éll,
        como ssi les viniesse ell ángel Gabriel;
        sabet que el pueblo derecho era τ fiell:
        non auién, bien ssepades, de auer rey
                                    [nouell.

642   Falló todas ssus cosas assaz bien
                                    [aguisadas,
        los pueblos ssin querella, las villas bien
                                    [pobladas,

639d *mas*: emborronado.
640b *cárçell*: emborronadas las dos primeras letras.

639b *duraron*: 'permanecieron', 'quedaron'.
    c *cosa*: 'todas las desventuras de Apolonio de las cuales no
        tenían cabal noticia'.
    d *ffablar*: Apolonio se marchó sin que el pueblo se enterara
        ni conociera las causas, cf. 35a,b.
640b *cárçell*: *ll* con valor de *l*.
    d *avn*: 'incluso'.—*non*: añadido frecuentemente en frases de
        negación o de duda (cf. 634c: *nunq⟨u⟩a ... seruicio non tor-
        nase*).
641c *derecho*: 'recto', 'íntegro'.—*fiell*: *ll* con valor de *l*.
    d *auién de auer*: el valor incoativo de haber, frente a tener,
        da a esta perífrasis el sentido de 'no habían de admitir un
        nuevo rey, distinto de Apolonio'.

sus lauores bien fechas, ssus arq⟨u⟩as bien
[çerradas,
las que dexó moçuelas ffalláualas casadas.

643   Mandó llegar sus pueblos en Tiro la
[çibdat.
Llegósse hí mucho buen omne τ mucha
[riq⟨u⟩a potestat.

Fol. 63v   Contóles ssu ffazienda, por quál necessitat
auìa tanto tardado, como era uerdat.

644   Pesóles con las cuytas por que auìa
[passado,
que por mar τ por tierra tanto auié
[lazdrado;
mas, deque tan bien era de todo escapado,
non daua ninguna cosa por todo lo passado.

645   —"Sennyor, dixieron todos, mucho as
[perdido,
"buscando auenturas mucho mal as ssofrido.
"Pero todos deuemos echarlo en oluido,
"ca eres un grant graçia τ grant prez caýdo.

642c *bien çerradas*: 'repletas', las arcas abiertas indicarían su va-
cío interior.
643a *llegar*: 'juntar', 'reunir'.—*Tiro la çibdat*: aposición típica-
mente medieval frente a la actual "la ciudad de Tiro".
b *riq⟨u⟩a*: 'poderosa', 'importante'.
c *ffazienda*: 'historia', 'vicisitudes por las que había pasado'.
d *auìa tanto tardado*: el pluscuamperfecto con haber más participio, frente al tan frecuente "tardara" (<tarda(ve)rat) y la
interpolación de *tanto*, da mayor expresividad a la frase.
644a *Pesóles*: 'se entristecieron'.
b *auié lazdrado*: 'había padecido'.
c *deque*: 'puesto que', literalmente 'desde que'.
d *non daua ninguna cosa por*: 'no le importaba nada de',
cf. "non daría un figo".
645d *grant graçia τ grant prez*: 'gran ventura y gran honor'.—
eres caýdo en: 'has llegado a', 'has venido a parar en'.

646 "El poder de Antiocho, que te era
[contrario,
"a tú sse es rendido, τ a tú es tributa[ri]o;
"ordeneste en Pentápolin a tu fijo por
[vicario;
"Tarsso τ Mitalena tuyas sson ssin famario.

647 "Desdende, lo que más uale, aduxiste tal
[reýna
"qual saben los de Tarsso do fue mucho
[vezina;
"onde es nuestra creyença τ el cuer nos lo
[deuina
"que la vuestra prouinçia nunq⟨u⟩a será
[mesquina.

648 "Por tu ventura buena asaz auiés andado.
"por las tierras agenas assaz auiés lazdrado;
Fol. 64 "desque as tu cosa puesta en buen estado,
"senyor, desaquí deues ffolgar assegurado."

649 Respondióles el rey: —"Téngouoslo en
[grado;
"téngome por uós muy bien aconsseiado.

646b ms. *tributado,* corregido por Marden (I, 75).

646a *El poder:* 'el imperio que correspondía a Antioco, ya muerto, pasa a Apolonio'.
b *a tú:* aragonesismo, 'a ti'.—*sse es rendido:* 'se ha sometido'.
c *ordeneste:* 'estableciste' (-este por analogía con ordené).
d *famario:* 'engaño', 'falsía', variante de "farmario" y "farmalio" (*vid.* Corominas, 2, s.v. faramalla).
647a *Desdende:* (<de-exde-inde) 'después de todo ello'.
b *qual:* 'con las cualidades que'.
d 'que vuestro (del rey y la reyna) reino nunca será desdichado'.
648a *Por tu ventura buena:* cf. 125c,d, en que por no haber viajado se tenía "por torpe e por menoscabado".
c *desque:* 'ya que'.
d *desaquí:* 'desde ahora'.—*ffolgar:* 'holgar', 'descansar'.—*assegurado:* 'libre de cuidado'.

"Por verdat uos dezir, ssiéntome muy
[canssado;
"desaquí adelante lograr quiero lo que
[tengo ganado."

650   Fincó el omne bueno mientre le dio Dios
[uida,
visco con ssu muger vida dulçe τ sabrida;
quando por hir deste ssieglo la hora fue
[venida
finó como buen rey en buena ffin conplida.

651   Muerto es Apolonyo, nós a morir auemos;
por quanto nós amamos la fin non
[oluidemos.
Qual aquí fiziéremos, allá tal recibremos;
allá hiremos todos, nunq⟨u⟩a aq⟨u⟩á
[saldremos.

652   Lo que aquí dexamos, otrie lo logrará;
lo que nós escusáremos por nós non lo
[dará;
lo que por nós fiziéremos esso nos huuiará
q⟨u⟩a lo que fará otro tarde nos prestará.

649d *lograr*: (<lŭcrare) 'disfrutar', 'sacarle provecho'.
650b *visco*: (<vixit) 'vivió'.—*sabrida*: 'sabrosa'.
  d *ffin*: 'muerte'.
651 Para Marden (II, 65) las estrofas 651 a 655 son una adición
    posterior, probablemente del copista.
  a *auemos a*: 'tenemos que'.
  d *saldremos*: 'volveremos'.
652a *otrie*: vid. 38b.—*logrará*: 'disfrutará'.
  b *escusáremos*: 'negáremos'.—*por nós*: sustitución, 'en vez de
    nosotros', 'en lugar de nosotros'.
  c *por nós*: agente, 'por nosotros mismos'.—*huuiará*: 'ayudará'.
  d *prestará*: 'aprovechará', 'favorecerá'.

653   Lo que por nuestras almas dar no
                                    [enduramos
        bien lo querrán alçar los que biuos
                                    [dexamos;
Fol. 64v   nós por los que sson muertos raciones
                                    [damos,
        non darán más por nós desque muertos
                                    [seyamos.

654   Los homnes con enbidia perdemos los
                                    [sentidos,
        echamos el bienfecho, tras cuestas, en
                                    [oluidos,
        guardamos para otrie, non nos serán
                                    [gradidos;
        ell auer aurá otrie, nós hiremos
                                    [escarnidos.

655   Destaiemos palabra, razón non
                                    [allongemos,
        pocos serán los días que aquí moraremos.
        Quando d' aquí saldremos ¿qué vestido
                                    [leuaremos
        si non el conuiuio de Dios, de aquell en
                                    [que creyemos?

653a *por*: 'en favor de'.—*no enduramos dar*: 'no toleramos dar',
    'no quisimos dar'.
  b *alçar*: 'guardar', *vid.* 193c.
  c *raciones*: 'limosnas' (*Milagros* 132a: "Era un omne pobre
    que vivie de raziones").
654b *el bienfecho*: 'la buena obra'.—*tras cuestas*: 'a la espalda'.
  c *guardamos*: 'almacenamos'.—*non nos serán gradidos*: 'no nos
    serán agradecidos', 'nadie nos lo agradecerá'.
  d *auer*: 'riqueza'.—*hiremos*: 'saldremos'.
655a *Destaiemos palabra*: 'pongamos fin a la palabra', 'calle-
    mos'.—*allongemos*: léase *alonguemos,* 'prolonguemos'.
  c *saldremos*: futuro de indicativo en temporal como hoy con-
    serva el francés, 'salgamos'.
  d *conuiuio*: 'convite'. En latín medieval (*Lexicon Minus,* 272)
    significaba 'comida preparada en honor de un señor'; ten-

656   El Sennyor que los vientos τ la mar ha
[por mandar,
Él nos dé la ssu graçia τ Él nos denye
[guiar;
Él nos dexe tales cosas comedir τ obrar
que por la ssu merçed podamos escapar.

El que houiere sseso responda τ diga
[Amen.

A —. M. —. E —. N. — Deus. —

AMEN DEUS: adornado con líneas rojas, como las iniciales. Deus está
adornado, no tachado (cf. p. 68).

---

dría, pues, el sentido de '¿qué otra riqueza nos llevaremos que
la posibilidad de ofrecer con nuestras buenas obras el convite a Dios?'. Pero, por otra parte, según la parábola evan-
gélica, es Dios quien ofrece el convite; en este caso habría
que suprimir *si non* y comenzar el verso con *[a]l conuiuio*.
656b *denye*: 'se digne'.
d *escapar*: 'salvarnos'.

GLOSARIO ESCOGIDO

ADVERTENCIA: Las palabras que comienzan por H búsquense como si no la tuvieran.
Se ordenan juntas C, Ç; I, J, Y; U, V.

A

a, ha; (modo) *lo prisiese a vida,* 50b; (fin de la acción) *ha vuestra meioría,* 220c; (instrumento) *aguzan a la muela,* 350d; hasta, 397c, 425c.

abaxar, disminuir, 239d, 448c.

abenençia, consentimiento, aquiescencia, 581b.

abenimiento, conformidad, permiso, 294d.

abenir, véase *auenir.*

abés, abez, apenas, 108a, 446d; con dificultad, a duras penas, 129d, 188d, 333b.

abondado, adj. y part. pas. de *abondar;* próspero, 124b; *te he abondada,* te he concedido ampliamente, 525b; bien provista, llena de riqueza, 288c.

aborrir, dejar de querer, 277b.

abraçadas o *abracadas,* part. pas. de *abraçar;* unidas por el eje del carruaje, 522d.

abrir; desvelar, resolver un enigma, 51d.

abscura, oscuridad (?), ceguera (?), 52c.

abtezas, alhajas y objetos de valor, 443a; (ultracorrección) *altezas,* 615c.

abueltas con, junto con, 282a.

acabar, llevar a cabo, 373c, 550a; obtener, 304c; *acabado,* part. pas. y adj. acabado, perfecto, completo, 191d, 627d.

295

acaeçer, aquaesçer, llegar a algo, llevarlo a cabo, 391c; *es aquaesçido,* está presente, ha llegado, 561b.

aconseiado, aconsseiado, bien orientado, 637d; organizada, 619b.

acordar, estar de acuerdo, 181d; ponerse de acuerdo, 206a, 499d; aprender una lección, 354d; *acordado,* cuerdo, prudente, 411d, 635c.

acorrer, socorrer, 88d, 94b, 381d; ayudar, 383c, 487d, 534b.

acorro, ayuda, socorro, 384d.

acostar, confiar, 566c.

acuytar, apremiar, 274c; apremiar, empujar, 263b.

achaque, pretexto, 46a; dolencia, 480b.

adapte, apropiado, 63c.

adobar, aderezar manjares, 64c; componer, 121d; *adobado,* ataviado, 80b, 145a, 163a, 288b, 426b; adornada, 575c.

adobo, atuendo, generalmente de vestiduras ricas, 154b, 370c.

adonado, lleno de dones (de persuasión), 418c, 425a.

adozir, aduzir, traer, llevar, 86c, 132b. Presente: 3, *aduze,* produce, 24b. Perfecto: 1, *aduxe,* 601c; 2, *aduxiste,* 588c, 647a; 3, *aduxo,* 296a; 6, *aduxieron,* 419d.

afiblar, abrochar el manto, embozarse, 42b, 78d, 145b.

afincar, instar, 472a.

afirmar, confirmar, 239c; *afirmadas,* pronunciadas claramente, 179d.

afiuzado, confiado en una promesa, 205c.

afogar, ahogar; matar, 531d; *afogada,* ahogada, oprimida, 310c.

afollar, echar a perder, 170d.

ageno, tierras agenas, países extranjeros, 382a, 530c, 648b.

agigon, acuciante deseo, 189d.

aguisar, disponer, 60d, 64b; disponerse, 167a; preparar, 297c, 364b, 376c; prepararse, 178a; procurar, 26d; disponer de, 385a; encontrar salida a una situación, 432a, 497a; *aguisado,* razonable, 629d; lo más oportuno, 177d; (valor adverbial) convenientemente, 67b, 78b, 276d, 570b; sabiamente, 102d (bis), 500a; correctamente, 145c.

aýna, aprisa, deprisa, pronto, repentinamente, 36b, 453d, 54c, 103d.

ayrar, yrar, retirar el favor a alguno, 13c, 256a; *yrado,* airado, irritado, 101c, 224d, 529a.

ayuno, sin tomar alimento, 355c.

ayuntar, juntar, reunir, añadir, 522d, 523d, 54d.

ál, otra cosa, 12a, 293d, 319a; *mucho ál,* muchas otras cosas, 495a.

alabança, adulación, 548c; complacencia, 583c.

alabarsse, jactarse, 565d.

albriça, recompensa dada al portador de buenas nuevas, 320c.

alçar, elevar, 97b; guardar, 193c, 653b; esconder(se), 49c, 102a.

alffagemes, barberos, 624d.

alfoçes, regiones, pagos, 586c.

algo, algo; bastante, mucho, 353b; *mucho algo*, un servicio singular, 177c.

almatraque, colchón, 307b.

almorzar, desayunar, 354b, 354d.

alongar, *allongar*, prolongar, 584a, 655a; alejar, 263c, 453d.

altezas, véase *abtezas*.

amiente, mientras tanto, 347d.

amor, amor, 6d; voluntad, buen grado, 497d; deseo, 386a, 395c, 492b; favor, 74b, 171b, 295a, 389c, 501a, 557c; servicio, 497b; homenaje, atención, 632d; *grant a.*, algo muy satisfactorio, 304a; *en a. lo metades*, consigáis su consentimiento, 254b; *por a. que, por a. si*, a fin de que, 41b, 204b, 324a.

amortida, amortecida, medio muerta, 43d, 271a.

amo(s), ayos, tutores, 410d, 491d.

amos, *amas*, ambos, ambas, 2d, 150b, etc.

amostrar, mostrar, 548d.

andada, recorrido, 267c.

andar, 203a; ocuparse en, 209a; proyectar, 56b, 81c; comportarse, 463d; *por en çierto a.*, para obrar acertadamente, 578d. Perfecto, 3, *andido*, 134a.

anyader, *enyadir*, añadir, 28c, 398d, 525c. Condicional, 3, *enyadrié*, 398d.

ante, antes, 104c, etc.

antigo, antiguo, 597c.

aontado, afrentado, deshonrado, ultrajado, rebajado, avergonzado, 115c, 317d, 490a, 530b.

aparar, estimular, 58a.

apenas, con dificultad, 225d.

apesgar, cargar, llenar, engruesar, 514b.

apoderado, que ha tomado el mando, 617a.

aprender; conocer, 69b, etc.; *bien apresos,* muy dichosos, 563c. Perfecto, 3, *apriso,* 350c. Pluscuamperfecto, 3, *aprisiera,* 69b. Part. pas., *apreso,* 563c.

apuesta, feliz, 566b.

aquaesçido, véase *acaeçer*.

aquexamiento, congoja, 131b.

árbol, árboles de medio, mástiles centrales, 110c.

argumente, -os, enigma, argumento de un enigma, 15b, 22b, 31c, 32c.

armario, caja, ataúd, 281b.

armella, aldaba, 580b.

arredar, alejar(se), 117a.

artero, hábil, astuto, 225a, 406c, 421a.

artes, artes liberales, 352b.

asaz, véase *assaz.*

ascalentado, acalorado, 71a.

ascuchar, escuchar, 174d.

asentar, véase *assentar.*

asmar, assmar, pensar, estimar, juzgar, 27d, 46d, etc.; imaginar, 212d; tramar, 51b, 369a, 392b; vislumbrar, 506a; calcular, 575d.

asoluer, resolver, 28b.

asomar, aparecer, 385b.

assaz, asaz, bastante, suficiente, muy, 379c, 478d, etc.

assegurado, tranquilo, libre de cuidado, 627b, 648d.

assentar, asentar, sentar(se), 155b; *asentado,* consolidado, 78c; *bien assentadas,* bien compuestas, 495c; *bien asentado,* bien proporcionado, 288b.

astrosía, vileza, 445b.

astroso, desdichado, 342d; miserable, malvado, 375a.

atal, tal, 195d, etc.

atan, tan, 212c, etc.

atanto, tanto; al respecto, 216b.

atender, escuchar, esperar, 253a.

atenencia, atenençia, fidelidad a lo pactado, 93b, 93d; pacto de amistad, 119a.

atorgar, otorgar, 71d, 152a, 193b.

aturar, durar, 52b; resistirse, 278c.

auenir, auenyr, abenir, ocurrir, suceder, 116d, 135d; *abenirse,* compenetrarse, 180b; conseguir, tener éxito, 5b, 145c, 164d, 299d; *auenyrse en,* encontrarse en, 269d.

auer, dinero, riqueza, 41c, 392c, 654d.

auer, aver, hauer, tener, 30b, 56b, etc.; obtener, conseguir, lograr (incoativo), 17d, también con *ouo a, ouo de: ouo a echar las manos,* logró asirse, 112b, etc., *ouo de arribar,* logró arribar, 112d, *ouiessen a ssallir,* comenzasen a salir, 596a. Auxiliar con verbos no intransitivos; rara vez con intransitivos: *auìan venido,* 630a. Auxiliar para futuro y condicional. Impersonal: existir, 259d; de tiempo: *poco ha*, hace poco, 443b. *Podrìa auer siete meses*, podría hacer…, 242c. Perífrasis de obligación con *auer a, auer de* y *auer que*, 455c, 400a, 578a. *Ouo* más otro verbo: equivale a perfecto: *le ouo ensangrentar*, le ensangrentó, 528d; *ouo a: ouo a contir*, aconteció, 5c. Imperfecto, 3, *auiya*, 330c.

auesadas, con hado funesto, 258d.

auiltadamientre, vilmente, 277d.

aun, avn, aunque, 28c; además, 344c; *avn sin esto*, además, 50a, 309a.

áuol, ruin, 371b.

B

bagar, véase *vagar*.

barata mala, tráfico perverso, 402b.

bastir, proveer, abastecer, 60c.

batido, almatraque b., colchón vareado, mullido, 307b; *moneda batida*, moneda acuñada, 50d.

bauequía, necedad, 512d.

bauieca, necio, 23c.

belmez, piedad, 107a.

beltad, beltat, beldad, belleza, 352c, 4c.

bestión mascoriento, bestia deforme y tiznada (el demonio), 14d.

beuir, beuyr, véase *vivir*.

bienfecho, bienffecho, obra buena, 554b, 604c, 654b.

blanquea(n)do, vestido de blanco, 577b.

boluer, hinchar, 261c; encrespar(se), 280d; recubrir, envolver, 281d; *boluido*, resuelto, arreglado, 606d.

bondat, sabiduría, 322c.

brial, brial, especie de túnica, 178c.

bufón, buhonero, 521a.

burçesa, burzés, habitante del burgo, burguesa, burgués, 445a, 80b, 202c.

buscar, dirigirse, 578a.

C, Ç

ca, qua, porque, 4a, 13d, etc.

cabdal, capdal, muger c., principal, legítima, 2c; *gouierno c.*, gobernalle, 110b; *recabdo c.*, pacto solemne, 239c.

cabdalero, persona principal, 360b.

cabdellar, gobernar, 462c.

cabeçón, cabezón, abertura que tiene cualquier vestidura para sacar la cabeza, 229c.

caber, aparte del uso actual *abés cabié la duenya de gozo en su pelleio,* 188d, se usa con dativo pronominal, *non le podié de gozo caber el monesterio,* 585d, 427d.

cabo; cabo de, cabe, junto a, 121d; *en cabo,* al fin, 289a; *en su cabo,* a solas, en solitario, 159b.

cabosso, cabal, 591c.

cada; cada 'l día, durante todos los días, 522c.

caer, cayer, caer, 55c, 123c, etc.; *cayó,* cayó de rodillas, 448a; encontrarse en una determinada situación, 107d, 113b; llegar a una situación, 623d, 645d; recaer, 368c.

çaga; dar mala çaga, jugar una mala pasada, engañar, 107c.

calanya; su calanya, su igual, 259d.

cambio; meterla a cambio, alquilarla, prostituirla, 396d.

camiar, camyar, cambiar, 103d, 237b, etc.

canya uera, cañavera, carrizo, 508a.

canssar, cansarse, 510d.

cantar; cantauan las palabras, entonaban gritos de júbilo, 621c.

capdal, véase *cabdal.*

captenerse, comportarse, 166d.

car, porque, 589d, 620c.

cara, rostro, 161c, etc.

cara, querida, 361d; carente de víveres, pobre, 65d, 83d.

carastía, carestía, 66b.

carbonenta, negra como el carbón, aciaga, 361b.

carniçero, el que come carne, cruel, fiera carnívora, 275d.

caro; tan en caro se parar, refrenarse, abstenerse, contenerse tanto, 449d.

carrera, camino, 73d, 143d, 222d, 421c; *meter en (la) carrera,* poner en el buen camino, 143a, 406d, 481b; *andar carrera,* estar en el buen camino, 543a; *toller la carrera,* desviar del rumbo, 454d; *toller de carrera,* matar, quitar de en medio, 60b, 370b; *ser de carrera,* estar de camino, no ser de un lugar, 44b; *carreras,* calles, 621d.

casa, casa, 37c; conjunto de personas que acompañan a un señor, 265b; *casas,* una casa, 634a.

casa, cofre, caja, 288c.

casamiento; en c., en arras, 573c.

castigado, convenientemente adiestrado, 577a; encomendado, 212b.

catar, mirada, semblante, 432c.

catar, mirar, 223a, etc.; buscar con la mirada, 314c, 436c; tener bien en cuenta, 425d; considerar, tener por, 356d.

cativo, cautivo, 393d; pobre, infeliz, 308d, 394a.

caualgaduras, bestias de carga, 633b.

çeçina, cezina, cecina, carne en salazón, 103a, 625c.

çeio, çejo, mirada, semblante, 188a, 521c.

çelada, çellada, emboscada, 377b, 393c; mala pasada, 266c.

çelar, ocultar, 58c, 317a.

çenada, manjares para la cena, 139d.

çera, cera, 222a, 281c; sello, 217c.

çerca, asedio, 101b.

çerçenar, rasurar, 362d, 549c.

cerqua, çerqua, junto a, 234c, etc.

cerqua, fortificación, 87d.

cerrar, concluir, dar por terminados, 32c; *çerradas*, repletas, 642c; *çerrado*, oscuro, difícil, 15b.

certenidat, certeza, certeramente, 351c.

çertero; bien ç., muy apropiado, 225b; *uos faré çertera*, os sacaré del error, 358d.

cezina, véase *çeçina*.

çiella, habitación, celda, 400c.

çierto; sin vacilar, seguro, 329a.

çimal, cima del árbol, 25a.

çiminterio, çimenterio, cementerio, 538b, 375b, 291c.

çinquanta, cincuenta, 397c.

çiuera, trigo, alimentos, víveres, 60c.

clamar, llamar, 11b, 37a.

clérigo, hombre culto en general, 510b.

cobdicia, copdiçia, codicia; *c. mala*, avaricia, 57b.

cobdiciar, copdiçiar, desear, 72a, 313c, 494c.

coberturas, gualdrapas que debían llevar los caballos que corrían en las fiestas, 546c.

cobrar, recobrar, 137d, 447a.

coytar, véase *cuytar*.

colado; oro c., oro puro, 398d.

colpada, golpe, 439c.

colpe, golpe, 442c.

comedición, reflexión, 584b.

comedio, intervalo; *en este c.*, entretanto, 5c, 603d.

comedir, calcular, 53b; pensar, discurrir, juzgar, meditar, 301c, 623c, 371a.

comer. Condicional, 3, *conbrié*, 66d.

comienço; parte básica de una ciencia, 183b.

comienda, encomienda, amparo, providencia, 84d.

comigo, conmigo; a mi costa, 119d.

cominal, en común, 25d.

como, commo, como; de tal manera que, a fin de que, 260d; *como que ssanyudazo*, puesto que estaba muy sañudo, 567b.

companyera, competidora, parangonable, 352c.

complidura, lo suficiente, 269c.

complir, conplir, realizar completamente, 550a; *complida*, terminante, exhaustiva, 50a; *son complido*, música excelente, 501b.

con, con; *con esso*, con todo, a pesar de ello, 126c; *con él*, por su causa, 105a.

conbido, convite, invitación, 474d.

conbrié, véase *comer*.

conbusco, con vosotros, 82b, 272b.

conçeio, conçejo, concejo; *llegar conçeio*, reunir(se) en concejo, 90d, 91a, 560a; *en conçejo*, en reunión pública, públicamente, 5d.

concluyr, argumentar, 412d.

condonar, conceder, 238c, 303d; encargar, 192b.

conducho, víveres, comida, alimento, 64a, etc.

conescer, véase *conosçer*.

confonder, dañar, 74d; confundir, 51a; *confondido*, humillado, 33d.

confrade, amigo, 591c.

conortar, dar ánimo, 252d. Presente, 3, *conuerta*, 302d.

conorte, consuelo, ánimo, 200c.

conosçer, conyoscer, connoscer, conesçer, conocer, 165b, etc.; reconocer, 600b; tener relación carnal, 401b.

conos⟨cen⟩cía, conocimiento, 357a.

conponer, componer, 1c; armonizar, poner(se) a tono, 168b.

conpra, compra; *dar a compra*, vender, 87a.

conprar, comprar; recuperar, 343a.

conptar, relatar, contar, 287c.

conseia, comentarios, 367b.

conseiar, aconsejar; *conseiarse*, tomar decisiones, 109d.

conseio, consseio, consejo, 99b, etc.; propósito, plan, decisión, 38d, 41c, 47c, 94c, 207b, 560d; consulta, asesoramiento, 80d; reunión, 233a; auxilio, ayuda, socorro, 132d, 142c, 161d,

383c; *non dauan huno a otro consseio* (frase usual para indicar desconcierto), 605b; rumbo de una nave, 110b, 455b.

contar; nombrar, 45b; dar cuenta de, aclarar una adivinanza, 523a.

contender; insistir, 32d, 278a.

contesçer, conteçer, acontecer, suceder, 33c, 54a, etc.

contienda, emulación, competencia, 115b.

continente, continiente, maneras, modales, 149a, 170c.

contir, acontecer, suceder, 5c, etc.

contra; hacia, 122b, etc.; delante de, 100b; frente a, en comparación de, 190d, 367d.

contrastar, llevar la contraria, desairar, 185a.

conuenir, pactar, 89a.

conuertirse, cambiar de actitud, 419b.

conuerto, consuelo, 458d.

conuiuio, convite, comida preparada en honor de un señor, 655d.

copdiçia, véase *cobdicia.*

copdiçiar, véase *cobdiciar.*

cor, de cor, de coro, de memoria, 597b.

coraçón, corazón, corazón; voluntad, ánimo, 340b; sentimientos, 229b.

corada, entrañas, 270b, 310a.

corral, corrall, patio, 239a, 604b.

corte general, asamblea reunida, 19b.

cortesía, bondades y enseñamientos buenos aprendidos en la corte, 1d.

cosa, cosa; asuntos, 619a; persona, 167d, 517a, etc.; *a huna cosa,* unánimemente, 596d.

coseras, prostitutas, 396d.

cosiment, piedad, 101d (ms. *consentimiente*); favor, merced, 276a.

costanera, orilla, costa, 63c (ms. *estanera*).

cozina, comida, viandas, banquete, 475b, 625a.

creença, creyença, fe, creencia, 481d, 647d.

creyer, creer. Presente, 6, *cren,* 136d.

cremar, quemar, quemar, 576c, 611b.

criaçón, véase *criazón.*

criar, criar, 355d; crecer, 508b; *criada,* pupila, 358a, 364b.

criazón, criaçón, servidores de una casa, 334d, 371b; *criaçones,* criados, 35b; descendencia, 626b.

crines, cabellos, 507b, 508c, 549c.

crueldat, aspereza, descortesía, 477d.

cuer, corazón; *entre su cuer,* en su fuero interno, 227c, 370a.

cuerpo, cuerpo; *mal cuerpo,* cuerpo de poco valor, 409b; *con el cuerpo solo,* sin ayuda, 223d; cadáver, 279a, 281a, 287c; persona, 147a, 191d, 551b, 635c, 637a.

cuesta, espalda; *demos de cuesta,* demos la espalda, rehusemos, 566d; *cuestas,* espaldas, 298b; *echar tras cuestas,* echar a la espalda, dejar de lado, 654b.

cuydado, cuidado, 339d; interés, deseo, 479d.

cuydar, pensar, imaginar, creer, 182c, 295d, etc.; pensar, proponerse, 82d; procurar, 391b, 435d. Presente, 1, *qüedo,* 82d. Perfecto, 1, *qüydé,* 586c.

cuydar, opinión, parecer, 356c.

cuyta, cuita, pena, congoja, 43c, 527c, etc.; *a las cuytas,* en sus desventuras, 93c.

cuytar, coytar, afligir, 511c; apresurar, 386a; preocupar(se), 319c; poner en peligro, 110a.

cursso, poema, 628c.

cutiano, cotidianamente, 364d.

D

dalde, dadle, 193c; véase *dar.*

dar, entregar, 248d; enviar, 350b, 484b; transmitir, 531b; *non daua ninguna cosa por,* no le importaba nada de, 644d; *da contigo en Tiro,* marcha a Tiro, 40b; *dar derecho,* hacer justicia, 565c; *dar guarido,* curar, 494d; *dar tornada,* regresar, dirigirse, 613d. Imperativo, 5, *dalde,* 193c.

de, de; (procedencia) desde, 473c, etc.; (agente de la pasiva) por, 70a, 571b, etc.; *de muerte,* a muerte, 115d.

debayladas, codas cadenciales, bajada desde una nota a otra inferior a intervalos menores que el semitono, 179a, 189b.

debatido, postrado, arrodillado, 88b.

debdo, deber, obligación, 296c.

deboxado, esculpido, dibujado a cincel, 289b.

deçir, véase *dezir.*

delexó, dejó tras de sí, 359d.

demanar, véase *demandar.*

demanda, ruego, pregunta, 542b; acertijo, adivinanza, 15b, 51d, 503a, 516a.

demandar, demanar, pedir, 45c, etc.; preguntar, 24a, 213a, etc.; buscar, mandar buscar, 71c, 244a; ordenar, mandar, 56d; proponer acertijos, 516c.

demeter, penetrar, desentrañar, 21a.

demientre que, mientras que, 77d.

dende, de allí, desde allí, 115c, 128c, etc.

denegrida, ennegrecida, entristecida, 43a.

denyar, dignarse, 656b.

denodar, *vaya denodado*, resulte aumentado, 500d; *denodado*, vehemente, muy deseoso, 411a.

denostarse, envilecerse, 76d.

depda, deuda, 25c.

deportar(se), distraerse, divertirse, 144b, etc.; *deportado*, entretenido, solazado, 496a.

depuertos, habilidades, 180d.

después, después, 336c.

derechero, apropiado, 11d; *derechera*, puesta en razón, 257a.

derecho, enhiesto, 97a, 571c; recto, íntegro, 641c; justo, justificado, 465d; *de derecho*, enfrente, 159c; *derecha*, bien fundada, 533c.

derecho; *d. fazién*, tenían razón, era de justicia, 623a; *véyolo por derecho*, lo considero justo, 412d; *como hauìa derecho*, tal como le era debida, 293c.

derramar, dispersar(se), 102c, 153c.

desafiado, *eres d. de*, has sido declarado enemigo por, 70a.

desaguisada, disparatada, 226b; incontrolada, excesiva, 306d.

desaguisado, tropelía, 409d.

desaquí, a partir de ahora, 220c, 648d, 649d.

desbaratado, despojado de todo, 519a.

descasado, sin su mujer, viudo, 327a.

descolorado, pálido, 387a.

desconortado, desfallecido, 113b.

descoraznado, sin corazón, 468d.

desdezir, desatender, dar muestras de desconsideración, 464d.

deseyo, deseo, añoranza, 253c.

desemparar, *desenparar*, desamparar, abandonar, 12c, 455c.

desende, desde allí, después, 313a, 611c; *desdende*, después de todo ello, 647a.

deserrado, perdido, desgraciado, 460b, 480a, 480d.

desfiuzados, desesperanzados, 208d.

desflaquida, desmejorada, 197d.

desfriado, indiferente, 479c.

desgradeçido, invalidado, 604c.

desmanparar, desamparar, 137c.

desmayado, entristecido, 43b, 165d; decepcionada, 499a.

desmarrido, abatido, 29c, 316b.

desmentir, burlar, engañar, 118c.

despagado, descontento, 67c.

despecho, 116b; *auer despecho*, recibir el desprecio general, 293d.

desplegar, desclavar, quitar los pliegos o garfios, 287b.

desque, puesto que, 12a, etc.; después que, 117a, etc.

dessabrido, molesto, 307d.

desseyar, desear, 515d, 614c.

destaiar, interrumpir, poner fin, 219d, 256d; cortar un relato, 62a, 233a, 655a; *palabra destaiada*, palabra terminante, jurada, 549b; *cosa destaiada*, lo convenido, 610c; *destajado*, separado, apartado, 460a.

destrouir, destruir, 118d.

desuyó, separó, descuajó, 310b.

desuso, encima, 299a.

dezir, deçir, decir; contestar, 91c, 216b; cantar, 179c, 183d; murmurar desfavorablemente, 494b, 550d; comentar favorablemente, 180a. Presente, 3, *diz*, 81a, 441a; *ditz*, 17c, 320c. Perfecto, 6, *dixoron*, 475d.

día; *otro día manyana*, a la mañana siguiente, 140a; *luego el otro día*, al día siguiente mismo, 426a.

diçipla, discípula, 194d.

dictado, mandato, poder, 629c; carta, escrito, 224b, 289c, 290a, 588c.

dictar, escribir, redactar, 223b.

difamar, deshonrar, 565b.

dinarada, valor de un dinero, 323c; lo que se puede comprar con un dinero, 66c.

dinero, 64d, etc.; décima parte de un maravedí, 520d.

disantero, referente al día de fiesta, el que suele celebrarlas, 459b.

doblas, acordes, 189b.

doler; (construcción impersonal con la persona en dativo y la causa con 'de') *doliendo a los de Effessio de la buena vezina*, 595b.

don, 71d, etc.; las donaciones, 97d.

donado, en donado, en don, graciosamente, 338c, 416b.

donçel, donzel, donzeles, donzelles, joven(es) generalmente noble(s), 16d, 144b, 157d, 203b.

donde; de donde, 152d, 243d, 638d.

dos; *los dos*, dos de los tres, 206d; *dos tanto*, el doble, 396c, 500c.

dotrina, enseñanza, 496d.

dozientos, doscientos, 195a.

dubda, temor, 504a.

dubdar, dudar, vacilar, 276b; temer, 177d, 385d, 640d.

duenya, duennya; duenyas de orden, monjas, 324d.

durar, permanecer, quedar, 639b; resistir, sufrir, aguantar, 34a;
es de durar, se debe soportar, 345d.

E

e, E, Et, hi, ɿ (conjunción copulativa).

embargar, enbargar, turbar, abrumar, 380a, 610d; *embargada,*
preñada, encinta, 251a.

ementar (de), mencionar, recordar, 359c, 415a, 529b, 628a.

emiente, memoria; *venir emiente,* recordar, acordarse, 415d,
597c.

en, (adverbio pronominal), en ello, acerca de ello, 12d; por
eso, 156d.

enbargar, véase *embargar.*

enbermeieçer, enrojecer, 228d.

enbiar, véase *enuiar.*

enbolcar, envolver, 309c.

encara, aún, todavía, 141b, 303b, 553c.

ençerrar, cicatrizar, 442b.

enconar, mancillar, 403d.

encubierta, en su e., a solas, en privado, 435c.

ende, de ahí, de ello, 494d, 36b, etc.; por ello, 563d, etc.; *por
ende,* por eso, 623a; *en',* ende, 500d.

endurar, tolerar, soportar, 135d, 653a.

endurido, aturdido, 439d.

enemiga, nemiga, maldad, crimen, 53a, 184d, 385c.

enemigo; demonio, 13a.

enferuentar, hervir, 309b.

enfestadas, enhiestas, izadas, 453b.

enflaquida, débil, debilitada, 208a, 235a.

enfogar, ahogar, sofocar, 471d; *enfogado,* destruido, 11d.

enformar, configurar, 415b.

enforquar, ahorcar, 611c.

englut, engrudo, 281c; trampa, 20c.

engraciar, congraciarse, 119d.

e[n]guedat, libertad, 373d.

enyadir, véase *anyader.*

enojar, cansar(se), 236c.

enozimiento, daño, desperfecto, 286d.

enpocar, disminuir, menguar la luna, 381c.

enredados, implicados, 206c.

ensayar, probar, 135a.

ensanyarse, enssanyarse, enfurecerse, 107b, 528a.

ensenyado, instruido, 170a, 475a.

ensierto, injerto, 39d.

entencia, entençia, contienda, 227a; plan, 227c.

entender, 182d; darse cuenta, 35a, 161a; tener noticia, llegar a saber, 74a, 102a, 207d; percibir, 303a; intuir, 501c; enamorarse de, 6c, 197b; *entendiógelo luego,* se lo notó en seguida, 151b; *que entiendas,* dígnate escuchar, 123d. Presente, 1, *entendo,* 303a.

entrada; medio para hacer algo, 58d; resquicio, 482a.

entrar; visitar a una mujer con intento carnal, 416d, 419a.

enuiar, enbiar; los enuiara rogar, se lo había rogado, 119c; *enbìauos prometer,* encarga ofreceros, 564a.

eredar; la qual eredase, fuese el primero de un nuevo linaje que la fuera recibiendo por herencia, 634b.

error, culpa, 56a, 563b.

erueja, arveja, 367d.

escalentado, acalorado, excitado, 212c; refulgente, 284a.

escanyo; banco, catre, 471a.

escapar; salvarse, 165c; ir al cielo, 656d.

escobrir(sse), descubrir(se), 609a, 328b.

escogir, escoger, 216d.

escomer, devorar, comer, 17a.

escusar, evitar, librarse de, 14a, 534a; negar, no dar, 652b.

escuso, a e., a escondidas, 369a.

esfforçado, firme, vigoroso, 618b.

esfuerço, ánimo, 73c.

esmarrido, sin fuerzas, abatido, 328a.

espadada, infortunio, 226d.

espessa, concurrida, 148c.

espirament, e. de vida, soplo de vida, 303a.

estado; tamaño, estatura, 571a.

estar; ser, 162d, 345a, 354a, 436b, 449b, 554c; quedarse quietos, 263a. Presente, 1, *estó,* 251c. Perfecto, 3, *estido,* 134b. Imperfecto Subj., 2, *estudieses,* 252c; 3, *estouiés',* 524d.

estar, buen estar, bienestar, 82a.

estemar, mutilar, 460d.

estentino, intestino, 513a.

estonçe, estonze, entonces, 3d, etc.

estorcer, estorçer, librarse, escaparse, salvarse, 70d, etc.; librar, salvar, 492b.

estragados, destrozados, muertos, 101d.

estranyo, extraño, desconocido, 471c; sorprendente, extraordinario, 90b, 147d, 275b, 487c, etc.

estrechura, angustia, aprieto, 269d.

estudiar, esforzarse en, 1b.

estudio, 208a, etc.; esfuerzo, empeño, 423b.

F

fabla, conversación, 233a; *echar en fabla,* dejar algo para tratarlo después, 205c.

fablar, ffablar, hablar, 81a, etc.; consultar, 38d; decidir, 570c.

façanya, véase *fazanya.*

façer, véase *fazer.*

façienda, véase *fazienda.*

fado, hado, 327b, etc.; felicidad, buena fortuna, 409a; *mal fado,* desgracia, 492d; funesto destino, 531a.

faldrá, faltará, 417b.

falsaçia, véase nota a 271b.

falla, senes falla, sin error, con certeza, 543b.

falleçer, incurrir en falta o culpa, 57c.

fallença, fallencia, falta, 22c; error, 23b; mentira, 227b; *es en fallencia caýda,* ha desaparecido, 169c.

fallir, faltar, acabarse, 417b; desairar, 464c; *mal fallido,* muy frustrado, 33a. Futuro, 3, *faldrá,* 417b.

famario, engaño, falsía, 646d.

far, véase *fazer.*

fascas, casi, 514c.

fatilas, hilas, 443d.

fazanya, fazannya, façanya, narraciones de hechos notables y ejemplares, 31c, 487d; *terner a f., tener por f.,* maravillarse de algo, 180c, 469d.

fazer, ffazer, fazer, ffaçer, fer, ffer, far, hacer; *fazerse marauyllado,* maravillarse, 224a, 330d; *fízose más enferma,* empeoró, 234d; *faredes recadía,* recaeréis, 319c; *fízola catar,* (sin sentido factitivo) cató, 223a. Presente, 5, *feches,* hacéis, 604a. Perfecto, 1, *fiz,* hice, 540d.

fazienda, ffazienda, fazienda, façienda, hecho, asunto, suceso, negocio, 84a, 417d, 637b; andanzas, historia, peripecias, vicisitudes, 81b, 166c, 333d, 430b, 434d, 643c; lo sucedido, 79a, 114c; historia, merecimıentos, 158b; prestigio, 230d.

feches, véase *fazer.*

fellonía, alevosía, 540c; irritación, ira, 528b.

femençia, ffemencia, empeño, esfuerzo, interés, 93c, 592b.

fenchir o *finchir,* llenar, 343b, 427c.

fender, hendir, partir, 139a.

fer, véase *fazer.*

ferida, golpe, 528c.

ferir, golpear, 148b, 580b; *ferit palmas ꝛ cantos,* aplaudid y entonad canciones, 546b; *ferido,* herido, 443d, 498c.

fi de nemiga, hijo de la maldad, malo, 92d.

fiar, confiar, 120a; creer, 507d.

fidiondo, hediondo, 397d.

ffiera, grandísima, 605a; *fyeramientre, fieramient, fieramiente,* enormemente, 200a, 411b, 480c, 569d.

figa, higo, cosa de poco valor, 599c.

fin, ffin; muerte, 132c, 650d.

finada, fin, final, 319d.

finar, acabar, 29b; morir, 452c.

fincar, permanecer, 14a, 598b; *f. en,* recaer, quedar en poder de, 629d; *fincar (el) oio,* clavar los ojos, fijar la vista, 164a, 631b.

firme, íntegro, 182a; *más a firmes,* más firmemente, con más fuerza, 311c.

fiuza, confianza, promesa, 206c.

folgar, ffolgar, holgar, descansar, 63d, 648d; *folgado,* relajado, tranquilo, 319a, 125b.

follía, locura, maldad, 432d.

fonsado, ejército, 102c.

fonssario, fosa, sepultura, cementerio, 532b.

forteras, horteras, escudillas de madera, 64d.

fozino, especie de hoz, 513b.

frade, hermano, 591d.

friura, frialdad, frío, 511c.

fuego; ira, 278c.

fuera, fueras, excepto, 35b, etc.

fuert, muy, 480d.

fuerte; funesto, 106a, 258d, 393a, 272b.

fuyr, huir, 386d. Perfecto, 3, *fuxo;* huyó, 386d.

fumeyar, humear, echar humo, 625a.

fundamenta, de f., desde el principio, 361a.

furtar, raptar, 483b; hurtarse a, alejarse de, 127a.

G

gabando (gabar), bromeando, 432c.

galea, galera, 386a, 393b, 492a.

ganança; recompensa, remuneración, 247c; *tornar ganança*, hacer el vasallo el servicio que debe a su señor, 432b.

ganar; conseguir, 204d.

garçón, proxeneta, hombre disoluto, 397b, 425b, 403d.

garnacha, túnica de abrigo, 349d.

gasanyado, ganancia, 363d.

genta, gentil, hermosa, 4b.

gente, gent, gentilmente, 405b, 485a.

gente, yente, gente, 66b, etc.

gig⟨u⟩a, instrumento con tres cuerdas y un arco, menos noble que la vihuela de arco, 184c.

gladio, espada, 40c, 385a.

glera, arenal, 222c.

gota, lágrima (?), sudor (?), 150d.

gouernio, gouernyo, gouierno, gobierno, 629c; gobernalle, timón, 110b, 273b, 455c.

graçia, ventura, 645d.

gradir, agradecer, 407d; *gradido*, agradecido, 654c.

grado, agradecimiento, 390d, 590d; *de grado*, gustosamente, 15c; *sin grado*, a disgusto, 490d; *mal grado a*, a su pesar, 602d; *auer, tener (en) grado*, agradecer, 165b, 174d, 443c, 74b.

grafio, estilete, 282c.

granada, notable, ilustre, 95a, 322c, 358c; importantes, cuantiosas, 569b.

grant; ilustre, noble, 151b.

graue; funesta, 492c; difícil, 507d.

grisa, especie de marta de color pardo, 349c.

gualardón, galardón, 82d, etc.; *guallardón*, 570c.

guardar; almacenar, 654c; contener(se), 472c; *guardada*, vigilada, atendida, cuidada, 270a, 322b.

guaresçer, socorrer, 92a.

guarir, curar, 442b, 484c; *dar guarido*, curar, 303d, 494d; *tenerse por guarido*, considerarse protegido, curado, 88a, 318c, 510d.

guyón, guía, el que gobierna una nave, 577a.

guisa, manera, forma, 121a, 424a; *a su guisa,* a su gusto, 306b; *de guisa,* de tal manera, 455a; *a muy gran guisa,* en gran manera, 445c.

H

LAS PALABRAS QUE COMIENZAN POR H BÚSQUENSE COMO SI NO LA TUVIERAN.

I, J, Y

hí, allí, 23a, etc.; en esto, 563c.

¡ya!, ¡Ah! (interjección para invocar al interlocutor), 76b, 560c.

yantar, comida del mediodía, 144a.

yantar, comer a mediodía, 474d, etc.

iazer, iaçer, yaçer, yazer, yacer; permanecer tendido, 319a; estar muerto, 131c; estar enterrado, 449c; descansar, 320a; permanecer, estar, 84c; *en escripto iaçer,* tener historiadas sus acciones, 551a. Perfecto, 3, *iogo,* 320a. Imperfecto Subj., 1, *yogués',* 131c; 3, *yoguiesse,* 449c; 5, *ioguiésedes,* 319a.

ýdolo, estatua, efigie, 96b, 571a.

yer, ayer, 481c.

infançia, mocedad, 583d.

yr, hir, ir; salir, resultar, 654d; *vete tu vía* (fórmula para despedirse o cortar una conversación), 525d.

yrado, véase *ayrar.*

yuernada, tener la y., pasar el invierno, 98d.

yuguero, yuntero, el que labra con yunta, 66d.

iura, juramento, 550d.

juventa, mujer joven, 361d.

L

laçerio, véase *lazerio.*

largas, generosas, 231c.

lasos, cansados, 458c.

laude, canto festivo, 178d, 184c.

lazdrar, llazdrar, padecer, 644b, 648b; trabajar con ahínco, 353c; *lazdrado*, doliente, malparado, entristecido, penoso, 63a, 112c, 310d, 326b.

lazerio, lazeryo, laçerio, sufrimiento, pobreza, trabajo, 32d, etc.

lençuelo, sudario, 343c.

lengua; prender lengua, recabar noticias, 457c.

leticia, alegría, 527b.

letuario, electuario, especie de medicamento, 488b.

leuar, llevar, 74c, etc.; entregar, 211c.

lexar, dejar, 62c, etc.

lexatiuo, laxativo, 308b.

librar, liurar, dar a luz, 251d; acabar, 380c.

loçanos, prósperos, arrogantes, 210d.

logar, lugar, lugar, 80d, etc.; *al logar*, en la circunstancia, 278b.

logar, alquilar una mujer para poseerla, 399c.

lograr, disfrutar de algo, 369c, 649d, 652a; poner a interés, 369c; *verse logrado*, conseguir la felicidad que se espera, 245b, 289d, 409c.

loguer, paga por alquiler de prostitución, ganancia obtenida para el amo, 429b, 535d.

loqüelas, palabras, lenguaje, 558d.

luego, en seguida, inmediatamente, 129b, etc.

luenye, lejos, 252c, 631b.

LL

llegar, plegar, llegar, 63c, etc.; allegar, reunir, 87c, 560a, 643a; *llególo*, hízolo llegar, 143c.

llenero, plenero, cumplido, abundante, 44c, 459c, etc.

M

madurgar, madrugar, 375b.

madurg(u)ada, madrugada, *de buena m.*, al alba, 426a.

maestría, técnica, 198c; profesión, 423b; *nueua m.*, nueva escuela de poesía culta, 1c.

maestro; médico, 198a; *m. de física*, médico, 284c; guía, 554d; timonel, 109b; maestre de la nave, 244a.

maguer, aunque, 10c, etc.

maguera, felizmente, por suerte, 380a.

majaduras, golpes, vapuleos, 136b.

majuelo, cepa de viña tierna y nueva, 636c.

malastrugo, con mal astro, desventurado, 568b.

maletía, enfermedad, 198d.

maleza, maldad, 118b, 615d.

maltraýdo, maltrecho, 113d.

mallada, esclava, sierva, muchacha, 505a.

mandaçión, mandato, 584c.

mandado, encargo, 588b; mensaje, 48d; recado, noticia, 333d.

mandar, (sustantivado) mando, 381b. Disponer, decidir, 482c; (perífrasis) *mandatlos medir,* medidlos, 86d; *mandaron toller,* quitaron, 261b; *mandado,* cedido, 617d.

maner, permanecer, morar, *manido,* 328d.

manera (refuerzo superlativo); *rica de gran m.,* riquísima, 281d; *de ffiera manera,* extraordinariamente, 605a.

manya, astucia, 417a; habilidades, destreza, educación, 365b, 147a, 487b; encanto, 352d.

manyana, por la mañana, 366b; a la mañana siguiente, 374c; *otro día m.,* a la mañana siguiente, 140a; *gran m.,* muy de mañana, 376a.

marauylla, non auié m., no era extraño, 200b.

márbor, mármol, mármol, 96c, 445d.

marina, mar, 103c, etc.

marinero, timonel, 273a.

martiriada, martirizada, 382c.

mascoriento, tiznado, 14d.

matinada, oración de maitines, 377a.

medio; lo m., la mitad, 420c.

mediodía, las doce, 420a, 461c.

mege, metge, médico, 311a, 208d, etc.

megía, metgía, tratamiento médico, medicina, 309d; *fazer m.,* medicar, 198a.

meior[ar]; compensar, 264c.

meiorada, excelente, 259c.

meioría; ventaja, 148d; *ha vuestra m.,* mejorando vuestra condición, 220c.

membrar, menbrar, (impersonal con dativo de persona), recordar, acordarse de, 62c, etc.

memoria, sentido, consciencia, 589b.

mengua, falta, carencia, 28d, 156d, 303c.

menguado, pobre, carente, a falta de algo, 66b, etc.

mentir. Imperfecto, 3, *mintié,* 539c. Futuro, 1, *mintré,* 232b.

mercado; venta, compra, 398b; *de buen m.,* barato, 87a.

merçed, merçet; (sustantivo interjectivo) ¡gracia!, ¡merced!, 76b.

merchante, mercader, 489b.

mesión, misión, missión, gasto, dispendio, 558c; recompensa, 371d; esfuerzo, 448d; *ha huna gran mesión*, copiosamente, 334b.

mesquinyella, pobrecilla, 393a.

mester, empleo, ministerio; *es m.*, es necesario, 560d; *auer m.*, necesitar, 77b. También *menester*.

mesturar, descubrir, revelar, 212d, 610a.

mesura, prudencia, 572b; dignidad, 158c; *de tan mala m.*, sin coto alguno, 51a.

mesurada, prudente, 475a.

mesurarse, comportarse, 472d.

meter, meter, poner. Condicional, 3, *metrié*, 19d; *metrìa*, 28a. Perfecto (fuerte), 3, *miso*, 592b; (débil) *metió*, 26c.

metge, véase *mege*.

metgía, véase *megía*.

miente, mente; *venir en (e)m. de*, acordarse de; *meter, tener mientes*, reparar, fijarse, 68c, 148a, 155a.

mientre, mientras, 377a, etc.

ministerio, cargo, oficio; servicio, 375c; rito funerario, 283a, 295c; *tornemos el m.*, volvamos a ocuparnos, 325c.

mintroso, mentiroso, 249c, 517c; falso, 491d.

mirarse de, fiarse de, 218c.

misión, missión, véase *mesión*.

miso, véase *meter*.

moyo, modio, cierta medida, 86d.

mollido, reblandecido por la humedad, enmohecido, 443b.

monedado, acuñado, 398c.

montesina, de caza, 625b.

morir. Imperfecto, 1, *muría*, 544b; 3, *murìa*, 92b. Futuro, 3, *morrá*, 305a.

mouer; empujar, 118a; zarpar, 262a; rasguear un instrumento, 495b. Futuro, 3, *mourá*, 100c.

mouida; *fazer la m.*, emprender la marcha, 348c.

muebda, instigación vehemente, perturbadora, 26c; vaivén, 267b.

muelle, mueyll, blando, muelle, 136c, 514a.

murmujando, murmurando, 506b.

N

nada; *por n.*, de ninguna manera, 575d.

nado, nada, nacido, -a, 191c, etc.

natura, naturaleza, condición, 52a; linaje, 623b; descendencia, 634d; *por natura,* por afición, 490d.

natural, naturall; diatónico, opuesto a semitonal, 178b, 495b; relajado, espontáneo, 465a; excelente, 195c, 427b.

nauear, naueyar, navegar, 29c, 35c.

negoçio, encargo, misión, 48b.

nemiga, maldad, 92d, 184d, 371d. También *enemiga.*

nodrida, criada, tenida como pupila, 365a.

notar, anotar, inscribir, 96c; *notado,* anotado, com ntado, 31b, 588d.

nozir, dañar, perjudicar, 61c, 511c. Presente, 3, *nueze,* 511c.

null, nuyll, ningún, 67c, 123b, etc.

nunca, numca, nunq(u)a, nunca; (valor afirmativo) alguna vez, todo lo que, 140c, 129c, 582c.

O

oblada, pan votivo, 364d.

ocasión, hocasión, peligro, 175d; daño grave, accidente imprevisto, 467a; derrumbamiento, 467b.

ochauario, octavario, 459d.

odiçepçón, (palabra médica desconocida) signo de vida (?), 300d.

oýr, hoýr, oír prestar atención, 55a, etc.; otorgar, 384d. Perfecto, 4, *oyemos,* 55a.

olio, olyo, óleo, aceite, 309a, 312c.

omne, ombre, onbre, ome, homne, hombre, 67a, etc.; (sujeto indeterminado) uno, 53b, 120a, 131b, 178d, 285b, 293d, 575d, 596c; *o. bueno,* ciudadano, 44a, 502c.

ondrado, onrrado, honrrado, honrado, 12b; excelentes, 633a.

ondrar, onrrar, honrar, 296c, etc.

honor, honor, gloria, 304c; patrimonio, 250d.

onta, afrenta, humillación, 46b.

oratge, viento, 456b.

ordeneste (ordenar), estableciste, 646c.

orençe, orífice, orfebre, 571b.

orfresada, ropa o., tela labrada en oro, 331b.

horrura, horrura, suciedad, 312d.

ortado, fino, culto, 179c.

ospedado, hospedaje, hospitalidad, 140b, 635d.

otramiente, de muy distinta forma, 434d.

otrie, otrye, otro, 38b, 299c, 221b, 652a.

P

padir, padecer, sufrir, 413d.

pagado, satisfecho, complacido, contento, 13d, 98b, 138d, etc.; *fue mal pagado,* quedó descontento, se disgustó, 26a; bonancible, encalmado, 129a, 264b; apacible, 614b; sosegado, 453c; propicio, 327c.

pagamiento, satisfacción, 149a, 151a, 362c.

pagar, pagar, 535d; contentar, 162a; complacerse, gustar algo a alguien, estar contento con algo, 102d(bis), etc.; *ser pagado,* sentirse o quedar satisfecho, 48a, 175b.

palafré, caballo de posta, palafrén, 130c.

palmero, peregrino (especialmente el que iba a Tierra Santa), 360c.

pararse, quedarse, 178c, 439d; colocarse de pie, 489d; *tan en caro se parar,* refrenarse tanto, 449d.

parientes, padre y madre, o parientes, 210d, 382a, 410b, 491a.

parte, lugar, 164b, etc.; cuna, familia, 68b, 412b.

partir, marchar; repartir, 138d, etc.; separar, 104d, 277d; *partirse,* marcharse, 67c, 104c, 128c; *partióse d'él,* le dejó, se alejó de él, 480a; *partida,* separada, 316c; *partido,* finalizado, 239a.

pasamiento, tránsito a la otra vida, 131d.

passar, pasar, suceder, 345c; atravesar, 595a; morir, 270d, 356a, 438d; tragar, 312a; transgredir, 354c.

pecado, demonio, 6a, 55b, 493b; *por (mis) mal(os) (de) pecado(s),* por desgracia, 11a, 100c, 130d, 208c, 379d, 441b, 491b; *gran pecado,* gran error, 500b.

pedido, petición, 552d.

pedir; solicitar la mano, 5a, etc. Imperfecto, 6, *pidién,* 588c. Perfecto, 1, *pidié,* 85b; 2, *pidiste,* 525b; 4, *pidiemos,* 205b; 5, *pidiestes,* 238c.

pedricar, véase *predicar.*

peyón, peón, soldado de a pie, 247d.

pelegrino, peregrino; viajero, extranjero, 151c, 485d, etc.

peligrar; morir, 253d, naufragar o estar a punto de ello, 156c, 274b, 531c.

pella, pelota, 148b.

pen[y]a, prenda de piel, 349c; *p. vera*, piel de marta cibelina; *grisa*, piel de gris o marta parda.

pensar, penssar, 177b, etc.; *pensar de,* empezar, disponerse a, 29c, 452a, 462d, 582b; (exhortación para que algo se haga en seguida), 564b; *pensar de,* cuidarse, mirar por, 176d, 192c, 196c, 322a, 389a.

perder, 272d, etc.; *perderse,* morirse, 255d; enloquecer, 6d, 368a.

perdición, cosa inútil, 584a.

perdidosos, perdedores, 342a.

perecer, pereçer, 25b, 620b; irse a pique una nave, 111b.

perlongado, muy largo, 380d.

pero, 87a, etc.; *pero (que),* aunque, 27d, 171a, 165b.

pesante, pesarosa, 489c.

pesar, sentir pesar, 219b; causar dolor, 536d; (impersonal con *de, con* o *por* introduciendo la causa del dolor) 437b, 644a, 557b; *pesado,* lleno de pesar, 333c.

pesar, 332c, etc.; *ha pesar de,* con pesar de, 283d.

pinaça, pinaza, cierta embarcación, 121d.

pitança, pitanza, *huna buena pitança,* un buen bocado, 616b.

plana, llanura, 579b.

plano, llano, 68d.

plano, llanura, 210c.

plazentería, placer, 220d, 593b.

plazentera, feliz, 217d.

plazer, placer, agradar. Perfecto, 3, *plogo,* 196a, 421b, 433b. Presente Subj., 3, *plega,* 89b, 292a. Futuro Subj., 3, *ploguiere,* 497a.

plazimiento, contento, gusto, 131c.

plazo, plaço, plazo, 28d; *meter en otro plazo,* posponer, 567a.

plegado, llegado, reunido, 91a.

pleito, pleyto, convenio, pacto, 630b, etc.

plenero, completo, 439d; abundante, 396b. Véase *llenero.*

plorar, llorar, 105a, 447c. También *llorar.*

poblar, 642b; fundar una ciudad, 3b; *poblada,* equipada, provista, 393b.

poder, 137a, etc.; mando, imperio, 646a; vigilancia, custodia, 455c; (plural) soldados, 60c; *a grant p.,* copiosamente, 160a; *a todo (mío) poder,* con todas (mis) fuerzas, 414b, 391a.

poder; ser posible algo, 246c, 280a. Futuro Subj., 5, *pudierdes*, 166c, 416c.

poyales, poyos, 427d.

polso, pulso, latido, 301b.

poner; arreglar, 417d; disponer, 345c, 577a; *puesto*, convenido, 91c.

por; no fuera a, para no, 328b; a fin de, 447d; por medio del cual, 535d; en favor de, 633a; *por esto*, aun con todo esto, 559a; *por más*, (agente) por nosotros mismos, 652c; en vez de nosotros, en lugar de nosotros, 652b.

porfaçado, afrentado, 26d.

poridat, secreto, 321c, 373a.

porlongado, prolongado, 433a.

portal, zaguán, 239b, 427c.

posar, hospedarse, 602a; sentarse, 355d; quedarse, 143d; pararse, 150a.

precio, preçio; *por preçio*, a cambio de dinero, 76d; *omne de preçio*, digno de estimación, noble, 409c, 472b; *buen preçio*, buen aprecio, buena estimación, 592d.

predicar, pedricar, predicar, 53d; sermonear, reprender, 527a.

pregunta; acertijo, 23d, 524a.

preguntar; proponer un acertijo, 505a, etc.

premer, bajar. Perfecto, 3, *primió*, 439d.

prender, tomar, 41c, etc.; coger, 217a, 377c; poner en prisiones, 394a; clavar, sujetar, 283b; comer, 160d; recibir, sufrir, soportar, 165d, 226d, 442c, 583d; reportar algo a alguien, 9a, 390d; *término prisieron*, pusieron fin, 35d; *prisieron lengua*, adquirieron noticias, 457c. Futuro, 1, *prendré*, 12a; 3, *prendrá*, 390d. Perfecto, 2, *prisiste*, 583d; 3, *priso*, 41c; 5, *prisiestes*, 9a; 6, *prisieron*, 35d. Participio, *preso*, 81d, 165d, 283b, 394a.

prestar, ayudar, 112a, 532a; entregar, 291b; favorecer, aprovechar a alguien, 652d.

prestar, de p., importante, excelente, de valía, 154b, 215d, 332c, 463d, 534c.

primero; *luego de la primera*, en seguida, 21a, 122c, 543c.

primió, véase *premer*.

primo, excelente, 211b.

priuado, valido, confidente, 37a, 155c, 330b.

priuado, retirado, privado, 31a, 306b.

priuado, rápidamente, 107b, 380c, 614a.

pro, mala pro, mal provecho, 431d; *tener pro a*, aprovechar a, ayudar a, 340d.

proceción, asunto, serie de acciones que conforman un proceso, 296b.

profecía, solución de un acertijo, sabiduría, 26a.

profundado, fundamentado, muy versado, 22a.

prometer; dejar crecer, dejar seguir adelante, 547c.

prouençia, providencia, 93a.

puerto; de·mal puerto, desafortunado, 458c.

puyó (pujar), pujó, subió en subasta, 397c.

punto, momento, 486b; *en fuerte punto,* en mala hora, 106a, 258d, 393a; nota, sonido resultante de puntear un instrumento, 179c.

Q

q⟨u⟩a, porque, 18c, etc.

qual, qual cosa, la cosa que, lo que, 40d; *qual pleyto,* el pacto que, 89c, etc.

quál; quién, 465b, 475c; *quál es* (de cualidad, no de identidad), cómo es, 562c, 564d; *de quál,* desde cuál, 244b.

quando; (causal) puesto que, 132a, 232c, 237a, 238d, 272c, 344c, 391c, 421d, 441b, 566c.

quedados, amainados, 457c.

quedar, 29a; estarse quieto, 150a; *q. la boz,* hacerla inaudible, 179b.

qüedo, véase *cuidar.*

quedo, quieto, inmóvil, 134b, 505b.

quen', que me, 141c, 531d.

qüenta; por qüenta, bien medidos, bien contados, 86d; *de qüenta,* en la cuenta o cómputo, 524b.

quequier, quequiere, cualquier cosa, 135d, 600d.

querer; estar a punto de, 6d, 109c, 234a, 243a, 280d, 301b, 356a, 368a, 395c; *non me quieras dexar,* no me dejes, 253b; *de qual guisa se quiere,* de cualquier forma, 424a; *se querrié soterrar,* (factitivo) quería ser enterrado, 452d. Perfecto, 2, *quesiste,* 403a. Participio, *querido,* 365c, *quista,* 485d.

qüestión, pregunta, acertijo, 523a.

quexa, queja, 341d; aflicción, 483c.

qui, quien, 4a, etc.

qüydé, pensé, 586c; véase *cuidar.*

quien; al quien, al que, 71d; *quien se quiere,* quienquiera, cualquiera, 146d, 274a.

quinyón, quinta parte de algo ganado y, por extensión, parte que corresponde a cada colaborador, 296d.

quintal, moneda grande, imaginaria, 50d, 72c, 195a.

quiquier, quienquiera, 50b.

quista, querida, 485d, véase *querer.*

quitación, libertad, 612d.

quitar, libertar, librar, 387d, 416d, 432d, 497d. Participio, *quitado,* 390c; *quita,* 433b.

quito, quieto, 126c.

R

ración, ración, sentencia en la distribución de premios y castigos, 612a; limosna, 653c.

raçonado, véase *razonado.*

rafez, raffez; rafeçes, fácil, 516a, 523a; fácilmente, 66c, 107b.

raýda, sin pelo, 518a.

rayer, afeitar, 555b.

rayo, 248c; *rayos,* dolores de parto, 268b.

raíz, raýç, raýz, linaje, ralea, 359a, 487b, 371c.

rapaço, ladrón, 567d.

rascado, con la cara arañada en señal de dolor, 283c, 327a.

razón, raçón, asunto, relación de sucesos, 229a, 428d; relato, 584a, 628c; opinión, 278b; explicación, 467c; discurso, 440c; alegación, 415b; justicia, 296c; adivinanza, 511d; *más con razón,* más artístico (tomando arte como ciencia), 182d; *a razón terminar,* resolver convenientemente, 503b; *como hauié razón,* como convenía, 448b; *venir por razón,* ser razonable, creíble, 539b.

razonado, raçonado; bien r., muy sensato, 67a; de hablar claro y convincente, 44a, 608c.

reboluer, perturbar(se), 455a, 599b, 605a; urdir, 6b, 402a.

rebtar, véase *reptar.*

recabdar, recabtar, recapdar, recabar, conseguir, lograr, 126b, 204a, 399d; tener éxito, 196b; llevar a cabo, 37d, 48b, 207c.

recabdo, cuidado, 303c; prevención, 269c; *r. cabdal,* pacto solemne, 239c; *poner más en r.,* asegurar más, 90a.

recadía, recaída en una enfermedad, *fazer recadía,* empeorar, 319c.

reçebir, resçebir, recibir, 216a, etc.; sufrir, experimentar, 253c, 389c, etc.; aceptar, 474d. Futuro, 1, *reçibré,* 253c; 2, *reçibrás,* 389c.

recodir, responder, replicar, 85a, etc.; regresar, 434b; volver en su ser, 440a.

recudimiento, respuesta, 542b.

recuerdo, tornar, entrar en (su) r., volver en sí, 113c, 315a.

refertero, el que da la réplica, pendenciero, 520c.

reyal, recinto, 19a, 202d; albergue, 465b.

reýr; reyésele el oio, se le alegraban los ojos, 420d. Presente Subj., 3, *riya,* 339d.

ren, nada, 177d, 313b, 526d.

rencón, rincón, 289a, 460a.

rencura, pena, aflicción, 235c, 444c, 529b.

rencurar, quejarse, querellarse, 121b, 384b.

rendar, remedar, 520c.

render, rendir, entregar, 30c, 457d, 72d; replicar, 521d. Presente, 3, *riende,* 521d.

repentido (repentir), arrepentido, 552c. También *repiso.*

repintençia, arrepentimiento, 23a.

repiso (repentir), arrepentido, 592a. También *repentido.*

repoyado (repoyar), rechazado, 461d.

reprendedera, reprensible, 4d.

reptar, rebtar, censurar, recriminar, acusar, desafiar, 15a, 75c, 345b.

requerir, buscar, 218d; dirigirse, 576b. Presente, 1, *requiro,* 218d.

resçebir, véase *reçebir.*

responder. Perfecto, 9, *respuso,* 44a, etc.

responso, responsso, contestación, 23d; canto festivo, 597b.

retrayer, referir, 55a, 57a.

revisco (reuiuir), revivió, se reanimó, 539a.

rezar, 291d, etc.; recitar, 31c, 428c.

reziente, carne r., fresca, opuesta a en salazón, 625c.

rimos, remos, 393b, 453b.

roýdos, noticias, comentarios, 100a, 557a; *malos roýdos,* funestos rumores, 273a.

romançe, poema no latino, 1c; relato, narración en verso, 428c.

romaneçer, romanesçer, quedar, 406b; sobrevivir, 336d.

ropa; sudario, 299a; colgaduras, 621d.

rota, rotación, turno, 148c, 150a; instrumento musical parecido a la lira, 184c.
ruuas, rúas, calles, 285b.

S

saber, ssaber. Perfecto, 3, *sopo,* 432a, *supo,* 20c; 6, *sopieron,* 35b. Imperfecto Subj., 2, *ssopieses,* 537b, *supieses,* 69d; 3, *sopiesse,* 551c.

sabor, gusto, placer, interés, 171d, etc.; *auer s.,* desear, 56d; *de, a, sabor,* a gusto, 618c, 428b; *a s. de,* para gozar de, 286a; *a muy gran s.,* muy convenientemente, 318a; *auer mal s. con,* sentir pesar con, 597d.

sabrida, sabrosa, 488b, 650b.

sabroso; sabrosa manera, agradablemente, 122d.

saçón, véase *sazón.*

sagramento, juramento, 362a.

saya, túnica, 142b.

salir, sallir, ssallir, 33b, etc.; saltar, 543c, 596d; *a lo que me salliere,* arriesgándome, 468c; *nol' sallìa,* no se le escapaba, 146b; *sallóle a la carrera,* fue a su encuentro, 122b; *ssallida era,* se había librado, 557d; *saldremos,* volveremos, 651d. Perfecto, 3, *salló,* 619b, *sallió,* 377b. Imperfecto Subj., 3, *sallyese,* 201d.

salto; dar s., asaltar, atacar, 118c.

saluar(se), salvar(se), 122c, 435d, etc. Participio, *saluo,* 550d; *en salvo,* sin peligro, 75a.

saluar, saludar con la expresión de "¡Salve!", 19b, 163c.

sangre; perdió toda la s., palideció, 435b.

ssanyudazo, muy sañudo, 567b.

*sano; ileso, sin daño, 265b.

santo, 1a, etc.; inteligente, sabio, 320b.

sazón, saçón, ocasión, 523d; *buena s.,* ocasión propicia, 21b; *a tan mala sazón,* en tan mala hora, 272d; *su s. vino,* llegó su momento, 269a; *de la primera s.,* desde la niñez, 467d.

seder, véase *seer.*

seer, sseer, seyer, ser, sser, seder, ser, estar; permanecer, 6a, 16a, 514c, 505b; encontrarse, 122a; 479a; (auxiliar de intransitivos) *só escapado,* he escapado, escapé, 129d, 3d, *fuy nado,* nací, 191c, 530a, 485a, 607c, etc.; (verbos pasivos) *só violada,* he sido violada, 12a, 443d, 533d, 559b, 632c, etc.; (reflexivos) *fue conturbado,* se conturbó, 129b, 59b, 140a, 322a, 632b, 646b, etc.; (incoativo) *fue alegre,* se alegró, 30a, 88a, 114d, etc.; (más adjetivo en -or o participio) *era morador*, moraba, residía, 285c, 69b, 297c, 271d; *como yo só creýda*, como me creo, 488a; *bien só creýdo*, creo firmemente, 501c; *quál fue*, qué significa, 235b. Presente Ind., 1, *só*, 12a, *ssó*, 133c, *sseyo*, 316b; 2, *eres*, 44b; 3, *es*, 651a, *seye*, 505b; 4, *somos*, 101a, *seyemos*, 279d; 5, *sodes*, 273c; 6, *son*, 54b. Imperfecto Ind., 1, *era*, 481c; 3, *era*, 4a, *hera*, 143b, *seýa*, 156a; 6, *eran*, 109b, *sseyén*, 569d, *sedìan*, 16b. Futuro Ind., 5, *seredes*, 358b. Perfecto, 1, *fuy*, 191c; 2, *fuste*, 88c; 3, *fue*, 13a, *ffue*, 614b, *souo*, 418b; 4, *fuemos*, 129b; 5, *fuestes*, 359a; 6, *fueron*, 16c, *ffueron*, 620a. Pluscuamperfecto Ind., 3, *fuera*, 113d. Presente Subj., 1, *seya*, 251d; 2, *seyas*, 478b; 3, *seya*, 91c, *sía*, 274a; 4, *seyamos*, 206b; 5, *seyades*, 237c; 6, *sean*, 443c. Imperfecto Subj., 1, *souiés'*, 116a; 3, *souiese*, 374c. Futuro Subj., 4, *fuermos*, 100d. Imperativo, 2, *sey*, 138a; 5, *seyet*, 214c. Gerundio, *seyendo*, 384a.

segudar, perseguir, 85d, 522b.

segurança, seguridad de no recibir daño, 616a.

segurar, afirmar, apoyar, 194a; *segurado*, seguro, 37b, 102d.

seyello, sello, 211b.

seyer, véase *seer*.

semeiar, parecer, 168c, etc.; parecerse a, 514c, etc.; parecer bien, 209a.

semitones, 189b.

sen, ssen, inteligencia, juicio, 395c, 618b.

senes, sin, 543b; también *sines*.

senyal, ssenyall, sennyal, 4d, etc.; *a senyal*, prodigiosamente, extraordinariamente, 495c.

senyero, sennyero, solo, único, 406a, 498a, 513b.

senyor, ssenyor, ssennyor, 30a, etc.; esposo, 324c.

sentençia, diagnóstico médico, 302c.

ser, véase *seer*.

sermón, discurso, exposición, 422a, 425a.

seror, hermana, monja, 324b.

seruiçiales, sirvientes, 195b.

seruiente, siruiente, criado, sirviente, 160b, 484a, 633b.

seruir, sseruir, 138b, etc. Perfecto, 3, *seruió*, 241d, *siruió*, 165a. Presente Subj., 3, *sierua*, 325b.

seruiz, cerviz, 17b.

seso, sseso, inteligencia, talento, 305d; *segunt mìo sseso*, a mi juicio, 191d; *el seso non perdió*, no enloqueció, 439a; *sallieron de seso*, se desmayaron o perdieron el juicio, 337b.

sexanta, sesenta, 397d.

sieglo, ssieglo, mundo, 59c, 574c; gente mundana, 493d;
passar (d)el s., morir, 97c, 256b, 438d.

sines, sin, 249d. También *senes.*

sio, (conglomerado del español arcaico) si yo, 183d.

sobeiano, sobejano, ssobegano, extraordinario, desmesurado,
429d, 481c, 622c.

ssobeio, enorme, 605c.

sobollir, enterrar, 290c, 446b.

sobrados, tablados, plataformas, 157c.

sobre, ssobre, 16b, etc.; (adverbio para superlativo) muy,
405b, 485a.

ssobrepuestas, dadas con profusión, 615b.

sobreuienta, a muy gran s., muy inesperadamente, 361c.

sofrir, ssofrir, sufrir, 7d, etc.; sostener, 83b; consentir, 382d;
soportar, 407c.

solazar, divertir, 428a; *mal s.,* jugar aviesamente, 120b.

soldada, ssoldada, paga, 194d, 426d, etc.

soldaderas, prostitutas, 396a.

soldado, remunerado, pagado con sueldos, 70c, 460c.

solepnidat, magnificencia, 573c, 613b.

soltera, distendida, 421d.

sopitanya, repentina, 256b.

sopo, sopiesse, véase *saber.*

sorostrada, afrentada, 530c.

ssosacamiento, ardid, 14c.

ssosacar, urdir, 14c.

sossanyo, ira, 471d.

soterrar, enterrar, 248a, 452d.

souo, souiesse, véase *seer.*

suelo; patria, 359a.

suso, arriba, encima, 157c, 299a.

T

tablero, tabllero, féretro, 282b, 289a.

tachada, viciada, 394c.

taiar, cortar cabellos, uñas, 346c, 555b; *bien tajada,* de hermosas facciones, 288a.

taliento, voluntad, deseo, 14b, 149d; *mal t.,* irritación, 542a.

tardar, 274c, 643d; demorar, 162c, 161d, 172a, 321a.

temporal, tenporal, mal tiempo, 110a, 456a; *grant tenporal,* mucho tiempo, 2b.

tendidos, largos, 273b.

tener, mantener, 89a, 107a, 273d, 324a, 358b, 383a, 574d, 576d, 607b; retener, 160c, 279a; poseer, 154b, etc.; juzgar, pensar, creer, 29b, 33a, 79d, 316d, 490a; considerar(se), 510d, 559b, 563a; guardar, respetar, 77a; *t. las lágrimas,* contener, 175c; *touieron su carrera,* siguieron su viaje, 327b; *tenéruoslo é a grado,* os lo agradeceré, 443c; *a mí touo a vida,* pudo conservarme con vida, 533a; *teniénle,* guardaban para él, 615b. Presente Ind., 1, *tengo,* 11c, etc. Imperfecto, 3, *tenié,* 79d, *tenyé,* 559b, *tenia,* 29b, etc. Futuro, 1, *terné,* 357d; 2, *ternás,* 302c. Condicional, 1, *ternía,* 482d; 3, *ternyé,* 526c. Presente Subj., 2, *tengas,* 490a; 3, *tenga,* 183c; 4, *tengamos,* 89a. Perfecto, 1, *toue,* 357d; 3, *touo,* 46b; 6, *touieron,* 327b. Imperfecto Subj., 3, *touiese,* 324a. Futuro Subj., 3, *touiere,* 77a; 5, *touiéredes,* 358b. Imperativo, 2, *ten(te),* 510d. Participio, *tenido,* 574d.

tenprar, templar, afinar, 178b, 185b, 426c; atemperado, ponderado, 422a.

terçia, las nueve de la mañana, 354a.

terminar, resolver enigmas, 24b, 85c, 503b, 506d.

terné, ternía, véase *tener.*

tirar, 523c; *tirar las áncoras,* levar anclas, 453a.

toldría, véase *toller.*

toller, quitar, 106c, etc.; *toller de carrera,* asesinar, 60b, 370b. Condicional, 1, *toldría,* 526d.

tornada, regreso; *fer la t.,* dar tornada, regresar, dirigirse, 243a, 613d.

tornar, volver, 205d; volverse hacia, 249a; *t. contra,* dirigir la palabra a, 411c, etc.; empezar algo nuevo, 428c; *tornóse de,* apartóse de, 154d.

touo, touiese, touiere, véase *tener.*

traer, trayer, 52c, etc.; conducir, 81d, etc.; tratar, 231c; manejar, 188c. Presente, 1, *trayo,* 123b; 3, *traye,* 52c; 6, *trayen,* 509d, *traen,* 120b. Imperfecto, 1, *traýa,* 129c; 3, *traỳa,* 156c, *trahìa,* 298b, *trahiya,* 286b. Perfecto, 3, *trayó,* 326c. Participio, *traýdo,* 81d. Gerundio, *trayendo,* 188c.

transida, muerta, 271d, 336c, 587b.

trasecada, reseca, secada a fondo, 306c.

trasecho, negociación, 233b.

trasponer, desaparecer tras la línea del horizonte, 106d.

trastornar, trastocar, cambiar, 59d, 434d; zozobrar una nave, 109c; *trastornado,* perturbado, confundido, 468a.

trebeiar, jugar, 94d.

trebeio, juego, 145b; *mal trebeio,* escarnio, 605d.

treçada, trenzada, 575b. También *trençada,* 434b.

tremer, temblar, 234d.

trenta, treinta, 397a. También *treýnta,* 28c.

tresoro, trasoro, tesoro, 193c; abundante dinero, 34c, etc.

treverse, atreverse, 156d.

trobar, encontrar, 128a, etc.

trobete, diminutivo de trova, 502a.

tuerto, agravio, 73a, 264d.

tuerta, desviada, equivocada, 302c.

tundir, cortar el pelo y la barba, 550c.

U, V

vagar, bagar, tranquilidad, 379c; *dar vagar,* dar largas, demorar, 29d, 274d, 347b, 611a.

valer, ualer, ualler, proteger, ayudar, 111d, 380b, 400b, 402d, 417c, 535a, 543d; valer, tener un precio, 520d; *más val(e),* más importa, 10c, 647a. Presente, 1, *valo,* 520d; 3, *val,* 10c, *vale,* 647a. Imperativo, 2, *val,* 402d. Presente Subj., 3, *vala,* 380b.

valor, aprecio, estima, 69c.

vanidat, razón o palabra vana, 278a.

vegada, vez, 31d, 601a; *a las vegadas,* a veces, 179b; turno, 418b.

veyente, veinte, 398d. También *ueýnte,* 395d.

veyer, véase *ver.*

vellido, bello, 370c; *ogo vellido,* hermosa mirada, 315b.

vençer, venzer, uençer, vencer, 101c, etc.; conquistar, 352d; lograr algo, 535b.

venir, venyr, uenir, venir, 66d, etc.; encontrarse en un sitio, 269d, 607a, 606c; *venir emiente,* recordar, 415d, 597c. Presente, 1, *vengo,* 214b, etc. Imperfecto, 3, *venié,* 329d, *vinié,* 411a; 6, *vinién,* 539b. Futuro, 3, *verná,* 515b; 6, *venrrán,* 101c. Condicional, 3, *vernié,* 369b. Presente Subj., 3, *venga,* 324c. Imperfecto Subj., 3, *viniesse,* 631d, *vinise,* 66d. Perfecto, 1, *vine,* 601a; 2, *veniste,* 588b; 3, *vino,* 632a; 5, *vinyestes,* 207c; 6, *vinieron,* 119b. Participio, *venido,* 606c.

ventura, destino, 117b, 413b, 447c; *en ventura*, porque había de ocurrir, 9c.

ver, uer, veyer; *lo vio menos*, lo echó de menos, 155b. Presente, 1, *veo*, 12c, *veyo*, 170b; 2, *veyes*, 124a, etc. Imperfecto, 3, *veyé*, 79b, *veydía*, 7d; 6, *veyén*, 618b, *vehién*, 180c. Futuro, 1, *veré*, 515d, etc. Perfecto, 1, *vi*, 474b, *vy*, 475a; 3, *vido*, 234c, *vio*, 43a, *viyo*, 322b; 5, *viestes*, 415d; 6, *vieron*, 243b. Condicional, 3, *veyérgelo ye*, 405d. Presente Subj., 1, *veya*, 289d, etc. Pluscuamperfecto Ind., 2, *vieras*, 44d. Imperativo, 5, *veyet*, 216c. Gerundio, *veyendo*, 584d.

vera, marta cibelina, 349c.

vergas, varas, palos, 147c.

vertut, uertut, uertud; integridad, 20a; fuerza, poder, 403c, 482c.

vesetes, diminutivo de *viesso*, versos, poema, canción, 502b.

huéspet, el que da posada, 98c, etc.; el que la recibe, 635b, etc.

vezado, costumbre, 339c.

[*uyastes*], *me u.*, me encontrasteis, 515d.

¡*Vía!*, ¡Fuera!, 388b.

viçio, regalo, deleite, 350a.

viçioso, en la abundancia, regalado, 125a.

vieso, viesso, canción, 427b; adivinanza o enigma en verso, 17c.

vil, sin importancia, 512d.

viola, vihuela, 426c.

violador, el que toca la vihuela, 186d.

violar, forzar a una mujer, 12a, 418d; tocar la vihuela, 185c, 190b, 426d.

visco, visquiere, véase *vivir*.

vivir, beuir, beuyr. Futuro, 2, *biurás*, 102d. Perfecto, 3, *visco*, 2b; 6, *visquieron*, 569c. Futuro Subj., 2, *visquieres*, 305b; 3, *visquiere*, 77d.

vnidat, enlace, casamiento, 556b.

uo, véase *ir*.

volver, véase *boluer*.

voluntat, uoluntat, deseo, 218d; interés, 477a; *de uoluntat*, de corazón, 556c; *de firme voluntat*, firmemente, 404b.

huuiar, ayudar, socorrer, 379d, 652c; llegar, 386a.

APÉNDICE

En este Apéndice se recogen las correcciones que los distintos estudiosos han propuesto, casi en un ciento por ciento con el fin de lograr una regularidad métrica al *Poema*. Se indican por orden de antigüedad de la publicación, pues se supone que, en ellas, se han tenido en cuenta las hechas anteriormente. Por lo mismo van con la grafía del primer corrector.

Aunque pudiera consultarse la Bibliografía, señalo aquí los autores que se van a citar con sus abreviaturas correspondientes:

C: JULES CORNU, "Grey, Ley et Rey disyllabes dans Berceo, l'Apolonio et l'Alexandre", apud "Études de Phonologie Espagnole et portugaise", *Ro*, 9 [Paris, 1880] (USA, 1966), 71-89.

H: FEDERICO HANSSEN, *Gramática Histórica de la Lengua Castellana* [1913] (Paris, 1966).

HA: FEDERICO HANSSEN, "Sobre la conjugación del Libre de Apolonio", *AUCh*, XCI (1895), 637-665.

HH: FEDERICO HANSSEN, *Sobre el hiato en la antigua versificación castellana* (Santiago de Chile, 1896), pp. 15-16.

HM: FRIEDRICH HANSSEN, *Metrische Studien zu Alfonso und Berceo* (Valparaíso, 1903).

HMuch: FEDERICO HANSSEN, "De los adverbios «mucho», «mui» y «much» en antiguo castellano", *AUCh*, CXVI-CXVII (1905), 94-95.

S: ERIK STAAFF, *Étude sur les pronoms abrégés en ancien espagnol* (Upsala, 1906), pp. 114-128.

MP: RAMÓN MENÉNDEZ PIDAL, *Cantar de Mio Cid. Texto, Gramática y Vocabulario* [1908] (Madrid: Espasa-Calpe, 1964-1969⁴).

Sol: ANTONIO G. SOLALINDE, "Notas bibliográficas: *Libro de Apolonio*, an old Spanish poem by C. Carrol Marden", *RFE*, X (1923), 185-190.

M: C. CARROL MARDEN, *Libro de Apolonio. An Old Spanish Poem.* Part I (Baltimore-Paris, 1917). Part II (Princeton-Paris, 1922). Corrected reissue, 1937². Reprinted (New York: Kraus Reprint Corporation, 1965).

Ar: HARRISON HAIKES ARNOLD, "A reconsideration of the metrical form of El Libro de Apolonio", *HR*, VI (1938), 45-56.

CE: GIOVANNI BATTISTA DE CESARE, *Libro de Apolonio. Introduzione, testo e note a cura di —* (Università di Venezia, Milano: Cisalpino-Goliardica, 1974).

A: MANUEL ALVAR, *Libro de Apolonio. Estudios, Ediciones, Concordancias*, 3 vols. (Madrid: Fundación Juan March-Castalia, 1976).

NOTA: Las correcciones no explicadas plausiblemente, o con apariencia de error, van seguidas de (?).

M: Libre de. CE y A: Libre d'. // 1a. A: y (?). // 1d. C y HH: (buen). A: y (?). // 2c. A: y (?). // 3b. HH y CE: (en). A: (el). // 3c. HM y CE: meïsmo. // 3d. HH: estonz. S, CE y A: estonç. // 4a. HH, CE y A: (Ca). HH y CE: muriose(le). S: murios(e)le. A: muriósel(e). // 4d. HH: Nol s. en el c. M: non auia. A: nin habrián en. // 5b. M: en ello *o* con ella. // 5c. HH, CE y A: est(e). // 5d. HH y CE: Ques. A: (que) ... pora. // 6b. A: y (?). // 7b. CE: q'ovo. A: (que). // 7c. CE y A: l(o). // 7d. HA y A: veye. CE: vedía. // 8a. CE y A: est(e). // 8d. CE: [bien] creyer. A: creyer [la dueña]. // 9a. CE: diz. // 9b. CE: [la] culpa. A: [vos] non. // 9c. CE y A: l(o) oviestes. // 9d. M: non perdiestes.

10a. CE: (vos) creyerme-l(o). A: y (?) ... (me lo). // 10b. M: que non lo. A: [que] al. // 10d. C: (a) uos. A: y (?). // 11b. M: non deue el mi padre de mi seyer amado. CE: mi [parte]. A: deberá. // 11d. CE: d(e)rechero. A: (es) el n. d. [es] ... (en)fogado. // 12b. CE: nodriç(ia). A: (la) mi. // 13a. CE: (Bien sse que) [Tanto fue] ... fue-(e)l. A: (fue) el (e)nemigo en el r. [fue] (e)ncarnado. // 13b. CE: avía-(e)l. A: (el) poder. // 13d. CE y A: no-l(e). // 15b. Ar, CE y A: argument(e). CE: (e un) [con]. A: (e). // 15c. S, CE y A: (que) gela. CE y A: (a)devinase. // 15d. CE y A: l(o a)devinase. // 16a. CE y A: (aqu)esto. // 16b. HA: seyen. M, Ar, CE y A: (al)menas. // 17. A: *la retrasa hasta después de la 21.* // 18c. CE y A: que mucho. // 19b. C: Saluo (al) *o* Saluol Rey ... (a) la cort(e). CE: (e). A: (al) ... y (?) (a). // 19d. CE: Tiro la senyal.

20d. CE y A: (de). // 21b. CE: (toda). A: (la) cort(e). // 21c. C: Propusole el rey. S, CE y A: rey [Antioco]. CE y A: su(a). // 21d. CE y A: l(e). CE: asolución. // 22a. CE y A: Com(o). // 22c. A: y (?). // 23a. CE y A: porqu(e). // 24b. A: y (?). // 24d. A: y (?). // 25c. A: car[o]nal. // 25d. A: y (?) ... comunal. // 26a. C: (muy). // 26b. M y A: (ya). // 26c. CE y A: [la] muebda. // 26d. S, CE y A: com(o) fues(se). // 27b. S: Dixol[e] Apolonio que era false-dat. M y A: Dixo(l) [a] Apolonio. CE: dixo(l) [que]. A: (quel). A: dixo falsedat. // 27c. Ar, CE y A: por nulla. // 28a. CE y A: Díxol[e]. // 28b. A: (a)solver. // 29c. A: y (?).

30a. CE y A: quand(o). A: vió. // 30b. CE: todos queríen veyerlo. A: ve(ye)r. // 31a. S: (sus). CE y A: Ençerró-s(e). CE: cambras. A: casas. // 31b. CE y A: (e). // 33b. CE: (e). A: (tan). // 34b. CE y A: (la). // 34d. CE y A: metió-s(e). // 35a. M, CE y A: entendieron. // 36b. M: non nos [deuiemos] *o* [queremos]. CE: [devíemos]. A: [debemos]. // 36d. Ar: Querria ssi lo pudiese de grado lo matar. CE: querríalo de grado, si-l(o) pudiese, matar. A: querría, si pu-diesse, de grado lo matar. // 38a. C: (e)l rey. M: (el) mio, A: Díxo[l']. // 38b. A: (Que). // 39c. S, CE y A: nin de-sierto. // 39c. CE: (y)a ... qu(e). A: (vn).

40a. S, CE y A: [que] tu. // 40d. S: desd(e) aqui. MP, CE y A: des(de)aquí. // 43b. CE: gent(e). A: (la). // 43c. CE: (que). A: qu(e). // 44a. S: l[e] ... (bueno). Ar y CE: buen ombre. A: (hun). // 45b. S, CE y A: (por nombre). CE y A: si-l(o). // 45c. CE y A: a[l rey]. // 46d. CE y A: part(e) ... no(n)-l(o). // 47d. A: [tal] rey. // 48a. CE y A: (aqu)estas. // 48c. CE y A: tornó-s(e). A: (e)nviado. // 48d. A: dezirl(e). // 49a. S, CE y A: d(e). // 49d. Ar y A: de-sierto nin.

50a. C: (e). // 50b. CE y A: qui quier(e) ... prisiés(e). A: con vida. // 50c. S y A: (que) dar l'ie de. CE: daríe-l(e) de. // 51c. CE y A: (Que). CE: d(e)rechura. A: que dixo. // 52a. CE y A: façíe-(e)l. // 52b. CE: [ca] caen. // 52c. CE:

gran ardura. // 53a. Ar: (e)nemiga. CE: un poco de [su fe].
A: Por[a]. // 53b. S, CE y A: [el] omne. // 53d. C: (la)
o (vos). CE y A: (vos). // 55a. CE: D(e). // 55b. S: Porquel
fiço el vino el pecado beuer. CE: que porque el pecado fiço-l
vino bever. A: (e)l pecado ... [a] beber. // 55d. M y A: en
omeçidio. CE: omeçidios. // 57a. M y CE: suele[n]. CE y A:
diz(e). // 57c. CE: la [su]. A: fiço esta. // 58a. CE y A:
(a)parada. // 58d. CE: (a). // 59b. M y A: le(s). // 59c. M
y CE: [que por ganar] men[c]ales. A: [por ganar dos]
men[c]ales.

60. CE: a,c,b,d. // 60a. M, CE y A: madera. CE y A:
fuert(e). // 60c. CE y A: e (de). // 60d. Ar, CE y A: la cosa
Dios. // 61d. CE y A: (a) tal. // 62a. CE: [D]el. // 63c. M,
CE y A: costanera. // 63d. CE: (e). A: de(l) (?) ... (la). //
64b. M y CE: aguisar escudiellas. A: escudillas. // 65a. M,
CE y A: [aui]an. CE y A: (su). // 65d. CE: caro. CE y A:
(e). // 66a. CE: [Muy]. A: Era [muy] mala tierra. // 66b.
CE y A: gent(e). A: hab[r]ié (?). // 66d. CE y A: quand(o)
vinis(e) de l(a). // 67a. CE y A: Com(o). // 68a. M, CE y
A: Elá[n]ico e[l] cano. // 68c. M, CE y A: el [rey]. //
69a. M: dél sabor.

70a. A: D[e]. // 70b. CE: ni-(e)n burgo. A: (en) burgo. //
70c. CE y A: [muy] bien. // 70d. CE: (bien). A: (a)ventu-
rado. // 71b. CE y A: (a) Dios. // 71d. M y A: al qui(en).
A: E al. // 72b. MP, CE y A: por[que]. M: [Que] lo que
es el [padre]. // 72c. CE y A: (que) dará. // 73a. CE y A:
Estonç(e). CE: diz. // 73b. CE y A: (por) que. // 73c.
CE y A: buen conhuerto. // 74a. CE y A: feçist(e). // 75a.
CE: (e). // 76a. CE: diol[e] ... fermosa muestra. // 76b.
C: (ya). M, CE y A: (re)promesa. // 76d. S, Ar y CE:
malamient(e). CE: se demuestra. A: se muestra. // 77b. M:
mester (l)ouiere. // 77c. CE y A: d'est(e). // 78d. CE: afi-
bla(n)do. A: pora (?). // 79c. M, CE y A: sabie(n). // 79d.
CE: que-l(o). A: (que).

80a. CE: en la cosa. A: (en). // 80b. CE: e [muy]. A:
[u]vio[le] ... (bien). // 80d. CE y A: (hun). // 82b. CE y
A: con vos. // 82c. CE: Si quisier(e) el conçejo. A: qui(si)e-
re. // 82d. A: Tarso [un]. // 83a. CE y A: conosçía. // 83d.
HMuch y CE: (es). S y A: (muy). A: es pobre. // 84b. CE y
A: ovist(e). // 84d. CE y A: (la). // 85b. A: Por qué (?). //
85c. S, CE y A: (quel). // 85d. CE y A: l(o). // 86d. MP,
CE y A: [e] mandat. A: los [a] (?). // 87d. CE: por(a). CE
y A: (la) çerqua. A: (la) villa. // 88a. CE y A: (e). A: Fue

alegre Estrángilo. // 88c. MP, CE y A: (ora) fust(e). // 88d.
M, CE y A: en tan. // 89a. C: (bien). // 89c. M, CE y A:
te lo.

90a. CE y A: Por la cosa Estrángilo. CE: (mas). // 90b.
CE: (por). // 90d. S: Que s(e) llegas(sen) [el] conçeio. M
y CE: Que (se) llegasse(n a) conçeio. A: que s(e) llegasse(n
a) concejo. // 91a. Ar y CE: [Fue] en poco de rato (fue)
[el] conçeio. A: [Fue] en poco (de) rato [el] concejo. //
91b. CE: Estrángilo les ovo a deçir. A: (e)l. // 92a. CE y A:
(les) dicho. // 92c. M, CE y A: valia. // 92d. CE: era enemigo. // 93a. C: prou[e]ençia. MP, CE y A: prou[id]en-
çia. // 93b. CE y A: [la] su. // 93c. M, CE y A: (les). //
93d. M y CE: en (la) su creençia. A: (firmes). // 94a. CE:
(se). A: (les). // 94b. CE y A: (a). // 96d. CE: del bien que
Apolonio fizo. CE y A: es(e). A: d'. // 97a. M, CE y A:
d[e]recho. // 97d. M: [Que]. M, CE y A: olui[da]do. //
98a. CE y A: por [un]. // 98d. CE: l(a). A: (a) tener. //
99a. C y A: sim(e). C y CE: qui(si)eres. // 99b. S: Darte
conseio bueno sim lo quieres prender. CE y A: dart[e] he.
CE: (me). // 99d. M, CE y A: auran [todos].

100b. C: Contra(e)l. // 100d. CE: fuer[a]mos. A: fuer[e]-
mos. // 101b. M, CE y A: Por meter. // 101d. MP, Ar, CE y
A: co(n)s(ent)im(i)ent(e). MP, CE y A: todos [mal]. // 102c.
CE: luego Antioco. A: [el] su. // 102e. CE y A: Pago-m(e).
// 103a. CE: Cargáron[le]. A: Cargaron [bien]. CE y A: e
(de). // 103c. M, CE y A: (bien). // 103d. M y A: conos-
ç[i]en. // 104b. CE: (e) en alta(s) mar(es). A: (e en). // 104c.
A: d'él s' espedir. // 105d, CE y A: dulç(e). // 106a. M, CE
y A: a mouer. CE y A: fuert(e). // 106e. CE: Los ojos non
podíen los de Tarso toller. A: (los) ojos. // 106d. S y A: s(e).
CE: fasta qu'elles (?) se fueron yendo a trasponer. A: (e) ...
(a). // 107b. S y A: [muy] priuado. S, CE y A: (e). CE:
Que. // 107d. A: el [buen]. // 108c. M: Andauan. CE: avíen
las. M y CE: al. CE y A: levanta(n)do. // 108c. M y A: espantado. CE y A: (hi) ... fues(e). // 109d. CE y A: s(e).

110b. CE: (e). A: e (e)l. // 110d. MP, CE y A: (e)spirital.
// 111a. CE: (Ca). A: (de) se(ye)r. // 112a. CE y A: quísol[e]. // 112b. CE y A: (chico). // 113c. CE: (su). A:
no(n)[l] ... (en). // 113d. CE y A: (e). // 114c. S, CE y A:
l(e) ... l(e). S, Ar, CE y A: cont(esç)ido. // 114d. CE y A:
diz [el rey]. // 115c. A: enemiztat. CE: d'end. A: dend(e).
// 115d. Ar y CE: muert(e), // 116c. CE: dar-m(e). A: (me).
// 116d. CE y A: no(n) m' ... m'abiniés. // 117a. CE: (ar)re-

drado. // 119c. A: semejaba[n]. CE y A: qu(e). A: envió. // 119d. S: O se querian comigo ellos engraçiar.

121d. CE y A: d'una. // 122a. C: (gran). // 122b. CE y A: sallól(e). // 122d. CE: respuso-l'. A: (le). // 123a. CE y A: diz el. // 123c. CE: que-t(e). A: (que). // 123d: CE y A: (que) la. // 124c. CE y A: much(o). // 126a. A: Fui[me]. // 127a. CE y A: Furtém(e) ... (e). // 127b. S, CE y A: noch(e). // 127d. CE y A: dulç(e). // 128c. CE y A: dend(e). // 129a. CE y A: Quand(o).

130c. MP, CE y A: palafre[ne]s. // 131. CE: c,b,d,a. A: a,b,d,c. // 131c. M, CE y A: (gran). // 131d. CE: [le] viene. A: cuand(o) vien(e) ... de el [so]. // 132d. M, CE y A: (Que). // 133a. CE y A: (e). // 133b. CE: qu(e). A: (grant). // 133c. C y Ar: buen omne. M y A: (Rey). CE: diz el. // 134a. CE y A: est(e). // 134b. CE y A: quedó estido (?). // 134d. CE y A: (e). // 135c. M, CE y A: muchos de trabajos. // 136b. M, CE y A: no probassen. // 136c. CE: passado an. // 136d. CE: (se). A: después s'. // 137a. S, CE y A: ouo poder. // 138b. CE y A: t(e). // 138d. A: (e). // 139a. CE y A: [el] su. // 139b. C, CE y A: (e) levól(o). Ar. CE y A: dio[le]. // 139c. CE y A: diol[e]. // 139d. M, CE y A: çenado.

140b. Ar y CE: buen omne. A: grad(eç)ió. // 140d. M: le seria. CE: serial'. A: le será. // 141a. CE: [plaçer e] grant. A: [una] gran. // 141c. S, CE y A: que m[e]. S: (por). CE y A: por ir a. // 141d. S, CE y A: Respusol(e). S: (bueno). Ar y CE: buen omne. A: (el). // 142c. A: no m'. // 142d. M: non cayas. // 143a. S, CE y A: metiol(o). // 144c,d. M: Comenzaron luego a la pellota dar, Que solian ha esse tiempo esse [juego] usar. // 144c. CE: [e]. // 144d. M, CE y A: [juego]. CE: a est. A: (a). // 145d. M y CE: com(o) si fues(se) de pequenyo con [pellota] criado. Ar y A: Como si de pequenno [el] fuesse hi criado. // 146a. M, CE y A: daua de plano. CE y A: l(e). // 147b. CE y A: sallíe-s(e). // 148a. M y A: (huno). Ar y C: quisque como. // 148b. CE y A: (o). // 148c. CE: [e] vio. // 148d. CE y A: (que) toda. // 149a. M, CE y A: su [buen]. // 149d. CE: grande.

150c. CE y A: tota. // 151b. S y A: que [un]. CE: grande. // 152b. M y CE: Porend' non. A: non [le]. // 152c. MP, CE y A: maguer[a]. // 152d. CE y A: dond'. // 153a. CE y A: est(e). // 153b. CE: [et] ovo. // 153c. M, CE y A: Derramaron[se]. Ar y CE: quisque por. A: (huno). // 153d. MP, CE y A: no(n)s'. // 154a. CE y A: cort(e). // 154b. CE:

(ni). // 155a. C: Non tovo (e)l Rey m. // 155c. H: scudero.
CE: Lamó al e. A: (a). // 156a. A: (fuera). // 156c. CE y
A: (ca). // 157a. C: Luego mandol el rey vestir panyos hon-
rrados. S: Mandol el rey dar luego panyos honrrados. CE:
(de). A: Mandól luego vestir el rey paños honrados. // 158a.
C: (e)l ... (tu). CE y A: (tú) escoie tu (CE lee erróneamente
"escoies"). // 159a. M y A: c. n. yazer. CE: seder. // 159b.
A: un cabo. // 159d. M y CE: mando(l).

160b. Ar y CE: quisque con. A: (huno). // 161a. CE y A:
començol(e). // 161d. CE: non s(e). A: se t(e). // 162a. C,
CE y A: cort(e). // 162b. M y CE: hi llegar. A: entrar. //
163a. CE: l(a) infant(e). A: infant(e bien). // 163c. CE y A:
(a) los ... (a) toda. // 163d. CE y A: cort(e). // 164a. CE:
oyó (?). A: ojó (?). // 164b. M, CE y A: parte vino. //
164d. M, CE y A: [en] el. // 165d. CE: ond(e). A: apriso.
// 166c. CE y A: quant(o). // 167c. Ar y A: fue[le]. CE:
[e] fue. A: d(e). // 167d. Ar, CE y A: (en)sennyada. //
168b. CE y A: t(e). A: sabré(?) // 168c. A: semaja[m'].

171a. M: eres [caydo]. CE y A (en nota): qu(e) eres [caí-
do]. // 171b. CE: fagas [tú]. A: aqueste [grant]. // 171d.
M, CE y A: (de) tu. // 172d. CE: (e)n. A: linaj'. // 174c. A:
(e). // 174d. S y A: (lo). CE: (bien). // 175d. S: Renouos(e)
le ... (e). CE y A: renovóse-l(e) ... (e). // 176a. M, CE y A:
[fe] que. CE y A: Estonz. // 176c, M: (vos) venir *dudoso*.
// 177a. CE: l'avedes. A: hábeslo. // 177b. CE y A: como-
l(o). // 178a. CE: local. A (en nota): logal. // 178c. A: pa-
rós(e). // 178d. Ar y A: (a)tal. // 179a. M, fermosas (de)
bayladas o dulçes de bayladas. CE y A: (e). // 179c. CE:
puntas ortadas.

180c. CE: que-l(o). A: (Que). // 182a. M y A: Recudio[l'].
// 182b. C y A: [la]) tu. CE: [yo] de. // 182c. A: prin-
do. // 183a. CE: grande. A: [en] una. // 183c. A: no(n)
seguramente errata. // 184b. A: de (la) tu. // 184d. Ar, CE
y A: (e)nemiga. CE: [o] si. A: dicho me has. // 185b. CE:
(e). A: (bien). // 186a. C: (muy). // 186b. CE y A: seme-
jó-l(e) ... amansando-l(a). // 187a. C: Quando (e)l. // 187b.
M: Fue[se] o amansa(n)do. CE: la [su]. A: fue[se]. CE y
A: amansa(n)do. // 187c. CE y A: mejora(n)do. //187d. M:
Pero que non. // 188c. A: tañendo (?). // 188d. M y CE:
(en). A: cabiá (?) ... (e)n. // 189a. CE: [Luego]. A: ['l rey]
unos.

190b. M, CE y A: Apolo ni[n Orf]eo. CE: q'Apolo. //
190d. CE y A: d'Apolonio. // 192b. CE: qu(e). // 192c. MP:

que pensas(se) d(e) Apolonio quanto pudies(se) meior. CE: pensasse d'. A: pensás' de. CE y A: pudiés(se). M, CE y A: (Que). // 192d. S, CE y A: (desto) ... com(o). // 193a. M, CE y A: vos l[o] e. // 194a. CE: [d]el padre. // 194c: C y CE: de (e)l rey. // 195a. S, CE y A: (buen). // 195 c. CE y A: (e). // 195d. Ar, CE y A: (a)tales. // 196. CE: a,c,b. // 196c. CE: ensenyava-l(a). // 197c. CE: [e] tanto. A: [a]tanto. // 197d. CE y A: en el lecho cayó desflaqueçiendo. // 198a. CE y A: l(e). // 198c. M, CE y A: ninguna meioria. CE y A: non [le]. // 198d. CE: art(e). A: (por) ... pudiese(n). // 199a. MP, CE y A: (la). // 199b. CE y A: d'aquélla. // 199c. CE: trist(e). A: (su). // 199d. CE: [nin] en.

200a. C, MP: fyeramientre[s]. S, Ar, CE y A: fyeramient(re). // 200d. CE: [bien] lo. // 202d. M, CE y A: al arenal. CE: [de]l mercado. // 203a. CE: un(o). // 203d. CE y A: (muy). // 204. CE: c,d,a,b. // 204a. MP: por lo so recabdar. M, CE y A: por lo bien. // 204b. M, CE y A: (luego). // 204c. CE: la fija-l'. A: (le). // 205a. C y CE: [ya] tienpos. CE: ha[n]. A: dixeron (?). // 205b. Ar y CE: quisque con. CE: que-t(e). A: (que) ... (huno). // 205d. A: respuesta (?). // 206a. CE: (así) [de guisa]. // 206b. CE: [que] ... dieres [nos] seyamos. // 206d. CE y A: ir[se]. A: en [el] cabo (?). // 207b. CE: abinestes (?). // 208a. M: es tan(do). CE: es tan[t]o. A: está(ndo) [tan]. // 208b. CE: mal enferma caída. // 208d. A: defiuzados (?). // 209d. CE y A: l'avredes.

210a. H: Scriuieron. M, CE y A: las cartas. // 210c. CE: (e). A: (sus). // 210d. CE: [et] como. A: cóm(o) [ellos]. // 211c. M, CE y A: Dio las. // 212b. CE y A: l(e). // 212c. CE y A: (atan). // 213b. CE y A: (o). // 213c. M, CE y A: (Que). CE: A tal sazón com'esta non sueles tú entrar. A: A sazón cómo (?) ésta, non sueles hí entrar. // 214c. CE y A: (bien). // 214d. CE: (por). A: (gran). // 215a. CE y A: salló-s(e). // 215d. HMuch: múy. M y CE: todos [tres]. A: todos [son]. // 216a. Ar, CE y A: ricamient(e). // 217d. CE y A: fues(e). // 218a. CE: (e). A: (gran). // 218b. C: (buen). // 218d. S, CE y A: plaz(e) ... (yo). // 219a. CE y A: (e). // 219b. M: (muy). // 219c. C: Lo que ploguier(e) al Rey. CE y A: fuer(e).

221b. Ar y A: tu lazeryo que otrie [lo]. CE: que otrie tu lazerio lograse. // 222c. CE y A: qu(e) estava. // 223a. C: Abrio 'l. // 224c. CE y A: infant(e). // 225a. M, CE y A: (e). CE y A: d(e)ellos. // 225b. CE: le dizíen. A: le dezían.

// 225c. M: esse, desto so verdadero. A: [aqu]ésse, desto fui verdadero. // 226c. M y CE: non [te] traspaso nada. M y A: non traspassaste nada. // 226d. M y CE: escapada. CE: que tú nunqua. A: (tú). CE y A: prendist(e). // 227c. M y A: [s]entençia. // 228a. Ar, CE y A: Dio[le]. // 228b. A: (a)ventura. // 228d. S, CE y A: (toda).

230b. CE: qu'yo. A: (yo). CE y A: establ(eç)ido. // 230d. A: (toda). // 231b. S, CE y A: (me) dizes. // 232c. CE: plaz(e)me. A: plázem(e). // 233b. M y CE: en trebejo. // 234b. M: Subió el rey al castiello. CE y A: fue el rey al. // 234c. M: quando [le] vido. CE y A: cuando [lo] vido (el rey). // 235b. CE: buscastes agora, A: qué buscas (?). // 235c. CE: he[s]. CE y A: (e). // 235d. M, CE y A: (Por) ... a tanto deferida. // 236b. M y CE: cuyta[t de] (es). // 236c. CE: Quier(o)vos. A: Quiero(vos). // 237a. CE: mel(o). A: (vos me). // 237c. CE y A: d[e] esto. // 239a. C: partido (e)l.

241a. HMuch y CE: müyt. // 241b. A: entr(e). // 241d. CE y A: est(e). // 242. CE: c,d,b,a. // 242b. CE: la (su). A: (la) su. //242c. CE: que [él]. CE y A: siet(e). // 242d. CE: Fue [la novia] (luego) prenyada. // 243a. M, CE y A: fer (la) tornada. // 243b. CE: [quand] vieron. // 243c. Ar, CE y A: ricamient(e). // 244a. H, M, CE y A: al maestro. // 244d. CE y A: tod(o). // 245a. Ar, CE y A: Díxo[le]. // 245d. CE y A: dezir-t'. // 246d. M, CE y A: deue(de)s. CE y A: Com(o). // 248a. CE: Dil[e]. // 248b. CE y A: l[e] dio. // 248c. CE y A: rayo endiablado. // 249d. M: sin(es). CE: tené (?) sines.

250b. CE y A: d(e) el. // 251a. CE: so [muy]. A: yo estó. // 251b. CE: (bien). A: (en) ... (en). // 251c. M, CE y A: por entrar. // 251d. CE: fast(a). A: fasta seyer. // 252a. CE: [Pero] si (a) Dios. A: a Dios plaziere (?) *en nota*. // 252c. M y CE: (de). CE: (tú). A: lueñ(e) ... allend(e). // 253a. M: Si atender non quieres o luego as a andar. CE: Si atender non quieres, luego as a andar. A: Si atender no quieres o quisieres andar. // 254a. A: Díxo[le]. // 255c. CE y A: (Que) ir. // 256b. Ar, CE y A: muert(e). // 256d. CE y A: (et) si. // 257b. CE y A: quisier(e). // 257c. CE: qui(si)ere. A: si (él). CE y A: (vos) seyet. // 257d. M y CE: [con] (la) su. // 258a. CE y A: (a)parejadas. // 258b. CE y A: (e) de. // 258d. M, CE y A: en naues. // 259a. C: (el). C y CE: (más). M: por yr mas acordada. A: (a)compañada. // 259c. CE: diol[e]. // 259d. CE: avía calanyada. A: qu'.

260b. CE: que es tan alto amo. // 261a. Ar, CE y A: Enfestaron las. // 261d. M y CE: tierra mouer. // 262b. CE y A: (que). // 263c. CE y A: (a)tanto. // 264b. CE: estar[les]. A: non [se] podién. // 264c. M, CE y A: meior[ar]. M y A: le. // 265b. A: cara (?) sana. // 269a. M y A: la criatura. // 269b. HMuch: (Vna). CE y A: (muy). // 269d. CE y A: ovieron(se) a venir.

270b. S: Cuajole. M, CE y A: Cuajo [se] le. // 270c. CE: [nin] de. // 271b. Ar, CE y A: muert(e). M: falsa(çia) o falsaria. A: falsaria. // 271d. M, CE (y A): era(n). CE: qu'[ella] era. A: que [ya] era. // 272a. M, CE y A: Metie[ro]n. // 272b. CE y A: fuert(e). // 272c. CE y A: (nos). // 274d. CE: por darle. A: (gran). // 275d. Sol y A: dichos. A: semeja[s]. // 276c. A: en que yazié lazdrado. // 277d. MP, CE y A: (a)uiltadamientre. CE: (a). A: de ella me partir. // 278b. CE: donde estamos. A: en qu(e). // 278c. M, CE y A: (nos).

280a. (desde la edición de P. J. Pidal) M, CE y A: que se podrién perder. // 280d. M, CE y A (en la edición al castellano actual): veye(n). // 282b. CE y A: d(e buen) oro. // 282d. CE: ond(e). A: fues(e). // 283a. M y A: [bien] acabado. CE: el ministerio fue. A: mi(ni)sterio. // 283b. M y A: (bi)en-çerrado. // 284c. M, CE y A: de [vn] buen. // 285a. M: (seyer) mas a ssu sabor. CE: a (su) sabor. A: se(ye)r a su sabor. // 285b. CE y A: com(o). // 285c. CE y A: (todos). // 285d. CE y A: (los). // 286a. CE: Iva por. A: (por). // 286d. CE y A: (nuyll e)nozimiento. // 287b. CE y A: (e). // 288b. Ar, CE y A: ricamient(e). // 288c. M: cassa o caja. A: caja. // 288d. M: de su "nacimiento", "aposento", "casamiento", "pasamiento" ... // 289a. M, CE y A: (hun).

290b. C: Yo (e)l Rey Apolonio mando merçet pedir. A: [el] rey. M y A: quiero mercet pedir. // 290d. S y A: l[e]. // 292b. Ar, CE y A: muert(e). A: (que). // 292c. CE: Estonz dixo el metge. // 292d. S, M, CE y A: si (assi). // 293b. A: pod(r)ié (?). // 295a. CE: diz el. // 295b. M, CE y A: (por). // 295c. HA: mi(ni)sterio ... (a)tal ... vi[di]estes. M, CE y A: mi(ni)sterio. // 295d. CE: (bien). A: l(o). // 296c. CE y A: (ca). // 297a. CE y A: Por [la]. CE: e por [el]. A: mi [grant]. // 297b. CE y A: un(a). // 298a. CE y A: valía. // 298b. M y A: (las). CE: q' a las. // 298d. CE y A: qu(e) ... yazía. // 299a. CE y A: tenié. // 299b. CE y A: despojó-l(e). // 299c. M: non (lo) d[ej]aua (sic). // 299d. Ar: null otro. CE y A: (otro).

300a. CE: por [a]. A: fer[le]. // 302a. CE y A: qu(e). //
303b. CE y A: (ca). CE: es aún exida. // 303d. S, CE y A:
(yo). // 304a. CE: diz el. // 304b. M y CE: mayor. // 304c.
M y CE: fizieres. A: [aqu]esto. // 304d. CE y A: (oy). //
305c. CE: en (tu). // 306b. A: por ser. // 306d. M, CE y A:
(la). M, Ar, CE y A: des(a)guisada. // 307b. CE: (un) d'almatraque. A: (en) ... almatrac. // 308b. CE y A: calient(e). //
308d. CE y A: (e)spírito. (A: spíritu por error de lectura). //
309b. CE y A: (en)ferventar.

310a. CE y A: Entró-l(e). // 310b. S, M, CE y A: [la]
sangre. CE y A: desvióle. // 310c. CE y A: qu(e). // 312a.
M: Quando vido el metge que la podrie sanar. // 313a. CE
y A: des end(e). // 313d. M: de alguna. // 314a. M, CE y
A: pas[ad]o. // 314c. CE: [re]cato. A: por [a] él. // 315c.
A: (a) ... (a). // 316a,b. M y CE: Ruegote (CE: Ruégo-t),
dixo al metge que la hauie guarida, / que me digas do sseyo,
que mal so desmarrida. // 316a. A: diz al. // 316b. S: (me
digas). A: (que mal so). // 316c. S y M: (me). S y CE: mi[s].
S: (de). CE y A: (e). A: gente(s). // 317a. S, CE y A: Se-
meias(me). Ar: buen omne. // 317b. S: De Rey fija so e con
Rey (fuy) casada. CE: de [un] rey. A: [ca] fija. // 317d.
HMuch: müy. A: [ca] só. // 318a. HMuch y CE: müy. M y
CE: el metge. CE: [Estonz] fabló. A: Fabló[le] ... gran[de].
// 318d. CE: [que presto] bien. A: seredes [guarida]. //
319a. CE: (yo). A: (vos).

320c. M, CE y A: te vengo demandar. A: albric[i]a (?). //
321a. M y CE: non tardo por verdat. CE: Fue-s(e). // 321c.
M y CE: en poridat. Ar y A: dixo[le]. CE: al [su] ... [mas]
non. A: [e] non. // 322a. CE: amos d'ella ... fast(a). A:
(amos) ... leva(nta)da. // 322b. CE: nunca fue en el. A:
(omne en). // 323a. CE: guar[esç]ida. // 323b. M, CE y A:
porfi[j]ola. A: profijóla (?). // 323c. S, CE y A: quant(o). //
324b. CE: (un). A: (le). // 324d. CE y A: d'orden. // 325b.
CE y A: [la] su. // 325c. M, CE y A: mi(ni)sterio. A: mes-
terio. // 326a. M, CE y A: Desque [fue] ... (fue). // 326c.
CE: trajo (?). A (en nota): traye. // 327c. CE: Gui(y)ólos
(?). // 327d. M, CE y A: Arrib[ar]o[n]. // 328a. CE y A:
Tant(o). // 328c,d. CE: d'Estrángilo querido / el huésped
con. // 328d. CE y A: con qui. // 329c. CE y A: reía. //
329d. CE y A: (por) ... venía.

330a. CE y A: d'end. // 330c. M, CE y A: au(i)ya los (ya).
// 331a. M, CE y A: na(sçi)da. // 331c. CE: con ella ía Licórides / ama de la crïada (?). A: [la] su. // 332a. CE y A:

hav(y)ia. // 332d. CE: null veyemos (huno). A: nula ve(ye)mos (huno). // 333a. A: toda su (?) ... ve(ye)mos. // 333b. CE y A: tant(o). // 333c. CE y A: trist(e). // 334d. CE y A: com(o). // 335a. A: laz(d)rado (?). // 335b. CE y A: com(o). // 335c. CE y A: com(o). // 336c. M: de[s]pues. // 336d. A: remanescida (?). // 337d. A: cuand(o) la tuvieron (?). // 338b. CE y A: el [su]. // 338c. C, S y A: diz(e). S, CE y A: (e) ... (te). // 338d. A: se(y)a (?). // 339c. A: vegado (?). // 339d. Ar y A: ha nul. CE: (él).

342a. A: de [la] tu. // 342c. desde Pedro J. Pidal: ventur[os]os. // 343c. Ar, CE y A: muert(e). // 343d. M, CE y A: (nos por ella). // 344c. A: cuando [non] ... (de) algo. // 345c. CE: él [nos]. A: [dis]puesto. // 346a. S, Ar y A: (A)comiéndote. M y CE: Acomiendot(e). M, CE y A: (e). // 347c. M, C y A: [ni en Tiro]. (A: nin). // 347d. Ar y A: quiéro[me]. CE: tan amientre en Egipto. A: (en) tan. // 348b. M: Dio le. CE y A: dexó-l(e). // 348c. M, CE y A: (la). // 348d. M y A: XV. // 349a. A: [e] su. // 349c. M, CE y A: (mucha) pen[y]a.

350b. CE y A: siet(e). // 350d. CE y A: (bien). CE: (a). // 351d. CE: diz[í]enle. // 352a. A: XV. // 352b. CE: de maestra. A: fue maestra. // 353d. CE y A: (e). // 354b. M y A: salien a deportar. // 355a. A: habiá (?). // 355c. CE: qu'era. A: (que). // 355d. HA y M: poso(sse). // 356b. CE y A: m(e). // 356d. M, CE y A: quales. CE y A: (O). // 357a. M, CE y A: conos(cen)cia. // 357c. CE y A: (es). // 358a. M, CE y A: diz(e). // 359c. CE: [la] su.

360a. A: El [buen]. // 360b. M: vn reyno o vn rey. CE: un reino. // 362a. CE: sagram[i]ento. // 362c. A: pegamiento (?). // 363c. CE: e, el tiempo lega(n)do. // 364c. S, CE y A: (muy bien) [e]. A: diol[e]. // 364d. A: manteniél[e]. // 365c. CE: [a]tan. // 365d. CE y A: com(o). // 366a. CE: [En] un. // 367a. CE y A: o (por). // 367c. CE: nin su fija pareja. A: nin [la]; (en nota: compañeja). // 368. CE: d,a,b,c. // 368a. CE y A: d(e). // 369a. CE y A: (que). // 369c. M, CE y A: poder (se) lo. // 369d. CE: de otra guisa. A: (e)n otra guisa.

374b. CE y A: (e). // 374c. A: s' hobiése (?). // 374d. CE: [ella] (soviés(e). A: se hobiese (?). // 375b. A: (e). // 376a. CE y A: com(o). // 376b. CE y A: e (con). // 377c. CE: pris(o)la. A: (por). // 378b. CE y A: m(e). // 378c. CE: (la). Ar y A: muert(e). // 378d. M, CE y A: (a)tanto. // 379c. M y CE: [de] hora. CE y A: [e]. A: [de] vagar.

380a. CE y A: maguer(a). // 380c. CE: livrás(e). A:
com(o). // 382b. M y CE: [e] perdida. A: la [mi]. // 382d.
A: (tu). // 383d. S y A: aquest(e). // 384d. CE y A: (e). //
385b. CE y A: qu(e). A (en nota): que iban por. // 385c.
CE y A: (e)nemiga. A: qu'el traidor. // 386b. A: (falso).
// 386d. CE: fuyo (?). // 378b. CE: (todo). A: tod(o). //
388a. Ar, CE y A: Recudio[le]. // 388c. CE: eres gran traï-
dor. A: homicidio (?). // 388d. A: pendrá. // 389a. S, CE
y A: (e). // 389b. M: Si non, cayeras luego en yra del senor
(sic). CE: (la). A: luego ira del. // 389d. CE y A: (tú) fe-
zist(e).

390c. CE y A: end(e). // 391c. Ar, CE y A: mas quando
non pudieron a esso (a)caeçer. // 392a. CE: [Quando]. A:
esta niña. // 392b. CE y A: (e). // 393a. CE: Fue [end]. //
393c. S, CE y A: [muy] apriesa ... ss(e). // 393d. CE:
(ar)ribó. // 394b. CE y A: (a)parejada. // 394d. M, CE y A:
(e). // 395a. CE: (Antinágora). A: (que) ... (e)n. // 395d.
CE: diez pesos. A: diez libras. // 396a. M y CE: V[ino u]n.
A: [Pero] un. // 396c. CE: prometióles dos tanto luego de
las primeras. A: (Pro)metió ... (de). // 396d. M, CE y A:
(luego). M y CE: caseras. // 397b. A: (las). // 397c,d. M,
CE y A: çinquenta, sexenta. // 397c. Ar y A: Antinágora luego. CE: [de] luego. // 398d. M y CE: diez. M: pesas. CE y A:
[él] enyadríe. A: vente. // 399c. S, CE y A: (que). CE: l(a)
hoviés(se). A: cuand(o) la hobiés(se).

400b. CE: [con] el que. A: [lágrimas] no debie. // 401b.
CE: quisier(e). A: (a). // 401d. M, CE y A: [auran] ha. //
402a. CE: Mientre [que]. A: Mientre [él]. // 402d. S: (que
yo). Ar y A: (a)comiendo. CE: qu(e) ... m(e). A: (yo). //
403d. CE y A: m(e). // 405b. CE y A: sobregent(e). // 405c.
M y CE: al ostal. A: al avol. // 405d. M, CE y A: veyer (ge)
lo ye. // 406a. CE y A: fincó (Tarsiana) [ella]. // 406d. S,
CE y A: metiol(o). // 407a. A: pie[de]s. // 408a. M: Si
tu quieres. // 408d. CE: (tu). A: (en). // 409a. CE: (e). //
409d. M, Ar, CE y A: des(a)guisado.

410b. A: com'. // 410c. CE: aviendo muchos b. del p. r. //
412a. S, CE y A: [yo]. // 412b. CE y A: part(e). // 412c.
M, CE y A: [por] esta. // 413a. CE y A: (e). // 413c. M:
deue [en esto] o [asmar e]. CE y A: [asmar e]. // 415a,b,c.
M, CE y A: ementestes, enformestes, demandestes. // 415a.
CE: m(e). A: (me). // 415c. M, CE y A: (non). // 416d. CE:
por(a) vos. A: (uos). // 418a. CE y A: fues(se). // 418b. C:
Presto pora entrar fue otro su vegada. A: sobo (?) otro por(a).

// 419c. S, Ar y CE: nul daño. A: (no). // 419d. CE: q'adu-xieron. A: (que).

420a. M y CE: (a). A: (a) ... (el). // 421a y 421d. CE y A: (e). // 422b. M, CE y A: [yo] de. // 422c. CE y A: qu[e] es. // 422d. M, CE y A: e [que] es. // 424b. CE: Quanto mayor. A: [Por]que. // 424c. S, CE y A: (e). // 425b. S, CE y A: amansa(n)do. // 425c. S y A: [de] plaço. M y CE: dïole. // 426b. S, Ar, CE y A: ricamient(e). // 427d. M, CE y A: [en]. A: (les). // 428c. CE: (un). A: romanz. // 429b. A: es(e). // 429c. S, Ar, CE y A: me(ne)ster. // 429d. Ar y A: sobeio. CE: sobejano por ello. A: [ca] ganaba.

431a. M, CE y A: mejor[ar]. Ar, CE y A: príncip(e). // 431c. CE: (su). A: n(on)'oyé. // 433c. CE y A: usa(n)do. // 434d. Ar, CE y A: otramient(e). // 435a. S, CE y A: (el). S y A: quando l(o). // 435b. A: su sangre (?). // 435c. M y A: (a) rebtar. CE: (en) ... (a) la. A: su cobierta. // 437a. CE y A: diz. CE: se(e)r. A: pued(e). // 437b. S: vien(e). CE y A: no(n) m(e). // 438b. C, CE y A: [la] tu. M: sabe çer-tenidat. A: creye certenidat.

440b. A: (a) ... vino [quiso]. // 440c. S, CE y A: (e). // 441a. Ar, CE y A: muert(e). // 442a. M: agora a mi fija fallar. // 442c. CE: en est. A: es(se). // 442d. S y CE: [E] non. A: he [de]. // 443a. CE: (e). A: (los). // 443b. A: no(n). // 443c. S, CE y A: (lo). // 443d. A: (de). // 444c. CE: fija muerta (Tarsiana). A: sus mi. // 445a. CE: Cosa [muy]. // 445b. CE: e grande histrionisa. // 446b. CE y A: (a). // 448c. CE y A: abaxóse-l(e) ... (e). // 448d. Ar: por nula. // 449b. A: Dios [dime]. // 449c. CE y A: yoguiés(se), A: yogu(i)és (?) ... est(e). // 449d. CE: no(n)-[s] ... (se). A: (en).

450a. CE: (aqu)esto. A: tod(o). // 450c. CE: (o) ... (o). A: (mas). // 452a. CE y A: (e que). // 452c. CE y A: (que) ... (e). // 453c. A: [el]. // 453d. M, CE y A: alongadas. // 454c. CE: (la). A: la fe. // 455c. CE: híanlo desemparar. A: (lo ha). // 455d. Ar, CE y A: muert(e). // 456c. C, CE y A: (e)spiritual. // 456d. CE y A: (la). // 457a. CE: (los). A: (ar)ribados. // 457b. CE: tan mal. A: (mal). // 457d. CE: porqu(e). A: (por). // 458c. M, CE y A: de(l). // 459d. CE y A: (E) ... (e).

460a. M, CE y A: (hun). // 460b. C: (tan). // 460c. Ar: juró quien ... que serie. CE: fablasse-l(e). A: que qui l(e). // 460d. A: pie[de]s. // 461b. M: (de) o (fue). CE: (de). A: (fue). // 461c. CE: (fue) ante ... [fue] el. A: ant(e). // 463d.

CE y A: com(o). // 465d. CE: es (e). A: (es). // 466a. S,
CE y A: l(i). // 466b. S, CE y A: (de) beuer. // 466d. A:
(lo). // 467b. A: (e) en tal tribulación. // 467c. CE: l'estoria. // 467d. S y CE: (la). A: la prima. // 468a. M, CE y A:
(les el). // 468b. CE y A: suel(e). // 468d. S y A: m(e) ...
descor(azn)ado. CE: m(e) ... villán(o). CE y A: dezir-l(e). //
469a. CE y A: yazíe. // 469b. M, CE y A: com'. CE y A:
much(o). // 469c. M: Viol(o) ... quel los pechos (le) cobrie.
CE: (le). A: víol(o) ... (que).

470a. A: Díxol[e]. // 470b. M, CE y A: ohi (fablar). //
471a. CE: (en). // 472c. Ar, CE y A: Díxo[le]. // 472d. CE
y A: d(e) otra. // 473a. M: por(a). // 473b. CE y A: m(e). //
473c. S y CE: (e) sallim(e). A: (e) ... (a). // 473d. CE: puer-
t(o). A: (a). // 474b. CE: pagué-m(e). A: (tu). // 474c. M,
CE y A: saliom a. // 475b. CE: (la). A: (bien). // 475c.
CE: (señor). A: (el) ... l(a). // 476a. CE y A: tú me quisieres. // 477b. CE y A: t(e). // 477c. CE: se(r)a. A: (que) ...
(que). // 477d. C, CE y A: Perd(e)rás. // 478a. CE y A: (e).
// 478c. CE: fezit(e)me. A: (buen). // 479b. CE y A: qu(e).
// 479c. CE y A: (e). A: tod(o).

480a. S y CE: d[e] el. M: auenturado. A: malaventura-
do. // 480c. CE y A: fieramient(e). // 480d. CE: dixol(es)
qu(e). A: (les) que Apolonio. // 481b. CE: meterl(o). // 481c.
Ar y A: sobej(an)a. CE: En sobejana cuita so. // 481d. A:
nunca fui en tal otra. // 482b. A: perdamos (?). // 482c.
A: manda (?). // 483c. CE: quessa. // 484b. M: Quel dije-
se (?). CE: dixiés. A: dixés'. // 485b. CE y A: (a). A: salvó
[rey]. // 486a. S y CE: Dixol[e] ... (la). A: (la). // 486b.
A: Yo's mandé. // 486c. M y CE: gran[t]. // 486d. CE y A:
(a)paresçida. // 488a. CE y A: (yo). // 488b. CE y A:
(e). // 488d. CE: (yo). A: l(e). // 489. CE y A: a,d,b,c. //
489a. CE: l(a). A: (a). // 489b. CE: (ella). A: diz' ella. //
489c. HMuch: cuyta(da). CE y A: much(o). // 489d. M, CE
y A: su(e), S, Ar, CE y A: estrument(e).

490b. CE y A: t(e). // 491d. A: (e). // 492b. S, Ar y A:
muert(e). CE: m(e). // 492d. A: porque (?). // 493d. M, Ar,
CE y A: me(ne)ster. // 494d. S y CE: qui(si)eres end(e). A:
(ende). // 496a. CE y A: e ovo (bien). // 496d. CE y A:
ovist(e). // 497a. S: s(e). S, CE y A: ploguier(e). CE y
A: m(e). A: (e). // 497c. CE: [mal] señor. A: aquesse. //
497d. S: te [le]. CE: yo d'él. A: yo dend' ... buen[a]. //
498a. CE y A: m(e). // 498b. M: doçientos (libras). CE:
quiérote dar diez. A: [man]darte. // 499a. CE y A: (muy).

500b. CE y A: [el] su. // 500c. S y CE: t(e el). A: (de) ... (el). // 500d. M: en[d]. Ar: (que) ... [que] vaya (en). CE: (que) ... (en). A: (que) ... ende notado. // 501a. CE y A: (e). // 501b. CE y A: (que) ... [el] tu. // 501d. CE y A: [el] tu. // 502a. C: Torno Tarsiana al rey. // 502b. A: ve[r]setes. // 502d. CE y A: no-t(e). // 503a. CE y A: (de). // 504b. CE: quando esto. A: cuand(o). // 504d. CE y A: mandól(e). // 505a. S, M, CE y A: (Dixo). CE y A: casa. // 505b. A: laz(d)rada (?). // 505d. CE y A: (a)devinases. // 506a. CE: Yo [te]. A (en nota): [bien] yo. // 506b. CE y A: casa. A: murmuyando (?). // 506c. CE y A: siempr(e). // 506d. CE: (a)devinando. // 507a. M, CE y A: del(as) agua(s). // 507d. CE: [ya] es ... [en]. A: [con]fío. // 508a. HMuch, M, CE y A: del(as) agua(s). // 508b. M, CE y A: (la).

510a. CE: Bien as ... a esto. // 510c. M, CE y A: (te ruego). // 510d. A: no(n) m'. // 512a. CE y A: Estonç(e). CE: [bien] me. A: [solo] (me). // 512c. M, CE y A: yo desnudo seria. // 513d. CE: de l[a]. // 514a. A: muell[e]. // 514d. C: (Tu). CE y A: del(a). // 515a. M, CE y A: [diz] Tarsiana. CE y A: Dezirt(e). // 515b. CE: [lo] que. A: yo [lo]. // 516a. CE y A: [yo] tengo. // 517a. CE: dixo el. // 517b. HMuch y CE: qu(e) ... much(o). A: (que) eres muy. // 518c. CE y A: man(o) en. // 519b. A: laz(d)rado (?). // 519c. C: Del rey Architrastres fuy por ella onrrado. CE: Al rey Architrastres fui por ella onrrado. A: del [buen] rey Architrastres, por ella fui honrado.

520a. M, CE y A: negro [nin blanco]. // 520c. M y CE: render. // 522a. M, CE y A: techo [moramos]. // 523d. CE y A: no-s(e). // 524a. CE: Quísol[e]. A: (aun) ... [Tarsiana] demandar. // 524c. A: cuántas. // 524d. S: (e)stouiese. M y CE: que le ... luego en paz estar. A: (e). // 526. M, CE y A: b,a,c,d. // 528c. CE y A: óvo-l(e). // 528d. Ar, CE y A: (en)sangrentar. // 529c. M y A: grandes aueres dar. CE: grande.

531b. Ar: [me] lo. A: [se] lo. // 531c. CE y A: peligrest(e). // 531d. CE y A: que m[e]. // 533a. CE: tan(to). A: (por). // 533d. S, CE y A: estonç(e) ... no m(e). // 534a. Ar, CE y A: muert(e). // 534b. CE y A: no-m(e). // 536c. S: a me [el]. M, CE y A: A me [mal] aontada. // 537b. CE: (de). // 537d. CE: ond(e). A: (yo). // 538b. CE y A: (e)l. // 538c. CE y A: com(o). // 539a. A: Reviscó (?) ... plogól (?). // 539c,d. M, CE y A: (demandol) y cambian los segundos hemistiquios, d,c.

541b. S, CE y A: de l[a]. // 541c. S, CE y A: (nos) ...
nos alegrar. // 542c. S, CE y A: (diçe) ... [diz] menguada. // 542d. CE y A: (uos). // 543a. A: andaba certera. //
543b. M: sin falla. CE: sen(es). A: (bien). // 544d. CE:
ama(ne)sc(i)ó. A: (Fija) [nunca] (non). // 545a. A: [aqu]es-
te. // 546d. Sol, CE y A: quebrantallos. // 548b. CE: [ni]
aun. A: [todo] el. // 548c,d. CE y A: alabanç[i]a, abun-
danç[i]a. // 548d. CE: (a)mostró. // 549c. CE y A: çerçe-
nás(e).

550a. CE: (e). // 550d. CE y A: se(ye)r ... (e). // 551c.
CE y A: sopies(se). // 552a. C: diz(e). // 552b. S, CE y A:
[la] tu. CE y A: (que). // 552c. S, CE y A: end(e). // 553b.
C: (ca) o (de). // 554c. CE y A: contra nos. A: amos sido. //
555c. CE: a Tarsiana pudiesse. A: (a). // 556d. S y A:
(falsso) ... ss(e). CE: ss(e). // 557b. CE: (non). A: (a). //
557c. S, CE y A: quand(o). // 558d. A: ni[n] (?). // 559c.
M, CE y A: [si] el ... que la [auye] (A: habiá).

560d. A: prindamos (?). // 561b. Ar, CE y A: (a)quaes-
çido. // 561c. M y CE: nunca [jamas] (la). A: [más] la.
562b. M y CE: sso por ello pagado. // 562d. CE y A: com(o).
// 564b. A: (mie). // 565a. CE y A: tod(o). // 565b. S y A:
(malo). CE: mal(o). // 565c. S, CE y A: (ge). // 566c. CE y
A: Quand(o). // 568c. CE y A: com(o). // 569d. Ar, CE y A:
fieramient(re).

570d. CE: fues(se). A: (que). // 571b. A: oreuce. // 572a.
M y A: ba(l)sa. // 572b. C: [rey] o [señor] de. M, CE y A:
[omne] de. // 572c. CE y A: echó-l(o). // 572d. CE: (grant).
A: (su fija) ... [su] grant [a]ventura. // 573a. CE: l(a)
enfermedat. A: (la). // 573d. A: una grant. // 574b. A:
aquí (?). // 574c. M y A: fin complida. // 577b. A: vínol[e].
CE y A: blanquea(n)do. // 578b. CE: (ve). // 578c. CE y A:
quand(o) ... (e). // 579b. CE y A: yaz(e). // 579c. CE y
A: (que).

580a. CE: Quand(o). // 580c. CE y A: (e). // 580d. CE y
A: gent(e). // 581b. M y CE: tu reverençia. // 582a. CE y A:
mostrar-t(e). // 583b,c. CE y A: Fran[i]a, alabanç[i]a. //
583d. CE y A: prisist(e). // 584d. CE: la [su]. // 586a. CE
y A: (e). // 586b. C, CE y A: que m(e). // 586c. CE: (al)fo-
 çes. A: (nunqua) ... [aqu]estas. // 586d. CE y A: t(e). //
587b. CE y A: qu(e) en. // 587c. C: (muy). // 588a. CE
y A: t(e). // 588b. CE: venist(e)me. A: venístem(e). // 588c.
S: tu m(e) aduxist(e el) dictado. CE: (tu) m(e) aduxist(e). A:

(tu me) aduxist(e). // 589a. M y CE: Entendio (dize). A: di-z(e). // 589d. CE y A: (grant) graçia.

590a. CE y A: un(o) ... (por). A: Contaron(sse). // 590d. M, CE y A: Avye[n] l[e]. // 591a. CE: (esto). A: (todo). // 591d. CE: com(o). A: fues(se). // 592c. CE y A: [de] presentes. CE: quantos [que] él [re]quiso. A: [todos] cuantos (el). // 592d. CE: (él). A: bien (?) precio ... (non). // 593a. CE y A: d(e). // 593d. S y A: Cas(se) ... (de) la ... que s(e). CE: ca-s temíen que-s quería la sennyora ir vía. // 594d. Ar, CE y A: el rey e la reína quando partir(sse) quisieron. // 595b. CE: dolíense los. A: dolié a. CE y A: d(e). // 598c. C: entró (e)l. // 599a. M y CE: Oyt me [diz]. // 599b. S: (mi).

600c. CE y A: que-t(e). // 601a. CE y A: (aquí). CE: [hi] vine. // 601c. Ar y A: rezient[e]. CE: [a] mi fija [la]. A: [la] mi. // 601d. CE: [ya] por. A: de[le]xada. // 603c. CE y A: (mi). // 604c. CE y A: desgrad(eç)ido. // 605b. M: grant [miedo, duelo, cuyta o tiempo]. CE: tiempo. A: cuita. CE y A: un(o). // 606c. M: venido *puede ser licencia poética por* venidos. // 607a. CE y A: Com(o). CE: qu(e). A: (hi). // 607c. CE: e que lo provaríe. A: (e) ... (lo). // 607d. CE y A: es(se). // 608b. S y CE: leuantos(se). S y A: (as)sentada. CE: qu' estaba. A: levosse. // 609c. C: [Ca]. A: (que) ant[e]. // 609d. A: [Ca].

610a. CE y A: ant[e]. // 610b. S y CE: comol(a). CE y A: com(o). // 610c. CE: le dieron cosa por ella. A: cóm(o) ... [la]. // 611c. CE y A: des end(e). // 612a. Ar. CE y A: Diéron[le]. // 612b. CE y A: f[az]er. // 613a. A: [aqu]esto. // 614d. Ar: Fue el rey con el pueblo. CE y A: fue-(e)l. // 615a. CE y A: (e). // 615b. HMuch: müy. // 616d. CE: de l(a). // 617b. CE y A: tod(o). A: (e). // 617c. C: (a)uenturado. // 618a. CE y A: est(e). // 618b. CE: (e). A: (bien). // 618d. CE y A: (que). // 619a. CE y A: (bien). // 619b. CE y A: (a)consssejada. // 619d. CE (con). A: (ssu).

620b. M, CE y A: cuydaua(n). // 620d. CE: qu(e). A: end(e). // 621b. CE y A: todos ivan. // 621d. CE: (las). A: las calles. // 622c. CE y A: ond(e). // 622d. CE y A: a quien besar. // 623a. CE y A: end(e). // 624b. CE y A: e (de). // 625c. CE y A: e (de). // 626c. M: (e) con su deuoçion. // 627. CE: *coloca aquí la* 636. // 627b. HMuch, CE y A: much(o) ... much(o). // 627d. C: (un) o (muy). // 628a. A: (e)mentar. // 629a. A: Cuando fue el buen rey. // 629b. Ar, CE y A: noblemient(e). CE: fue commo meresçíe. A: com(mo) ... (fue). // 629c. A: su dictado.

630a. M: que el avia vivido. // 631b. CE y A: (bien). A:
(e). // 631c. C: l(e). // 632b. CE: non más ... (non). //
632c. C: (bien). // 632d. CE: por(a). // 633a. CE y A: Mandól[e]. // 633b. CE y A: (e). // 634a. S: e casas do morase.
CE: (e). A: e casa(s en) que morase (?). // 634d. CE y A:
quando-s(e). // 637d. Ar, CE y A: (a)conseiado. // 638a. Ar:
(A)comendolos. CE: (a). A: Comiendólos. // 638c. CE: [fe-
cho] (hun). A: El [rey] con ... (hun). // 638d. S, CE y A:
dond(e). // 639a. CE: los que en Tiro. A: Todos homnes de.
// 639b. CE y A: siempr(e). A: turaron (?).

640b. CE y A: com(o). // 640d. CE: [de]más ... (non).
A: mas (aún) ... [aún] non. // 641c. Ar, CE y A: era derecho. Ar: (que). CE y A: qu(e). // 643b. S: Legos(se) (hi)
... (riqua). CE: Legó-s(e) hi much(o) ... (mucha). A: lle-
gós(e) ... (buen) ... (riqua). // 644d. CE: nulla cosa. A: nul
cosa (?). // 645a. CE: [tú] as. A: [bien] has. // 645d. CE:
grant preçio. A: e [en]. // 646b. M, CE y A: tributario. CE
y A: (e). // 646c. CE y A: ordenest(e) ... (a). // 647a. CE:
Desend(e) ... aduxist(e). A: (mas). // 647c. CE y A: ond(e) ...
(e). // 647d. M, CE y A: que la tu providençia. // 648c. CE
y A: [la] tu. // 649b. S y CE: Tengome por muy bien por
uos aconseiado. A: [ca] téngome. // 649d. M y CE: (adelante). A: l(o que tengo).

650b. CE y A: dulç(e). // 650c. CE y A: d'est(e). // 651c.
CE: aquí [nos]. // 652b. A: escusa(re)mos (?). // 653a. M
y A: en vida enduramos. CE: dar[lo] no. // 653c. CE: [bue-
nas] raçiones. A: [las] raciones. // 653d. A: nos darán (?).
// 655c. CE: (que). A: qué ropa. // 655d. M y A: si vamos
al conuiuio. CE: (si non) al ... d(e) aquel. A: (de aquell). //
656a. CE: (e). //656b. CE: (e). A: e (el). // 656c. CE: tal(es)
cosa(s). A: (el) nos. // FINAL: A: (Deus).

ÍNDICE DE EPÍGRAFES

ÍNDICE DE LÁMINAS

**ESTE LIBRO
SE TERMINÓ DE IMPRIMIR
EL DÍA 2 DE SEPTIEMBRE DE 1987**